UTB 2216

Eine Arbeitsgemeinschaft der Verlage
Wilhelm Fink Verlag München
A. Francke Verlag Tübingen und Basel
Paul Haupt Verlag Bern · Stuttgart · Wien
Hüthig Fachverlage Heidelberg
Verlag Leske + Budrich GmbH Opladen
Lucius & Lucius Verlagsgesellschaft Stuttgart
Mohr Siebeck Tübingen
Quelle & Meyer Verlag Wiebelsheim
Ernst Reinhardt Verlag München und Basel
Ferdinand Schöningh Verlag Paderborn · München · Wien · Zürich
Eugen Ulmer Verlag Stuttgart
Vandenhoeck & Ruprecht in Göttingen und Zürich
WUV Wien

Wolfgang Ehrhardt Heinold

Bücher und Büchermacher

Verlage in der Informationsgesellschaft

5., völlig neubearbeitete Auflage

CFM

C.F. Müller Verlag
Heidelberg

Mit der Ausnahme von Kinder- und Jugendbuch, Schulbuch- und Lexikonverlagen arbeitet die Mehrzahl der Buchverlage weiterhin nach der alten Rechtschreibung, solange die Rechtschreibreform vom 01.08.1998 umstritten ist. Auch dieses Buch ist in alter Rechtschreibung abgefaßt.

Der Vermerk BuB mit einer Ziffer, die auf das jeweilige Kapitel verweist, signalisiert dem Leser, daß sich weitergehende Informationen in dem Titel *Bücher und Buchhändler* desselben Autors finden.

Alle Umsatzangaben usw. beziehen sich auf frühere Jahre und erfolgen deshalb in DM. Der Umrechnungsschlüssel: 1,00 DM = 0,51129 Euro.
Redaktionsschluß: 31.10.2000 (mit einigen Ergänzungen während des Korrekturganges)

Die Deutsche Bibliothek – CIP-Einheitsaufnahme

Heinold, Wolfgang Ehrhardt: Bücher und Büchermacher. Verlage in der Informationsgesellschaft / Wolfgang Ehrhardt Heinold. Unter Mitarbeit von Ulrike Schimming und des Eulenhof Institutes. – 5., völlig neubearb. Aufl. – Heidelberg: Hüthig Verlag, 2001 (Heidelberger Wegweiser)
Literaturangaben
ISBN 3-8252-2216-0

© 2001 C.F. Müller Verlag, Hüthig GmbH & Co.KG, Heidelberg
Satz: Werner, Schwanewede
Druck: Laub, Elztal-Dallau
ISSN 0931-0959
ISBN 3-8252-2216-0

4

Der Verleger im Spannungsfeld von technologischem Fortschritt und weltweiter Informationsgesellschaft

Noch vor ungefähr 30 Jahren war die Alchemie verlegerischer Tätigkeit derselbe relativ einfache Prozeß, der er jahrhundertelang gewesen war.

Verlegerische Tätigkeit heute unterscheidet sich zwar in Struktur und Methode, nicht jedoch dem Wesen nach. Sie bleibt, was sie immer war: die Kunst kreativer und effektiver Kommunikation, die für eine demokratische Gesellschaft grundlegend ist.

Entgegen der weitverbreiteten Meinung sind auch heute noch die meisten Verlage klein, die Verlagsarbeit als Ganzes jedoch ist big business, was sehr deutlich wird am Beispiel von ungefähr zwei Dutzend Großkonzernen, die sich selbst als die Multimedia-Kommunikationsindustrie bezeichnen. Bei einigen dieser Firmen ist das Buch der kleine Bruder von Zeitungen, Zeitschriften, Radio und Fernsehen. Die Expansion dieser Unternehmen – zum größten Teil durch Fusionen und Aufkäufe – ist einer der Faktoren, die das Bewußtsein der Öffentlichkeit für die Rolle des Verlegers in der Gesellschaft geschärft und Neugier geweckt haben auf das, »was die Verlage leisten«.

Aber das Multimedia-Großkonzern-Phänomen ist Wirkung, nicht Ursache. Das, was die Verlagsarbeit in der zweiten Hälfte des 20. Jahrhunderts verändert hat, sind die Informationsexplosion, die entsprechende technologische Entwicklung und die daraus resultierende Bedrohung für die Rechte von Autoren und Verlagen. Die Mühelosigkeit der Reproduktion stellte den Grundsatz geistigen Eigentums zuerst nur in Frage, inzwischen stellt sie eine Bedrohung dar. Die Fähigkeit, mit dem Computer große Datenmengen zu beherrschen und zu manipulieren, schien darauf hinzudeuten, daß die Vorherrschaft bedruckten Papiers als des Informationsträgers der Menschheit zu Ende gehe. Mit Beginn der 90er Jahre haben sich jedoch sowohl große als auch kleine Verlage der Informationsgesellschaft angepaßt. Der Computer ist zum Werkzeug geworden. Die neuen Medien, wie sie anfänglich genannt wurden – die Datenbank, das Terminal, die Compact Discs –, gelten zunehmend nicht mehr als Gegner, sondern treten als alternative Form der Verpackung von Informationen, Unterhaltung und Bildung auf.

Als Folge dieser Explosion und Revolution ist die Tätigkeit der Verlage nicht nur viel weitreichender, sie ist auch komplexer geworden. Spezialisten der verschiedensten Art sind inzwischen unverzichtbar. In den Tagen, als der Druck noch das einzige Medium darstellte, galt der auf der Titelseite abgedruckte Name des Autors und des Verlags als unbestrittener Nachweis ihrer Rechte an dem, was sie geschaffen hatten, aber was einst als selbstverständlich hingenommen wurde, muß heute erkämpft werden.

Die Bandbreite reicht nicht nur von sehr großen bis zu sehr kleinen Verlagen, sondern auch von ernsthafter Literatur bis zu leichter Unterhaltung, von Verlagen, denen Profitmaximierung über alles geht, bis zu jenen, die an Gewinn nicht interessiert sind, von Spezialausgaben, die so wertvoll sind, daß der Preis keine Rolle spielt, bis zu Massenmarktartikeln, bei denen der Preis entscheidet – und dieses Spektrum ist in jeder der großen Weltsprachen anzutreffen. Aber dennoch teilen die Verleger überall auf der Welt einen grundlegenden Glauben – den Glauben daran, daß die Freiheit verlegerischer Tätigkeit für den Fortschritt der Menschheit lebenswichtig ist.

Verlegerische Tätigkeit kann nie allein funktionieren; sie wirkt im wesentlichen als Katalysator. Sie gelingt nur in Zusammenarbeit mit Autoren, Druckern, Buchhändlern und Bibliothekaren, die alle dem belastenden Druck unserer informationsgesättigten, technologieorientierten Zeit gleichermaßen ausgesetzt sind. Da sie sich, um zu überleben, auf das Recht am geistigen Eigentum verlassen muß, hat die weltweite Buchgemeinde gemeinsame Ziele: zu zeigen, daß das Urheberrecht befreit und nicht hindert; technische Innovationen weise und wirtschaftlich zu nutzen; Wege ausfindig zu machen, um die Millionen zu erreichen, die durch Armut von der Literatur abgeschnitten sind.

Gordon Graham
ehemaliger Vorsitzender der
Butterworth Group,
Herausgeber von *Logos,*
The Professional Journal
for the Book World

Inhalt

Gordon Graham:
Der Verleger im Spannungsfeld
von technologischem Fortschritt und
weltweiter Informationsgesellschaft   5

Einleitung   13

1   Mittler zwischen Autor und Leser.
Der Verlag als Umschlagplatz für
Phantasie, Ideen und Informationen   17

1.0   Was ist ein Verlag?   18

1.1   Arbeitsweise von Verlagen   20

1.2   Geschichte des Verlagswesens   22

1.3   Kulturelle Aufgabe und aktuelle Situation   32

1.4   Marketingstrategien von Verlagen   38

1.5   Verlagsrichtungen und -typen   45

1.6   Verlage, Gesetzgeber und öffentliche Hand   70

Zum Nachschlagen und Weiterlesen   81

2   Auswählen, Gestalten,
Finanzieren und Verbreiten.
Der Verlag als Werkstatt   87

2.0   Was tut ein Verlag?   88

2.1   Urheber- und Verlagsrecht   89

2.2   Verträge   97

2.3   Manuskript und Satzerfassung   101

2.4   Lektorat und Redaktion   108

2.5   Herstellung   116

2.6   Vertrieb   118

2.7   Werbung und Direktmarketing   130

2.8   Öffentlichkeits- und Pressearbeit   134

2.9   Lizenzen und Kooperationen   135

2.10 Modernes Antiquariat   137

2.11	Betriebswirtschaft des Verlages	138
2.12	Kalkulation, Deckungsbeitragsrechnung und Preisgestaltung	144
	Zum Nachschlagen und Weiterlesen	155

3 Bücher sind überall verfügbar. Grundlagen der Branchenorganisation. 159

3.0	Wie funktioniert der Buch- und Medienmarkt?	160
3.1	Wirtschaftliche Daten und Fakten	162
3.2	Konzentration im Verlagswesen	165
3.3	Die Großen der Branche	167
3.4	Vertriebswege, Logistik und zentraler Service	180
3.5	Service der Buchhändler-Vereinigung	192
3.6	Buchclubs	193
3.7	Verlagswesen in anderen deutschsprachigen Ländern	198
3.8	Import und Export von Büchern	203
3.9	Buchmessen im In- und Ausland	204
3.10	Börsenverein des Deutschen Buchhandels e. V. und seine Funktionen	212
3.11	Leseforschung und -förderung	217
3.12	Literaturförderung und Stiftungen	223
3.13	Branchenpresse	226
	Zum Nachschlagen und Weiterlesen	231

4 Die Magie der Kommunikation. Menschen und Berufe um Bücher und Medien herum 239

4.0	Was macht Bücher- und Medienberufe so interessant?	240
4.1	Autoren und Herausgeber	241
4.2	Übersetzer	245
4.3	Literaturagenten	247
4.4	Der Verleger	250
4.5	Verlagsberufe	252

10

4.6	Frauen im Verlagswesen	259
4.7	Externe Mitarbeiter und Dienstleister	260
4.8	Berufe der Druckindustrie	264
4.9	Verlagsvertreter	265
4.10	Berufe im verbreitenden Buchhandel	267
4.11	Bibliothekare	269
4.12	Rezensenten	269
4.13	Berufliche Ausbildung	270
4.14	Fort- und Weiterbildung	283
4.15	Berufseinsteiger-Lehrgänge	286
4.16	Studiengänge	288
	Zum Nachschlagen und Weiterlesen	292

5	**Körpergewordener Geist.** **Das Buch als Medium –** **die Medien und das Buch**	**295**
5.0	Was ist das Besondere an Büchern?	296
5.1	Gutenberg und die Folgen	298
5.2	Druckindustrie heute	300
5.3	Satzverfahren	305
5.4	Bildreproduktion	308
5.5	Druckverfahren	314
5.6	Papierherstellung und -einkauf	324
5.7	Bindeverfahren	326
5.8	Was sonst noch zum Buch gehört	328
5.9	Buchgestaltung	334
5.10	Psychologisch-geistige Wirkfaktoren	341
5.11	Das Buch in der Konkurrenz der Medien	344
	Zum Nachschlagen und Weiterlesen	351

Anhang		**354**
1.	Abkürzungen, Codes und Definitionen	355
2.	Preise und Ehrungen	395
3.	Zeittafeln	400
4.	Archiv- und Dokumentationswesen, Buch- und Leseforschung	406

11

5.	Buchmuseen	411
6.	Adressen und Kontakte	418
7.	Danksagung	441
8.	Abbildungs- und Quellennachweis	442
9.	Register	447

Einleitung

Verlegen bedeutet, das geschriebene Wort, das anschauliche Bild, aber auch den Ton und das bewegte Bild der Öffentlichkeit zugänglich zu machen. Jahrhundertelang waren die Begriffe *Verlegen* und *Bücher* nahezu synonym, obwohl zur verlegerischen Betätigung zum Beispiel der Einblattdruck, die Zeitung, die Zeitschrift, das Loseblattwerk und sämtliche denkbaren Printmedien gehörten. Heute stehen wir mitten im medialen Umbruch. Bücher verlieren ihre Aufgabe als kulturelles Leitmedium und finden eine neue Rolle in einer noch nie da gewesenen Medienvielfalt. Dieses Kompendium stellt das Buch als das wichtigste Medium der meisten Verlage in den Mittelpunkt und geht auf die zunehmende Integration neuer medialer Publikationsformen im Rahmen der traditionell bestimmten Verlagsarbeit ein.

Zu den Hauptaufgaben jeglicher Art von Verlagen gehören die Planung und Entwicklung des Verlagsprogramms im Hinblick auf den künftigen Käufer und Leser, die Gewinnung und Einbindung von Autoren, die Auswahl und redaktionelle Bearbeitung von Manuskripten, die Wirtschaftlichkeitsrechnung, die Herstellung, die vertriebliche Vorbereitung, der Verkauf und die Abwicklung von Nebenrechten. Diese Prozesse werden beschrieben, ebenso wie die beteiligten Berufe und vor allem der Wandel, der sich durch die »elektronische Revolution« ergibt.

In der Medienindustrie haben sich im internationalen Maßstab drei große Blöcke herausgebildet. Das sind einmal die Medienkonzerne und Contentbesitzer, oft aus klassischen Verlagen und Verlagsgruppen hervorgegangen. Und da sind andererseits die Anbieter von Informationstechnologie sowie die reinen Web-Firmen. Mega-Zusammenschlüsse der letzten Zeit deuten darauf hin, daß eine Kombination dieser Gruppen auf der Hand liegt. In dem Monopoly der Giganten sind auch kleinere und mittlere Verlage interessant, denn sie verfügen über *Inhalte* – über genau das, was den Großen fehlt.

Und sie verfügen nicht nur über Inhalte, sondern jeweils über Ziel- und Benutzergruppen, mit denen sie vernetzt sind.

Im Strukturwandel unserer Tage ist es die Stärke der Verlage, daß Bücher keine Waren wie andere Waren sind. Vielmehr haben sie polaren Charakter: Bücher sind das älteste Massenmedium, aber jedes ist von individuellem Zuschnitt. Bücher sind handelbare Ware, aber gekennzeichnet von ihrem immateriellen Wert. Bücher sind vergänglich und abnutzbar wie jedes Gebrauchsgut, aber oft wertbeständig durch Jahrzehnte oder Jahrhunderte.

Wer Bücher schreibt, verlegt und verkauft, steht in dieser polaren Spannung ebenso wie der, der elektronisch publiziert. Daraus bezieht der Beruf des Verlegers seine besondere Faszination. Das gilt nicht nur für den Verleger großer *Bücher, die die Welt verändern.* Es gilt ebenso für den Verleger des Unterhaltungsromans, des Ratgebers, des Sachbuches, des Fach- und des wissenschaftlichen Buches, aber auch für jeden Medienproduzenten. Immer steht auf der einen Seite der Autor mit seiner Idee, seiner Aussage oder seinem Unterhaltungsvermögen. Auf der anderen Seite steht der Markt der Käufer. Käufer, Leser und Nutzer können ein Buch oder Medium übersehen oder ablehnen – oder sie greifen es auf: zögernd, begierig oder euphorisch. Die Ungewißheit des Schicksals, das Büchern wie Medien bevorsteht, ist typisch für diese Art von Produkt.

Verleger und Medienproduzenten empfinden ihren Beruf oft als Berufung. Das gilt auch für die vielen Menschen, die am Publikationsprozeß beteiligt sind. Für sie ist die Welt des Publizierens reizvoll durch ihre Vielfalt. Der außerordentliche Abwechslungsreichtum ergibt sich aus der Vielzahl mitwirkender Menschen und Arbeitsabläufe, aus der pulsierenden Kreativität von der Ideenfindung über die Realisierung bis zur kommerziellen Umsetzung.

Verlegerische Arbeit hat viele traditionelle Elemente beibehalten und mit modernem technologischen Fortschritt verbunden. Die Arbeit der Verleger und ihrer Mitarbeiter findet vor dem Hintergrund einer buchhändlerischen Logistik von internationalem Rang, einer kompetenten und einflußreichen

Branchenorganisiation sowie einer hohen Konkurrenzdichte statt.

Da gerade in Deutschland das Buch- und Verlagswesen in besonderer Weise kulturell verankert ist, gehört es letztlich zur persönlichen Bildung des einzelnen, über ein Grundwissen darüber zu verfügen, wie Bücher entstehen, wie ihre Rolle in der Mediengesellschaft ist, wie sie zum Leser gelangen und welche Wirkung sie haben.

www.focus.de

40 BEST-SELLER FÜR DM 4,50.

JEDEN MONTAG DIE AKTUELLEN
BESTSELLERLISTEN.

FOCUS: FAKTEN. FAKTEN. FAKTEN.

1 Mittler zwischen Autor und Leser.
Der Verlag als Umschlagplatz für Phantasie, Ideen und Informationen

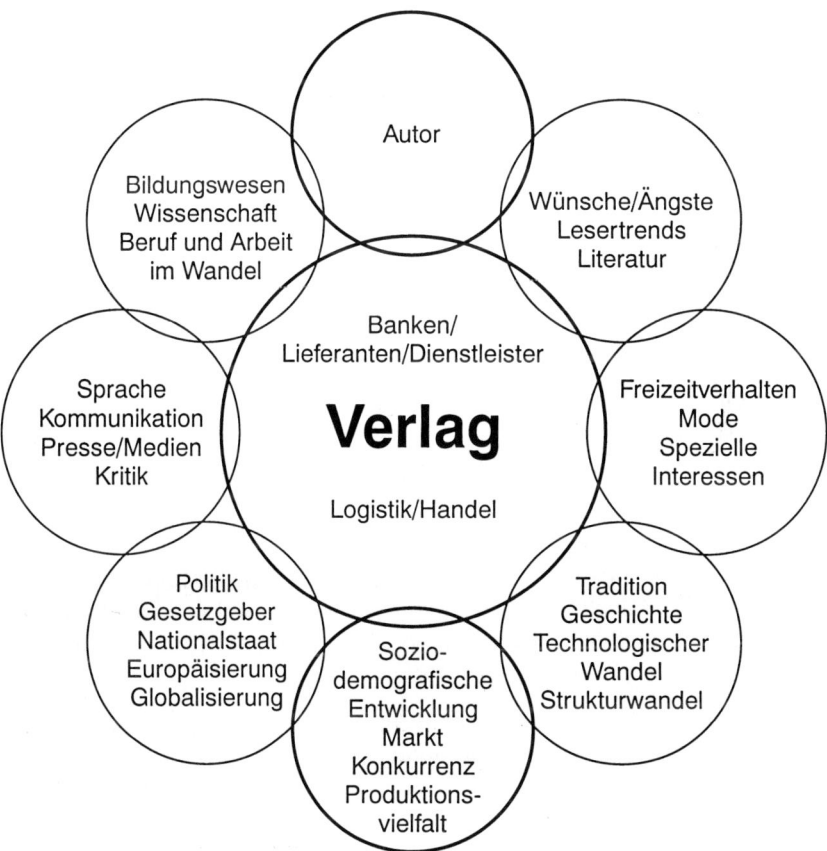

Dieses Kapitel behandelt die Frage, was ein Verlag ist.

1.0 Was ist ein Verlag?

- *Verlegen* heißt, das geschriebene Wort, das Bild, den Ton und das grafische Symbol zu veröffentlichen.

- Bücher, Zeitungen, Zeitschriften und Loseblattwerke werden heute als Printmedien bezeichnet. In ihrer jeweiligen Ausprägung bzw. in ihren Vorformen waren sie jahrhundertelang die einzigen Kommunikationsmedien.

- Traditionellerweise verstehen sich Verlage als Buch-, Zeitschriften- und Zeitungs- oder Spezialverlag. Diese Orientierung nach Medien verliert immer mehr an Bedeutung, weil Verlagen alle Medien zur Nutzung und Vermarktung offenstehen.

- Im Mittelpunkt des klassischen Verlages stehen nach wie vor Bücher, Zeitungen, Zeitschriften, Loseblattwerke, Noten, Karten, Bilderdrucke und andere Printmedien, aber ebenso audio- und visuelle Medien bis hin zum Online-Publishing.

- Bücher und andere Medien behandeln jeden Gegenstand menschlicher Erfahrungen und Erfindungskraft – die psychische Welt, Gefühle und Leidenschaften, abstrakte Theorien, Inspiration und Imagination, die Künste und die Wissenschaften. Das gesamte Wissen der Menschheit ist vor allem in Büchern aufbereitet für fast jedes Interessengebiet, jedes Alter und jede Bildungsstufe.

- Entsprechend wählen Verlage die Themen ihrer Programmrichtungen aus und machen sie medial und als handelbare Ware zugänglich. Sie sorgen für die Erschließung bzw. für den Transport zum Leser.

- Dabei koordinieren Verlage diesen komplizierten Prozeß mit Autoren und Herausgebern, Lektoren und Redakteuren, Grafikern und Herstellern, Setzern und Druckern, Elektronikspezialisten, Vertriebsexperten und Kaufleuten. Verlage als Zentren der kreativen Umsetzung von Ideen sind damit zugleich ein bedeutender geistig-kultureller Faktor.

- Verlage filtern Informations- und Unterhaltungsbedürfnisse aus der Vielfalt, geben ihnen das mediengerechte Kleid und bieten Orientierungen, die jedem zur Verfügung stehen.

- Verlage geben sich – durch Tradition und Verlegerpersönlichkeiten bestimmt – ein eigenes Profil, dem eine individuelle Programmpolitik zugrunde liegt und das auf jeweils spezifische Lesergruppen ausgerichtet ist.

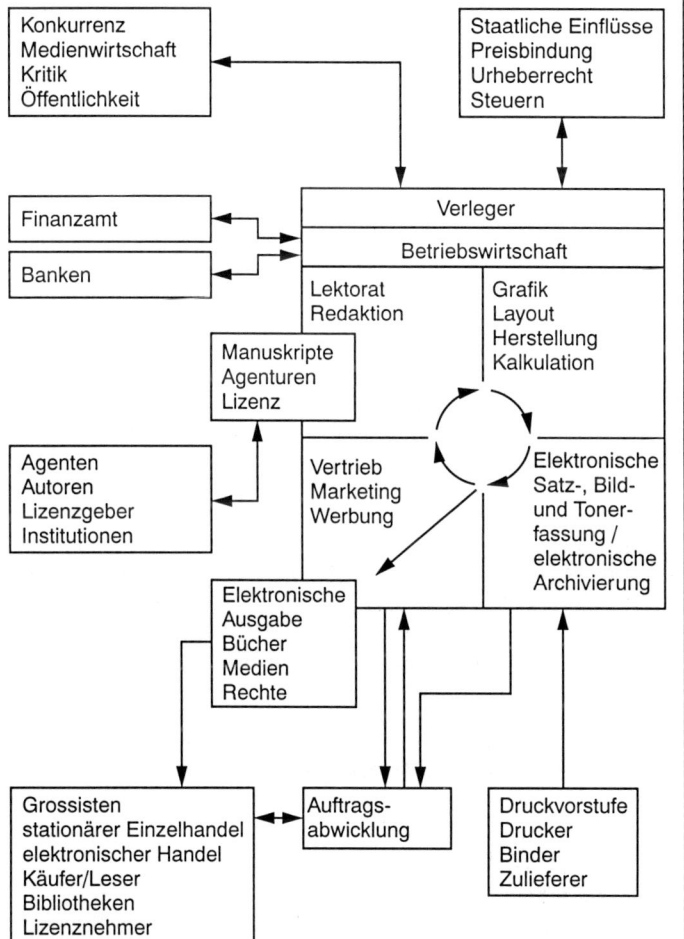

Außen- und Innenwelt von Verlagen

- Während Fachmedien- und wissenschaftliche Verlage ihre Inhalte immer mehr über komplementäre Medien auf den Markt bringen, gehen Publikumsverlage daran, die erworbenen Rechte nicht nur in Buchform zu vermarkten, sondern auch in strategischen Allianzen mit Firmen der Unterhaltungsindustrie in die Koproduktion von Filmen und Tonträgern einzutreten.

1.1 Arbeitsweise von Verlagen

Weil Bücher eine komplizierte Ware sind, entstanden im 18. Jahrhundert Verlage als Ergebnis einer Arbeitsteilung. Der frühe Verleger des 15. bis 17. Jahrhunderts war Drucker, Verleger und Buchhändler in einer Person. Daraus entsproß das Dreigestirn Drucker – Verleger – Buchhändler. Alle drei dienten dem Autor. Sie verliehen seinem geistigen Erzeugnis einen Körper und machten es handelbar. Damit dienten sie dem Leser, für den sie Autoren und Buchideen entdeckten und ihm auf allen möglichen Verkaufswegen vermittelten.

Inzwischen schließen sich die Geschäftsfelder Druck, Vervielfältigung, elektronisches Publizieren, E-Commerce, Ladenbuchhandel, Zwischenbuchhandel und Verlag zusammen und ergeben ganz neue Konstellationen – bis hin zur Aufhebung der Arbeitsteilung, so daß ein Autor sein Werk selbst elektronisch erfassen und bereitstellen und auf Verlangen (Fachausdruck on-demand) ohne Einschaltung irgendeiner Handelsstufe ausdrucken und liefern kann.

Die Abbildung auf Seite 19 verdeutlicht die Beziehungen eines klassischen Verlages unter Einschluß der neuen elektronischen Möglichkeiten.

Definition des Verlages

Unter Verlagssystem im weiteren Sinne wird eine frühe Form der arbeitsteiligen Gütererzeugung verstanden. (Meyers Großes Taschenlexikon in 24 Bänden, Mannheim, aktualisierte Neuausg. 1983). Im engeren Sinn werden mit Verlag Unternehmen bezeichnet, die Printmedien vervielfältigen (lassen) und verbreiten. Der moderne Verlag versteht sich als Dienstleistungsunternehmen und Kommunikationsforum für seine

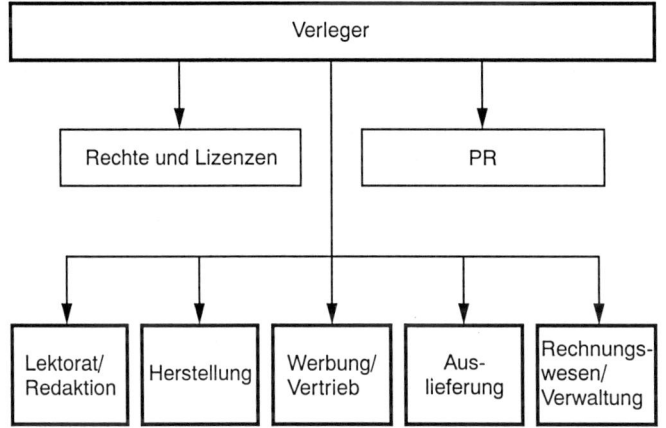

Klassisches Organisationsschema eines Verlages

jeweilige Zielgruppe. Er bedient sich aller relevanten Medien einschließlich der elektronischen Publikationsmöglichkeiten. Insoweit befindet sich das herkömmliche Verlagsbild in einem raschen Wandel. Grundlage für die Tätigkeit der Verlage ist ein aus dem Urheberrecht abgeleitetes Nutzungsrecht, das dem Verleger das ausschließliche Vervielfältigungs- und Verbreitungsrecht für ein Werk der Literatur oder der Tonkunst gewährt (§ 8 des VerlG).

Im Gegensatz zum *verbreitenden Buchhandel* wird traditionell auch vom *herstellenden Buchhandel* gesprochen, wobei beide Bezeichnungen auf die gemeinsame Wurzel verweisen.

Individuell und vielgestaltig ist die Buchproduktion. Entsprechend komplex sind die *Organisationsstrukturen* der Verlage. Ihnen allen liegt aber – mehr oder minder – ein klassisches Organisationsschema zugrunde (s. Abb. S. 21).

Organisationsstruktur der Verlage

Die Hauptabteilungen eines Verlages sind Lektorat/Redaktion, Herstellung, Werbung/Vertrieb, Auslieferung und Rechnungswesen/Verwaltung. Über den Abteilungen steht der Verleger, der die Ziele setzt und die Zusammenarbeit koordiniert. Die Abteilungen für Rechte und Lizenzen und dafür Öffentlichkeitsarbeit sind dem Verleger oft direkt zugeordnet.

Charakteristisch für Verlage ist, daß sich so gut wie alle Funktionen an Dienstleistungsunternehmen und freie Mitarbeiter übertragen lassen. Es hat immer wieder Verlage gegeben, die nur aus ihrem Verleger bestanden und alle Teilfunktionen außer Haus erledigen ließen. Dies als mit einem neueren Ausdruck als *Outsourcing* bezeichnete Verfahren bietet sich im Verlagswesen mit seiner Vielzahl freier Zuarbeiter beim hohen Standard der Kommunikationstechnologie geradezu an. Dem Verleger verbleiben dann die beiden klassischen Grundfunktionen:

- Die erste ist auszuwählen, welche Inhalte er vermarkten will. Das ist die *programmatische Funktion*. Der Verleger bestimmt die Verlagsrichtung sowie die Auswahl der Autoren und Medien.

- Die zweite klassische Verlegerfunktion ist die der *Finanzierung* oder besser *Vorfinanzierung* der Verlagsobjekte. In der Regel zahlt der Verleger dem Autor einen Vorschuß, bezahlt den Drucker, ehe er seine Bücher verkauft hat, und gibt dem Buchhandel für seine Lieferungen Kredit. So ist auch die Berufsbezeichnung »Verleger« auf das »Vorlegen« im oben näher beschriebenen Verlagssystem zurückzuführen.

1.2 Geschichte des Verlagswesens

Aus dem Erzählen entstand das Aufschreiben. Aus dem Aufschreiben entstand das Setzen und Drucken. Auf dieser Grundlage hat sich eine kommerziell orientierte, auf den Markt ausgerichtete Buchbranche entwickelt, deren Tätigkeit sich nunmehr mit der gesamten Medienvielfalt verknüpft. Dabei verschwimmen die Grenzen zwischen handelbarer Ware und elektronisch frei verfügbarer Unterhaltung und Information. Weil sich Texte, Bilder und Töne auf einfache Weise aus dem elektronischen Netz auf den eigenen PC herunterladen lassen, steht die Branche in urheberrechtlicher Hinsicht und im Hinblick auf die Frage, was eigentlich handelbare Ware ist, in einer Umbruchsituation.

Seit Menschen gelernt haben, das gesprochene Wort nieder-
zuschreiben, kennt man Mittel der Vervielfältigung und *Verbreitung* der Information. Die Verbreitung der Werke erfolgte
im Altertum durch öffentliches Vorlesen des Autors, oder es
wurden die Stellen ausgerufen, an denen der Autor seine
Schriften verkaufte. Aber es gab auch Fachleute der Verbreitung, die *Wandererzähler*, die die Originalwerke mündlich
verbreiteten.

**Literaturver-
breitung im
Altertum**

In Athen gab es schon seit dem 5. Jahrhundert vor Chr.
Schreibstuben. Die Schreiber fertigten Abschriften der Ma-
nuskripte an, die im Buchhandel verkauft wurden. Gegen
Ende des Mittelalters gab es gewerbliche Schreibstuben. Das
Abschreiben, Illustrieren und der Verkauf erfolgten getrennt.
So zeigte sich schon in Ansätzen eine Spezialisierung in
technische und kommerzielle Funktionen.

**Schreibstuben
als Vorläufer
der Verlage**

Mit der Erfindung der Buchdruckerkunst paßten sich die
meisten Buchhändler der neuen Technik an. Viele deutsche
und englische Buchdrucker waren ehemalige Inhaber von
Schreibstuben. Durch die Erfindung *Gutenbergs*, den Druck
mit *beweglichen Lettern*, war es nun möglich, Geschriebenes
einer breiteren Bevölkerungsschicht preiswert zugänglich zu
machen.

**Gutenbergs
Erfindung:
Die beweg-
liche Letter**

Im Gefolge der Erfindung *Gutenbergs* entwickelte sich das
Verlagswesen in der zweiten Hälfte des 15. und der ersten
Hälfte des 16. Jahrhunderts. Die damaligen Verleger waren
sogenannte *Druckerverleger* (= gelehrte Drucker). Die Tätigkeiten des Druckens, des Verlegens und des Verkaufens
lagen in einer Hand. Die Bücher wurden zu Festpreisen auf
den Messen verkauft.

**»Drucker-
verleger«**

Renaissance, Humanismus, Reformation und Gegenreforma-
tion sind als geistige Bewegungen eng mit dem gedruckten
Wort verbunden. Wissenschaftliche Dispute sprangen mit Hilfe des gedruckten Wortes auf das Volk über und beeinflußten
so den Gang der Geschichte.

Das florierende geistige Leben brachte auch das Druckwesen
zum Blühen. Die neuerrichteten technischen Betriebe erfor-
derten großen Kapitalaufwand und eine ständige Auslastung.

**Druck und
Verlag
trennen sich**

23

Deshalb mußte sich der Druckerverleger verstärkt der Beschaffung von Manuskripten widmen. Der eigentliche Herstellungsprozeß trennte sich vom Verlagswesen, so daß die *Verlage* die geistige Führungsaufgabe und die *Drucker* die Ausführung übernahmen. Auch das wirtschaftliche Risiko der Vervielfältigung ging auf den Verleger über.

Sortimenter-Verlag und der Tausch auf den Messen

Aus dem Druckerverleger wurde zunächst der Verleger, wie wir ihn auch heute kennen. Doch begann der Verleger in der Zeit des Tauschhandels auf der Messe seine eigenen Verlagswerke gegen die anderer Verleger zu tauschen. Er wurde so zum *Sortimenter-Verleger* und verkaufte zur Verminderung seines finanziellen Risikos neben eigenen auch fremde Verlagserzeugnisse. Wirtschaftlicher Hauptort dieser Wirtschaftsform war von der Mitte des 16. bis zur Mitte des 18. Jahrhunderts *Frankfurt am Main,* bis sich in der zweiten Hälfte des 18. Jahrhunderts wegen günstigerer Zensur- und wirtschaftlicher Verhältnisse *Leipzig* zum Hauptort des Buchwesens entwickelte. Die *Leipziger Messe* löste die *Frankfurter Messe* als Hauptumschlagplatz des Buchhandels ab.

Vom Tauschhandel zur Warenwirtschaft

Mit der Ausbreitung der Bücher kamen auch die unerlaubten Nachdrucke auf. Der durch landesherrliche Privilegien gewährte Schutz gegen den Nachdruck hatte keinen durchgreifenden Erfolg. Der *Tauschhandel* wurde stark beeinträchtigt.

Auch die Autoren verlangten ihr Recht. Der Ausdruck *Honorar* besagt, daß es sich ursprünglich um eine Art Ehrengabe handelte und nicht um eine Entlohnung für geleistete Arbeit.

Mit dem Aufkommen der *Autorenhonorare* sowie durch unterschiedliche Qualitäten in Satz, Papier und Druck ergaben sich unterschiedliche Herstellkosten. Deshalb gingen die Verleger nun vom schlichten Tausch *Druckbogen gegen Druckbogen* zu Verrechnungspreisen über.

Dieser Tausch-, Einzel- oder Ordinärpreis wurde auf gegenseitigen Konten gebucht, wobei die Sortimenter-Verleger einander einen Rabatt von 33 1/3 % einräumten. Der Verrechnungs- oder Tauschpreis wurde zum *Ladenpreis*, den der Käufer zu entrichten hatte.

Um 1765 hatte sich aus dem Tausch- der Konditionshandel entwickelt. Die Verleger lieferten den Buchhändlern ihre Erzeugnisse, ohne daß diese die Ware im voraus oder bei Empfang zu bezahlen hatten. Vielmehr wurde zweimal im Jahr während der *Leipziger Buchmesse* untereinander abgerechnet.

Im *18. Jahrhundert* entwickelten sich Verlag und Sortimentsbuchhandel auseinander. Neben diese beiden Spezialisierungen trat eine dritte: der *Zwischen- oder Kommissionsbuchhandel,* der die Interessen der auswärtigen Verleger und Buchhändler am zentralen Leipziger Platz vertrat.

18. und 19. Jahrhundert

Im Jahre 1825 wurde der *Börsenverein der Deutschen Buchhändler zu Leipzig* gegründet, zunächst als Träger der Leipziger Buchhändlerbörse, wo die Buchhändler miteinander abrechneten. Der *Börsenverein* vereinte von Anfang an Verleger, Zwischenbuchhändler und Sortimenter in seinen Rei-

Die Deutsche Buchhändlerbörse in Leipzig im Jahre 1836

hen. Er tut dies noch heute. Seine Aufgabe war und ist es, die gemeinsamen Interessen der Branche zu wahren, ohne daß er einen kartellmäßigen Charakter angenommen hätte (s. 3.10).

Die Aufklärung hatte ab ca. 1770 der Buchbranche einen weiteren Entwicklungsschub beschert. Buchproduktion und Buchkauf stiegen sprungartig an. Neue Leserkreise wurden erschlossen. Die ursprünglich allgemein orientierten Verlage spezialisierten sich auf verschiedene Wissensgebiete: *Fachverlage* entstanden.

Die Erfindung der Dampfmaschine und die im *19. Jahrhundert* einsetzende Industrialisierung brachten eine weitere Expansion der Buchwirtschaft mit sich. Das handwerklich gefertigte Produkt Buch wurde nun maschinell und fabrikmäßig hergestellt. Mit der Massenproduktion sank die Qualität des Satzes, des Druckes und der Einbände. Auf wirtschaftlichem Gebiet spielten Preisschleuderei und – wie schon in der Frühzeit des Druckes – unberechtigte Nachdrucke eine erhebliche Rolle.

Vom 19. ins 20. Jahrhundert

Der Börsenverein trug zur Festigung der wirtschaftlichen Verhältnisse entscheidend bei. Die Forderung von *Friedrich Christoph Perthes* (1772 – 1843) nach Schutz der Urheber- und Verlagsrechte führte zum Verbot des unerlaubten Nachdrucks im Gebiet des Deutschen Bundes im Jahr 1835. Nach Gründung des Deutschen Reiches wurde 1870 auf Betreiben des *Börsenvereins* das *Gesetz betreffend das Urheberrecht an Schriftwerken, Abbildungen, musikalischen Kompositionen und dramatischen Werken* erlassen, das die Grundlage der heutigen Urheberrechtsgesetzgebung bildet. Mit der *Berner Übereinkunft* von 1886 bildete sich ein internationales Urheberrecht. Der Verleger *Adolf Kröner* (1836 – 1911) aus Stuttgart brachte eine Reform des *Börsenvereins* in Gang. Sie gab diesem im Jahre 1880 mit Hilfe einer neuen Satzung die Macht, den festen Ladenpreis durchzusetzen und eine buchhändlerische *Verkehrsordnung* zu erlassen, die den Verkehr der Buchhändler untereinander regelte. Ihr schloß sich 1909 eine *Verkaufsordnung* an, die den Verkehr des Buchhandels mit dem Publikum betraf und zur Sicherung des kurz nach der Jahrhundertwende erneut lebhaft umstrittenen festen Ladenpreises für Bücher diente.

Als Anstalt des *Börsenvereins* entstand im Jahr 1912 die *Deutsche Bücherei zu Leipzig* als *Deutsche Nationalbibliothek.* Die Sammelstelle für das gesamte deutschsprachige Schrifttum, der die Verleger ihre Pflichtstücke zu liefern hatten, entwickelte sich zur *zentralen Institution der bibliographischen Erfassung* des deutschsprachigen Schrifttums.

Zentrale bibliographische Erfassung

Die *Buchbranche* ruhte auf festen Säulen, als mit dem Ersten Weltkrieg politische, gesellschaftliche, militärische und wirtschaftliche Turbulenzen begannen, die Deutschlands Geschicke bis weit in die zweite Hälfte des Jahrhunderts hinein prägten. Diese festen Säulen waren das nationale und internationale Urheberrecht, die buchhändlerische Bestell- und Lieferorganisation am Platz Leipzig, der geordnete Verkehr der Verleger und Buchhändler untereinander und mit dem Publikum, der feste Ladenpreis sowie die Sammlung, Erfassung und Verzeichnung des deutschsprachigen Schrifttums an einer zentralen Stelle.

Fundament der Buchbranche

Viele Einzelfirmen der Branche gerieten in den folgenden Jahrzehnten in erhebliche Schwierigkeiten oder verschwanden von der Bildfläche. Wenn insgesamt ein leistungsfähiges Buchwesen erhalten blieb und schon wenige Jahre nach dem Ende des Zweiten Weltkrieges eine neue wirtschaftliche Blüte einsetzte, so ist das eine Folge des festen *Fundaments,* das im 19. Jahrhundert von vorausschauenden und der Allgemeinheit verpflichteten Verlegern und Buchhändlern geschaffen wurde.

Verheerende Folgen hatte die Herrschaft des *Nationalsozialismus* für die gesamte *Buchbranche.* Nur wenige Monate nach der sogenannten Machtergreifung, im Mai 1933, setzte die Bücherverbrennung von Werken unerwünschter Autoren ein ebenso deutliches Signal wie die berüchtigte Ausstellung *Entartete Kunst* im Jahre 1937 in München, die wie ein Kahlschlag in der bildenden Kunst wirkte.

Drittes Reich und Buchbranche

Aus rassistischen und politischen Gründen mußte die Elite der deutschen Autorenschaft das Land verlassen. Eine Reihe bekannter Verlage und Buchhandlungen wurden ihren jüdischen Besitzern weggenommen und »arisiert«. Die jüdischen Branchenkollegen mußten emigrieren, wurden eingekerkert oder umgebracht.

Der *Börsenverein* wurde in eine Zwangsorganisation für alle Buchhändler umgewandelt und in die 1933 gegründe *Reichskulturkammer* eingefügt. Es ist kein Ruhmesblatt der Buchbranche, wie sich ein Großteil des nach Emigration und Enteignung verbleibenden Buchhandels dem Regime anpaßte, auch wenn es eine Reihe von Zeugnissen des Widerstands gibt.

Zahlreiche Betriebe des grafischen Gewerbes, des Verlages und Buchhandels wurden in den Bombenangriffen des Zweiten Weltkrieges ganz oder teilweise vernichtet. Ein schwerer Luftangriff auf die Stadt Leipzig im Dezember 1943 zerstörte zahlreiche Betriebe der Branche und setzte den zentralen Buchhandelsplatz weitgehend außer Betrieb.

Besonders in dem vom Börsenverein herausgegebenen *Archiv für Geschichte des Buchwesens* wurden in Einzeluntersuchungen Schicksale von Einzelfirmen und das politische Buchmarketing jener Jahre analysiert. Vieles bleibt bis heute unaufgearbeitet und verdrängt. So hat z. B. erst im Jahre 1999 eine *Unabhängige Historische Kommission* im Auftrag des Medienkonzernes *Bertelsmann* begonnen, dessen Rolle in der NS-Zeit zu beleuchten.

Nach dem Zweiten Weltkrieg

Die ersten Jahre nach dem *Zweiten Weltkrieg* waren durch Demontage von Druckmaschinen, begrenzte Lizenzvergabe durch die Alliierten, Rohstoffmangel und fehlende Produktionsmittel geprägt. Als die amerikanische Besatzungsmacht im Juli 1945 das nur kurze Zeit von ihr besetzte Westsachsen und damit *Leipzig* räumte und der sowjetischen Besatzungsmacht überließ, nahm sie auf ihren Armeefahrzeugen eine Reihe von Verlegern mit, die sich auf das Wagnis eines ungewissen Neuanfangs in der amerikanischen Besatzungszone einlassen wollten. Diese Verleger siedelten sich im Rhein-Main-Gebiet an, wo auf Betreiben der amerikanischen Besatzungsmacht auch die Arbeit des *Börsenvereins* als Berufsorganisation für Verlage und Buchhandlungen wieder in Gang kam.

Nach der *Währungsreform* im Jahre 1948 und einem zögernden Beginn in den ersten Jahren des Wirtschaftswunders setzte für die Buchbranche in den alten Bundesländern eine stürmische Entwicklung ein.

Nach 1948

Buchhandel und Verlagswesen verbuchten Jahr für Jahr erhebliche Zuwachsraten. Mit dem Taschenbuch erschloß die Branche neue Leserschichten und setzte die *Schwellenangst* vor dem Betreten der bildungsbürgerlich geprägten Buchhandlung in weiten Bevölkerungskreisen herab. Auf Ideen der Lese- und Volksbildungsvereine aus dem 19. Jahrhundert fußend, hatten sich die *Buchgemeinschaften* in den 20er Jahren als Vorkämpfer des preiswerten Buches entwickelt. In den Wiederaufbaujahren fanden sie in der Bundesrepublik Deutschland, später auch in den anderen deutschsprachigen Ländern Westeuropas ein reiches Betätigungsfeld. Ihr Konzept übertrugen sie erfolgreich auf andere Sprachbereiche und Kontinente.

Eine eigene *Entwicklung* nahm das Verlagswesen in der *ehemaligen DDR* von der Nachkriegszeit bis zum Beitritt zur Bundesrepublik Deutschland. Die meisten traditionsreichen Verlagshäuser wurden enteignet. Die knapp 80 Buch- und Fachzeitschriftenverlage waren als volks-, partei- oder organisationseigene Unternehmen organisiert. Die Tätigkeit dieser Verlage wurde in der *Hauptabteilung Verlag* im *Ministerium für Kultur* zentral beeinflußt und gesteuert. Der komplizierte Übergang zur Marktwirtschaft führte in einigen Fällen zur Rückgabe an die inzwischen in den alten Bundesländern ansässigen Stammhäuser, in anderen Fällen zum Verkauf an private Dritte. Einige wenige Ex-DDR-Verlage wurden von ihrem bisherigen Management übernommen (sog. *Management-buy-out*) oder haben unter neuer Inhaberschaft die Wendezeit als selbständige Verlagsunternehmen überlebt und sich in der Marktwirtschaft der Bundesrepublik Deutschland etabliert.

Verlagswesen in der DDR

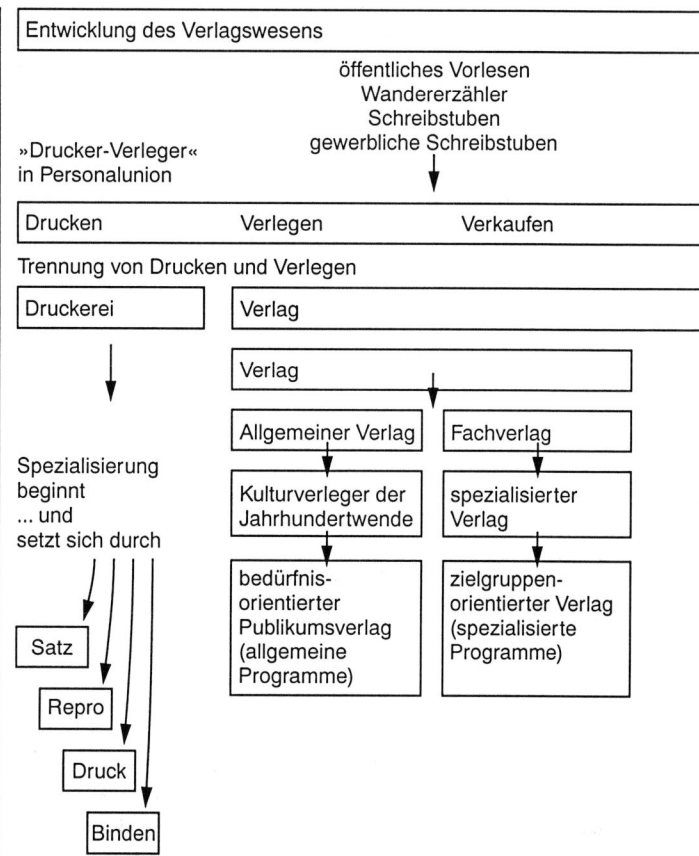

Entwicklung des Verlagswesens

»Drucker-Verleger« in Personalunion	öffentliches Vorlesen Wandererzähler Schreibstuben gewerbliche Schreibstuben	
Drucken	Verlegen	Verkaufen

Trennung von Drucken und Verlegen

Druckerei   Verlag

Verlag

Allgemeiner Verlag   Fachverlag

Spezialisierung beginnt ... und setzt sich durch

Kulturverleger der Jahrhundertwende   spezialisierter Verlag

bedürfnis-orientierter Publikumsverlag (allgemeine Programme)   zielgruppen-orientierter Verlag (spezialisierte Programme)

Satz

Repro

Druck

Binden

Das geschriebene Wort – vervielfältigt und verbreitet: Ein Prozeß zunehmender Arbeitsteilung. Das für das 21. Jahrhundert vorausgesagte Zusammenfließen von Autorentätigkeit, grafischer und elektronischer Industrie, Verlagswesen, Zwischenbuchhandel, Buchhandel zeichnet sich erst in Umrissen ab und ist deshalb in dieser Darstellung nicht berücksichtigt.

Markt- und Struktur-wandel

Am Beginn des 21. Jahrhunderts steht die Buch- und Medienwirtschaft in einem bisher in seinen Folgen nicht abzuschätzenden Strukturwandel und Umbruchprozeß. Konsequente Marktwirtschaft, harte Wettbewerbsbedingungen, Globalisierung, Konkurrenz der Medien untereinander und ein sich

30

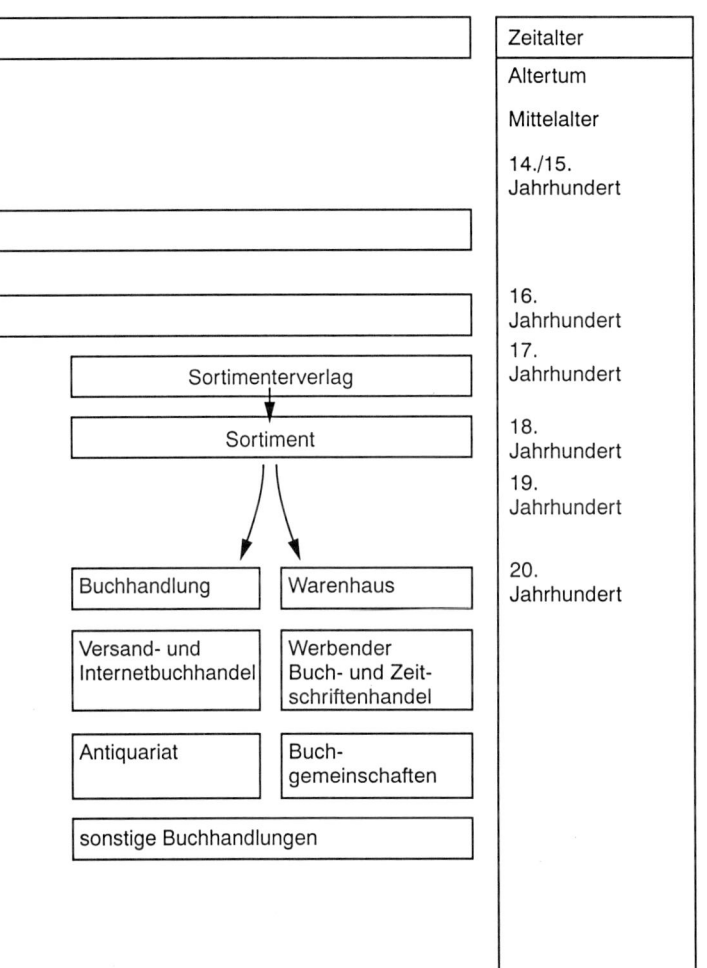

	Zeitalter
	Altertum
	Mittelalter
	14./15. Jahrhundert
	16. Jahrhundert
Sortimenterverlag	17. Jahrhundert
Sortiment	18. Jahrhundert
	19. Jahrhundert
Buchhandlung / Warenhaus	20. Jahrhundert
Versand- und Internetbuchhandel / Werbender Buch- und Zeitschriftenhandel	
Antiquariat / Buchgemeinschaften	
sonstige Buchhandlungen	

immer mehr verschärfender Wettbewerb im Einzelhandel sowie die Folgen der sich stürmisch entwickelnden digitalen Datenverarbeitung verändern das Bild nahezu von Woche zu Woche. Eine sich beschleunigende Konzentration im Verlagswesen wie im Buchhandel kennzeichnet das wirtschaftliche Geschehen. Internationale Medienkonzerne, Unternehmen der Informationstechnologie und Werbefirmen verflechten sich international. Die Buchwirtschaft steht im Wettbewerb nicht nur mit anderen Medien wie Illustrierten, Tagespresse, Rundfunk und Fernsehen sowie CDs, CD-ROMS und dem Internet, sie konkurriert mit allen Wirtschaftszweigen, die Angebote für den Unterhaltungs-, Freizeit-, Informations- und Bildungsbereich bereithalten.

Europa Die Auswirkungen des *Gemeinsamen Marktes in Europa* auf den klassischen Printmedienmarkt in der Bundesrepublik hielten sich bisher in Grenzen, vor allem wegen der Sprachbarrieren. Nach der Entscheidung der Europäischen Kommission, die grenzüberschreitende Preisbindung ab 01. Juni 2000 zu verbieten, verharrt die Branche in Ungewissheit über die Folgen (s. 2.12). Außerdem wirkt sich die endgültige Einführung des Euro ab 01. Januar 2002 vor allem auf die Buchpreise aus, weil sich die sogenannten Schwellenpreise verändern (s. 2.12). Verschiedene Taschenbuchverlage haben damit begonnen, bereits jetzt auf ihre Druckerzeugnisse zusätzlich Europreise aufzudrucken. Wahrscheinlich werden die Europreise ähnlich aussehen wie die DM-Preise: neben glatten Preisen werden hinter dem Komma die Zahlen 90 oder 95 dominieren, sagt das Branchenmagazin *Buchreport* voraus.

1.3 Kulturelle Aufgabe und aktuelle Situation

Der Anteil der Buchbranche am geistig-kulturellen Leben ist dadurch gekennzeichnet, daß sie ihr wirtschaftliches Risiko selbst trägt und nicht etwa wie Theater und Oper vom Staat subventioniert wird. Damit ist aber die Buchbranche vom Markt abhängig. Sie muß ihren Beitrag zur Kultur ökonomisch sinnvoll und ertragreich gestalten.

Leserwünsche, Mediennutzung und Kaufverhalten sind in einer schnellebigen Gesellschaft raschem Wechsel unterworfen. Auch dies stellt die Verlage immer wieder vor neue Probleme.

Alles in allem erfordern die wirtschaftlichen und sozialen Verhältnisse sowie die psychologischen Faktoren der Käufer und Leser vom modernen Verlag ein hohes Maß an Flexibilität und Anpassungsvermögen und als Grundlage dafür eine sichere finanzielle Ausstattung.

Friedrich Perthes (1772 – 1843) hat den deutschen Buchhandel 1816 in einer vielzitierten Schrift als »Bedingung für das Daseyn einer deutschen Literatur« bezeichnet. In der Tat haben Verlagswesen und Buchhandel seit *Gutenberg* einen bedeutenden Anteil an allen geistigen Entwicklungen der Zeit. »Schießpulver, Magnetnadel und Buchdruck« hat bereits *Francis Bacon* (1561 – 1626) als »die Erfindungen benannt, die das Antlitz der Welt verändert haben«. Große geistes- und naturwissenschaftliche sowie technische Neuerungen haben sich immer zuerst in Büchern niedergeschlagen.

Bücher, die die Welt verändern

Karl Schottenloher (1871 – 1954) belegte das in seinem 1951/52 erstmalig erschienenen zweibändigen Werk *Bücher bewegten die Welt* ebenso wie *John Carter* (1905 – 1975) und *Percy Muir* (1894 – 1979) mit ihrem Titel *Bücher, die die Welt verändern* (1968 erstmalig in deutscher Sprache).

»Das Buch ist inzwischen das langsamste Medium der Informationsaufnahme: Ein Buch zu lesen braucht Zeit und Ruhe. Und es ist selbst mit Inhaltsverzeichnis und Register oft schwer erschließbar. Trotz nach wie vor wachsender Produktionszahlen steht das Buch heute nicht mehr im Zentrum der gesellschaftlichen Wissens- und Informationsvermittlung. Fernsehen, PCs und Internet sind an seine Stelle getreten.

Heute sind Bücher eher Medien gesellschaftlicher Abstandswahrung und Distanzierung. Wer liest, leistet sich den Luxus des zeitaufwendigsten Informationsmediums. Mag dies nun der Ausdruck intensivierten Interesses oder ein Zeichen der Muße sein – in jedem Fall ist das Lesen von Büchern eine Form der Abstandsnahme gegenüber dem Gedränge des Augenblicks. Wer liest, macht sich nicht gemein, sondern vereinzelt sich. Die Zeiten, da Bücher die Welt veränderten, sind vorbei, aber als Orte des Bewahrens und Formen der Distanzierung werden sie auch in Zukunft ihre Bedeutung behalten. Als Medium einer auf größere Dauer angelegten Interpretation der Welt ist das Buch unverzichtbarer als je zuvor« (Herfried Münkler, *1951).

Verleger und Autor

Nach traditioneller Sicht ist Aufgabe des *Verlages*, dem Lesepublikum den Zugang zu dem zu eröffnen, was der *Autor* in der Einsamkeit seiner Studier- oder Arbeitsstube erdacht und niedergelegt hat. Dieses Bild trifft heute nicht mehr zu. Die Studier- und Arbeitsstube ist auf Knopfdruck an ein weltweites Informations- und Gesprächsnetz angeschlossen. Dennoch spielt noch immer der Verleger eine wichtige Rolle als Wegbereiter, Freund, Anreger und Förderer des Autors – so jedenfalls das Idealbild, zu dem die Verlagsgeschichte viele namhafte Beispiele liefert. Bestand bisher die große Kunst des erfolgreichen Verlegens darin, das richtige Buch des richtigen Autors zum richtigen Zeitpunkt auf den richtigen Markt zu bringen, so tritt heute die Fähigkeit des Verlegers hinzu, das jeweils für die Zielgruppe und den Zeitpunkt richtige Medium zu wählen. Nach wie vor erwirtschaftet der Verlag für den Autor Honorarerträge und ermöglicht ihm so das Forschen, Denken und Publizieren, auch wenn sich im Zeitalter frei zugänglicher Informationen die Frage nach dem Urheberrecht und damit auch die nach der Vergütung für den Autor neu stellt.

Über-produktion

Angesichts einer Titelproduktion von jährlich über 80.000 Neuerscheinungen, davon über 60.000 Erstauflagen, wird in der Öffentlichkeit immer wieder von Überproduktion gesprochen. Dabei wird übersehen, daß sich diese Neuerscheinungen ja nicht auf ein Gebiet oder Thema konzentrieren, sondern die ganze Vielfalt unserer komplexen modernen Unterhaltungs- und Wissenswelt wiederspiegeln. Da erwiesenermaßen nur die Marktwirtschaft ein freies geistiges Leben erst ermöglicht, ist es vom Markt – und nicht von irgendeiner wie auch immer gearteten übergeordneten Institution – abhängig, was wann in welcher Form publiziert wird. Die moderne Medienwirtschaft bietet so viele Publikationsmöglichkeiten, daß kaum zu befürchten ist, daß wichtige Gedanken und Erkenntnisse unveröffentlicht bleiben. Im übrigen ist die Vielzahl und Unübersichtlichkeit der Buch- und Medienproduktion der Tribut, den wir für eine ungegängelte Meinungsvielfalt zu zahlen haben.

Der *Konzentration auf der Verlagsseite* (s. 3.2) entspricht eine *Konzentration im Buchhandel* (BuB 2). In beiden Sparten der Branche – und auch im sogenannten Zwischenhandel – werden die Großen immer größer. Ihre Marktmacht wächst. Parallel dazu wächst noch immer langsam aber stetig die Zahl der Buchhandlungen, so daß der Vertriebsabteilung im Verlag eine immer größere Bedeutung zukommt. Intensiv nutzen die Verlage alle Möglichkeiten, sich zusätzliche Absatzchancen zu eröffnen und stoßen damit auf die Bereitschaft der Käufer, Bücher überall da zu erwerben, wo sie sich ihnen zum bequemen Kauf darbieten – sei es im Supermarkt, in Fachgeschäften und Filialbetrieben oder an der Tankstelle. Schließlich spielt der Direktverkauf ab Verlag eine immer wichtigere Rolle (s. 2.6 und 2.7).

Konzentration in Verlag und Buchhandel

Der Aufbau elektronischer Publikations- und Vertriebsstrukturen erfordert einen erheblichen Kapitaleinsatz. So trägt die *elektronische Revolution* zur Konzentration bei Herstellern und Händlern bei.

Bestseller hat es in der Branchengeschichte schon immer gegeben. Im Publikumsmarkt dominieren einige wenige Bestseller oft eine ganze Saison. Entstehen Bestseller gleichsam von allein? Oder werden sie von Verlagen mit Hilfe eines aufwendigen Marketinginstrumentariums *gemacht*? Oder bringt sie das Engagement des Handels ins Laufen? Das sind beliebte Streitthemen innerhalb und außerhalb der Branche. Dem künstlichen Push (s. 1.4) sind Grenzen gesetzt, wenn ein Unterhaltungstitel nicht vom Zeitgeist wie von einer Welle getragen wird. Im Special-interest-, Fachmedien- und (Aus-)Bildungsmarkt ist der Nutzwert eines Mediums für den Erfolg ausschlaggebend.

Bestseller und Bestsellerlisten

Bei Bestsellern im Publikumsbereich kommen eine für die Branche überdurchschnittliche Publikumswerbung, ein besonderes Engagement des Handels und die Mund-zu-Mund-Propaganda des Publikums zusammen. Die verschiedenen Bestsellerlisten, vor allem die des Wochenmagazins *Der Spiegel* wirken dabei stimulierend auf den Handel und auf die

Leser, wobei deren Erhebungskriterien nach wie vor undurchsichtig sind. Zwar werden Erhebungen im Handel durchgeführt, aber weder exakte Absatzzahlen nachgefragt noch alle Verkaufswege gleichmäßig berücksichtigt. Eine verläßlichere Quelle über die Absatzmengen bieten die Panels der GfK Nürnberg. Das Einkaufspanel analysiert aufgrund genauer Aufzeichnungen der Testfamilien, welche Titel in welchen Verkaufsstätten gekauft werden. Das neue GfK-Handelspanel für Bücher bezieht seine Daten aus den Kassenscannern der beteiligten Buchhandlungen und greift somit auf überprüfbare Zahlen zurück (s. BuB 2).

Die erste wissenschaftliche Untersuchung zum Phänomen der Bestseller veröffentlichte *Hans-Ferdinand Schulz* unter dem Titel *Das Schicksal der Bücher und der Buchhandel,* in der er die Statistik der deutschen Bücherproduktion von 1911 bis 1950 exakt untersuchte. Auf ähnlich gründliche Weise ist der Buchmarkt der zweiten Hälfte des 20. Jahrhunderts bisher noch nicht untersucht worden.

Fotokopieren

In den Zusammenhang der kostenlosen Nutzung frei zugänglicher elektronischer Informationen, deren Autor oder Veröffentlicher unhonoriert bleibt, gehört das ältere Problem des Fotokopierens. Für wissenschaftliche Verleger ist es problematisch, daß ihre nur in kleiner Auflage veröffentlichten und deshalb teuren Bücher oder Zeitschriften ganz oder teilweise fotokopiert werden – oft nicht zu Lasten des Fotokopierenden, sondern auf Kosten öffentlicher Einrichtungen. Dadurch sinken die Absatzchancen solcher Titel; die Auflagen werden kleiner, der Preis steigt und es entsteht noch mehr Anreiz zum unerlaubten Fotokopieren. Die Fotokopierabgabe öffentlicher Büchereien bringt den Verlagen allerdings einen gewissen Ausgleich (s. 2.1).

Die Bundesregierung bereitet ein Gesetz über eine neu einzuführende *Fotokopierabgabe* auf elektronische Geräte vor, gegen das die Hersteller natürlich Front machen.

Nachwuchskräfte für Führungsaufgaben

Je komplizierter der Markt wird, desto schwieriger wird es für Verlage, qualifizierte *Nachwuchskräfte* für *Führungsaufgaben* zu finden. Zwar streben viele Hochschulabgänger in die Buchbranche, bringen aber vom Studium her nicht die für die Praxis des Verlagswesens notwendigen Voraussetzungen mit. Die Aufmerksamkeit der Studienabgänger gilt dabei zumeist einer Position im Lektorat und nicht den mindestens so reizvollen Aufgaben im Bereich Presse, Öffentlichkeitsarbeit, Werbung, Herstellung und Vertrieb.

Immer wichtiger werden überdurchschnittlich gute EDV-Kenntnisse. Für Spezialisten des *Elektronischen Publizierens* eröffnen sich besonders gute Möglichkeiten (s. 2.3).

Der *Wertewandel* in der Gesellschaft ist nicht ohne Einfluß auf die Verlagsbranche geblieben. Mittelständisch geprägt und patriarchalisch geführt, tun sich noch immer viele Betriebe schwer, zu zeitgerechten *Führungsmethoden* überzugehen. Andererseits ist moderne Buchverlagsarbeit ohne motiviertes Miteinander nicht möglich. Erfolge entstehen überall da, wo es die Verlagsleitung versteht, ein Klima der Kreativität und Begeisterung für die gemeinsamen Ziele zu wecken.

Wertewandel und Führungsmethoden

Das Buch als Medienform hat sich in den Veränderungen der vergangenen Jahrzehnte erstaunlich gut behauptet und in der *Konkurrenz zu anderen Medien* seine spezifischen Vorzüge voll entfaltet. Daß es allerdings nicht mehr das kulturelle Leitmedium ist, sondern diese Funktion an jüngere Medien abgeben muß, diese Einsicht bricht sich in der Branche inzwischen Bahn. In der Tagesarbeit der Verlage spielt die Entscheidung für die richtige mediale Form einer Veröffentlichung und ihr Zusammenspiel mit allen anderen denkbaren Medien eine zunehmend wichtige Rolle.

Medienkonkurrenz

37

1.4 Marketingstrategien von Verlagen

Folgt man der von *Peter Meyer-Dohm* (*1930) ansatzweise entwickelten Verlegertypologie, so identifiziert sich der Verleger mit einer gesellschaftlichen Gruppe. Er bringt die ihren Bedürfnissen entsprechende Literatur heraus. So waren die *Kulturverleger* der Jahrhundertwende (s. 1.5) typische Repräsentanten des Bildungsbürgertums, das sie mit ihren Programmen ansprachen. Verfolgt man den Gedanken weiter, so kommt man zu Unterscheidungsmerkmalen, die sich nach der Zielgruppenansprache der Verlage richten.

Pull-Marketing

Von der Zielgruppenansprache her lassen sich zwei Verlagstypen unterscheiden. Fach- und wissenschaftliche Verlage können ihre Zielgruppen direkt erreichen und betreiben deshalb *Pull-Marketing*. Diese Marktstrategie steht allen Verlagen offen, die sich an soziodemographisch beschreibbare Zielgruppen wenden. Sie erreichen sie direkt durch Adreßverlage, Fachorgane, Kongresse, Multiplikatoren, Meinungsbildner usw. und *ziehen* so die Käufer in den Handel (= *to pull*).

Push-Marketing

Im Unterschied dazu wendet sich der Publikumsverlag an bedürfnisorientierte Zielgruppen, z. B. Leser und Käufer von Unterhaltungs- und Kriminalromanen oder Hobbybüchern. Diese Zielgruppen sind in der Regel soziodemographisch schwer bestimmbar. Für sie sind vielmehr psychodemographische Merkmale wie Lebensmilieu, Kaufverhalten, Wertsetzungen und Einstellungen bestimmend. Der Weg zu ihnen führt über die Massenmedien und den Handel. Werbung in Massenmedien ist teuer und für Verlage kaum bezahlbar. Deshalb konzentrieren Publikumsverlage ihre Absatzbemühungen auf den Verkauf an die vorgelagerte Zielgruppe Handel, von der sie weitgehend abhängig sind (*to push* = drücken).

Push- and pull-Marketing

Das klassische Verfahren der großen Markenartikelhersteller ist das *Push-and-pull-Marketing*. Bei dieser Strategie wird das Publikum vor allem über Werbung in den Massenmedien angesprochen und gleichzeitig wird der Handel stimuliert. In seltenen Fällen haben Publikumsverlage für Bestseller

1. »pull-Marketing«

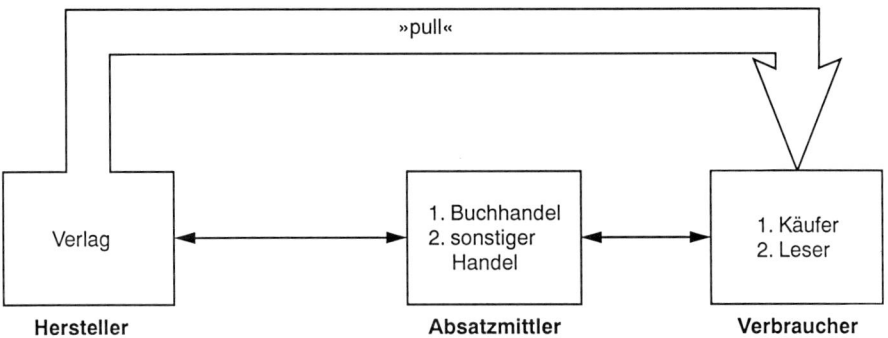

2. »push-Marketing«

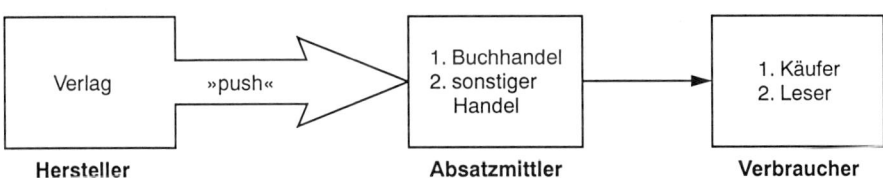

3. »push- and pull-Marketing«

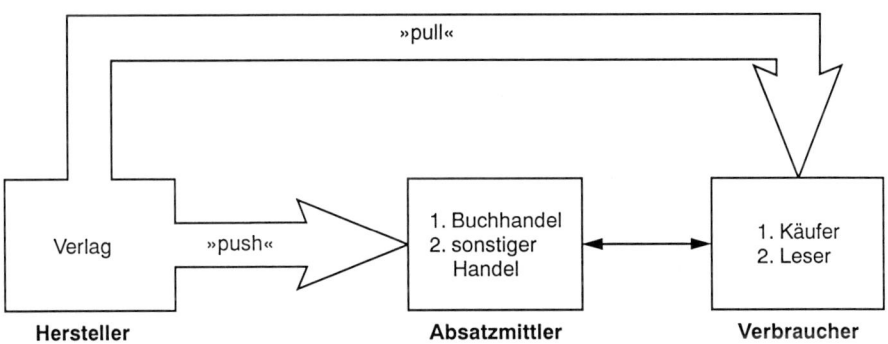

Pull-Marketing ist die Strategie der Fach- und wissenschaftlichen Verlage, während Publikumsverlage vornehmlich push-Marketing betreiben.
Das vom Markenartikel her bekannte push-and-pull-Marketing ist kostspielig und kann deshalb von Verlagen nur in Ausnahmefällen betrieben werden.

Werbeetats kalkuliert, mit denen dieses Modell nachgeahmt werden kann. Eine ähnliche Wirkung tritt ein, wenn sich die Massenmedien eines Themas oder Autors annehmen und damit Käufer und Leser ansprechen, während der Verlag die Früchte erntet, indem er zusätzlich den Handel stimuliert. In bescheidenem Ausmaß bedienen sich auch Fach- und wissenschaftliche Verlage dieses Marketingmodells, wenn sie neben der direkten Zielgruppenansprache nicht nur mit dem kleinen Kreis des traditionellen Fachbuchhandels zusammenarbeiten, sondern für besondere Titel den Buchhandel allgemein anzusprechen und zu aktivieren versuchen.

Das Verlagsmarketing folgt den Leserinteressen

In einem neuartigen Ansatz haben der Verlagsberater *Winfried Ruf* (* 1947) und der Autor des vorliegenden Buches eine Verlagstypologie entwickelt, die von den Bedürfnissen und Interessen der Leser ausgeht. In Anlehnung an den im Zeitschriftenverlagswesen eingeführten Begriff des *special interest* werden danach unterschieden:

- *general interest* (allgemeines Interesse und Unterhaltungsbedürfnis)

- *cultural interest* (kulturell-musisches Interesse)

- *special interest* (spezielles Interesse für eine private Betätigung, die mit quasi fachlichem Anspruch betrieben wird)

- *professional interest* (berufliches Interesse)

- *scientific interest* (wissenschaftliches und Ausbildungsinteresse)

Diese fünf Interessen führen unmittelbar zu den fünf verlegerischen Grundtypen hin:

- *Publikumsverlag*

- *Kulturverlag*

- *Special-interest-Verlag*

- *Fachverlag*

- *Wissenschaftlicher und (Aus-)Bildungsverlag*

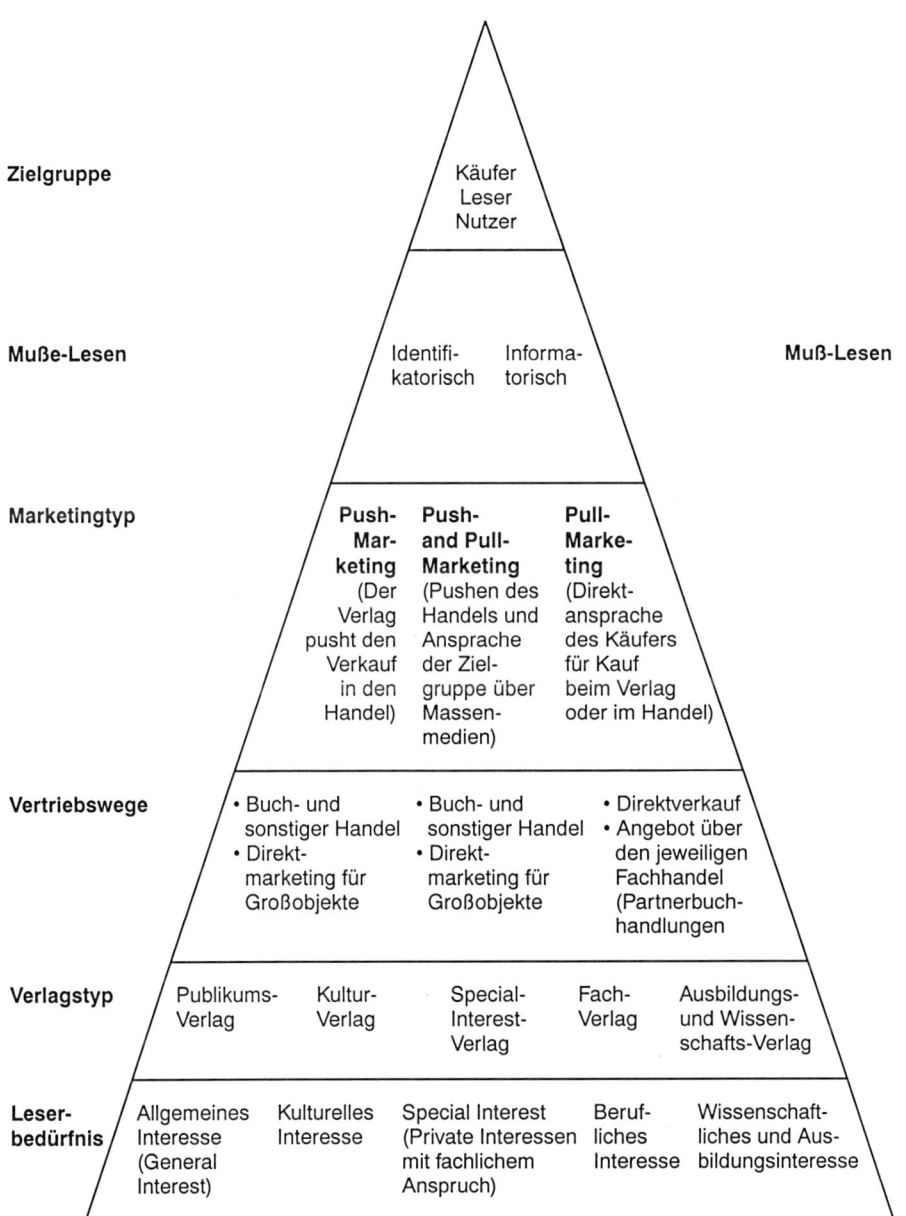

Das Verlagsmarketing folgt den Leseinteressen

Zielgruppe
Käufer
Leser
Nutzer

Muße-Lesen   Identifi-   Informa-   **Muß-Lesen**
                          katorisch   torisch

Marketingtyp
Push-   Push-   Pull-
Mar-   and Pull-   Marke-
keting   Marketing   ting
(Der   (Pushen des   (Direkt-
Verlag   Handels und   ansprache
pusht den   Ansprache   des Käufers
Verkauf   der Ziel-   für Kauf
in den   gruppe über   beim Verlag
Handel)   Massen-   oder im Handel)
               medien)

Vertriebswege
• Buch- und   • Buch- und   • Direktverkauf
  sonstiger Handel   sonstiger Handel   • Angebot über
• Direkt-   • Direkt-   den jeweiligen
  marketing für   marketing für   Fachhandel
  Großobjekte   Großobjekte   (Partnerbuch-
                                            handlungen

Verlagstyp
Publikums-   Kultur-   Special-   Fach-   Ausbildungs-
Verlag   Verlag   Interest-   Verlag   und Wissen-
                              Verlag   schafts-Verlag

Leser-
bedürfnis
Allgemeines   Kulturelles   Special Interest   Beruf-   Wissenschaft-
Interesse   Interesse   (Private Interessen liches   liches und Aus-
(General   mit fachlichem   Interesse   bildungsinteresse
Interest)   Anspruch)

Das Verlagsmarketing folgt den Leseinteressen

Diese weitere Differenzierung führt wiederum zu drei *Marketing*typen:

- Der *Publikums-* und der *Kulturverlag* sind weitgehend vom Handel und den Medien abhängig

- Der *Special-interest-Verlag* bedient sich spezieller Multiplikatoren für spezielle Märkte und ist von diesen abhängig.

- Der *(Aus-)Bildungs-, Fach-* und *Wissenschaftsverlag* ist von seiner Adreßdatei (Database) und von speziell sortierten Fachbuchhandlungen abhängig, die für ihn Depots führen (BuB 1).

Verlagsmarketing im *(Aus-)Bildungs-, Fach- und wissenschaftlichen Bereich* bedeutet also eine differenzierte, exakt bemessene Zielgruppenansprache. Verlagsmarketing von *Special-interest-Verlagen* bedeutet eine Ausrichtung auf ganz spezifische Märkte. Verlagsmarketing für den *Publikumsverlag* dagegen bedeutet herauszufinden, welche Zeitströmungen das Lesepublikum bewegen, und den Buchhandel zu veranlassen, die daraus resultierenden Lese- und Kaufbedürfnisse zu befriedigen. Alle drei Aufgaben gelingen am besten, wenn sich der Verleger im Sinne von *Meyer-Dohm* mit einer gesellschaftlichen oder beruflichen Gruppierung identifiziert oder – wie viele große Figuren der Verlagsgeschichte – mit ihr identisch ist. Die von *W. Ruf* und *W. E. Heinold* entwickelte Verlagstypologie ist auf Seite 41 in einer Pyramide dargestellt.

Werbe- und Anzeigenmarkt

Ergänzend zu den vorstehend beschriebenen Vertriebsmärkten stehen dem Verlag der Werbe- und Anzeigenmarkt sowie der Lizenzmarkt offen. Insbesondere Zeitungs- und Zeitschriftenverlage sind januisköpfig organisiert: Ihr eines Gesicht ist dem Lesermarkt zugewandt, das andere auf den Markt der Werbungstreibenden gerichtet.

Bücher und vor allem Zeitungen und Zeitschriften, ebenso aber auch Software und elektronische Medien bieten zahlreiche Möglichkeiten, Werbeflächen, werbliche und Informationseinträge sowie bewegte Werbung (Software und Online) zu verkaufen. Mögliche Kunden für den Werbemarkt sind all diejenigen Anbieter, die die gleiche Zielgruppe ansprechen wie der Verlag.

Bei Fachzeitschriften gilt als gesunde Mischung das Verhältnis von 50 % Vertriebs- zu 50 % Anzeigenerlösen. *Anzeigenblätter* werden kostenlos verteilt und finanzieren sich ausschließlich durch Anzeigen. Aber es gibt auch Anzeigenblätter, die von ihren Vertriebserlösen leben und Privatinserenten kostenlos offenstehen. Zwischen diesen beiden Polen der vollen Vertriebs- oder vollen Anzeigenfinanzierung sind alle Modelle denkbar und in der Praxis anzutreffen.

Das Internet befindet sich als Werbeträger im Kommen. Es bietet eigenständige Werbeformate, für die sich zumeist englischsprachige Ausdrücke eingebürgert haben: Banner und Buttons, Microsites, Sponsorships, Pop-Up-Windows, Splash-Screens sowie e-Mail-Newsletter.

Die *Deutsche Fachpresse* hat den sogenannten AFM-Standard für Print-Werbeträger entwickelt, nach der die Überzahl der

www.fachpresse.de/media-info

DIE MEDIADATENBANK

DER FACHZEITSCHRIFTEN

PREISE   TITELPROFILE   ZIELGRUPPEN   TERMINE

MEHR INFORMATIONEN
Telefon 0 69/13 06-3 78
Telefax 0 69/13 06-4 17
Großer Hirschgraben 17-21
60311 Frankfurt/Main

Deutsche Fachpresse

Die Deutsche Fachpresse bietet ihren Mitgliedsverlagen die Möglichkeit, ihre Media-Daten in die Media-Datenbank der Fachzeitschriften einzugeben.

Verlage ihre Media-Daten (früher Anzeigentarife) gestalten. Inzwischen gibt es einen zusätzlichen AFM-Standard für Online-Medien.

Werbeträger im Vergleich

Werbeträger	1998
Tageszeitungen	11.477,4
Fernsehen	7.904,9
Werbung per Post	6.806,7
Publikumszeitschriften	3.655,4
Anzeigenblätter	3.446,0
Adreßbücher	2.343,0
Fachzeitschriften	2.205,0
Hörfunk	1.182,7
Außenwerbung	1.100,8
Wochen-/Sonntagszeitungen	487,6
Filmtheater	323,6
Zeitungssupplements	180,5
Gesamt	41.113,6

Werbeumsätze in Deutschland 1998.
Quelle: ZAW-Jahrbuch »Werbung in Deutschland 99«

Die Werbung im Internet ist in dieser Statistik noch nicht erfaßt, da sie 1998 noch in den Kinderschuhen steckte.

Lizenzmarkt

Als dritter Verlagsmarkt gesellt sich der *Lizenzmarkt* hinzu. Produktion und Vertrieb erfolgt hier durch Dritte im Weg der Lizenzvergabe – sei es im In- oder Ausland. Faustregel ist, daß eine Lizenzvergabe immer dann der bessere Weg ist, wenn der Lizenzpartner die Zielgruppe und/oder die Handelswege zu ihr besser erreicht als der Lizenzgeber (s. 2.9). Die drei verlegerischen Märkte sind nachstehend tabellarisch dargestellt.

Die drei verlegerischen Märkte

Vertriebsmarkt	Anzeigenmarkt	Lizenzmarkt
Produktion und Vertrieb in eigener Regie	Verkauf von Werbemöglichkeiten	Produktion und Vertrieb durch Dritte im Weg der Lizenzvergabe
• Nutzung entweder aller oder ausgewählter Groß- und Einzelhandelsvertriebswege • Eigener Direktvertrieb • Vertrieb über eigene Handelskette	• Bezahlte Einträge • Anzeigen • Kleinanzeigen • Bezahlte redaktionelle Beiträge • Übernahme von Labels, Imprints • Beilagen • Beihefter • Kundenbezogene Sonderbeilagen • Kundenbezogene Sonderdrucke • Eigenständige Web-Formate	• Rechteverwertung • Teilverwertung in Printmedien • Sonderauflagen • Produktergänzungen • Veranstaltungen • Verwertungen als Nonbooks • Merchandising • Koproduktion

1.5 Verlagsrichtungen und -typen

Das Gesicht des Verlagswesens wird in der Öffentlichkeit noch immer überwiegend durch die Publikumsverlage geprägt. In der Berichterstattung und im Rezensionswesen spielen schöngeistige (und erzählende Sach-)Bücher die führende Rolle. Die nicht belletristischen Verlagszweige stehen weniger im Rampenlicht der Öffentlichkeit, obwohl sie von erheblicher wirtschaftlicher Bedeutung sind. Die nachfolgende Übersicht stellt die verschiedenen Verlagstypen vor. Sie lehnt sich weitgehend an die innerhalb und außerhalb des *Börsenvereins des Deutschen Buchhandels e. V.* (s. 3.10) tätigen Arbeitsgemeinschaften und Gruppierungen an. Diese Typisierung ist nur eine von mehreren Möglichkeiten (s. Kasten).

Wie sich Verlage definieren und typisieren lassen

Art der Definition	Nutzen der Definition
Nach Verbandszugehörigkeit (Arbeitsgemeinschaften im Börsenverein, sonstige Arbeitsgemeinschaften und Verbände)	Aussage über die thematische Ausrichtung des Verlages
Nach Produktinhalten (Belletristik ./. Sachbuch)	Aussage über die thematische Ausrichtung des Verlages
Nach inhaltlichem Anliegen (Tendenzbetriebe)	Aussage über die thematische Richtung des Verlages
Nach Produktarten (z. B. Taschenbuchverlag)	Herstellerische Aussage
Nach Umsatzgrößenklassen	Wirtschaftliche Aussage
Nach Eigentümerverhältnissen (Individualverleger ./. Unternehmerverleger)	Gesellschaftsrechtliche Aussage
Nach Motivationsstrukturen (Ansatz Meyer-Dohm)	Gesellschaftspolitische Aussage
Nach den Bedürfnissen, die Verlage befriedigen, und dem daraus folgenden Marketingkonzept	Praxisbezogen, marktorientiert

**Adreßbuch-
verlage**

157 Mitgliedsfirmen sind im *Verband Deutscher Adreßbuchverleger* zusammengefaßt. Die Mitglieder des Verbandes verlegen Stadtadreßbücher, Telefonbücher, Wirtschaftsnachschlagewerke und Elektronische Medien. Der Verband spricht neuerdings zusammenfassend von *VerzeichnisMedien*. Sie erwirtschafteten mit rund 10.000 Mitarbeitern im Jahre 1999 einen Umsatz von über 2,36 Mio. DM. Dem seit 80 Jahren bestehenden Verband gehören fast 95 % aller in diesem Bereich tätigen Firmen an. Besonderes Augenmerk legt der Verband, dessen Mitglieder sich freiwillig einer strengen Wettbewerbsordnung unterwerfen, auf die Bekämpfung unlauterer Anbieter unseriöser Verzeichnisse. Die neuen Formen der elektronischen Off- und Online-Medien wurden von den Adreßbuchverlagen frühzeitig aufgegriffen und erfolgreich für die etablierten, aber auch innovative neue Produkte eingesetzt. Erste Produkte der beteiligten Verlage erscheinen nur noch als CD-ROM oder Online-Anbindung, ohne das traditionelle Print-Produkt als Unterstützung. Dieser Trend wird bei den Profianwendungen sicherlich auch in Zukunft weiter anhalten.

25 Mitglieder gehören der 1963 gegründeten *Arbeitsgemeinschaft Baufachverlage (ABV)* an. Es handelt sich um ein erfolgreiches Modell verlegerischer Gemeinschaftswerbung. Aus der Erkenntnis heraus, daß alle Baufachverlage die gleichen Zielgruppen ansprechen, hat die *ABV* eine Reihe von Gemeinschaftswerbemitteln ins Leben gerufen, so die Jahreskataloge *Neue Bücher für Architektur und Planung* und *Neue Bücher für Ingenieurbau und Bautechnik,* dazu *ABV*-Themenverzeichnisse zu interessanten Spezialgebieten, *ABV*-Plakate und ein Sonderverzeichnis *Erprobte Baufachbücher,* das in Kooperation mit der führenden deutschen Fachbuchhandlung für Bauwesen herausgegeben wird. Auch bei Ausstellungs- und Anzeigenaktivitäten und bei der Verkaufsförderung im Buchhandel arbeiten die 25 Verlage über ihre Geschäftsstelle eng zusammen.

Während die Gestaltung der inzwischen durchgehend vierfarbigen Werbemittel (ca. fünf pro Jahr) ständigem Wandel unterliegt, wurde der Grundsatz »ABV-Werbung nur gemeinsam mit dem Buchhandel« konsequent beibehalten mit dem Ergebnis einer unvermindert hohen Akzeptanz bei den Handelspartnern: Jeweils über 500 Buchhandlungen setzen die neuesten ABV-Werbemittel ein, die in Auflagen zwischen je 60.000 bis 110.000 Exemplaren erscheinen. Werte, die bisher keiner der Mitgliedsverlage im Baubereich für sich allein erreicht.

Der Fortschritt der Reproduktions- und Drucktechnik spiegelt sich in der Qualität der am Markt befindlichen Bild- und Kunstbände, deren Verleger im *Arbeitskreis Bild- und Kunstbuchverlage* innerhalb des Börsenvereins zusammengeschlossen sind. Probleme der Kunstbuchverleger ergeben sich z. B. daraus, daß Museen ihre Kataloge in Eigenregie herausgeben oder daß sie für die Aufnahme ihrer Werke in Kunstbücher erhebliche Gebühren verlangen. Viele Bild- und Kunstbände sind nur in internationaler Koproduktion produzierbar, um die erheblichen Grundkosten zu decken. Verlage, die dieses Geschäft perfekt beherrschen, dominieren den Markt (s. 2.9). Noch ungeregelt ist das Problem der Vervielfältigung digitaler Daten für private Zwecke, denn jedermann kann sich heute im Scan-Verfahren Reproduktionen auf technisch einfache

**Baufach-
verlage**

**Bild- und
Kunstbuch-
verlage**

Weise herstellen. Eine neue EU-Richtlinie zu diesem Thema ist in Vorbereitung.

Elektronisch publizierende Verlage

Fach- und wissenschaftliche Verlage

Bereits 1992 wurde innerhalb des Börsenvereins der *Arbeitskreis elektronisches Publizieren (AKEP)* gegründet. Der Arbeitskreis umfaßt rd. 500 Mitglieder aus Verlagen und Buchhandlungen. Rd. 100 der Mitgliedsverlage gehören zu der teilnehmerstärksten *Arbeitsgruppe Elektronische Fachinformation.* Sogenannte *Task Forces* beschäftigen sich mit folgenden Bereichen: E-Book, Internet-Buchhandel, Medienneutrales Publizieren, Virtual Communities, Sicherheit im Netz, Publishing-on-demand, Management des Elektronischen Publizierens.

Die Grenzen zwischen *Fach- und wissenschaftlichen Verlagen* verlaufen fließend. Man wird sagen können, daß der Fachverlag *Literatur für Praktiker* herausbringt, während sich der wissenschaftliche Verlag der *Grundlagen- und Studienliteratur* widmet. Vielfach entwickelt sich aus wissenschaftlichen Buchprogrammen anwenderbezogene Literatur.

Innerhalb der Sachgebiete der *Deutschen Bibliographie* wird nicht zwischen Fach- und wissenschaftlichen Veröffentlichungen unterschieden. So kann für diesen Bereich keine auch nur annähernde Titelzahl genannt werden. In der vom Börsenverein veröffentlichten Schätzung der Verlagsgruppe Bertelsmann über die Umsatzanteile der Buchkategorie zu Endverbraucherpreisen werden Fachbuch, Wissenschaft- und Schulbuch zusammengefaßt und erwirtschafteten 1999 einen Umsatzanteil von 34,9 %. Dazu kommen Vertriebserlöse aus Fach- und wissenschaftlichen Zeitschriften mit einem Umsatzanteil von 10,2 %. Insgesamt ergibt sich ein Umsatzanteil von 45,1 %, das ergibt rund 8,1 Mrd. DM an einem Gesamtumsatz zu Endverbraucherpreisen von rund 18 Mrd. DM. Das zeigt, daß der Bereich der Fach- und wissenschaftlichen Verlage von besonderer wirtschaftlicher Bedeutung ist (s. 3.1).

Das internationale Gewicht des Fachmediensektors gerät immer mehr in den Blickpunkt. So hat im Jahre 1998 der Gütersloher Medienkonzern *Bertelsmann AG* den wichtigen Wissenschaftsverlag *Springer* erworben und die *Bertelsmann-*

48

Springer Fachverlagsgruppe etabliert. Bertelsmann schätzt den Weltmarkt auf ca. 190 Mrd. DM.

Außerhalb des Börsenvereins existiert eine *Arbeitsgemeinschaft Wissenschaftlicher Verleger* und die rechts- und staatswissenschaftlichen Verlage sind in einer eigenen Arbeitsgemeinschaft zusammengeschlossen (s.u.).

Als besondere Gruppe innerhalb der Fach- und Wissenschaftsverlage verstehen sich die so genannten STM-Verlage, die sich mit Naturwissenschaften, Technik und Medizin befassen, wobei sich für die Biologie und ihre Nachbarwissenschaften im Verlagswesen immer mehr der Begriff *life science* einbürgert. Sie sind in der *International Group of Scientific, Technical and Medical Publishers* organisiert.

Eine alljährlich durchgeführte Befragung bei 497 Mitgliedern der *Deutschen Fachpresse* ermöglicht einen Überblick über die wirtschaftliche Bedeutung dieses Marktsegments. Im Jahre 1999 wurden von 3.490 Titeln 502 Mio. Exemplare verkauft und mit ihnen ein Umsatz von 4,358 Mrd. DM Umsatz erzielt. Auf Anzeigenerlöse entfielen davon 53 %.

Insgesamt waren 48 % der Fachverlage 1999 im Bereich *Elektronisches Publizieren* aktiv (Off- und Online-Aktivitäten).

Vier Verlage dominieren den Markt der *Heftromane* und *Taschenromane*. *Bastei* (Bergisch Gladbach) und *Kelter* (Hamburg) verkaufen jährlich zwischen 50 und 70 Mio. Heftromane. *Cora* (Hamburg, zum *Springer*-Konzern gehörig) verkauft rd. 700 Taschenroman-Titel in einer Auflage von 20 Mio. pro Jahr. Die *Verlagsunion Pabel-Moewig* (Rastatt, zur *Bauer*-Gruppe gehörig), bringt mit der Perry-Rhodan-Reihe einen Klassiker unter den Heftromanen heraus. Umsatzzahlen werden traditionell nicht veröffentlicht. Die Leserschaft aber wurde im Auftrag der vier genannten Verlage zuletzt im Jahre 1990 analysiert. Die Studie des Kölner *Instituts für Massenkommunikation* dokumentierte eine breite Streuung der Leser aus allen Bildungs- und Einkommensschichten.

Nach neueren Beobachtungen der beteiligten Verlage werden junge Leser von 14 bis 18 Jahren in immer geringerem Maße

Heftroman-verlage

erreicht. Das Bedürfnis der Jugendlichen nach Trivialliteratur wird vor allem von Begleitzeitschriften zu beliebten Fernsehsendungen wie *Gute Zeiten, schlechte Zeiten* oder *Verbotene Liebe* befriedigt. Marktführer in diesem Segment ist der noch junge *Dino-Verlag* in Stuttgart, dessen Aktien an der Börse gehandelt werden. Inzwischen gibt es bereits Groschenromane im Internet.

Hörbuch-Verlage und Phonoproduzenten

Der Markt für *Hörbücher* ist innerhalb des Tonträgermarktes nur ein kleines Segment, spielt aber im Buchhandel eine wichtige Rolle. Rund. 150 Anbieter – *Labels* genannt – halten ein Angebot von knapp 6 000 Titeln bereit, das sich jährlich um 500 Titel vermehrt. Das Umsatzvolumen wird auf 50 Millionen DM geschätzt. Hörbücher werden von großen Verlagshäusern entweder unter einem eigenen Label produziert oder in Lizenz vergeben. Schätzungsweise 300 Buchhandlungen pflegen das Hörbuch aktiv.

Ein zusätzlicher Markt ist der mit Tonträgern für Kinder, der auf 253 Millionen DM geschätzt wird.

Für Tonträger gibt es keine festen Ladenpreise. Deshalb beobachtet die Buchbranche diesen Markt besonders aufmerksam und registriert seine Entwicklungen. Der Markt war auch 1999 durch einen harten Preis- und Verdrängungswettbewerb gekennzeichnet. Große Handelsketten benutzen Tonträger gern als Lockvogelangebote und verkaufen zum Teil unter Einstandspreis. Daneben behauptet sich ein kleiner traditioneller Facheinzelhandel durch Kundenservice, Beratungsqualität und Sortimentstiefe.

Den großen *Produzenten* wird nachgesagt, daß ihre Programm wenig innovativ sind und daß sie hauptsächlich von der ständig variierten Vermarktung ihrer Substanzen leben. Weil das offensichtlich so ist, haben sich zahlreiche neue kleine Labels mit innovativem Spezialprogramm etabliert und verkaufen teils über den Fachhandel, teils direkt auf dem Versandwege. Im Rahmen ihrer Vermarktungsstrategie entwickelt die Tonträgerindustrie zunehmend Produkte speziell für neue Vertriebswege außerhalb des traditionellen Handels und bezeichnet diese neue Produktform als *Premiums*. Im Musikmarkt haben sich Musikvideos als eigene Kunstform etabliert.

Die leicht rückläufige Absatzentwicklung des Tonträgermarktes ist in einer Tabelle dargestellt. Das Umsatzvolumen ging von 1998 leicht um 145 Millionen DM auf 4,890 Milliarden DM zurück.

Absatzentwicklung (Stückzahlen)

Tonträger	1997	1998	1999
Alle	276,2 Mio.	276,4 Mio.	272,6 Mio.
CDs	196,9 Mio.	196,5 Mio.	198,0 Mio.
Musikkassetten	26,9 Mio.	25,3 Mio.	20,3 Mio.
Langspielplatten	0,4 Mio.	0,6 Mio.	0,6 Mio.
Singles	52,0 Mio.	54,0 Mio.	53,7 Mio.

Quelle: PhonoPress 2000. Bundesverband der phonographischen Wirtschaft, Hamburg.

Hauptproblem der Branche ist neben dem harten Preiswettbewerb der Megastores, Warenhauskonzerne und Elektromärkte das Herunterladen von Musiktiteln aus dem Internet und das digitale Kopieren von CDs. Die Tonträgerindustrie strebt eine CD-Brenner-Gebühr an, die von den CD-Brenner-Herstellern aufzubringen wäre.

Kalenderverlage

Rund 170 Verlage beteiligen sich mit rund 1.000 Produkten an der traditionellen *Kalenderausstellung* alljährlich während der *Frankfurter Buchmesse*. 30 Kalenderverlage sind derzeit im *Arbeitskreis Kalenderverlage* des *Börsenvereins* organisiert, die mit weit mehr als 2.000 lieferbaren Titeln den Großteil der Kalenderproduktion in Deutschland repräsentieren. Die Mitglieder des Arbeitskreises erzielten 1998 einen Umsatz von rund 105 Mio. DM, davon 5 % in Österreich und der Schweiz und 13 % im übrigen Ausland. Diese Zahlen beziehen sich nur auf im Handel verkaufte Kalender, wobei der Sortimentsbuchhandel mit 78 % die Spitze einnimmt. Darüber hinaus werden erhebliche Umsätze direkt mit Industriekunden erzielt, für die Kalender als Werbegeschenke hergestellt werden.

**Kartographi-
sche Verlage**

14 Verlage sind im *Verband der Kartographischen Verlage und Institute* zusammengeschlossen. Die Mitglieder des Verbandes bringen Atlanten, Karten jeder Art und Globen in den Handel und erreichen damit zum Teil beachtliche Umsätze.

**Kinder-
und Jugend-
medienverlage**

Rund 70 Verlage aus Deutschland, Österreich und der Schweiz sind in der *Arbeitsgemeinschaft von Jugendbuchverlagen (AvJ)* zusammengefaßt. Die AvJ arbeitet mit einer Reihe von anderen Organisationen zusammen, die sich ebenfalls der Leseförderung widmen (s. Anhang).

Kinder- und Jugendbuchverlage erreichen ihre Leser – vor allem Kinder, aber auch Jugendliche – vorwiegend auf dem Weg über Erwachsene. Diese müssen für Bücher und Autoren in ihrer jeweiligen Eigenschaft gewonnen werden: als Eltern, Verwandte, Lehrer, Kindergärtnerinnen, Buchhändlerinnen und Buchhändler, Bibliothekarinnen und Bibliothekare sowie Wissenschaftler und Mitarbeiter der Presse und der Medien. Der Verband hat es sich zur Aufgabe gemacht, den Mittlern und Vermittlern im Bereich des Kinder- und Jugendbuches »Hilfe und besonders differenzierte und eindringliche Informationen« zu geben. Das geschieht durch die Herausgabe von Broschüren mit Leseempfehlungen für Kinder und Jugendliche, z. B. zu Neuerscheinungen oder Taschenbüchern.

Außerdem bietet der Verband Teilnahmemöglichkeiten an Gemeinschaftsständen auf Fachmessen und gibt einen Lizenzkatalog in Englisch heraus. Der Verband ist mehr oder minder identisch mit der parallel existierenden *Arbeitsgemeinschaft Jugendbuchverlage* innerhalb des Börsenvereins.

Mindestens ebenso umsatzstark wie der Buchbereich ist der Bereich *Kinder- und Jugendzeitschriften.* Unter den rd. 120 Objekten aus rd. 50 Verlagen sind *Bravo* für die Teenies und *Micky Mouse* für die Kids die Marktführer. Eine weitere wesentliche Rolle spielen Fernsehbegleitzeitschriften sowie Musik- und Sporttitel sowie kostenlos verteilte Kundenzeitschriften für Kinder. Im Jahre 1999 wurden schätzungsweise über 300 Mio. Zeitschriftenexemplare verkauft, mit denen ein Nettoumsatz von über 1 Mrd. DM erzielt wurde. Dazu

52

kommen die Anzeigenerlöse, die sich im Bereich von 100 bis 200 Mio. DM bewegten.

Das *Adreßbuch für den deutschsprachigen Buchhandel* 2000/ 2001 weist 17 032 Verlagsnamen aus. In der Überzahl handelt es sich dabei um institutionelle oder private Selbstverleger, Gelegenheitsverleger, kleine Fachverlage, weltanschaulich ausgerichtete Verlage sowie Produzenten literarischer Raritäten und bibliophil ausgestatteter Drucke – neben aus Liebhaberei oder ideologischen Gründen betriebenen Unternehmen auch solche, die sich – professionell geführt – bewußt auf eine Marktnische konzentrieren. Im *Verzeichnis lieferbarer Bücher* sind Erzeugnisse von mehr als 20.000 Verlagen und Institutionen aufgeführt (s. 3.4).

Kleinverlage

In der Umsatzsteuerstatistik 1997 sind 2.374 Verlage mit einem Umsatz von weniger als 1 Mio. DM erfaßt. Sie setzten im Jahre 1996 knapp 500 Mio. DM um und erreichten damit einen Anteil von gerade einmal 2 % am Gesamtumsatz der Buchverlage.

So gering die wirtschaftliche Bedeutung dieser kleinen Unternehmen ist, so wichtig sind sie als »Humusschicht« für das publizistische und literarische Geschehen.

Derjenige Teil der Kleinverlage, die sich der literarischen, künstlerischen, politischen und gesellschaftlichen Avantgarde verpflichtet fühlen, präsentiert sich auf der *Mainzer Minipressen-Messe*. Diese Messe findet alle zwei Jahre in Mainz statt und stellt regelmäßig über 360 künstlerische Handpressen- und Kleinverlage aus 13 Ländern vor. Sie wird von einem umfangreichen Rahmenprogramm begleitet. Die virtuelle *Minipressen-Messe* im Internet verzeichnet das Verlagsprogramm von über 500 Kleinverlagen und Handpressen mit der Möglichkeit, direkt beim jeweiligen Verlag zu bestellen (s. Anhang 6.).

Kleinverlage innerhalb des Börsenvereins haben sich im *Arbeitskreis kleinerer Verlage* organisiert. Individuell wie sie sind, finden sich Kleinverlage nach wie vor nur unter Schwierigkeiten zu kooperativen Arbeits- und Produktionskreisen zusammen.

Kleinverlage, die sich auf einen der Grundmärkte (s. Abb. S. 41) konzentrieren, haben durchaus ihre Chance, wenn sie innerhalb dieses Grundmarktes weiter segmentieren und sich mit einer Zielgruppe vernetzen, sofern diese groß und kaufkräftig genug ist, um einen Nischenverlag zu tragen. Gerade für diese Unternehmen bieten die Möglichkeiten des elektronischen Publizierens (s. 2.3) neue Chancen.

Hauptproblem der Kleinverlage bleibt neben der Schwierigkeit, sich den Buchhandel zu erschließen, die Finanzierungsfrage für Produktion und Werbung.

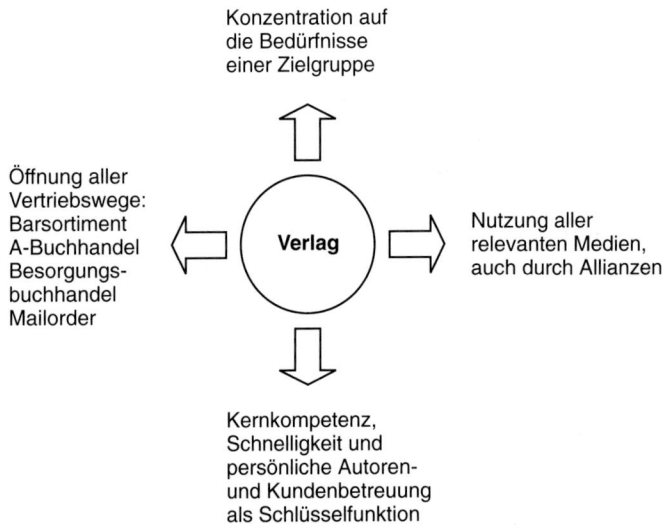

Zukunftssicherung für kleine Verlage

Konfessionelle Verlage

Gutenberg und seine unmittelbaren Nachfolger druckten vornehmlich religiöse und theologische Schriften. So haben die *konfessionellen Verlage* die reichste Tradition, und in ihren Reihen sind Unternehmen mit langer Geschichte anzutreffen. Neben konfessionell ausgerichteten Privatverlagen stehen Verlage, die von der Kirche oder einer kirchlichen Organisation getragen werden.

54

Traditionsreich sind auch die Zusammenschlüsse der konfessionellen Verleger. Die *Vereinigung Evangelischer Buchhändler e. V.* wurde 1925 in Leipzig gegründet und geht auf zwei Vorgängerverbände mit den Gründungsjahren 1886 und 1895 zurück. Der *Verband Katholischer Verleger und Buchhändler e. V.* wurde 1906 gegründet. Der *VEB* und der *VKB* gehören zur Zeit jeweils rund 80 Verleger an. Beide Verbände haben außerdem buchhändlerische Mitglieder. Ende 2000 wurde die VKB mit der AKP (Arbeitsgemeinschaft Katholische Presse) fusioniert.

Die in München ansässige *Medien-Dienstleistungs-GmbH (MDG)* ist eine von der katholischen Kirche getragene Einrichtung zur Unterstützung religiöser Publizistik. Anläßlich ihres 25jährigen Bestehens hat sie den *Trendmonitor Religiöses Buch* und die Studie *Religiöse Kommunikation 2000* vorgelegt. Danach lesen 7 % der Bevölkerung häufig, weitere 7 % gelegentlich und 25 % selten religiöse Bücher. Von religiös orientierten Verlagen werden jährlich rd. 3 000 Titel herausgebracht, das sind über 5 % der Titelproduktion.

Die Käufer religiöser Bücher bevorzugen folgende Verkaufswege (Mehrfachnennungen waren möglich):

- 76 % über Buchhandlungen mit breitem allgemeinem Angebot

- 17 % über Versandkataloge

- 16 % über konfessionelle Buchhandlungen

- 15 % über Büchertische

- 12 % über Weltbildplus-Läden

- 10 % über Schriftenstände

- 5 % über Klosterläden

- 3 % über das Internet

Die befragten konfessionellen Buchhändler und Verleger sind der Ansicht, daß die Bedeutung von Sortiments- und Großbuchhandlungen mit religiöser Abteilung sowie von Schriftenständen eher abnimmt, wohingegen insbesondere den *Klo-*

sterläden, dem Direktvertrieb religiöser Verlage und den Internet-Buchhandlungen mit religiösem Sortiment größere Bedeutung zugemessen wird.

Eine Besonderheit des katholischen Buchwesens stellt der in Bonn ansässige *Borromäusverein* dar, der 1844 gegründet wurde. Zweck des Vereins ist es, auf katholischer Grundlage Bücher und andere Medien religiösen, allgemeinbildenden und unterhaltenden Inhalts zu verbreiten, indem er diese zum Eigenbesitz vermittelt und die katholischen öffentlichen Büchereien in Kirchengemeinden und anderen kirchlichen Einrichtungen fördert. Dem Borromäusverein sind rd. 3 000 Vereine angeschlossen, die jeweils örtliche Büchereien unterhalten.

Lehrmittelverlage

Lehrmittelverlage und *-hersteller* sind zusammen mit Einrichtern und Ausstattern und dem Fachhandel für Kindergarten, Schule/Hochschule, Berufliche Qualifizierung, Weiterbildung und Training, Selbstlernen und Privates Lernen im Deutschen Didacta Verband zusammengeschlossen. Der Verband ist so ähnlich konstruiert wie der Börsenverein, der ebenfalls Hersteller und Händler unter einem Dach vereinigt. Der Verband hat die beiden bisher von ihm früher allein veranstalteten Messen, *didacta* und *KINDERGARTEN,* in die nunmehr gemeinsam mit dem *Verband der Schulbuchverlage* veranstaltete *Bildungsmesse* eingebracht, die jährlich an wechselnden Standorten stattfindet.

didacta

Deutscher Didacta Verband

Lexikonverlage

Der Begriff *Lexikon* hat einen Bedeutungswandel durchgemacht. Zunächst bezeichnete er ausschließlich ein- oder mehrsprachige Wörterbücher, später wurde er auf allgemeine Nachschlagewerke ausgeweitet.

Die Aufklärung im 18. Jahrhundert schuf den Begriff der *Enzyklopädie,* die das gesamte Wissen der Menschheit systematisch aufbereitete und erfaßte. Den Enzyklopädien folgten im 19. Jahrhundert die Konversations- und Universallexika für das gebildete Bürgertum, die das Wissen der Zeit popularisierten.

Aus ihnen wiederum entwickelten sich enzyklopädisch angelegte Großlexika als vielbändige Wissensspeicher. Groß-

lexika sind interessante Vertriebsobjekte für den Versandbuchhandel (s. 4.10).

Neben den Großlexika gibt es eine unübersehbare Menge
von Speziallexika, ein- und mehrsprachigen Wörterbüchern
und sonstigen Nachschlagewerken, die in den verschiedensten
Verlagen erscheinen.

Große Namen des deutschen Lexikonwesens sind die heute
vereinigten Verlage *Bibliographisches Institut* (mit *Meyers
Enzyklopädischem Lexikon* und dem *Duden)* und *Brockhaus,*
der katholisch geprägte Verlag *Herder,* der besonders ver-
triebsstarke *Bertelsmann LEXIKOTHEK-Verlag* sowie auf dem
Gebiet der Sprachwörterbücher der *Langenscheidt-Verlag.*

Spezielle Probleme für *Lexikonverlage* ergeben sich aus der
explosionsartigen Wissensvermehrung in allen Bereichen.
Andererseits bietet das *Elektronische Publizieren* Lexikonverlagen die Möglichkeit, ihre Informationen mehr oder minder tagesaktuell aufzubereiten und im Netz zur Verfügung
zu stellen. Es ist vorauszusehen, daß die Großlexika durch
electronic publishing abgelöst werden. So ist das berühmte
Wörterbuch *Oxford Dictionary* in der vielbändigen großen
Ausgabe nur noch online gegen eine hohe Jahresabo-Gebühr
zugänglich und eine gedruckte Ausgabe kommt erst wieder
– wenn überhaupt – 2010 auf den Markt.

Möglicherweise werden die Wörterbuch- und Lexikonverlage
ihre Datenbestände zukünftig nur noch tagesaktuell online
bereithalten, abzurufen gegen Gebühr oder im Abonnement,
und alljährlich einbändige aktuelle Kurzlexika in gedruckter
Auflage auf den Markt bringen.

Der *Deutsche Musikverleger-Verband e. V.* in Bonn vertritt **Musikverlage**
die Interessen der deutschen Musikverlage, deren Aufgabe
es ist, die ihnen von den Autoren anvertrauten Werke der
Musik sowohl in gedruckter Form erscheinen zu lassen wie
für deren Verbreitung über Funk und Fernsehen, durch büh-
nenmäßige Aufführungen bzw. durch Veröffentlichungen und
über sonstige moderne Medien zu sorgen.

Die Veröffentlichungspraxis ist unterschiedlich und richtet
sich nach dem Charakter des Werkes (Ernste oder Unterhal-

tungs- und Pop-Musik). Auch die Arbeitsweise von E- und U-Verlagen ist sehr unterschiedlich.

Der Verband bemüht sich um den Ausbau des Urheberrechts im engen Kontakt mit den staatlichen Organen und den fachverwandten Verbänden. Zur Zeit wird die Einführung eines elektronischen Bestellwesens für Musikalien getestet. Der Umfang der lieferbaren Titel beläuft sich auf rd. 750 000. Der Hauptumsatz im Musikalienhandel wird mit 60 000 Titeln gemacht. Im Musikalienbereich sind vier selbständige Großhändler tätig.

Musikverlage veröffentlichen neben Musiknoten auch Musikbücher. Der 1985 erstmals erschienene Spezialkatalog *Musik* wurde bis 1998 jährlich herausgebracht und ist nach einer zweijährigen Pause im Jahr 2000 wieder erschienen. Der Katalog ist eine Gemeinschaftsproduktion des Deutschen Musikverleger-Verbandes und des *Verlages K. F. Koehler*, Stuttgart.

Auskünfte über die Zahl seiner Mitglieder und deren Umsätze oder andere Marktdaten waren vom Verband leider nicht zu erhalten.

Publikums-verlage

Ausschließlich *belletristische* Verlage sind kaum noch am Markt zu finden. Eine Ausnahme ist der in Zürich ansässige *Diogenes Verlag,* der keine Sachbücher im Programm hat. Im übrigen erscheinen in fast allen belletristischen Verlagen auch Sachbücher, weshalb der *Verband Schöngeistiger und Wissenschaftlicher Verlage (VSWV)* bereits 1977 in der *Arbeitsgemeinschaft Literarische und Sachbuchverlage* innerhalb des Börsenvereins aufging, die sich inzwischen in *Arbeitsgemeinschaft Publikumsverlage* umbenannt hat.

Der belletristische und Sachbuchverlag ist es, der in der Öffentlichkeit oft pars pro toto genommen wird. Er verlegt die bekanntesten Autoren, spiegelt Zeitströmungen am deutlichsten wider und ist mit seiner Produktion für die Massenmedien interessant. Der Kritik und den Feuilletons liefert er Stoff für ihre Spalten. Dieser Verlagstypus hat sich zu Beginn unseres Jahrhundert entwickelt. Der Buchhandelshistoriker *Gerd Schulz* (*1922) hat einen Ausdruck von *Eugen*

Diederichs aufgegriffen und von den »Kulturverlegern der Jahrhundertwende« gesprochen. Zu ihnen gehörten *Samuel Fischer* (1859 – 1934), *Albert Langen* (1869 – 1909), *Eugen Diederichs* (1867 – 1930), *Georg Müller* (1877 – 1917), *Reinhard Piper* (1879 – 1953), *Anton Kippenberg* (1874 – 1950), *Ernst Rowohlt* (1887 – 1960) und *Kurt Wolff* (1887 – 1963).

Der heutige *Kulturverlag*, oft gemeint, wenn allgemein vom *Verlag* die Rede ist, deckt innerhalb des *allgemeinen Interesses,* das die Publikumsverlage bedienen, ein spezielles Segment ab und grenzt damit an den *Special-interest-Verlag* (s. Abb. S. 41).

Das Geschäft der Publikumsverlage ist kapitalintensiv und risikoreich, weshalb es auf diesem Gebiet die meisten Zusammenschlüsse und Aufkäufe durch große Verlagshäuser gegeben hat und weiterhin gibt, nicht zuletzt im internationalen Maßstab. So erwirtschaftet z. B. innerhalb des Gütersloher Medienkonzerns Bertelsmann die Produktlinie Buch von insgesamt 8 Mrd. DM Umsatz weltweit nur noch rund 1,8 Mrd. DM im Inland. Laut Betriebsvergleich 1998 des Kölner *Instituts für Handelsforschung* fällt auf Belletristik (Hardcover) 11 % des Umsatzes der beteiligten Buchhandlungen. Der Taschenbuchumsatz, der ebenfalls erhebliche Belletristik-Anteile enthält, wurde mit 15 % ermittelt. Im Jahr 1999 waren nach der Statistik der *Deutschen Nationalbibliographie* 37,9 % aller belletristischen Neuerscheinungen Taschenbücher.

Der Begriff *Ratgeber* ist vermutlich auf die Reihe *Praktische Ratgeber* zurückzuführen, die der *C. Bertelsmann* Verlag in den 50er Jahren in enger Zusammenarbeit mit dem *Bertelsmann Lesering* schuf. Bücher mit Ratgeberfunktion freilich gibt es beinahe schon so lange, wie es Bücher gibt. In den Jahrzehnten nach dem Zweiten Weltkrieg hat diese Literaturgattung besondere Bedeutung gewonnen. Einer der Marktführer, der jetzt zu Bertelsmann gehörende *Falken-Verlag*, hat schon 1933 mit der Herausgabe von Ratgeberbüchern an seinem damaligen Firmensitz Berlin begonnen. Der neuartige Typus des praktisch anwendbaren Buches bekam nach

Ratgeberverlage

59

dem Krieg neue Impulse vom amerikanischen Markt, wo die *How-to-do*-Publikationen eine wichtige Rolle spielen. Ratgeber ergänzen die belletristischen und Sachbuchprogramme verschiedener Publikumsverlage. Einige Verlage haben sich auf Ratgeber spezialisiert und bringen nur diesen Buchtyp heraus. Unter dem Begriff werden inzwischen auch Buchtypen zusammengefaßt, die es schon vor seiner Erfindung gab, wie etwa Kochbücher, Bestimmungsbücher für Tiere und Pflanzen u. ä.

Wegen der zunehmenden Bedeutung dieses Buchtyps im Buchhandel besteht unter den Ratgeberverlagen ein heftiger Wettbewerb, der sich für den Käufer in günstigen Preisen und ausstatterischer Qualität der Produkte niederschlägt.

Ratgeberliteratur gehört zu den am schnellsten wachsenden Segmenten im deutschen Buchmarkt. Nach einer im Auftrage des *Börsenvereins* vom Marktforschungsinstitut *INRA* im Februar 2000 durchgeführten Befragung bei 2 000 repräsentativ ausgewählten Verbrauchern ab 14 Jahren haben 41,7 % aller Verbraucher in den vergangenen zwölf Monaten einen Ratgeber gekauft. Ratgeber sind nach dieser Studie quer durch alle Bevölkerungsschichten gefragt.

Rechts- und staatswissenschaftliche Verlage

Mit jährlich etwa 3.000 Neuerscheinungen und damit 5 bis 6 % der gesamten Titelproduktion sind die *rechts- und staatswissenschaftlichen Verlage* am Markt vertreten. Der Markt ist durch Long- und Steadyseller gekennzeichnet (s. *BuB* 5). Das bedeutet, daß relativ viele Titel und mehr Titel als auf anderen Fachgebieten mehrfach aufgelegt werden, und zwar in der Regel in immer wieder aktualisierten Neuauflagen. Auch spielen Loseblattwerke eine besondere Rolle, dazu in zunehmendem Maße elektronische Informationen. Die Zahl der Zeitschriftentitel auf den Gebieten Recht, Wirtschaft und Gesellschaft wird auf rund 500 geschätzt. Rund 40 Verlage gehören der *Arbeitsgemeinschaft rechts- und staatswissenschaftlicher Verlage e. V.* an.

Arbeitsgemeinschaft rechts- und staatswissenschaftlicher Verlage e.V.

Die Schrift *Die Arbeitsgemeinschaft rechts- und staatswissenschaftlicher Verleger – Die Mitgliedsverlage und ihre Programme* erscheint jeweils aus Anlaß des Deutschen Juristentages im vierjährigen Rhythmus, zuletzt als 8. Ausgabe 1998, jeweils mit dem Geleitwort eines namhaften Juristen. Sie enthält auch Register der von den Mitgliedsverlagen publizierten Reihen und Zeitschriften sowie der betreuten Verlagsgebiete.

Baedeker, Grieben und andere schufen im vergangenen Jahrhundert den Typ des *Reiseführers*, der zunächst auf den mehr oder minder anspruchsvollen reisenden Bildungsbürger ausgerichtet war. Mit der nach dem Zweiten Weltkrieg einsetzenden Reisewelle schossen die Reiseführerreihen wie Pilze aus dem Boden. Zu ihnen gesellten sich zahlreiche Sonderformen wie Auto-, Wander-, Radfahr- und Skiatlanten. Als weitere Sondergattung bildeten sich Restaurantführer heraus. Globetrotter und Alternative schufen sich eigene Reiseführerreihen.

Reiseführer- und Touristikverlage

Der boomende Reisemarkt führt zu einem sehr harten Wettbewerb der Verlage untereinander mit der Folge, daß einige wenige Unternehmen diesen Markt dominieren und es in den letzten Jahren zu zahlreichen Aufkäufen und Zusammenschlüssen gekommen ist.

Die *Schulbuchverlage* arbeiten in einem komplexen Beziehungsgeflecht aus Lehrplanentwicklung, staatlichen Zulassungsverfahren, pädagogischen »Trendsetzungen« und restriktiver öffentlicher Schulbuchfinanzierung (»Lernmittelausleihe«). Aufgrund der Kulturhoheit der Länder, die zu de facto 16 unterschiedlichen Schulsystemen mit eigenen Fächern, Schularten und Lehrplänen führte, gibt es keinen einheitlichen Schulbuchmarkt, sondern 16 Teilmärkte. Hierfür werden spezielle Lehrwerke und Unterrichtsmaterialien (»Regionalausgaben«) hergestellt, die nur in dem jeweiligen Bundesland abgesetzt werden können. Zentrales Problem für die Schulbuchverlage ist das Leihsystem von Schulbüchern, durch das einmal angeschaffte Lehrwerke immer wieder von Schülerjahrgang zu Schülerjahrgang ausgeliehen werden, teilweise bis zu 10 Jahre. Dadurch wird die Einführung neu entwickelter Lehrwerke erheblich erschwert, gelegentlich unmöglich gemacht.

Schulbuchverlage

Im Verband der Schulbuchverlage sind 69 Verlage, die Werke zu Unterrichtszwecken herausgeben, zusammengeschlossen.

Nach Verbandsangaben beliefen sich die Gesamtumsätze 1998 auf ca. 830 Millionen DM, die Zahl der Schüler beträgt in Deutschland ca. 12,7 Millionen.

Zu den Publikationsbereichen der Schulbuchverlage zählen im wesentlichen Literatur für das allgemeinbildende Schulwesen sowie Fachbücher für die berufliche Aus- und Weiterbildung in Schule und Betrieb. Zu den neuen Produktionsgebieten, in die die Schulbuchverlage seit einigen Jahren massiv investieren, zählen Lernsoftware und Online-Angebote. Die Software-Angebote für Schüler beziehen sich derzeit primär auf Sprachen und Naturwissenschaften wie die berufliche Bildung. Online können sich speziell Lehrer z. B. über neue Lehrwerke, Aktualitätendienste, Unterrichtsideen und -konzepte u. a. m. informieren und viele Materialien für die Unterrichtsvorbereitung und -durchführung abrufen. Angrenzende Arbeitsfelder beziehen sich auf die Erwachsenenbildung sowie auf pädagogische und wissenschaftliche Literatur.

Der Verband beabsichtigt, sich ab 2001 in *VdS Bildungsmedien e. V.* umzubenennen, um das Schwergewicht vom Schulbuch auf Bildungsmedien allgemein zu verlagern.

INSTITUT FÜR
BILDUNGSMEDIEN EV
FRANKFURT AM MAIN

Das vom *Verband der Schulbuchverlage* getragene *Institut für Bildungsmedien e. V.* in Frankfurt/M. betreibt Öffentlichkeitsarbeit für das Schulbuch und Lernmedien. Das Institut erschließt u. a. die Vielfalt der Schulbücher durch übersichtliche Verzeichnisse wie den *schulbuch kompaß, medien kompaß, fachbuch kompaß* und stellt im *online kompaß* den Internet-Auftritt der angeschlossenen Verlage dar.

Taschenbuchverlage

Das Taschenbuch in seiner jetzigen Form gilt als amerikanische Erfindung. Vorläufer in Deutschland waren die *Tauchnitz-Edition* – eine *Collection of British and American Authors* –, die von 1841 bis 1945 erschien, sowie *Reclams Universal-Bibliothek*, die 1867 gegründet wurde und seitdem ununterbrochen erscheint.

Die ersten Taschenbuchreihen nach dem Zweiten Weltkrieg brachten *Rowohlt* (1950) und *S. Fischer (Fischer Bücherei)* heraus. Im Jahre 1951 entstand neben der Fischer Bücherei auch die Reihe *Bürgers Taschenbücher*, die später von *Ull-stein* übernommen und als *Ullstein-Taschenbuchverlag* fortgeführt wurde.

Der Anteil der Taschenbücher an der Gesamtproduktion ist in den Jahren nach dem Krieg stetig angestiegen. Am Gesamtumsatz der Buchbranche zu Endverbraucherpreisen sind Taschenbücher nach einer Schätzung der Verlagsgruppe Bertelsmann mit 9,7 % beteiligt (Basis 1999). Die am Betriebsvergleich des Kölner *Instituts für Handelsforschung* beteiligten Firmen weisen 14 % Umsätze mit Taschenbüchern aus (Basis 1998).

Der Taschenbuchverlag unterliegt den gleichen Marktgesetzen wie der Publikumsverlag, unterscheidet sich von diesem aber durch die monatliche Erscheinungsweise der Novitäten. Er erreicht mit seinen Titeln eine größere Zahl von Verkaufsstellen und wegen seiner niedrigen Ladenpreise auch eine höhere Verbreitung.

Anteil der Taschenbücher an der Titelproduktion (Basis Erstauflagen) nach Sachgruppen 1999

Sachgruppe	Erstauflage insgesamt	Taschen-bücher Erstauflage	Anteil Taschenbücher in %
Allgemeines	4.628	515	11,1
Philosophie, Psychologie	2.767	504	18,2
Religion, Theologie	3.267	217	6,6
Sozialwissenschaften	15.538	499	3,2
Mathematik, Naturwissenschaften	4.361	145	3,3
Angewandte Wissenschaften, Medizin, Technik	9.520	366	3,8
Kunst, Kunstgewerbe, Photographie, Musik, Spiel, Sport	4.783	238	5,0
Sprach- und Literaturwisssenschaft, Belletristik	10.536	3.117	29,6
Geographie, Geschichte	5.419	461	8,5
Insgesamt	60.819	6.062	10,0

Quelle: Buch und Buchhandel in Zahlen 2000. Frankfurt/M.: Buchhändler-Vereinigung 2000.

Der *Arbeitsgemeinschaft (AG) Taschenbuchverlage* im *Börsenverein* sind 30 Verlage angeschlossen.

Theater-verlage

Der *Verband Deutscher Bühnenverleger e. V.* ist der Zusammenschluß der Theaterverlage *(Medienverlage* und *-agenturen, Musikverlage)* des deutschen Sprachraums. Dem 1960 gegründeten Verband gehören 88 Verlage und Medienagenturen an. Es sind überwiegend Verlage des non-print-Bereiches, die sich im wesentlichen oder ausschließlich mit der Vertretung ihrer Autoren gegenüber den Bühnen, Sendeanstalten, Film-, und Video- und Tonträgerproduzenten befassen sowie Verträge über sonstige Nutzungen abschließen. Hierzu gehören u. a. Buchverlage, die in ihren Häusern eigene Theater- oder Medienabteilungen eingerichtet haben. Die Verlage sind entweder selbst Rechteinhaber oder sie treten für die Autoren als Agentur auf. Beide Male handelt es sich um die *individuelle Wahrnehmung* bzw. Vertretung der sogenannten *Großen Rechte*, die grundsätzlich nicht kollektiv von Verwertungsgesellschaften verwaltet und lizensiert werden. *Autoren der Verlage* sind neben *Bühnenautoren* (Wort und Musik) zunehmend *Autoren* von *Original-Fernseh-* oder *Hörspielen* sowie von *Filmdrehbüchern*.

Mitglied des *Verbandes Deutscher Bühnenverleger* kann jeder Verlag werden, der sich mit dem Schwerpunkt seiner Geschäftstätigkeit oder mit einer eigens hierfür eingerichteten Abteilung nachhaltig mit der Nutzung dramatischer Werke jeder Art, insbesondere für Bühne, Rundfunk, Film, Multimedia und andere digitale Medien befaßt und seinen Sitz oder seine Niederlassung im deutschsprachigen Raum hat.

Zweck und Aufgabe des *Verbandes Deutscher Bühnenverleger* ist es, seine Mitglieder in ihrer verlegerischen Arbeit zu beraten und einen Erfahrungsaustausch der Mitglieder untereinander sowie mit anderen Organisationen durchzuführen. Er ist Interessenvertreter seiner Mitglieder, ohne jedoch befugt zu sein, sie rechtlich zu binden. Eine auf wirtschaftlichen Gewinn gerichtete oder politische Tätigkeit ist ausgeschlossen.

Der *Verband Deutscher Bühnenverleger* hat mit dem *Deutschen Bühnenverein – Bundesverband Deutscher Theater –*

und mit den *öffentlich-rechtlichen Rundfunkanstalten* Deutschlands *Regelwerke* erarbeitet, die die *üblichen Vertragsbedingungen* einschließlich der dem Autor zustehenden Urhebervergütung wiedergeben und in Abständen fortgeschrieben werden. Mit den privaten Rundfunkveranstaltern sind bislang keine Rahmenbedingungen vereinbart worden.

Der *Verband Deutscher Bühnenverleger* ist zusammen mit der *Dramatiker-Union* Gesellschafter der *NEUE ZENTRALSTELLE der Bühnenautoren und Bühnenverleger GmbH*, die über einen umfangreichen *Rechtenachweis* verlegter Bühnenwerke verfügt. Die *Dramatiker-Union* ist der älteste überregionale Autorenverband in Deutschland.

Neben ihren zentralen Abrechnungsfunktionen für die Bühnenbranche nimmt die *NEUE ZENTRALSTELLE* auch dokumentarische Aufgaben wahr. Sie führt eine fast lückenlose aller seit 1945 in deutscher Sprache erschienenen Bühnenwerke – einschließlich der nur als Manuskript veröffentlichten. Über diese rund 85.000 Stücke enthaltende Kartei ist eine zuverlässige Auskunft über die Rechtsinhaberschaft möglich.

Leider gehört auch dieser Verband zu den Institutionen, die sich über Umsätze ausschweigen.

Die ca. 30 Video-Programmanbieter sind im *Bundesverband Video (BVV)* zusammengeschlossen. In dieser Branche wird zwischen drei Umsatzbereichen unterschieden, dem Kaufvideo-Markt, dem DVD-Kaufmarkt und dem Vermietmarkt. *DVD (Digital Versatile Disc)* ist ein neues, erst 1999 im Markt eingeführtes Medium, das eine äußerliche Ähnlichkeit mit Audio-CDs hat und gegenüber Video-Kassetten eine erheblich höhere Speicherkapazität aufweist.

Video-Produzenten

Im Jahre 1999 sah die Umsatzverteilung wie folgt aus:

- 750 Mio. DM Video-Kaufmarkt
- 196 Mio. DM DVD-Kaufmarkt
- 875 Mio. DM Vermietmarkt

65

Das ergibt einen Umsatz von 1,821 Milliarden DM Gesamtumsatz zu Endverbraucherpreisen. Die wichtigsten Programmsegmente im Kaufmarkt sind in der nachstehenden Grafik dargestellt.

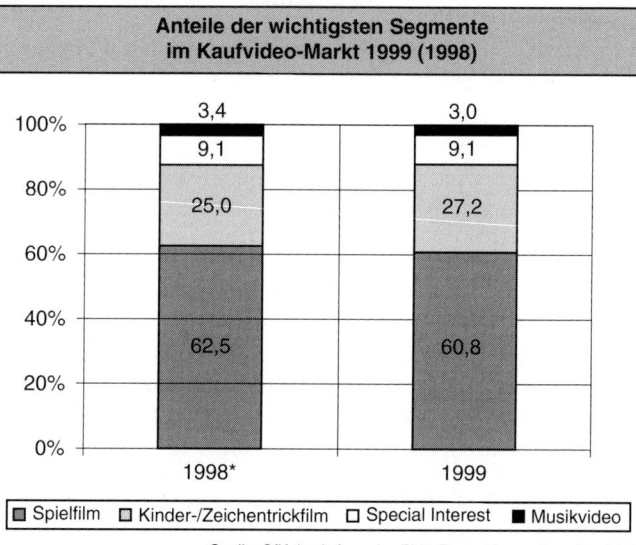

Anteile der wichtigsten Segmente im Kaufvideo-Markt 1999 (1998)

Quelle: GfK, im Auftrag des BVV; Basis: Menge, * zur Vergleichbarkeit wurden für '98 ebenfalls die GfK-Daten herangezogen

Zeitschriftenverlage

Die Problematik einer Kategorisierung der Verlage nach der Produktform spiegelt sich besonders bei den *Zeitschriftenverlagen* wider. Davon ganz abgesehen, daß die Zeitschriften- wie die Zeitungsverlage der Aktualität wegen im Online-Bereich besonders aktiv sind, ergeben sich sehr viele Überschneidungen mit dem Buchverlag. So erscheinen wissenschaftliche und Fachzeitschriften hauptsächlich in Fachverlagen, die auch Bücher herausbringen. Deshalb hat sich neben dem *Verband Deutscher Zeitschriftenverleger e. V.* innerhalb des *Börsenvereins des Deutschen Buchhandels* die *Arbeitsgemeinschaft Zeitschriftenverlage (AGZV)* etabliert. Sie nimmt die Interessen der Mitgliedsverlage des Börsenvereins wahr, die auch Zeitschriften verlegen. Beide Verbände arbeiten unter dem Dachbegriff *Deutsche Fachpresse* eng zusammen.

66

Der *Verband Deutscher Zeitschriftenverleger e. V.* ist einerseits in drei Fachverbände und andererseits in Landesverbände gegliedert (s. Abb.).

Die Struktur des VDZ im Überblick:

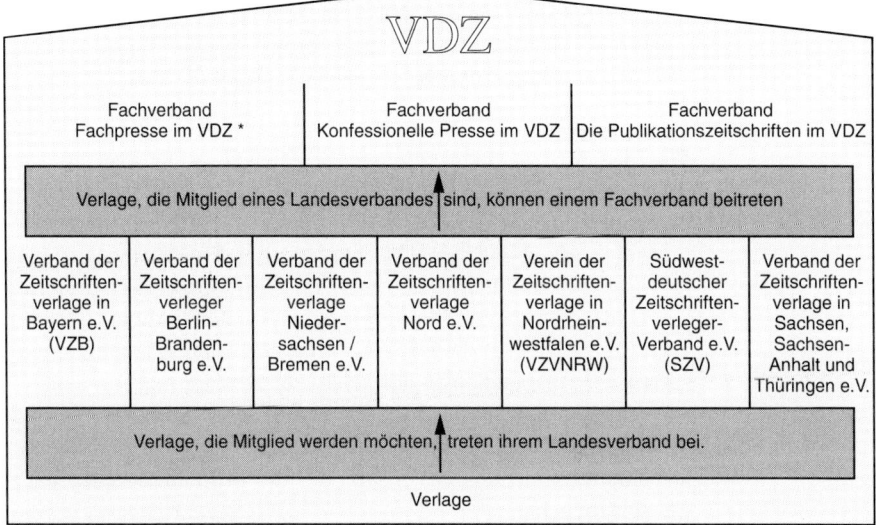

Fachverband Fachpresse im VDZ *	Fachverband Konfessionelle Presse im VDZ	Fachverband Die Publikationszeitschriften im VDZ

Verlage, die Mitglied eines Landesverbandes sind, können einem Fachverband beitreten

Verband der Zeitschriftenverlage in Bayern e.V. (VZB)	Verband der Zeitschriftenverleger Berlin-Brandenburg e.V.	Verband der Zeitschriftenverlage Niedersachsen / Bremen e.V.	Verband der Zeitschriftenverlage Nord e.V.	Verein der Zeitschriftenverlage in Nordrhein-westfalen e.V. (VZVNRW)	Südwestdeutscher Zeitschriftenverleger-Verband e.V. (SZV)	Verband der Zeitschriftenverlage in Sachsen, Sachsen-Anhalt und Thüringen e.V.

Verlage, die Mitglied werden möchten, treten ihrem Landesverband bei.

Verlage

* Der Fachverband Fachpresse im VDZ bildet gemeinsam mit der Arbeitsgemeinschaft Zeitschriftenverlage im Börsenverein des Deutschen Buchhandels die Interessengemeinschaft Deutsche Fachpresse.

Der Markt der *Fachzeitschriften* ist unter der Rubrik *Fach- und wissenschaftliche Verlage* in Zahlen dargestellt. Daß die Preisbindung auf Dauer im Rahmen eines internationalen Wettbewerbs nicht zu halten ist, dokumentiert sich u. a. darin, daß eine Reihe von Verlagen ihre wissenschaftlichen Zeitschriften schon seit Jahren aus der Preisbindung herausgenommen haben.

Die *konfessionellen Verlage* in Deutschland geben über 350 Titel heraus. Die Zahl der verkauften Exemplare belief sich 1997 auf über 7,5 Mio. Die konfessionellen Zeitschriften sind durch starke Leser-Blatt-Bindung besonders werbewirksam.

Die Netto-Erlöse der Publikumszeitschriften steigerten sich im Jahre 1997 auf 3,4 Milliarden DM. Von 1986 bis 1996 stieg die Zahl der Titel von 1.191 auf 1.772 bei einer Auflagenentwicklung von 114,4 auf 143,5 Millionen verkauften Exemplaren. Der Anteil der Publikumszeitschriften am gesamten deutschen Werbegeschäft beläuft sich auf ein Viertel des Umsatzes (zum Vergleich: USA 12,9 %, Japan 9 %). In der Terminologie des VDZ werden unter Publikumszeitschriften auch die auf den privaten Freizeitbereich ausgerichteten Special-interest-Zeitschriften verstanden (s. 1.4).

Ein besonderer Typ der Zeitschrift sind Kunden- und Hauszeitschriften. Sie werden oft in Dienstleistung von Spezialverlagen, Redaktionsbüros oder Werbeagenturen erstellt und vom Einzelhandel oder von Industrieunternehmen in der Regel gratis abgegeben. Die herausgebenden Häuser verfolgen nach einer 1996 von der Fachzeitschrift *w&v* durchgeführten Umfrage folgende Marketingziele: Kundenbindung (64,3 %), Öffentlichkeitsarbeit (26,6 %) und Kundenneugewinnung (9,1 %). Branchenkenner schätzen die Zahl der Kundenzeitschriften auf 1500 bis 2 100. Nach diesen Schätzungen liegt die jährliche Gesamtauflage bei mehr als 2 Milliarden Exemplaren mit einem Umsatz, der die Milliardengrenze überschritten hat.

Zeitungsverlage

Das *Statistische Bundesamt* weist für 1999 355 *Zeitungsbetriebe* mit einem Umsatz von 23 661 485 TDM aus. Der Zeitungsmarkt stellt sich wie folgt dar:

Zeitungen 1999 auf einen Blick

Zeitungen	Anzahl	Auflage
lokale und regionale Abo-Zeitungen	337	16,6 Mio.
überregionale Zeitungen	10	1,7 Mio.
Straßenverkaufszeitungen	8	5,7 Mio.
Tageszeitungen gesamt	355	23,9 Mio.
Wochenzeitungen	25	2,0 Mio.
Sonntagszeitungen	7	4,5 Mio.

Gesamtauflage der Zeitungen 31,6 Mio.
Auf je 1 000 Einwohner kommen in Deutschland 306 Zeitungsexemplare.
Quelle: Bundesverband Deutscher Zeitungsverleger e. V.

Ein weiterer eigener Markt ist der der Anzeigenblätter, die 1999 eine Auflage von ca. 88 Millionen Exemplaren erreichten, und zwar mit 1331 Titeln aus 501 Verlagen.

186 davon mit einem Auflagenanteil von fast 50 Millionen Exemplaren und 717 Titeln sind im *Bundesverband Deutscher Anzeigenblätter (BVDA)* organisiert.

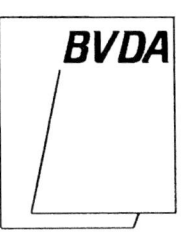

Der Netto-Anzeigenumsatz der Anzeigenblätter stieg von 1985 von ca. 1,2 Milliarden DM auf ca. 282 Milliarden DM im Jahre 1998.

Eine Leseranalyse präsentiert der BVDA unter dem Motto: »Ein marktgerechtes Medium«.

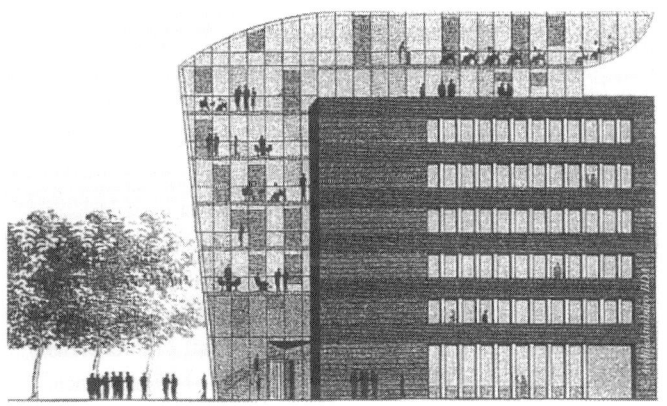

Das neue gemeinsame Domizil von BDVZ und VDZ in Berlin (seit August 2000).

1.6 Verlage, Gesetzgeber und öffentliche Hand

Wie alle Wirtschaftszweige ist auch das Buchwesen mit dem Staat auf vielerlei Weise verbunden. Die folgenden Abschnitte stellen dar, wo es besondere Beziehungen zwischen Staat und Buchwesen gibt, die sich vom allgemeinen Geschehen in der Wirtschaft abheben.

Staat und Buchbranche

Lange bevor es den Begriff *Öffentlichkeitsarbeit* gab, haben bedeutende deutsche Verleger vor allem des 19. Jahrhunderts bei Regierung und Bevölkerung Verständnis für die Leistungen der Verlage und Buchhandlungen geweckt. Der mehrfach erwähnte Verleger *Perthes* führt aus: »Die Kosten zum Druck der Werke trägt in Deutschland keine Regierung, kein Gönner, keine Academie, kein Institut. Die Möglichkeit, daß Werke des Geistes erscheinen, bewirkt allein der deutsche Buchhandel.«

Der Buchbranche gelang es, das Verständnis der Öffentlichkeit für ihre Anliegen zu wecken. Heute ist es allgemeine Überzeugung, daß ein freies Verlags- und Buchhandelswesen unentbehrlich ist, um Kultur, Wissenschaft und Literatur zu erhalten und weiterzuentwickeln.

Das Verständnis der Öffentlichkeit ermöglichte eine Reihe von gesetzlichen Ausnahmeregelungen, um die wirtschaftlichen Grundlagen der Branche zu sichern.

Fester Ladenpreis

Die wichtigste dieser gesetzlichen Ausnahmen ist die Möglichkeit für Verleger, den Handel zu verpflichten, die von ihm festgesetzten Ladenpreise für Druckerzeugnisse einzuhalten (*Preisbindung zweiter Hand*). Der sog. feste Ladenpreis hat in Deutschland eine lange Tradition. Er wurde 1888 durch eine neue Satzung des *Börsenvereins der Deutschen Buchhändler* eingeführt. Dieses Privileg konnte durch die Jahrzehnte bewahrt werden, auch als in der Bundesrepublik Deutschland im Jahre 1974 die Preisbindung für alle übrigen Waren endgültig entfiel. Das *Gesetz gegen Wettbewerbsbeschränkungen* aus dem Jahre 1980 regelt im §16 die Zulässigkeit der Preisbindung bei Verlagserzeugnissen.

Auf der Basis dieses Gesetzes entwickelte der *Preisbindungs-treuhänder* des Börsenvereins ein Sammelreverssystem, das die Händler in Deutschland, Österreich und der Schweiz zur Einhaltung der von den Verlagen festgesetzten Ladenpreise verpflichtete. Nach dem Willen der *Europäischen Kommission* schieden im Jahre 1994 die sieben größten Verlagsgruppen aus dem Sammelrevers aus und bauten eigene Reverssysteme auf.

Durch Entscheidung der Europäischen Kommission ist die grenzüberschreitende Preisbindung innerhalb der EG mit dem 01. Juli 2000 hinfällig geworden. An seiner Stelle bleibt das nunmehr auf Deutschland beschränkte Sammelreverssystem bestehen, dem sich die sieben größten Verlagsgruppen wieder angeschlossen haben. In Österreich wurde zum 01. Juli 2000 ein gesetzliches Preisbindungssystem eingeführt. Die neue gesetzliche Regelung in Österreich sieht vor, daß die Preisbindung für einzelne Exemplare eines Titels dann erlöschen soll, wenn sie dem Händler vor mehr als sechs Monaten geliefert wurden und der Titel länger als zwei Jahre erschienen ist. Außerdem ist ein Nachlaß bis zu 5 % bei Verkäufen an Endverbraucher erlaubt. Das auch in der Schweiz geübte Sammelreverssystem bleibt zunächst von den Veränderungen in Deutschland und Österreich unberührt. Die dortige Wettbewerbskommission hat im September 1999 eine Untersagungsverfügung erlassen, die vom *Schweizerischen Buchhändler- und Verlegerverband* sowie dem Börsenverein vor der *Rekurskommission für Wettbewerbsfragen* mit aufschiebender Wirkung angefochten worden ist.

Nach dem 01.07.2000 hat es Versuche gegeben, Bestseller im Internethandel aus Österreich mit Rabatt anzubieten. Zur Zeit der Drucklegung dieses Buches sieht es aber so aus, als sei die nationale Preisbindung gesichert und der Markt vor Re-Importen zum Zweck der Umgehung der Preisbindung geschützt.

Das neue Reverssystem soll diese sogenannten *Re-Importe* zum Zweck der Umgehung der Preisbindung ausschließen. Der *Deutsche Bundestag* hat deshalb im Juni 2000 das *Gesetz gegen Wettbewerbsbeschränkungen* im § 15 ergänzt, um die

Re-Importe

71

nationale Preisbindung gegen Re-Importe zu schützen, falls diese allein zum Zweck ihrer Wiedereinfuhr ausgeführt worden sind, um die Preisbindung in Deutschland zu umgehen. Allerdings kann jeder einzelne Käufer in Deutschland preisgebundene Erzeugnisse auf dem Versandwege ohne Preisbindung aus anderen Ländern beziehen. Skeptiker bezweifeln, daß im Zeitalter eines fortschreitenden Internethandels die Preisbindung auf die Dauer innnerhalb nationaler Grenzen zu halten sein wird.

Preisbindung im Für und Wider

Preisbindung bedeutet im Klartext, daß jedes Buch an jedem Ort der Bundesrepublik Deutschland *zum gleichen Preis* verkauft werden muß, soweit es der Preisbindung unterliegt. Sie wird erreicht durch Einzelvereinbarungen zwischen verlegerischen und buchhändlerischen Wiederverkäufern und durch Sammelreverse zwischen Verlegern und Buchhändlern, beide hierzu vertreten durch Preisbindungstreuhänder (s. Anhang 6.). Überwacht wird die Preisbindung durch die Kartellbehörden der Bundesländer und das *Bundeskartellamt* in Berlin.

Die Vor- und Nachteile der Preisbindung sind seit Jahren in der Diskussion. Nach Ansicht der Befürworter der Preisbindung beschleunigt deren Aufhebung die Konzentration der Umsätze auf einige wenige große Buchhandelsgruppen und vermindert die Chancen der nur in kleinen Auflagen verkäuflichen anspruchsvollen Minderheitenliteratur. Während einige Bestseller billiger würden, hätte der Kunde ohne die Preisbindung für spezielle Literatur höhere Preise zu zahlen. Erfahrungen mit der Aufhebung der Preisbindung in Frankreich und Schweden hätten gezeigt, daß für den Käufer kein Vorteil eintrete.

In England ist die Preisbindung im Jahr 1995 gefallen, bisher ohne die vorausgesagten negativen Auswirkungen auf die Zahl der Verlage, der Buchhandlungen und der Neuerscheinungen. Es sieht zur Zeit nicht so aus, als ob in England Autoren, Buchhändler und Verleger zur Preisbindung zurückkehren wollten.

Gegner der Preisbindung wie der Münsteraner Marketingspezialist *Joachim Zentis* (*1947) argumentieren, das Instru-

72

ment der Preisbindung verhindere ein marktorientiertes Verhalten vieler Marktteilnehmer. Insbesondere der österreichische Buchfilialist *Libro AG* hat sich diese Argumentation zu eigen gemacht. Auf ihn geht das Einschreiten der *Europäischen Kommission* in Brüssel zurück, bei der er 1993 Beschwerde gegen die grenzüberschreitende Preisbindung eingelegt hat.

In der 2., grundlegend überarbeiteten Auflage des Fachbuches *Büchermacher der Zukunft* wird argumentiert: »Letztlich aber ist die Preisbindung ein Relikt aus einem Markt, den es nicht mehr gibt – mit einem Verbraucherverhalten, das der Vergangenheit angehört. Der Preis ist nur ein Instrument von vielen im Marketing-Mix (und es sollte auch dem Handel, nicht nur dem Produzenten zur Verfügung stehen). Der moderne multioptionale Verbraucher wählt seine Einkaufsstätte bei unterschiedlichen Gelegenheiten nach unterschiedlichen Anforderungen und Bedürfnissen. Wer mit Hilfe der Preisbindung verhindert, daß ein Teil dieser Bedürfnisse befriedigt werden kann, der verhindert letztlich nur Buchverkäufe.«

Achim Preuß Neudorf (*1964) hat in seiner Analyse *Preisbindung und Wettbewerb auf dem deutschen Buchmarkt* festgestellt, daß sich Befürworter und Gegner der Preisbindung seit Anfang des 20. Jahrhunderts mit unveränderten Argumenten gegenüberstehen, es aber seit Beginn der Debatte weder von der einen noch von der anderen Seite einen neuen weiterführenden Gedanken gegeben habe. Er selbst kommt in seiner Analyse zu dem Ergebnis, daß die für den Kauf von Büchern notwendigen *Transaktionskosten* (in Form von Informationskosten) durch die Preisbindung der zweiten Hand gesenkt werden. Die Preisbindung sei für den Buchmarkt allerdings mit diesem Argument nur so lange zu rechtfertigen, »wie eine körperliche Präsenz der Ware als einzige Möglichkeit zur Prüfung existiert. Werden Inhalte nicht mehr überwiegend über Printmedien verbreitet, entfällt auch die Notwendigkeit einer aufwendigen Lagerhaltung. Das Argument der Transaktionskosten zur Rechtfertigung der Preisbindung verliert somit an Bedeutung.«

Waren ohne Preisbindung

Kein Verlag ist *verpflichtet*, seine Printmedien der Preisbindung zu unterwerfen. Überdies bieten immer mehr Verlage – und Buchhandlungen – sogenannte *Non-Books* an, die ohnehin nicht preisbindungsfähig sind. Das gilt z. B. für Tonträger, für die die Preisbindung 1972 aufgehoben wurde. Der Tonträgermarkt ist dennoch kontinuierlich weiter gewachsen. Manche Experten nehmen an, der Fall der Preisbindung hätte als Katalysator gewirkt. Allerdings führte der Fall der Preisbindung zu einem erheblichen *Preiswettbewerb* und zu einem deutlichen Strukturwandel im Handel. Die Zahl der Einzelhändler, die Tonträger verkaufen, sank von 15 000 im Jahre 1970 auf jetzt 8 000 – unter Einbeziehung des nach der Wiedervereinigung in den neuen Bundesländern dazu gekommenen Handels. Die Konzentration in diesem Bereich ist besonders stark. 50 % des Gesamtumsatzes mit Tonträgern fallen auf die zehn größten Handelsgruppen und 80 % auf die 50 größten Händler. Allerdings haben sich in der Preisfreiheit neben den Großen der Branche kleinere, mittelständische Produzenten und Tonträger-Läden mit hoher Fachkompetenz etabliert. Im übrigen steht dieser Markt durch die sich anbahnenden Musikverbreitung über das Internet vor erheblichen neuen Herausforderungen – eine Parallele zum Buchmarkt, der sich rapide verändern wird, wenn kleine Aggregate für den Endkunden zum Publishing-on-demand zur Verfügung stehen werden (s. 2.3, 5.5).

Preisbindung in Europa

Keine Preisbindung gibt es in Finnland, in Griechenland, Großbritannien, Irland und Schweden. Eine eingeschränkte, vertraglich geregelte Preisbindung gibt es in Belgien und Dänemark. Vertraglich geregelte Preisbindungssysteme existieren außerdem in Luxemburg und den Niederlanden sowie der Schweiz (zur Zeit im Rekursverfahren). Per Gesetz ist die Preisbindung in Frankreich, Italien, Österreich, Portugal und Spanien geregelt.

Wettbewerbs- regeln

In der Sozialen Marktwirtschaft der Bundesrepublik ließen sich die früher üblichen kartellähnlichen Regelungen des buchhändlerischen Verkehrs nicht fortsetzen (s. 1.2). Der in Frankfurt/M. gegründete *Verein für Verkehrsordnung im Buchhandel* beschloß am 26.06.1963 die *unverbindliche Empfehlung* allgemeiner Geschäftsbedingungen nach dem Gesetz gegen Wettbewerbsbeschränkungen unter der altbekannten Überschrift *Verkehrsordnung im Buchhandel*.

Nach verschiedenen Zwischenstufen trat am 31. August 1989 die *Verkehrsordnung im Buchhandel* in Kraft. Als erste Verkehrsordnung für den Gesamtbuchhandel formuliert sie Bedingungen, welche die drei buchhändlerischen Sparten Verlage, Sortimentsbuchhandel und Zwischenbuchhandel beim Geschäftsverkehr untereinander möglichst zugrundelegen sollen. Rechtlich ist die Verkehrsordnung eine an die Mitglieder des Börsenvereins gerichtete unverbindliche Konditionenempfehlung, die beim Bundeskartellamt angemeldet und im Bundesanzeiger veröffentlicht worden ist.

Daneben bemühte sich seit 1959 die Buchbranche beim *Bundeskartellamt* in Berlin um die Genehmigung von *Wettbewerbsregeln*, die dazu beitragen sollen, die Grundsätze lauteren Wettbewerbs als Basis des geschäftlichen Verkehrs im Buchhandel einzuhalten. Das *Bundeskartellamt* hat diese Regeln am 13.05.1986 auf Antrag des *Börsenvereins* anerkannt. Die Wettbewerbsregeln stellen *Spielregeln* für den buchhändlerischen Wettbewerb dar. Sie konkretisieren die Generalklauseln des Gesetzes gegen Wettbewerbsbeschränkungen (GWB) branchenspezifisch und regeln einzelne wichtige Punkte im Vertrieb von preisgebundenen Verlagserzeugnissen.

Ein weiteres wichtiges Privileg der Buchbranche ist der ermäßigte *Mehrwertsteuersatz* von zur Zeit 7 % statt 16 %, wie er für die meisten Waren und Dienstleistungen gilt. Er beruht auf dem *Umsatzsteuergesetz* in der Fassung vom 26.09.1979. Umsatzsteuerbegünstigt sind danach Waren des Buchhandels und Erzeugnisse des grafischen Gewerbes, Kunstgegenstände und Sammelstücke sowie die Einräumung, Übertragung und Wahrnehmung von Rechten, die sich aus dem Urheberrechtsgesetz ergeben.

Mehrwertsteuer

Artikel 5 des Grundgesetzes garantiert das Recht der *freien Meinungsäußerung* und die Pressefreiheit. Wörtlich: »Eine Zensur findet nicht statt« – »Kunst und Wissenschaft, Forschung und Lehre sind frei«.

Freie Meinungsäußerung und Pressefreiheit

Auf diesem Artikel beruht das freie Buchwesen in der Bundesrepublik Deutschland. Nach Abschnitt 2 des Artikels sind Schranken in den Vorschriften der allgemeinen Gesetze, den gesetzlichen Bestimmungen zum Schutz der Jugend und in dem Recht der persönlichen Ehre gezogen. Solche Einschränkungen werden unter anderem im *Strafgesetzbuch* geregelt. Dessen § 86 verbietet das Verbreiten von Propagandamitteln verfassungswidriger Organisationen. § 90 a verbietet die Verunglimpfung des Staates und seiner Symbole. § 131 verbietet die Verherrlichung von Gewalt und Aufstachelung zum Rassenhaß. Nach diesem Paragraphen ist die Verherrlichung oder Verharmlosung von Gewalt verboten. § 184 verbietet die Verbreitung pornografischer Schriften. Auch der § 140 kann für Verlege relevant sein. Er verbietet die Belohnung und Billigung von Straftaten, z. B. durch Verbreitung von Schriften.

Der 1986 neu eingeführte § 130 a des Strafgesetzbuches bedroht »die Anleitung zu schwerwiegenden Gewalttaten« mit Strafe. »Eine Schrift, die geeignet ist, als Anleitung zu einer im § 126, Abs. 1 (Störung des öffentlichen Friedens) genannten rechtswidrigen Tat zu dienen, und nach ihrem Inhalt bestimmt ist, die Bereitschaft anderer zu fördern oder zu wecken, eine solche Tat zu begehen«, fällt unter dieses Gesetz.

Als freiwillige Selbstkontrolle der gedruckten Medien gibt es seit 1956 den *Deutschen Presserat*. Getragen wird er durch die vier Presseorganisationen *Bundesverband Deutscher Zeitungsverleger (BDZV)*, *Deutscher Journalisten-Verband (DJV)*, *IG Medien (Fachgruppe Journalismus)* und *Verband Deutscher Zeitschriftenverleger (VDZ)*. Er hat als Pressekodex 16 sogenannte *publizistische Grundsätze* aufgestellt, die durch erklärende Richtlinien ergänzt werden.

Bundesprüf-stelle für jugend-gefährdende Schriften

Zum Schutze der heranwachsenden Jugend werden die im Grundgesetz Artikel 5 Abs. 1 genannten Grundrechte Beschränkungen unterworfen, die im *Gesetz über die Verbreitung jugendgefährdender Schriften und Medieninhalte (GjSM)* ihre Ausführungsbestimmungen gefunden haben. Die BPjS hat nach dem GjSM die Aufgabe, Medien in eine Liste

76

der jugendgefährdenden Schriften einzutragen, die geeignet sind, Kinder und Jugendliche sittlich zu gefährden. Dazu zählen vor allem unsittlich, verrohend wirkende, zu Gewalttätigkeit, Verbrechen oder Rassenhaß anreizende sowie den Krieg verherrlichende Schriften. Die Listenaufnahme muß im Bundesanzeiger bekanntgegeben werden. Mit der Bekanntmachung treten bestimmte Abgabe-, Präsentations-, Verbreitungs- und Werbebeschränkungen gemäß den §§ 3 – 5 GjSM in Kraft. Für pornografische und sonstige schwer jugendgefährdende Medien treten die Verbote kraft § 6 GjSM automatisch in Kraft.

Die Bundesprüfstelle darf nur auf Antrag tätig werden. Antragsberechtigt sind die Jugendämter, Landesjugendämter, die Obersten Jugendbehörden der Länder und das Bundesministerium für Familie, Senioren, Frauen und Jugend.

Eine Indizierung ist keine Zensur. Die Indizierung hat nicht das generelle Verbot eines Mediums zur Folge. Sie will lediglich verhindern, daß Kinder und Jugendliche mit jugendgefährdenden Medien in Berührung kommen. Deshalb sind die Vorschriften der §§ 3 – 5 GjSM im wesentlichen nicht als Verbote, sondern als Beschränkungen zu verstehen. Erwachsene sollen und müssen weiterhin die Möglichkeit erhalten, indizierte Medien zu beziehen.

Selbsternannte Sittenwächter und übereifrige Staatsanwälte haben dieses Gesetz und den § 184 des Strafgesetzbuches über die Verbreitung pornografischer Schriften immer wieder benutzt, um die Verbreitung erotischer Literatur zu verhindern. Namhafte Persönlichkeiten des öffentlichen und literarischen Lebens haben als Sachverständige in solchen Prozessen deutlich zu machen versucht, daß Kunstwerke nicht mit der Elle des Strafgesetzbuches gemessen werden können.

Die Zensur hat nicht nur in Deutschland eine reiche *Geschichte*. Systematisch wurde sie zuerst von der katholischen Kirche betrieben. Als Antwort auf die Reformation führte *Papst Paul IV.* im Jahre 1559 ein amtliches Verzeichnis der vom Apostolischen Stuhl verbotenen Bücher ein, den *index librorum prohibitorum*. Das Trientische Konzil von 1564

Zensur durch Staat und Markt

bestätigte diese Praxis, die erst nach dem Zweiten Vatikanischen Konzil im Jahre 1967 beendet wurde.

Mit dem Aufblühen des Buchwesens im 18. und 19. Jahrhundert war eine verstärkte politische Zensur durch die staatlichen Behörden verbunden. *Heinrich Heine* (1797 – 1856) hat sich an mehreren Stellen seines Werkes auf geistvolle Weise mit den Praktiken der Zensur auseinandergesetzt.

Obwohl das Grundgesetz der Bundesrepublik Deutschland Meinungsfreiheit garantiert, ist in der Öffentlichkeit immer wieder von *Zensur* die Rede. Das angesehene *Meyers Enzyklopädische Lexikon* bemerkt dazu in Band 25 im Jahr 1979:

»Als Z. werden häufig auch Maßnahmen innerhalb von Verlagen oder Rundfunkanstalten bezeichnet, die – nicht selten veranlaßt durch den Druck von Interessengruppen – auf die Unterdrückung bestimmter Meinungen abzielen. Disziplinar., personelle oder auch organisator. Eingriffe können dabei ein geistiges Klima schaffen, das die Anwendung von Selbst-Z. durch die betroffenen Mitarbeiter begünstigt.«

Diskutiert wird in der Branche immer wieder die Frage, ob und welche Zensur der Markt ausübt, insbesondere durch die weltweite Dominanz der Konzerne, vor der z. B. der New Yorker Verleger *André Schiffrin* (*1935) in einer auch in deutscher Sprache vorliegenden Veröffentlichung gewarnt hat. In einer Diskussion seiner Thesen wurde festgestellt, daß weder die Zahl der Verlage noch die der von ihnen veröffentlichten Bücher Anlaß für allzu große Skepsis bieten. Die Zahl von über 80.000 Neuerscheinungen im Jahre 1999 läßt die Vermutung kaum aufkommen, daß wirklich wichtige Bücher unpubliziert geblieben sind, aus welchen Gründen auch immer.

Chronik der Pressefreiheit

| 1487 | Nach der Erfindung der Buchdruckerkunst häufen sich kirchenkritische Flugblätter. Der Vatikan führt deshalb mit der päpstlichen Bulle *Inter Multiplices* für die gesamte Kirche die Vorzensur ein. Der Druck und die Verbreitung von Schriften müssen fortan genehmigt werden. |

Chronik der Pressefreiheit

1644	*John Milton* hält mit seiner Streitschrift *Areopagitica* ein flammendes Plädoyer für »unlizensiertes Drucken«: »Einen Menschen töten, heißt eine verstandbegabte Kreatur zu zerstören; aber ein gutes Buch zu unterdrücken, bedeutet den Verstand selbst zu zerstören.«
1695	Nach dem Sturz der Stuarts läßt England als erster moderner Staat die Zensur fallen, doch müssen die Zeitungen immer noch mit steuerlichen Belastungen kämpfen.
1776	Mit der amerikanischen Unabhängigkeitserklärung vom 4. Juli 1776 werden die Menschenrechte proklamiert, allen voran die Freiheit. Zur gleichen Zeit erklärt die Verfassung des amerikanischen Staates Virginia die Pressefreiheit als »eines der großen Bollwerke der Freiheit«.
1789	Mit der Revolution und der »Erklärung der Menschen- und Bürgerrechte« vom 26. August 1789 wird in Frankreich die Pressefreiheit zwar ausdrücklich anerkannt. Doch gilt sie in der Praxis nicht für die Gegner der Revolution. Erst 1881 wird sie endgültig gesetzlich verankert.
1790	Die amerikanische Unionsverfassung stellt Religions-, Rede- und Pressefreiheit unter Verfassungsschutz.
1819	Mit den Karlsbader Beschlüssen erleidet die Pressefreiheit in Europa einen großen Rückschritt. Die gesamte periodische Presse unterliegt durch diese Vereinbarung in Österreich, Preußen und Russland der Zensur.
1848	Nach der deutschen Revolution von 1848 proklamiert die Frankfurter Nationalversammlung als ein wesentliches Grundrecht die Freiheit der Presse. Doch die politische Reaktion führt zur Wiederbelebung der Zensur.
1874	Das Reichspressegesetz vom 7. Mai 1874 führt die Pressefreiheit einheitlich im Deutschen Reich ein, erlaubt aber Einschränkungen durch Gesetze.
1901	*Lenin* legt in seinem Werk *Womit beginnen?* die Aufgabe der Massenmedien in der kommunistischen Gesellschaft fest. Journalisten sollen als kollektive Propagandisten und Agitatoren bei der Entwicklung der Gesellschaft mitwirken.
1933	Unmittelbar nach dem Reichstagsbrand in Berlin Ende Februar 1933 wird das Recht auf Pressefreiheit bis zum Ende des Dritten Reiches außer Kraft gesetzt.
1948	In der Allgemeinen Erklärung der Menschenrechte vom 10. Dezember 1948 wird in Artikel 19 das Recht auf Pressefreiheit formuliert: »Jeder hat das Recht auf Meinungsfreiheit und freie Meinungsäußerung; dieses Recht schließt die Freiheit ein, Meinungen ungehindert anzuhängen sowie über Medien jeder Art und ohne Rücksicht auf Grenzen Informationen und Gedankengut zu suchen, zu empfangen und zu verbreiten.«
1999	sterben noch immer weltweit 50 Journalisten in Ausübung ihres Berufs. Zensur, Drohungen gegen Journalisten, Verhaftungen und Folter sind in vielen Ländern an der Tagesordnung.

Quelle: printprocess Magazin Mai 2000.

Pflichtstücke

Aus Gründen der Zensur entstand im 16. Jahrhundert eine Abgabepflicht für Belegexemplare. In der Bundesrepublik Deutschland sind die Verlage gesetzlich verpflichtet, Druckwerke, Tonträger und im unterschiedlichen Umfang auch visuelle und audiovisuelle Medien sofort bei Erscheinen an die *Deutsche Bibliothek* abzuliefern, die sie bibliografisch erschließt und in der *Deutschen Nationbibliographie* zeigt. Durch landesrechtliche Regelungen innerhalb der Pressegesetzgebung besteht eine zusätzliche Abgabepflicht an die jeweiligen Landesbibliotheken in den einzelnen Bundesländern.

Ein besonderes Problem stellt die Archivierung der Flut elektronischer Publikationen dar, die nicht in Druckform erscheinen. Die Deutsche Bibliothek hat dazu mit Hilfe namhafter Verlage ein Pilotprojekt zur Langzeitarchivierung digitaler Publikationen unter dem Stichwort *Elektronische Depotbibliothek* eingerichtet.

Produkthaftungsgesetz

Das *Produkthaftungsgesetz* vom 01.01.1990 ist auch von Verlegern zu beachten. Bei Produkthaftung im Zusammenhang mit Büchern geht es um Druck- und inhaltliche Fehler, die sich leicht in ein Druckerzeugnis einschleichen können. Eine solche Produkthaftung bestand schon von jeher. Neu am Produkthaftungsgesetz ist, daß der Hersteller, also der Verleger, auch bei unverschuldeten Fehlern haften muß. Der Verlag kann die Haftung in Autorenverträgen teilweise auf die Autoren übertragen, indem er diese zu einer Mithaftung verpflichtet. Ebensolche Vereinbarungen empfehlen sich mit Druckereien bzw. Satzbetrieben.

Die Inanspruchnahme der Verlage aus Produkthaftung ist nach Inkrafttreten des Gesetzes glücklicherweise wie schon zuvor eine zu vernachlässigende Größe.

Verpackungsverordnung

Von den Umweltvorschriften sind Verlage in gleichem Maße wie alle anderen Produzenten betroffen. Sie haben sich in der Produktion relativ frühzeitig auf chlorfrei gebleichte Papiere und umweltschonende Farben umgestellt. Im Hinblick auf die *Verpackungsverordnung* aus den Jahren 1991, 1992 und 1993 haben die Verlage wo irgend möglich auf Verpackungsmaterial ganz verzichtet oder nur noch Material verwendet, das recyclebar ist. Während im Zwischenbuchhandel Mehrweg-Transportwannen im Einsatz sind, haben sich im Verlag Mehrwegsysteme noch nicht durchgesetzt.

Die Deutsche Post AG hat für das Verlagswesen die *Presse Distribution* als Vertriebsweg für Zeitschriften eingerichtet. Zur Presse Distribution zugelassene Zeitschriften werden meist vom Verlag direkt verschickt, können aber auch von Buchhandlungen und Verlagen zum ermäßigten Tarif als Streifbandzeitung verschickt werden.

Postzeitungs-dienst

Eine weitere Verlage und Buchhandel betreffende besondere Versendungsart der Post ist die so genannte *Büchersendung* für den Versand von Büchern, Broschüren, Notenblättern und Landkarten unter bestimmten Bedingungen.

Bücher-sendungen

Im internationalen Postverkehr gilt für Bücher der Tarif *Sendungen zu ermäßigtem Entgelt*. Diese Vergünstigung kommt auch Privaten zugute.

Zum Nachschlagen und Weiterlesen

Einzelveröffentlichungen:

Arbeitsgruppe Taschenbuchverlage (Hrsg.):
Das Taschenbuchlexikon. Über 100 Stichwörter rund ums Taschenbuch. Frankfurt/M.: Buchhändler-Vereinigung 1998.

Barbian, Jan P.:
Literaturpolitik im »3. Reich«. Institutionen, Kompetenzen, Betätigungsfelder. Frankfurt/M.: Buchhändler-Vereinigung 1993.

Behm, Holger u.a.:
Büchermacher der Zukunft: Marketing und Management im Verlag. Darmstadt: Primus 1999.

Börsenverein des Deutschen Buchhandels (Hrsg.):
Buchpreisbindung aus europäischer, ökonomischer und kulturhistorischer Sicht. Beitr. v. Eberling, Ulrich/Rürup, Bert/Füssel, Stephan. Frankfurt/M.: Buchhändler-Vereinigung 1997.

Breuer, Dieter:
Geschichte der literarischen Zensur in Deutschland. Heidelberg: Quelle und Meyer 1982.

Breyer-Mayländer, Thomas u. a.:
Wirtschaftsunternehmen Verlag: Buch-, Zeitschriften- und Zeitungsverlage; Distribution, Marketing, Rechtsgrundlagen, Redaktion/Lektorat. Frankfurt/M.: Bramann 2000. = Edition Buchhandel.

Carter, John/Muir, Percy H.:
Bücher, die die Welt verändern. München: Prestel 1968.

Dahm, Volker:
Das jüdische Buch im »3. Reich«. Bd. 1: Die Ausschaltung der jüdischen Autoren, Verleger und Buchhändler. Frankfurt/M.: Buchhändler-Vereinigung 1979.

Deutsche Post (Hrsg.):
Handbuch Kundenzeitschriften. 2. Aufl. 1998.

Fachwissen Zeitungs- und Zeitschriftenverlage:
Leitfaden für Verlagsberufe und Quereinsteiger. Düsseldorf: Springer – VDI 1998.

Franz, Kurt:
Lesen macht stark. Alles über Bücher. Vom Autor bis zum Leser. Mit Bildern von Frantz Wittkamp. München: Deutscher Taschenbuch Verlag 1991.

Frühschütz, Jürgen:
Lexikon der Medienökonomie. Frankfurt/M.: Deutscher Fachverlag 1999.

Frühschütz, Jürgen:
Dynamik des elektronischen Publizierens. Frankfurt/M.: Deutscher Fachverlag 1997.

Füssel, Stephan:
50 Jahre Frankfurter Buchmesse. 1949 – 1999. Frankfurt/M.: Suhrkamp 1999.

Funke, Fritz:
Buchkunde. Ein Überblick über die Geschichte des Buches. München: Saur 1999.

Geschichte des deutschen Buchwesens.
CD-ROM, enthält wichtige Standardwerke von 1886 – 1913, 1902 – 1908, 1925, 1999 sowie rund 1 500 Abbildungen zum Thema. Berlin: Directmedia Publishing 1999.

Giesecke, Michael:
Der Buchdruck in der frühen Neuzeit. Frankfurt/M.: Suhrkamp 1998.

Giesecke, Michael:
Sinnenwandel, Sprachwandel, Kulturwandel. Frankfurt: Suhrkamp 1998.

Handbuch des Buchhandels in vier Bänden.
Meyer-Dohm, Peter/Strauß, Wolfgang (Hrsg.).
Band I Allgemeines. Machill, Horst (Hrsg.)
Hamburg: Verlag für Buchmarkt-Forschung 1974.
Band II Verlagsbuchhaandel. Heinold, Ehrhardt (Hrsg.).
Hamburg: Verlag für Buchmarkt-Forschung 1975.
Band III Sortimentsbuchhandel. Hinze, Franz (Hrsg.).
2. Aufl. Hamburg: Verlag für Buchmarkt-Forschung 1974.
Band IV Übrige Formen des Bucheinzelhandels – Zwischenhandel und Buchgemeinschaft. Schaper, Wilhelm (Hrsg.). Wiesbaden: Verlag für Buchmarkt-Forschung 1977.

Henze, Eberhard:
Kleine Geschichte des deutschen Buchwesens. Düsseldorf: Buchhändler heute 1983.

Hiller, Helmut:
Wörterbuch des Buches. 5. Aufl. Frankfurt: Klostermann 1991.

Itschert, Michael:
33 Tips für Kleinverleger. St. Augustin: Itschert 1999.

Jasper, Dirk:
Die Welt des Buches im Internet. München: Econ 1998.

Kautter, Frank/Kraeft, Jochen:
Kleines Verlagslexikon. Die wichtigsten Begriffe aus den Bereichen Anzeigen, Herstellung, Vertrieb und Werbung. Itzehoe: Beruf + Schule 1995.

Lexikon des gesamten Buchwesens.
Corsten, Severin u.a. (Hrsg.). x. Auflage. Stuttgart: Hiersemann 1987 ff. Bd. I: A – Buch, Bd. II: Buck – Foster, Bd. III: Fotochemigrafische Verfahren – Institut für Buchmarktforschung, Bd. IV: Institut für Buch- und Handschriftenrestaurierung – Lyer, Bd. V: M – Photon, Bd. VI: Phraseologie-Rähmchen.

Lokatis, Siegfried:
Hanseatische Verlagsanstalt. Politisches Buchmarketing im »3. Reich«. Frankfurt/M.: Buchhändler-Vereinigung 1992.

Nutz, Walter/Schlöjell, Volker:
Die Heftroman-Leserinnen und -Leser in Deutschland. Beiträge zur Erfassung popularkulturaler Phänomene. Abschlußbericht einer Studie des Kölner Instituts für Massenkommunikation in: Communications, Jg. 16, 1991, Nr. 2.

Paulerberg, Herbert (Hrsg.):
ABC des Buchhandels. 9. Aufl. Würzburg: Lexika 1998.

Perthes, Friedrich Christoph:
Der deutsche Buchhandel als Bedingung einer deutschen Literatur. Ditzingen: Reclam 1981.

Preuß Neudorf, Achim:
Preisbindung und Wettbewerb auf dem deutschen Buchmarkt. Köln: VUB Verlag 1999.

Pross, Harry:
Zeitungsreport. Deutsche Presse im 20. Jahrhundert. Weimar: Böhlau 2000.

Rehm, Margarete:
Lexikon Buch, Bibliothek, Neue Medien. München: Saur 1991.

Rürup, Bert/Klopfleisch, Roland/Stumpff, Henning:
Ökonomische Analyse der Buchpreisbindung. Frankfurt/M.: Buchhändler-Vereinigung 1998.

Schiffrin, André:
Verlage ohne Verleger. Über die Zukunft der Bücher. Berlin: Wagenbach 2000.

Schönstedt, Eduard:
Der Buchverlag. Geschichte, Aufbau, Wirtschaftsprinzipien, Kalkulation und Marketing. 2. Aufl. Stuttgart: Metzler Poeschel 1999.

Schottenloher, Karl:
Bücher bewegten die Welt. Eine Kulturgeschichte des Buches. 2. Aufl. Bd. 1: Vom Altertum bis zur Renaissance Bd. 2: vom Barock bis zur Gegenwart. Stuttgart: Hiersemann 1968.

Schulz, Hans Ferdinand:
Das Schicksal der Bücher und der Buchhandlungen. Berlin: de Gruyter 1952.

Schulze, Gernot:
Meine Rechte als Urheber. Urheber- und Verlagsrecht. 2. Aufl. München: dtv 1994.

Thieme, Eberhard:
Verlagskunde in Einzeldarstellungen: Teil 1 (A – K), Teil 2 (L – Z). Düsseldorf: Verlag »Buchhändler heute« 1998.

Tolksdorf, Robert:
Die Sprache des Web: HTML 4. Informationen aufbereiten und präsentieren im Internet. 3. Auflage. Heidelberg: dpunkt.Verlag 1997.

Wenzel, Karl Egbert:
Urheberrecht für die Praxis. 3. Aufl. Stuttgart: Schäffer-Poeschel 1996.

Wittmann, Reinhard:
Geschichte des deutschen Buchhandels. München: Beck 1999.

Ziermann, Klaus:
Der deutsche Buch- und Taschenbuchmarkt. 1945 bis 1995. Berlin: Spiess 1999.

Periodische Veröffentlichungen:

Archiv für Presserecht. Zeitschrift für Medien- und Kommunikationsrecht.
Düsseldorf: Handelsblatt. Erscheint 6 x jährlich.

Buchhändlerische Fachliteratur.
Sortimenter-Ausschuß des Börsenvereins des Deutschen Buchhandels (Hrsg.). Frankfurt/M.: Börsenverein. Erscheint jährlich.

Bundesverband der phonographischen Wirtschaft (Hrsg.):
Jahrbuch. Starnberg: Keller. Erscheint jährlich.

Deutsche Fachpresse:
Jahrbuch der Fachinformation. Bonn: VDZ. Erscheint jährlich.

Meyer, Franz/Breitmoser, Doris (Hrsg.):
Blaubuch. Adressen und Register für die deutschsprachige Kinder- und Jugendliteratur. München: Arbeitskreis für Jugendliteratur e. V. (erscheint ab 2001 als CD-ROM).

MediaDigest.
Zeitschriften/Basics. Hamburg: MMM. Erscheint jährlich.

Musikmarkt-Branchenhandbuch.
Starnberg: Keller. Erscheint jährlich. Auch auf CD-ROM.

Plenz, Ralf:
Das Verlagshandbuch. Hamburg 1995 ff (Loseblattwerk, auch als CD-ROM).

Pressehandbuch Österreich.
Wien: Verband Österreichischer Zeitungen (VÖZ). Auch als CD-ROM. Erscheint jährlich.

Stamm, Willy (Hrsg.):
Stamm Leitfaden durch Presse und Werbung. Essen: Stamm. Erscheint jährlich.

Verzeichnis-Medien.
Informationsanbieter in Deutschland: Unternehmen, Produkte, Dienstleistungen. Düsseldorf: VDAV-Verband Deutscher Adreßbuch-Verleger e. V. Erscheint jährlich.

Vinz, Curt/Olzog, Günter (Hrsg.):
Dokumentation deutschsprachiger Verlage. München: Olzog. Erscheint in mehrjährigen Abständen.

Zeitschriften. Katalog der Fachpresse.
Börsenverein des Deutschen Buchhandels. Arbeitsgemeinschaft Zeitschriftenverlage (AGZV). Frankfurt: Buchhändler-Vereinigung. Erscheint jährlich zur Frankfurter Buchmesse.

Zentralverband der Deutschen Werbewirtschaft (ZAW) (Hrsg.):
Werbung in Deutschland. Bonn: Edition ZAW. Erscheint jährlich.

2 Auswählen, Gestalten, Finanzieren und Verbreiten.
Der Verlag als Werkstatt

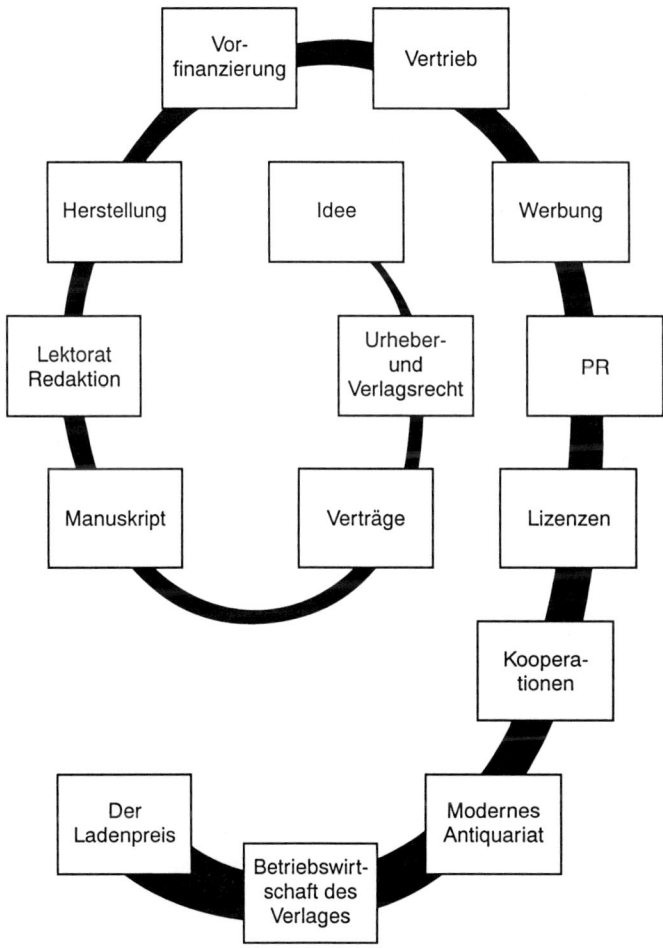

Dieses Kapitel behandelt die Frage, was ein Verlag tut.

2.0 Was tut ein Verlag?

- *Verlage* sind kommerzielle Unternehmen und als solche vom Markt abhängig. Erfolgreiche Verlage – so verschieden sie in Programm und Struktur sein mögen – sind auf fünf Faktoren hin angelegt, die ihr Gesicht formen:
  - o Verlage aktivieren *Persönlichkeiten* zur Prägung des Image, also Verleger, Redakteure, Lektoren und Autoren.
  - o Verlage legen eine *publizistische Gesamtzielsetzung* fest, der sie sich verpflichten.
  - o Verlage orientieren sich an *Lese-, Mediennutzungs- und Marktbedürfnissen.*
  - o Verlage strukturieren sich *klar und lebendig*, versuchen also, sich entsprechend der kreativen Umsetzung ihres Geschäfts flexibel zu organisieren.
  - o Verlage binden *starke Autoren* an sich. Die wichtigste Ressource sind kreative und erfahrene Menschen, um die sich der Verleger bemüht.

- Verlage schließen Verträge, sichern sich Verlagsrechte, handeln mit Lizenzen, schließen Kooperationen, vertreiben ihre Produkte über handelsübliche, elektronische und Sondervertriebswege und versuchen, Marktanteile zu halten und zu vergrößern.

- Von der Idee bis zum fertigen Produkt sind zahlreiche konzeptionelle, herstellerische, medientechnische, vertriebliche und wirtschaftliche Entscheidungen zu treffen. Diese betreffen immer auch die Gesamtplanung des Verlags.

- Verlage suchen aktiv den Weg zum Verbraucher, meist über vorgelagerte Zielgruppen, das sind Buchhandel, Zwischenbuchhandel, Vertreter und sonstige Mittler, vertreiben aber auch direkt und bieten ihre Inhalte verstärkt über elektronische Medien an. Weitere Wege zum Verbraucher ergeben sich durch Koproduktionen, Lizenzen, Direktvertrieb wie Direct Mail, Anzeigenwerbung sowie durch Buchclubs.

2.1 Urheber- und Verlagsrecht

Der Urheberrechtsschutz ist eine wichtige Voraussetzung dafür, daß die Schöpfer geistiger und künstlerischer Erzeugnisse materiellen Nutzen aus ihrer Tätigkeit ziehen können und ihr geistiges Eigentum nicht nachgeahmt (plagiiert) werden kann. Das *Urheberrecht* ist mit der Person des Urhebers verbunden, während das *Verlagsrecht* als Teil des Urheberrechts die rechtlichen Beziehungen regelt, die sich aus dem Abschluß des Verlagsvertrags zwischen dem Autor und dem Verleger ergeben. Die stürmische Entwicklung der Medienwelt bringt es mit sich, daß ständig neue urheberrechtliche Fragen und Probleme entstehen und damit das Urheberrecht in einen laufenden Reformprozeß gedrängt wird.

§ 1 *Urheberrechtsgesetz (UrhG)* lautet: »Die Urheber von Werken der Literatur, Wissenschaft und Kunst genießen für ihre Werke Schutz nach Maßgabe dieses Gesetzes« und § 11 bestimmt: »Das Urheberrecht schützt den Urheber in seinen geistigen und persönlichen Beziehungen zum Werk und in der Nutzung des Werkes«.

Urheber-rechtsgesetz

Nach diesem Gesetzeswortlaut steht also die Person des Urhebers im Vordergrund. Sein Werk, sei es ein Buch, ein Musikstück, ein Film usw., wird also nicht von der Person gelöst.

»Voraussetzung für den Urheberrechtsschutz ist immer, daß eine persönliche geistige Schöpfung vorliegt. Als persönliche geistige Schöpfungen sind Erzeugnisse anzusehen, die durch ihren Inhalt oder durch ihre Form oder durch die Verbindung von Inhalt und Form etwas Neues und Eigentümliches darstellen. Das Werk muß Ergebnis individuellen geistigen Schaffens sein. Durch die Hervorhebung der Werke der Wissenschaft wird kein Schutz wissenschaftlicher Ideen und Erkenntnisse begründet. Grundsätzlich unterliegt nur die persönliche Formgebung wissenschaftlicher Werke dem Urheberrechtsschutz, während der Gedankeninhalt frei bleibt« (Hans-Peter Hillig). Wichtig ist aber auch, daß das Urheberrecht keine ästhetische oder inhaltliche Qualität voraussetzt.

Plagiate und Gemeinfreiheit

Urheberrechtliche Probleme ergeben sich immer dann, wenn ohne ausdrückliche Erlaubnis des Urhebers dessen Werk oder Teile davon von einem anderen Autor übernommen werden, wenn also ein *Plagiat* entsteht. Laut § 64 UrhG wird das Werk eines Autors in der Bundesrepublik Deutschland während der Lebenszeit des Autors und 70 Jahre nach seinem Tode geschützt. Nach Ablauf dieser Frist wird das Werk gemeinfrei. Dabei sind mögliche andere Urheberrechte, z. B. die von Übersetzern, zu berücksichtigen. Auch hier gilt wieder die Frist von 70 Jahren nach dem Tod des Übersetzers. Diese Vorschrift gilt auch für Autoren der ehemaligen DDR, die die Schutzfrist auf 50 Jahre beschränkt hatte.

Verwertungsrechte

Nach § 15 UrhG hat der Urheber das ausschließliche Recht, sein Werk in körperlicher Form zu verwerten. Das Recht umfaßt insbesondere 1. das Vervielfältigungsrecht, 2. das Verbreitungsrecht, 3. das Ausstellungsrecht. Der Urheber hat ferner das ausschließliche Recht, sein Werk in unkörperlicher Form öffentlich wiederzugeben (Recht der öffentlichen Wiedergabe). Das Recht umfaßt insbesondere 1. das Vortrags-, Aufführungs- und Vorführungsrecht, 2. das Senderecht, 3. das Recht zu der Wiedergabe durch Bild- oder Tonträger, 4. das Recht der Wiedergabe von Funksendungen. Jedes dieser einzelnen Verwertungsrechte läßt sich in weitere *Unterrechte* aufspalten.

Wenn ein Autor sein Buch verwerten will, dann schließt er in der Regel einen Verlagsvertrag ab, der die Grundlage der Zusammenarbeit zwischen Verlag und Autor bildet. Im Prinzip kann der Autor dann jedes einzelne *Nutzungsrecht* verhandeln, wobei wiederum Haupt- und Nebenrechte unterschieden werden. In der Regel räumt der Autor dem Verlag das Vervielfältigungs- und Verbreitungsrecht ein und überträgt ihm meist auch die Verwertung von Nebenrechten, u. a. Rechte zur Verfilmung, Vertonung u. ä. Je nach Werk wird der Autor seine Honorarverhandlungen auf die möglichen wirtschaftlichen Erfolgschancen bei der Übertragung der Nebenrechte abstimmen. Zu den übertragbaren Verwertungsrechten zählen auch Lizenzen, für die eine Lizenzgebühr an den Autor zu zahlen ist. Um die komplexen und voneinander abgeleiteten Verwertungsrechte in eine griffige Formel zu

bringen, enthält der Abschnitt *Rechteeinräumung* in Verlagsverträgen häufig nur den Satz: »Der Autor räumt dem Verleger
alle Nutzungsrechte ein«. Die materielle Seite des Urheber-
rechtes ist es, daß es der Alimentation der Urheber aller
Schaffensbereiche dient. Das Bundesverfassungsgericht hat
den Gesetzgeber verpflichtet, »zu berücksichtigen, daß das
Eigentum privatnützig ausgestaltet ist und seine Nutzung
dem Eigentümer finanziell eine eigenverantwortliche Lebens-
gestaltung ermöglichen soll.« In diesem Sinne ist das Urheberrecht auch ein Vermögensrecht.

In diesem Zusammenhang ist das *Gesetz betreffend das Ur-*
heberrecht an Werken der bildenden Künste und der Foto-
grafie (Kunsturhebergesetz) zu erwähnen. Zentrale Vorschrift
dieses Gesetzes ist § 22, nach der Bildnisse nur mit Einwil-
ligung des Abgebildeten verbreitet oder öffentlich zur Schau
gestellt werden dürfen. Diese Vorschrift führt in der Praxis
immer wieder zu Unsicherheiten und teilweise zu enorm
hohen Schadensersatzansprüchen. Als Faustregel gilt: Wer
ein Foto verwenden will, auf dem eine oder mehrere Personen
abgebildet sind, muß erstens den Fotografen und zweitens
die deutlich erkennbaren Personen um Abdruckgenehmigung
bitten bzw. sich vom Fotografen bestätigen lassen, daß von
diesen Personen keine Rechtsansprüche zu erwarten sind.
Personen des öffentlichen Lebens brauchen nicht gefragt zu
werden, allerdings sind hier die Fotografenrechte zu beachten.

**Kunsturheber-
gesetz**

Um den *Urheberrechtsschutz* auch über die *nationalen* Grenzen auszudehnen, haben die meisten Staaten der Erde internationale Übereinkommen bzw. bilaterale Absprachen zum
Urheberschutz getroffen. Die wichtigsten Abkommen sind
u.a. die *Revidierte Berner Übereinkunft zum Schutz von Wer-*
ken der Literatur und Kunst (RBÜ), die auf die 1886 abgeschlossene Berner Übereinkunft zurückgeht, und das *Weltur-*
heberrechtsabkommen (WUA), dem inzwischen 74 Staaten
der Erde angehören, einschließlich der USA und der ehemaligen UdSSR, die jedoch nicht der RBÜ beigetreten sind.
Für lateinamerikanische Länder gilt das *Abkommen von Mon-*
tevideo. Ein ausländischer Urheber genießt in der Bundesrepublik Deutschland den gleichen Schutz wie ein deutscher
Autor, sein Werk ist ebenfalls 70 Jahre nach seinem Tode

**Internatio-
naler Urheber-
rechtsschutz**

geschützt, auch wenn diese Frist in seinem Heimatland kürzer wäre.

In den *übrigen deutschsprachigen Ländern* gelten eigene *Urheberrechtsgesetze* (in Klammern jeweils das Datum des Erlasses des Gesetzes):

- Österreich (09.04.1936 mit Novelle vom 16.12.1972)
- Schweiz (07.12.1922 in der Fassung vom 24.06.1955).

Wichtiger Meilenstein in der internationalen Harmonisierung des Urheberrechts ist das 1994 im Rahmen des GATT geschlossene TRIPS-Übereinkommen, das das Urheberrecht in einem handelspolitischen Zusammenhang gestellt und räumlich und sachlich erweitert hat. GATT (General Agreement on Tariffs and Trade) ist das allgemeine Zoll- und Handelsabkommen vom 30. Oktober 1947. Bei TRIPS handelt es sich um das Übereinkommen über handelsbezogene Aspekte der Rechte des geistigen Eigentums (Trade-related aspects of Intellectual Property Rights) vom 15. April 1994.

Digitale Nutzungen wurden durch die 1996 unterzeichneten WIPO-Verträge geregelt und die Vertragsstaaten zur Anpassung ihrer Gesetze veranlaßt. Auf europäischer Ebene hat die EU-Kommission zwischen 1991 und 1996 fünf Richtlinien zur Rechtsvereinheitlichung erlassen. Alle in Kraft getretenen Richtlinien sind inzwischen bereits in das deutsche Urheberrecht eingeflossen.

Das fünfte Gesetz zur Änderung des Urheberrechtsgesetzes, das das deutsche Recht mit den WIPO-Verträgen kompatibel macht, ist noch nicht abgeschlossen und die WIPO-Verträge sind noch nicht ratifiziert. Vor einer Reform steht auch das Recht der gesetzlichen Vergütungsansprüche. Drei Richtlinien – u. a. zum *electronic commerce* – sind noch nicht in deutsches Recht umgesetzt. Außerdem stehen viele Einzelfragen im Zusammenhang mit Online-Nutzung und Neuen Medien zur Regelung an. Das Urheberrecht ist also weiter im Fluß.

Verlagsgesetz

Das *Verlagsgesetz* ist Teil des Urheberrechts. Das Verlagsgesetz vom 19.06.1901 ist letztmals durch Gesetz vom 09.05.1985 in wesentlichen Punkten (Fotokopieabgabe, Änderung der Schutzfristen bei Bildern u. a.) geändert worden. Es regelt die rechtlichen Beziehungen, die sich aus dem Abschluß des Verlagsvertrags zwischen dem Verleger und dem Autor ergeben. Darüber hinaus gilt für den Autor immer auch das Urheberrechtsgesetz mit seinem umfassenden Schutz. Das Verlagsrecht regelt im einzelnen die Pflichten des Autors, deren wichtigstes ist, dem Verlag das Werk zu dem vertraglich vereinbarten Zeitpunkt in einem für die Vervielfältigung und Verbreitung geeigneten Zustand zu überlassen.

Der Autor räumt dem Verleger grundsätzlich das sogenannte subjektive Verlagsrecht an dem Werk ein. Dieses entsteht mit der Ablieferung des Werkes. Das Verlagsrecht schützt wiederum den Verleger, z. B. gegen den Mißbrauch als Plagiat durch einen Urheber. Mit dem Abschluß eines Vertrages verpflichtet sich der Autor, für die Dauer des Vertrags selbst keine Vervielfältigung vorzunehmen bzw. zu veranlassen. Verträge, die einen Autor verpflichten, sämtliche von ihm geschaffenen Werke nur in »seinem« Verlag herauszubringen, sind ohne Kündigungsklausel rechtlich nicht durchzusetzen.

Die sich aus dem Verlagsgesetz ergebenden Pflichten des Verlegers korrespondieren mit den eingeräumten Rechten aus dem Urheberrechtsgesetz. Der Verleger verpflichtet sich, ein Werk auf seine Rechnung und unter seiner Verantwortung ordnungsgemäß zu vervielfältigen und zu verbreiten. Manchmal hat der Verleger nur das Recht zur Veranstaltung einer einzigen Auflage, deren Höhe definiert wird. Der Verleger kann das Werk als Einzelwerk, als Gesamtausgabe oder als Sammelwerk oder Teile davon als Sonderausgabe benutzen, eine Veränderung am Werk selbst darf er nicht vornehmen. Der Verleger ist verpflichtet, dem Autor ein Honorar zu zahlen.

Mit dem *gewerblichen Rechtsschutz und Urheberrecht* befaßt sich seit 1891 der nach der Farbe seiner Zeitschrift benannte *Grüne Verein*, die *Deutsche Vereinigung für gewerblichen Rechtsschutz und Urheberrecht e. V.* Von Anfang an widmete sich die Vereinigung sowohl der wissenschaftlichen Durch-

Gewerblicher Rechtsschutz

dringung wie Fragen der praktischen Handhabbarkeit des Patent- und Gebrauchsmusterrechts, des Geschmacksmusterrechts, des Marken- und Wettbewerbsrechts einschließlich des Kartellrechts sowie des Urheber- und Verlagsrechts. Später, insbesondere in den Jahren nach 1950, erweiterte sich der Aufgabenbereich, so auf den Sortenschutz, den Halbleiterschutz, den Softwareschutz sowie auf das Lebensmittel- und Arzneimittelrecht. Auf allen Gebieten ist die Vereinigung seit jeher maßgeblich an der Fortbildung der Gesetzgebung, an der Vorbereitung internationaler Verträge sowie an der Europäischen Rechtsharmonisierung beteiligt.

Titelschutz und Markenrecht

Die Frage des *Titelschutzes* ist im Markengesetz von 1994 in §§ 5, 15 geregelt. Kennzeichenschutz besteht für aus dem alltäglichen Rahmen herausfallende Bezeichnungen mit eigenem Charakter und eigener Unterscheidungskraft, also für sogenannte starke Titel. Auch sogenannte »schwache« Titel wie *Bild* oder *Spiegel* sind geschützt, wenn sie sich am Markt entsprechend durchgesetzt haben.

Der *Titelschutz* entsteht mit der Aufnahme der Titelbenutzung, also mit Erscheinen des Werkes, aber nach der Rechtsprechung auch dann, wenn das Werk öffentlich angekündigt wird, was in aller Regel durch die Titelschutzanzeigen im *Börsenblatt für den Deutschen Buchhandel* oder in der Spezialzeitschrift *Der Titelschutzanzeiger für Zeitungen, Zeitschriften, Bücher, Tonträger und Hörfunk und TV mit DER SOFTWARETITEL* erfolgt.

Verlage können viel Geld verlieren, wenn sie in Titelschutzfragen nichtsahnend die Rechte anderer verletzen. Deshalb sind bibliographische Recherchen nach etwaiger bisheriger Verwendung eines Titels und fachliche Beratung dringend zu empfehlen.

Bibliografische Auskunftsbüros ermitteln gegen Gebühr, ob ein Titel schon in Gebrauch ist (s. 4.7 und Anhang 4).

Nach der Rechtsprechung genügt nicht die bloße öffentliche Bekanntgabe eines Titels, für den der Schutz in Anspruch genommen wird, sondern es muß nachweisbar schon an der

Titelschutz
Die Frage des Titelschutzes ist im § 5 MarkenG geregelt:

§ 5 Geschäftliche Bezeichungen
(1) Als geschäftliche Bezeichnungen werden Unternehmenskennzeichnungen und Werktitel geschützt.

(2) ...
(2) Werktitel sind Namen oder besondere Bezeichnungen von Druckschriften, Filmwerken, Tonwerken, Bühnenwerken oder sonstigen vergleichbaren Werken.

§ 15 Ausschließliches Recht des Inhabers einer geschäftlichen Bezeichnung; Unterlassungsanspruch; Schadensersatzanspruch
(1) Der Erwerb des Schutzes einer geschäftlichen Bezeichnung gewährt ihrem Inhaber ein ausschließliches Recht.

(2) Dritten ist es untersagt, die geschäftliche Bezeichnung oder ein ähnliches Zeichen im geschäftlichen Verkehr unbefugt in einer Weise zu benutzen, die geeignet ist, Verwechslungen mit der geschützten Bezeichnung hervorzurufen.

(3) ...

Vorbereitung des betreffenden Werkes gearbeitet werden, so daß es in absehbarer Zeit erscheinen kann.

Kollisionen kann es zwischen den Werkgattungen der Printmedien, Tonwerken, Bildwerken sowie Computerprogrammen geben. Mittlerweile ist anerkannt, daß *Internet-Domains* die gleiche Wirkung wie Namen oder Kennzeichen haben und somit in den Titelschutz einbezogen sind.

Verwertungsgesellschaften

Die Tätigkeit der *Verwertungsgesellschaften* wird in der Bundesrepublik durch das *Gesetz über die Wahrnehmung von Urheberrechten und verwandten Schutzrechten vom 09.09.1965* geregelt. Aufgrund dieses Gesetzes verwaltet die *Verwertungsgesellschaft Wort* in München (1958 gegründet, 1978 mit der *VG Wissenschaft* vereinigt) die Nutzungsrechte im Auftrag der Inhaber der Autoren- oder Verlagsrechte. Mit Ausnahme der sogenannten *Kleinen Senderechte* (d. i. die Lesung nichtdramatischer Werke von maximal 15 Minuten im Hörfunk und 10 Minuten im Fernsehen) nimmt sie keine Erstrechte wahr. Ihre Haupteinnahmequellen sind die Reprographievergütung (Geräte- und Betreibervergütung), die Bibliothekstantieme, das so genannte Kneipenrecht, das Recht der privaten Überspielung (Geräte- und Leerkassenver-

VG WORT

gütung), die Pressespiegelvergütung, die Vergütung für die Übernahme von Fremdtexten in Schulbücher und das Recht der integralen Kabelweiterleitung.

Auf dem Gebiet der Musik ist die *VG Musikedition* als Verwertungsgesellschaft zur Wahrnehmung von Nutzungsrechten an Editionen (Ausgaben) von Musikwerken gem. §§ 70/71 UrhG tätig. Pauschalabkommen über Aufführungs- und Senderechte wurden mit der Nutzervereinigung der Rundfunkanstalten und mit den beiden großen Kirchen geschlossen.

Auf dem Gebiet der bildenden Kunst arbeitet die *VG Bild-Kunst* nach den gleichen Prinzipien und auf der gleichen gesetzlichen Grundlage wie die anderen Verwertungsgesellschaften. Sie ist tätig für *Bildende Künstler* (Berufsgruppe I), *Fotografen, Bildjournalisten, Designer, Karikaturisten, Pressezeichner, Bildagenturen* (Berufsgruppe II) sowie *Filmproduzenten, Regisseure, Kameraleute, Cutter, Szenen- und Kostümbildner, Choreographen* (Berufsgruppe III) und unterhält ein Sozialwerk.

Weitere Verwertungsgesellschaften in der Bundesrepublik Deutschland sind die *GEMA Gesellschaft für musikalische Aufführungs- und mechanische Vervielfältigungsrechte*, die *GÜFA Gesellschaft zur Übernahme und Wahrnehmung von Filmaufführungsrechten mit beschränkter Haftung*, die *GWFF Gesellschaft zur Wahrnehmung von Film- und Fernsehrechten mbH*, die *VGF Verwertungsgesellschaft für Nutzungsrechte an Filmwerken* sowie die *VFF Verwertungsgesellschaft der Film- und Fernsehproduzenten GmbH.*, die *Verwertungsgesellschaft Rundfunk, Zentralstelle für Videovermietung (ZVV)*. Für den Leistungsschutz ist die *GVL Gesellschaft zur Verwertung von Leistungsschutzrechten mbH.* zuständig.

Die Verwertungsgesellschaften unterliegen der Aufsicht des Bundespatentamtes.

In der Schweiz und Österreich existieren eigenständige Verwertungsgesellschaften.

Die *Ausgleichsvereinigung Verlage (AV Verlage) e. V.* ist ein Zusammenschluß von Verlagen, die von ihren Mitgliedern in einem vereinfachten Verfahren die Beiträge einzieht, die diese aufgrund des Künstlersozialversicherungsgesetzes (KSVG) für die Kranken- und Altersversorgung selbständiger Publizisten und Künstler aufzubringen haben.

2.2 Verträge

Grundlage der Zusammenarbeit zwischen Verlag und Autor ist der Verlagsvertrag (s. 2.1). Der *Vertrag* wird in der Regel abgeschlossen, wenn Einigkeit über das Konzept erzielt wurde, spätestens aber, wenn der Verlag ein ihm eingereichtes Manuskript angenommen hat.

Gelegentlich kommt es vor, daß ein sogenannter *Vorvertrag* abgeschlossen wird, bei dem sich die Partner zunächst verpflichten, demnächst den Hauptvertrag abzuschließen. Es gibt auch die Form des *Optionsvertrags*, der über künftige Werke abgeschlossen wird. Dieser Vertrag bindet den Autor einseitig.

**Der Verlags-
vertrag**

Der eigentliche *Verlagsvertrag*, der auch als empfohlener *Normvertrag* (vom *Verband deutscher Schriftsteller (VS)* in der *IG Medien* und dem *Börsenverein des Deutschen Buchhandels e. V.*) zur Verfügung steht, regelt folgende Rechte und Pflichten:

- Vertragsgegenstand
- Rechtseinräumungen
- Verlagspflicht
- Absatzhonorar für Verlagsausgaben
- Nebenrechtsverwertung
- Manuskriptablieferung
- Freiexemplare
- Satz, Korrektur

- Lieferbarkeit, veränderte Neuauflagen

- Verramschung, Makulierung

- Rezensionen

- Urhebernennung, Copyright-Vermerk

- Änderungen der Eigentums- und Programmstrukturen des Verlags

- Schlußbestimmungen

Der Normvertrag liegt in einer neuen Fassung vom 01.04.1999 vor. Er ist in erster Linie auf Belletristik- und Sachbuchautoren ausgerichtet.

Deutscher Hochschul-Verband

Für wissenschaftliche Verlagswerke haben sich der *Börsenverein* und der *Deutsche Hochschulverband* Anfang des Jahres 2000 auf neue Vertragsnormen geeinigt. Im Einzelnen handelt es sich um die folgenden Muster:

- Verlagsvertrag über ein wissenschaftliches Werk

- Verlagsvertrag über ein wissenschaftliches Werk mit mehreren Verfassern

- Verlagsvertrag über einen wissenschaftlichen Beitrag zu einer Sammlung

- Revers für die Einräumung von Nutzungsrechten an Zeitschriftenbeiträgen

- Werkvertrag über einen wissenschaftlichen Beitrag zu einer Sammlung

- Herausgebervertrag über ein wissenschaftliches Werk mit mehreren Verfassern / eine wissenschaftliche Zeitschrift

Den Vertragsnormen wurde eine Einleitung *Was Verfasser und Verleger regeln sollten* vorangestellt. Die neuen Normen sollen »eine verläßliche und möglichst konfliktfreie Kooperation zwischen Verlegern und wissenschaftlichen Autoren fördern« (Wulf D. v. Lucius, *1938). Die Vertragsnormen berücksichtigen den enormen Wandel im Verlagswesen und die Zunahme digitaler Publikationsformen.

Für im Printing-on-demand-Verfahren (s. 2.3 und 5.4) hergestellte Bücher bedarf es nach Ansicht von Fachleuten keiner gesonderten Regelung, da es sich dabei um keine gesonderte Nutzungsart handelt.

Dagegen gibt es für E-Books (s. 5.11) noch keine Branchenstandards, weshalb dafür Zusatzvereinbarungen zu empfehlen sind.

Neben dem Verlagsvertrag gibt es *weitere Vertragsformen*, vor allem den *Herausgebervertrag*, den *Mitarbeitervertrag*, den *Übersetzervertrag* und den *Illustrationsvertrag*, die in Verlagen Verwendung finden. Die zuletzt genannten drei Vertragsformen sind Werkverträge mit urheberrechtlichen und verlagsrechtlichen Elementen.

Weitere Vertragsformen

Der *Herausgeber* erhält im Prinzip einen Verlagsvertrag, der darüber hinaus die organisatorische Funktion des Herausgebers als Koordinator eines größeren Autoren- oder Mitarbeiterkreises regelt. Fungiert der Herausgeber gleichzeitig auch als Mitautor, erhält er wie die anderen Autoren zusätzlich einen Verlags- bzw. Mitarbeitervertrag für die Werkteile, an denen er als Urheber mitwirkt. Mitarbeiterverträge erhalten meist diejenigen Beteiligten, die mengenmäßig eingegrenzte Manuskriptteile liefern und dafür pauschal, also nicht erfolgsabhängig honoriert werden.

Der beauftragte Mitarbeiter wirkt an einem fremden, anderweitig bereits im wesentlichen konzipierten Werk mit; daher auch die Bezeichnung *Verlagswerkvertrag* oder *Bestellvertrag*.

Der *Illustrationsvertrag* ist in der Regel ähnlich wie der Mitarbeitervertrag ein Werkvertrag. Haben aber die Illustrationen selbst eigentümlichen Werkcharakter, dann stehen Textautor und Bildautor gleichberechtigt nebeneinander und schließen jeder einen gesonderten Verlagsvertrag mit dem Verleger ab.

Verträge über *Verlagswerke mit Software* bringen einige rechtliche Besonderheiten mit sich, je nachdem, ob das Softwareprodukt nun ein Haupt- oder Nebenbestandteil des Werkes ist. Der Börsenverein hat zu diesem Thema eine Handreichung mit Stand vom 15.12.1989 herausgebracht.

In der Regel ist der *Übersetzervertrag* ein Werkvertrag wie oben beschrieben. Voraussetzung für die Vergabe von Übersetzerverträgen durch den Verleger ist, daß er selbst das Verlagsrecht zur Übertragung in die jeweilige Landessprache vom Inhaber des Originalurheberrechts oder dessen Beauftragten erwirbt. Das Recht an der Übersetzung wird durch den Übersetzervertrag geregelt. Die Übersetzung selbst ist ein urheberrechtlich geschütztes Werk. Es gibt einen Normvertrag für den Abschluß von Übersetzungsverträgen in einer seit 1992 gültigen Fassung, abgestimmt zwischen dem *Börsenverein des Deutschen Buchhandels e. V.* und dem *Verband deutscher Schriftsteller (VS)* in der *IG Medien.*

Autoren-honorar

Das *Autorenhonorar* kann eine absatzabhängige Vergütung vom Brutto- oder Nettoverkaufspreis eines Buches, ein Pauschalhonorar als einmalige Vergütung oder auch eine Mischung beider Vergütungsformen sein. Manchmal wird Autoren ein sogenannter verlorener Vorschuß gezahlt, um den

Einzelschritte	Programm	Vertrieb		Herstellung	Betriebswirtschaft	Leitung
Idee						
• Titelidee	●—▶					
• Konzeption	●—▶	●—▶		●—▶	●—▶	
• Prüfung	◀—	●—◀		●		
Kalkulation						
• Einzelkalk.	●—▶	●—▶		●—▶	●—▶	●—▶
• Verlagskalk.	◀—	●—◀		●—◀	●—	●—▶
Vertrag						
• Unterschrift	◀———————————————					●
• Negativ	◀———————————————					●
• Alternative						
– Idee – Kalkulation	●——————— Neuer Entscheidungsablauf ———▶					

Entscheidungsverlauf von der Idee zum Verlagsvertrag

Beginn der Manuskriptarbeit zu finanzieren. Bei höheren Beträgen wird der Vorschuß mit künftigen Honoraren verrechnet. Das Absatzhonorar beläuft sich in der Regel auf 5 bis 10 % vom Bruttoverkaufspreis, gelegentlich auch 15 % vom Nettoverkaufspreis (= Ladenverkaufspreis, abzüglich Mehrwertsteuer und Buchhändlerrabatt). Die Abrechnung erfolgt meist halbjährlich jeweils zum 30.06. und 31.12. eines Jahres. Die Teilung von Honoraren aus Nebenrechtserlösen und aus Sonderverkäufen wird vertraglich geregelt, wobei der Autor an Lizenzerlösen mit 50 oder mehr Prozent abzüglich Kosten des Verlags beteiligt ist.

Bei Lizenzabrechnungen mit ausländischen Lizenzgebern ist es üblich, die Honorarvereinbarung auf den Nettoabgabekaufpreis an den Buchhandel zu beziehen. Diese Praxis bürgert sich auch für inländische Honorarabrechnungen immer mehr ein und würde wohl zum gängigen Verfahren, wenn die Preisbindung fiele. Der Normvertrag sieht alternativ beide Möglichkeiten vor.

2.3 Manuskript und Satzerfassung

Das Wort *Manuskript* kommt aus dem Lateinischen und bedeutet *das mit der Hand Geschriebene*. Der Begriff hielt sich auch, als die Manuskripte vornehmlich mit der Schreibmaschine als *Typoskripte* geschrieben wurden. Heute, da fast alle Manuskripte am Computer entstehen, hält sich der Begriff weiter. Es ist darunter die vom Autor erstellte Grundform zu verstehen, gleichgültig, ob die Übermittlung auf Papier, als Diskette, als CD-ROM oder per e-mail erfolgt. Dabei gehen immer mehr Autoren dazu über, nicht nur den Text zu erfassen, sondern das Werk zu umbrechen und für die Abbildung zumindest Grobscans zu liefern.

Um eine reibungslose Weiterverarbeitung der vom Autor gelieferten Software im Verlag sicherzustellen, haben vor allem Fach- und wissenschaftliche Verlage spezielle Autorenbroschüren mit Hinweisen zur *Erfassung und Gestaltung des Manuskriptes* herausgebracht. Bei Sammelwerken wie

Satzerfassung und -gestaltung

101

z. B. Loseblattausgaben ist eine einheitliche Gestaltung der Texte verschiedener Autoren unerläßlich, z. B. im Bezug auf Zitierweise, Quellenangaben, Abbildungsnachweise, Fußnoten usw.

Heute kommen Manuskripte auf Diskette, als e-mail und in Einzelfällen auch über das Internet in die Lektorate und Redaktionen. In Schulbuchverlagen z. B. findet die gesamte Manuskriptbearbeitung, Bebilderung und das Layouten am Bildschirm in der Schulbuchredaktion statt, ebenso in vielen Zeitschriftenredaktionen. In vielen anderen Verlagen gibt es noch immer die klassische Arbeitsteilung zwischen Lektorat/Redaktion einerseits und der Herstellungsabteilung andererseits, wobei die eigentliche Texterfassung meist beim Autor liegt.

Besondere Probleme ergaben sich bisher bei der Erstellung von wissenschaftlichen Nachschlagewerken und anderen *Viel-Autoren-Büchern.* Um Werke mit mehr als 100 Autoren in wesentlich kürzeren Zeiträumen realisieren zu können, hat ein Fachmann mit Unterstützung des *Bertelsmann-Springer-Verlages* das *Online Editing System (OESYS)* entwickelt. Dateneingabe durch die Autoren, sowie Verwaltung, Koordination durch den Herausgeber erfolgen über eine einheitliche Internet-Website bzw. -Datenbank. Die Vorteile dieses Verfahrens liegen auf der Hand, denn es ver-

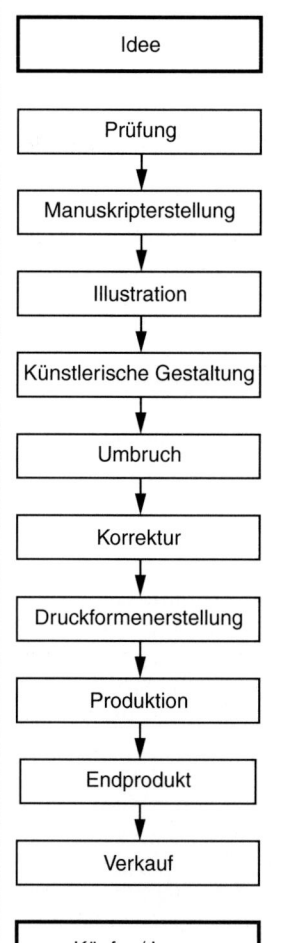

Von der Idee zum Leser

102

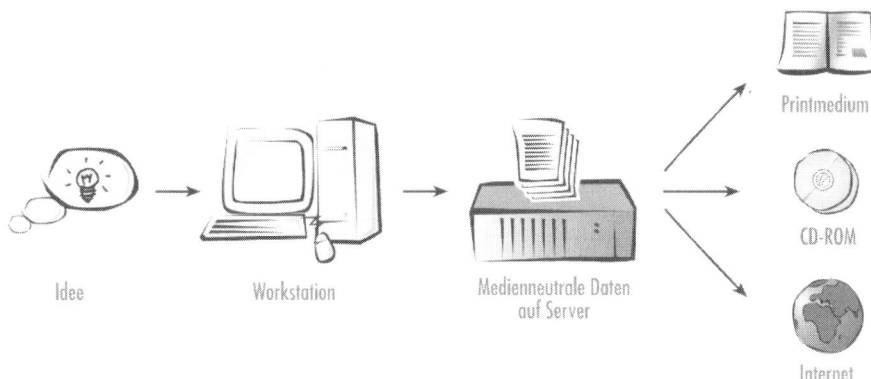

Digitale Datenerfassung ermöglicht medienneutrale Datenspeicherung auf Server und wahlweise Ausgabe als Printmedium, CD-ROM oder im Internet.

einfacht und verkürzt die Kommunikation zwischen Verlag, Herausgeber und internationaler Autorenschaft wesentlich und jeder Autor kann auf die aktuellen Daten des anderen jederzeit zurückgreifen. Das System befindet sich derzeit im Test und soll in Zukunft kommerziell genutzt werden, also auch anderen Verlagen zur Verfügung stehen.

Auch wenn heutzutage die meisten Autoren Korrekturen direkt am Bildschirm durchführen, sollte doch jeder Autor die *Korrekturzeichen* beherrschen, die sich im Lauf der Druckgeschichte entwickelt haben. Sie sind durch eine DIN-Norm geregelt (Korrekturzeichentabelle s. Anhang 1).

Korrektur-zeichen

Unter *elektronischem Publizieren* wird im engeren Sinn die Veröffentlichung in Form eines elektronischen Online- oder Offline-Produktes verstanden. Im weiteren Sinn handelt es sich dabei aber um die digitale Produktion von Medien im Gegensatz zur analogen, d. h. der Eins-zu eins-Umsetzung von Informationen, die nicht durch Computer lesbar sind.

Elektronisches Publizieren

In den Zeiten des Papiermanuskriptes ging dieses nach der Bearbeitung durch das Lektorat an die Herstellungsabteilung, die zusätzliche Auszeichnungen vornahm und das Layout festlegte. Von der Herstellungsabteilung gelangte das Manuskript zum Satzbetrieb.

War es früher Aufgabe der Verlage, auf analogem Weg Druckvorlagen zu erstellen, so geschieht dies heute digital durch Erstellung datentechnisch umgesetzter, vom Computer analysierbarer Informationen. Damit verändert sich die Arbeit in Lektoraten, Redaktionen und Herstellungsabteilungen grundlegend.

Aus diesem Wandel in der Technik der Satz- und Bilderfassung ergeben sich einerseits ganz neue strategische Ansätze für Verlagsunternehmen, andererseits ganz neue Strukturen in den operativen Zentren im Verlag.

Dem *Elektronischen Publizieren* sind noch viele Fesseln angelegt. Zunächst fehlt es an der Ausbildungsbasis der dafür in den Verlagen zuständigen Kräfte. Deshalb wird es zu einer Anwerbung von Kräften aus den informationstechnischen Berufen und zu verstärkter Zusammenarbeit mit Dienstleistern kommen. Weitere Hindernisse für eine rasche Entwicklung sind die immer noch hohen Telekommunikationskosten, Urheberrechtsprobleme und die Möglichkeit der elektronischen Piraterie. Fachleute allerdings halten die Distributionsmöglichkeiten digitalisierter Inhalte für nahezu grenzenlos.

Medienneutrale Datenerfassung als strategische Aufgabe

Das entscheidende Stichwort heißt *medienneutrale Datenerfassung*. Texte und Bilddaten werden von vornherein so erfaßt, daß sie entweder für papiergebundene Publikationen, für elektronische Publikationen auf Datenträgern aller Art oder für Online- und Offline-Publikationen verwendet werden können. Das erfordert eine neutrale und strukturierte Datenerfassung – möglichst schon beim Autor – mit Hilfe entsprechender Auszeichnungssprachen wie *SGML/XML*. SGML (Standard Generalized Markup Language) ist seit 1986 internationaler Standard (ISO 8879). Mit dieser Metasprache können neue Sprachen erzeugt werden, um Informationen unterschiedlichster Art zu beschreiben. Als nächster Schritt wurde im Jahr 1998 XML (eXtensible Markup Language) entwickelt, empfohlen vom World Wide Web Consortium (W3C). Es handelt sich dabei um eine Teilmenge von SGML, die es ermöglicht, inhaltlich strukturierte Informationen im Web allgemein verfügbar und austauschbar zu machen, mit

»Mein Mann schreibt alle Manuskripte auf dem Computer!«

© Wolfgang Willnat

beliebigen Applikationen, in vielfältiger Präsentation, für unterschiedliche Adressaten zu unterschiedlichen Zwecken.

Im Bezug auf die medienneutrale Datenerfassung hat die Zukunft schon begonnen. Aber während sich die Druckindustrie bereits in einem revolutionären Umbruch befindet, folgen Verlage dieser Entwicklung nur langsam. Dabei genügen nach Ansicht von Fachleuten schon geringe Programmierkenntnisse, um z. B. einfache HTML-Dokumente zu erstellen, weil die Formatierung und das Erscheinungsbild von HTML schnell erkennbar sind. Jedes Element eines Dokuments wird durch sogenannte *Tags* (englisch für *Etiketten*), z. B. Schriftart, Hintergrund, Bilder, Absätze usw. definiert.

Nicht ganz so einfach ist die Einbindung von Bildreproduktionen. Zwar sind *Scanner* und *EBV-Programme (elektronische Bildverarbeitung)* mittlerweile relativ preiswert und trotzdem leistungsfähig. Bildbearbeitung setzt aber nach wie vor erhebliches fachliches Können voraus, so daß sie in der Regel an spezialisierte Dienstleister abgegeben wird. Die Bilder werden als digitaler Andruck auf einem Proof ausgedruckt und nach Freigabe in das gesetzte Dokument eingebunden. Satz, Bildbearbeitung und Einbindung können dabei durch einen jeweils anderen Dienstleister erfolgen. Herstellungsweg der Druckvorlage ist dabei aber durchgängig digital.

Sind Texte digital erfaßt, können sie in jeder Form ausgegeben und vermarktet werden – im Einzelabruf, über den Druck auf Bestellung (Printing- oder Publishing-on-demand) bis zur Produktion von Massenauflagen.

Wo SGML als Werkzeug etabliert ist, beginnt die strategische Aufgabe, die Mehrfachnutzung der vom Verlag erarbeiteten Inhalte in allen Medien sicherzustellen, die der Zielgruppe zugänglich sind und die sie nutzen möchte.

Die Abbildung zeigt, wie ein SGML-Konzept im Verlag aussieht. Dort ist dargestellt, daß die Printredaktion Recherchen bündelt und die inhaltliche Pflege vornimmt. Anhand der Skizze läßt sich leicht erkennen, wie sich die redaktio-

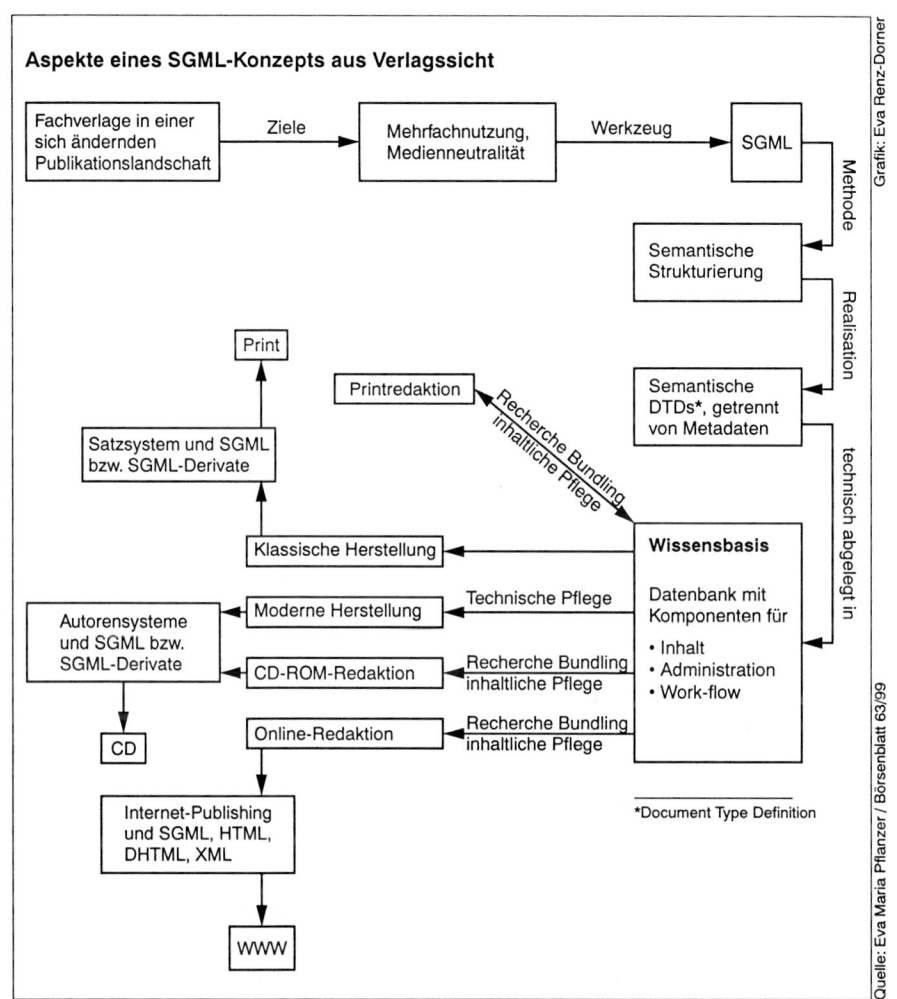

Aspekte eines SGML-Konzepts aus Verlagssicht

Grafik: Eva Renz-Dorner

Quelle: Eva Maria Pflanzer / Börsenblatt 63/99

*Document Type Definition

Auf einen Blick: Die Anwendungsmöglichkeiten von SGML

nellen und verwaltungstechnischen Abläufe in den Verlagen zur Zeit entwickeln und welche verlagsinternen und Schnittstellen zu Dienstleistern entstehen. Man kann sich auch ausmalen, daß hier ganz neue Interessenkonflikte zwischen den Beteiligten entstehen – von den Autoren ganz zu schweigen.

Operative Zentren im Verlag

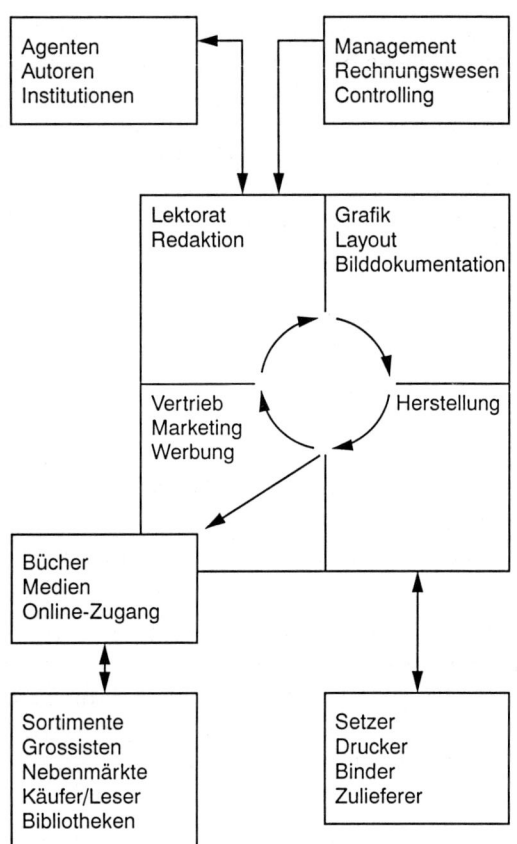

2.4 Lektorat und Redaktion

Die *Wiege der Bücher* im Verlag sind die *Lektorate* und *Redaktionen*. Auch im Zeitalter des elektronischen Publizierens sind sie die eigentlichen Herzkammern der Verlagsarbeit, die den gesamten Verlagskreislauf in Bewegung setzen. In kleineren Verlagen ist der Verleger zugleich sein eigener Lektor; in größeren Verlagen ist die Zusammenarbeit zwischen Verleger und Lektoraten/Redaktionen besonders intensiv.

Im Sprachgebrauch der Verlage wird der Begriff *Lektorat* verwendet, wenn die Arbeit an den Buchprodukten außerhalb des Verlages überwiegt. Der Begriff *Redaktion* wird angewandt, wenn der Hauptteil der Arbeit an einem Buchprodukt im Verlag liegt, z. B. bei der Lexikon-Redaktion, der Schulbuch-Redaktion und der Bild-Redaktion. Eine formale *Abgrenzung* der beiden Begriffe in der Praxis gibt es nicht. Im Zeitschriftenverlag wird unter dem Redakteur der für die inhaltliche Gestaltung der Periodikums Verantwortliche bezeichnet. Für Abteilungen, die elektronische Produkte erstellen, hat sich ebenfalls die Bezeichnung *Redaktion* eingebürgert, z. B. *Internet-Redaktion*.

Lektorat/ Redaktion

Fachverlage verwenden zunehmend für den Lektor oder Redakteur den Begriff *Produktmanager*. Produktmanager will in diesem Zusammenhang sagen, daß der für das Programm Verantwortliche nicht nur mit dem Autor zusammenarbeitet und das Manuskript beurteilt und eventuell korrigiert, sondern das Gesamtprodukt unter Marketingaspekten managt.

Produkt-manager

Zutreffender wäre die Bezeichnung *Zielgruppen-* oder *Bedarfsgruppen-Manager*. Sie geht davon aus, daß sich der betreffende Programm-Verantwortliche auf die Bedürfnisse einer Zielgruppe konzentriert und das Programm danach gestaltet. Solche Ziel- bzw. Bedarfsgruppen können z. B. Architekten, Rechtsanwälte und Steuerberater sein (s. 1.4).

Während der *Lektor* im Verlag früher ausschließlich eine inhaltliche oder Produktverantwortung trug, wird heute in vielen Verlagen die Ergebnisverantwortung von der Verlagsleitung an diejenigen Abteilungen delegiert, die Produkte entwickeln und auf den Markt bringen, also in die Lektorate oder zu den Produktmanagern. Dadurch wechselt auch der klassische *Cheflektor* seine Rolle: Von demjenigen, der ein Programm bestimmt, das andere auszuführen haben, wird er zum Koordinator von programm- und ergebnisverantwortlichen Lektoren, die ihren Bereich als eigenständiges *Profitcenter* leiten.

Profitcenter-Verantwortung

Mit zunehmender Differenzierung der Lektoratsarbeit tritt in größeren Verlagen eine Arbeitsteilung ein, wie sie aus den USA bekannt ist. Der *Acquisition Editor* hat als Hauptaufgabe

Acquisition Editor/ Copy Editor

die Akquisition von Autoren und Werk-Konzepten, also den planerischen, konzeptionellen und Kontaktteil der Arbeit. Der *Copy Editor* oder *Pencil Editor* arbeitet, wie der Name schon sagt, am Manuskript, das er zumeist selbst nicht akquiriert hat. Er ist für die inhaltlich-fachliche Seite der Neuerscheinung zuständig und begleitet den Autor während der unerläßlichen Satz- und Korrekturgänge.

Abgrenzung Programmabteilung/ Verkaufsabteilung

Während im klassischen Verlag die einen die Produkte machten und die anderen sie verkauften, ist es inzwischen längst üblich, über neue Verlagsprodukte unter Einbeziehung aller wichtigen Abteilungen wie Lektorat, Herstellung, Werbung, Presse, Lizenzen und Vertrieb gemeinsam zu diskutieren und zu entscheiden. Die Verlage beginnen eine neue *Abgrenzung zwischen Programm- und Verkaufsabteilung* vorzunehmen. Danach legen die Programmverantwortlichen nicht wie bisher Produktkonzepte vor, sondern entwickeln für jede neue Verlagsidee eine Produkt-Marketingkonzeption, die neben den inhaltlichen Aspekten ganzheitlich alle für eine Neuerscheinung relevanten Gesichtspunkte enthält. Beim Entwurf einer Produkt-Marketingkonzeption arbeiten sie eng mit den Vertriebsmanagern zusammen. In der Regel entscheidet eine Verlagskonferenz aufgrund der vorgelegten Konzeptionen darüber, welche Projektideen realisiert werden sollen und wann. Die Programmabteilung ist dann zuständig für die Realisierung des Produktes, während die Verkaufsabteilung die Verantwortung für die gesamte Vermarktung des Produktes übernimmt. Dabei bürgert sich in den Verlagen immer mehr ein, Verlagsprojekte auf der Grundlage des klassischen *Marketing-Mix* zu konzipieren.

Vernetzung der Lektorate und Redaktionen mit dem Umfeld

Lektorate und *Redaktionen* sind auf vielfältige Weise *mit ihrem Umfeld vernetzt*. Im *Beschaffungsmarkt* kommunizieren sie mit Autoren, Agenten, ausländischen Lizenzgebern, Beratern, Gutachtern und sonstigen Ideengebern. Im *Absatzmarkt* richten sie sich auf ihre Leser und die Benutzer ihrer Bücher aus. Im *Vermittlermarkt* halten sie Kontakt zu Rezensenten, wichtigen Meinungsbildnern und dem Buchhandel. Innerhalb des Verlagsgefüges kooperieren sie mit der Verlagsleitung, mit Parallel-Lektoren, mit Kollegen in anderen Verlagshäusern, mit der Herstellung, mit der Werbung,

110

Programm-Abteilung	Verkaufs-Abteilung

1. Erstellung der Konzeption

Textliche und inhaltliche Verantwortung für das Konzept des Produktes	Mitspracherecht, wird konsultiert beim Kommunikations-, Distributions-, Mehrfachverwertungs- sowie Preis- und Konditionskonzept

2. Verabschiedung der Konzeption durch die Verlagskonferenz

Erweiterung durch Herstellung, Presse- und Öffentlichkeitsarbeit
Mitwirkung aller durch Abgabe des Votums

3. Realisierung des Produktes

Programm- und Herstellungsabteilung gemeinsam

4. Vermarktung des Produktes

Mitwirkung in Form von Entwürfen und Stellungnahmen	Entscheidung über Vertriebswege, Aktionen, Etats, Werbemittel, Werbetexte

Aufgabenteilung zwischen Lektorat/Produktmanagement und Marketing/Vertrieb

mit dem Vertrieb, der Auslieferung und den Mitarbeitern im Außendienst.

So steht der Beruf des Lektors, Redakteurs oder Produktmanagers immer im Spannungsfeld zwischen individueller Einzelarbeit am Schreibtisch und der Kommunikation mit einer vielfältig gegliederten Umwelt.

Nicht zuletzt muß der Lektor ein Gespür für Trends, Zeitstimmungen und Zeitströmungen haben, denn zusammen mit dem Verlagsleiter oder Verleger und der Verkaufsabteilung trifft er die Entscheidung darüber, wie das Programm eines Verlages aussieht.

Was beim Entwurf und der Entwicklung von Verlagsprojekten zu berücksichtigen ist

Marketing-Mix	Welche Fragen sind zu beantworten?
Marktkonzept	Welche Zielgruppe wird angesprochen? Welche Bedürfnisse werden befriedigt? Welche vorgelagerte Zielgruppe wird angesprochen? Welche Bedürfnisse der vorgelagerten Zielgruppe werden befriedigt? Welche Aussagen der Sekundär-Marktforschung sind zu berücksichtigen? Welche Möglichkeiten der Primär-Marktforschung gibt es für dieses Projekt?
Produktkonzept	Welches Medium? Welcher Autor oder welche Autoren? Welcher Titel? Welcher Untertitel? Welcher Inhalt? Welche Aufbereitungs- und Darstellungsart? Welche Bebilderung? Welche Ausstattung? Welche Zusatzprodukte? Welcher Apparat/Anhang?
Kommunikationskonzept	Warum verlegen wir dieses Objekt? Warum muß es der Käufer kaufen? Welchen Nutzen hat es? Welches Flair geben wir dem Produkt? Welche Werbemittel werden eingesetzt? Welche Werbeträger werden eingesetzt? Welches PR- und Medienkonzept?
Distributions- und Mehrfachverwertungskonzept	Welche Vertriebswege (s. gesonderte Liste 2.6)? Welche Vertreterorganisation? Wie werden die Vertriebswege miteinander verbunden? Welches Vor- und Nachabdruckkonzept? Welches Lizenzkonzept?
Preis- und Konditionenkonzept	Welcher Endverbraucherpreis? Welche Konditionen und Zahlungsmöglichkeiten für den Endverbraucher? Welche Rabatte für den Handel? Welche sonstigen Konditionen für den Handel?

112

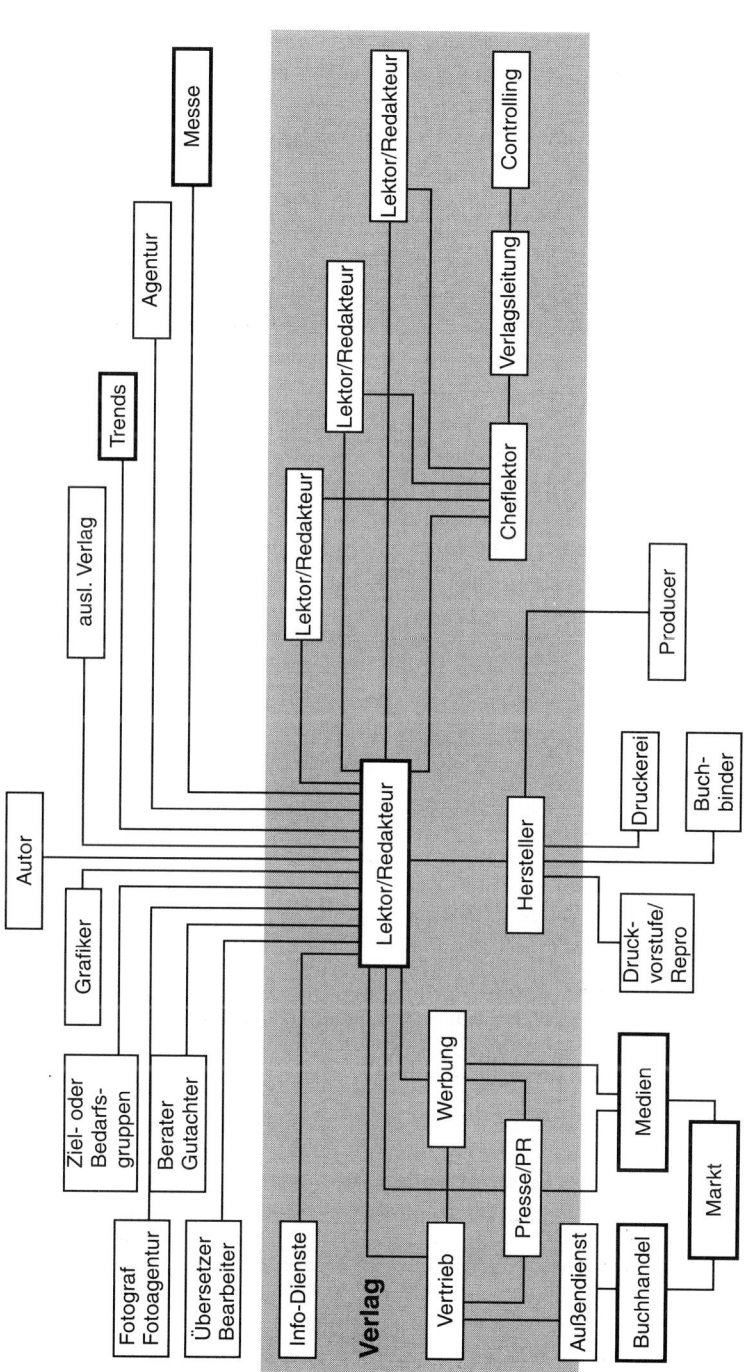

Lektorat/Redaktion – Vernetzung mit dem Umfeld

Messe

Agentur

Trends

ausl. Verlag

Autor

Grafiker

Ziel- oder
Bedarfs-
gruppen

Berater
Gutachter

Fotograf
Fotoagentur

Übersetzer
Bearbeiter

Info-Dienste

Verlag

Lektor/Redakteur

Lektor/Redakteur

Lektor/Redakteur

Lektor/Redakteur

Cheflektor

Verlagsleitung

Controlling

Producer

Hersteller

Druckerei

Buch-
binder

Druck-
vorstufe/
Repro

Werbung

Presse/PR

Vertrieb

Außendienst

Medien

Markt

Buchhandel

Internet im Verlag

Ebenso tiefgreifend wie das *Elektronische Publizieren* verändert das *Internet* die gesamte Verlagswelt. Es hat sich von einem Computer-Netzwerk für Militärs innerhalb weniger Jahre zu einem weltumfassenden Informationsmedium entwickelt. Für Autoren, Lektoren und Redakteure ist es ein aus dem Alltag schon nicht mehr wegzudenkendes Instrument, um sich so rasch wie möglich aktuelle Informationen zu beschaffen und mit anderen in Verbindung zu treten. Es läuft bereits das erste Testprojekt eines Verlages mit einer Gruppe von mehr als 100 Wissenschaftlern zur Produktion eines großangelegten Verlagwerks (s. oben).

Internet-Nutzung im Verlag

Lektorat/ Herstellung: Produkterstellung/ medienneutrale Datenerfassung

Öffentlichkeitsarbeit: Selbstdarstellung

Lektorat: Informationsbeschaffung, z. B. über Datenbanken

Das Internet wird in Verlagen von den Abteilungen für ihre jeweils spezifischen Zwecke genutzt

Vertrieb: Angebot und Bestellweg

Alle Abteilungen: Kommunikation per E-mail intern/extern

Elektronisches Publizieren: Online-Produkte Publishing-on-demand

Internet als weltweites Datennetz dient Verlagen zur Informationsbeschaffung, Produkterstellung, zum Marketing, Werbung, Kommunikation und zum direkten Verkauf von Produkten online oder als »elektronischer Verkäufer«.

114

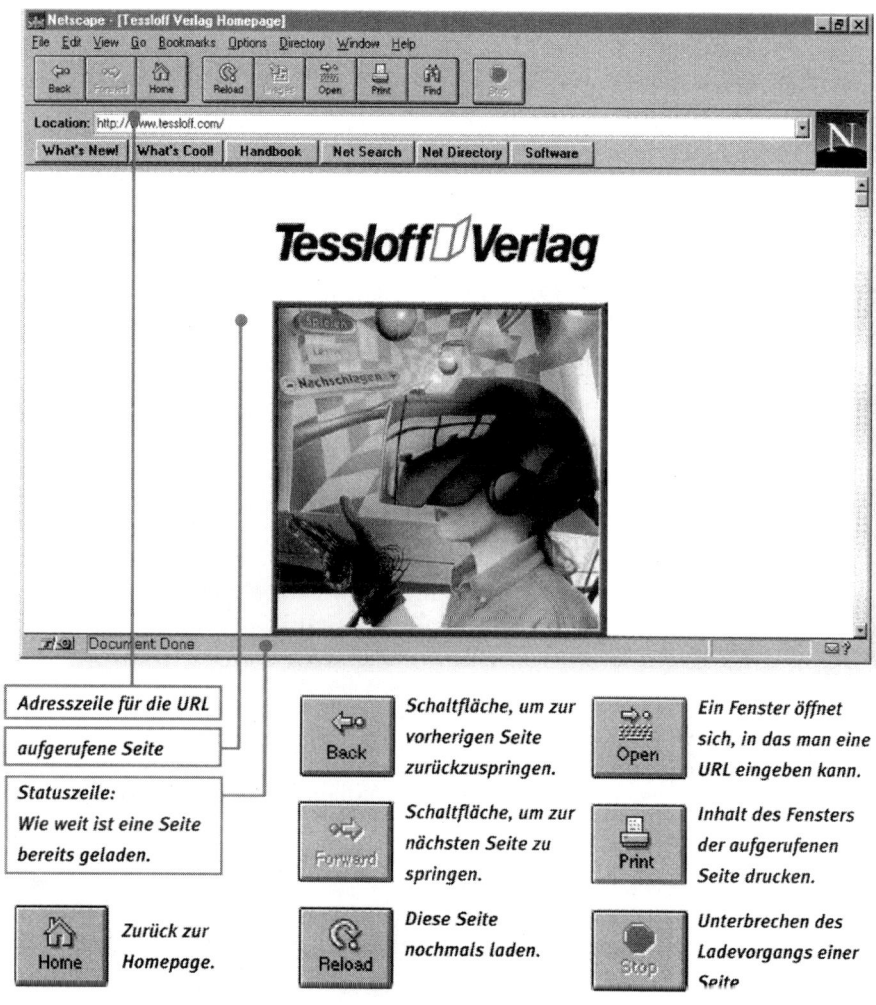

Adresszeile für die URL	Schaltfläche, um zur vorherigen Seite zurückzuspringen.	Ein Fenster öffnet sich, in das man eine URL eingeben kann.
aufgerufene Seite		
Statuszeile: Wie weit ist eine Seite bereits geladen.	Schaltfläche, um zur nächsten Seite zu springen.	Inhalt des Fensters der aufgerufenen Seite drucken.
Zurück zur Homepage.	Diese Seite nochmals laden.	Unterbrechen des Ladevorgangs einer Seite

Erläuterung: Die URL (Uniform Resource Locator) wird der eigentlichen WWW-Adresse vorangestellt und bezeichnet die Technik, mit der man auf einen Rechner im World Wide Web zugreift (z.B.: http://www.tessloff.com – http ist die URL). Wird häufig gleichgesetzt mit der gesamten Internet-Adresse.

Beispiel für den Internet-Auftritt eines Verlages

2.5 Herstellung

Hersteller tragen hohe wirtschaftliche Verantwortung. Die Herstellungsabteilung sorgt dafür, daß ein Buchmanuskript samt Bildvorlagen zum *Buchkörper* wird, wie ihn das Kapitel 5 *Körpergewordener Geist* ausführlich schildert. Auch Zeitschriftenobjekte werden in der Regel von Herstellern betreut. Soweit eine Publikation rein elektronisch erfolgt, ist der Herstellungsvorgang in eigenen Internet- oder Online-Abteilungen organisiert.

Hauptaufgaben der Herstellung

Die *Herstellungsabteilung* eines Verlages nimmt folgende *Hauptaufgaben* wahr:

- Kalkulation des Herstell- und oft auch des Ladenpreises

- Einkauf von Papier, sonstigen Materialien sowie Satz- und Druckkapazitäten

- Steuerung der Projektabwicklung und Verkehr mit den externen Lieferanten wie Grafikern, Satzbetrieben, Reprobetrieben, Druckereien, Buchbindern usw.

- Mitwirkung bei der Ausstattung der Bücher

- Nachkalkulation und betriebswirtschaftliche Überwachung

- Disposition von Nachauflagen und Bindequoten

Einkauf

Wichtigste *Einkaufsentscheidung* ist die *Auswahl der Zulieferer aus der grafischen Industrie*. Die meisten Aufträge werden im Inland vergeben. Es wird aber in steigendem Maße in so genannten Billig-Ländern produziert. Problematisch ist dabei die Frage rechtzeitiger Nachbezüge bei steigender Nachfrage nach einem Titel.

Unter *Druckerei* wurde bis in die achtziger Jahre vereinfacht ein Betrieb mit folgenden Funktionsbereichen verstanden:

- Satzherstellung

- Reproduktion

- Druck

- Druckweiterverarbeitung

116

Die Druckerei übernahm demnach die Erfassung und Gestaltung des Textes, die Umsetzung von ein- und mehrfarbigen Zeichnungen und Bildern, sie bestellte das Papier, sie bedruckte es und band es zu einem Buch auf.

In den letzten Jahren hat sich die grafische Industrie revolutionär verändert. Zwar gibt es nach wie vor Großbetriebe, die Druckvorstufe, Druck und Druckweiterverarbeitung aus einer Hand liefern. Daneben findet eine vielfältige Arbeitsteilung zwischen den unterschiedlichsten Spezialisten statt (s. 5.). Der Koordinationsaufwand in den Herstellungsabteilungen der Verlage ist durch die Zusammenarbeit mit einer Vielzahl von Spezialbetrieben erheblich größer geworden.

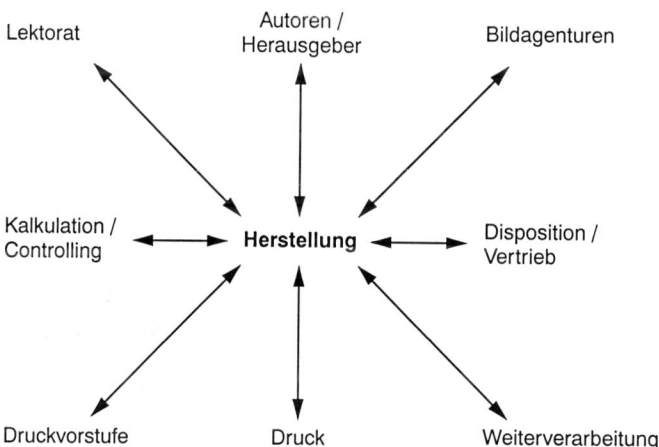

Die Herstellungsabteilung als Schaltzentrale zwischen internen und externen Partnern im Produktionsprozeß

2.6 Vertrieb

Unter *Vertrieb* werden im Verlag alle auf den Absatz der Buchproduktion gerichteten Aktivitäten verstanden. Sie sind in der Vertriebsabteilung zusammengefaßt.

Verlagen steht zum Vertrieb ihrer Produktion die ganze Vielfalt des Einzelhandels offen. Es ist eine Frage des jeweiligen Programms und der jeweiligen Strategie, wie intensiv die verschiedenen Vertriebswege genutzt werden.

Die nebenstehende Übersicht listet die wichtigsten Handels-Vertriebswege auf.

Wer *Einfirmen-Vertreter* einsetzt, hat die effizienteste Möglichkeit, einen Handelsweg zu bearbeiten. Am intensivsten ist die Bearbeitung eines Handelsweges, wenn die Tätigkeit des Vertreters durch sogenannte *Merchandiser* ergänzt wird, die in bestimmten Abständen das Lager beim Händler ergänzen und nichtgängige Titel zurücknehmen.

Mehrfirmen-Vertreter arbeiten in der Regel als freie Handelsvertreter und vertreten mehrere Verlage. Es gibt auch angestellte Vertreter, die mehrere Verlage betreuen (s. 4.9).

Je nach Bedeutung werden einige Vertriebswege ausschließlich vom Verkaufs-Innendienst, z. B. durch schriftliche und telefonische Kontakte, betreut. Oft wird die Tätigkeit des Außendienstes von einem *Key-account-Manager* ergänzt, der Großkunden in bestimmten Bereichen besucht (s. 4.5).

Am geringsten ist der Einfluß, den der Verlag ausüben kann, wenn er einen Vertriebsweg nur durch einen Einkaufsverbund oder Grossisten erreicht. Aber auch hier lassen sich gute Ergebnisse erzielen, wenn die Zusammenarbeit entsprechend intensiv ist.

Direktvertrieb Für *Special-interest-Verlage, Fach-* und *Wissenschaftsverlage* sowie *(Aus-)Bildungsverlage* spielt der Direktvertrieb eine zunehmend größere Rolle, und das nicht nur für die traditionell direkt vertriebenen Medien Loseblattwerke und Zeitschriften. Es gibt dafür innerhalb des Vertriebs eigene Abteilungen für *Direkt-Marketing*, Telefon- und Vertreterverkauf

Buch- und Presse-Einzelhandel

Allgemeiner Sortimentsbuchhandel
Fachbuchhandel
Musikalienhandel
Antiquariatsbuchhandel
Bahnhofsbuchhandel
Versandbuchhandel
Internet-Buchhandel
Werbender Buch- und Zeitschriftenhandel (WBZ)
Presse-Einzelhandel
Lesezirkel
Lehrmittelhandel
Buchgemeinschaften

Buch- und Presse-Großhandel

Barsortimente
Buchgrossisten
Fachgrossisten
Pressegrosso
Großantiquariate / Modernes Antiquariat

Sonstiger Einzel- und Großhandel, der Printmedien führt

Fachhandel verschiedener Richtungen
Kauf und Warenhäuser (Zentralen, Filialen, Anschlußhäuser)
Versandhäuser und Versender
Papier-, Büro-, Schreibwaren-Einzelhandel und -Grossisten
Spielwaren-Einzelhandel, -Großhandel und -Verbundgruppen
Werbegeschenkhandel
Tankstellen (vor allem kartografische Erzeugnisse)
Zeitungsverlage (Prämien und Sonderproduktionen)

sowie für den Verkauf über Messen, Kongresse und Ausstellungen. Inzwischen bieten Auslieferer den von ihnen betreuten Verlagen auch den Service einer Versandbuchhandlung zur Auslieferung von Privat- und Direktbestellungen an. Im Direktvertrieb spielt das Internet als Informations- und Bestellweg eine immer größere Rolle. Es ist die »Hohe Schule« des Vertriebs in solchen Verlagen, den Direktvertrieb oder zumindest die Direktinformation der Zielgruppen mit einer intensiven Pflege des jeweils spezialisierten Teils des Handels zu kombinieren.

Als problematisch gilt nach wie vor der Direktvertrieb für *Publikumsverlage.* Einerseits sind die Streuverluste in der Werbung sehr hoch, andererseits ergeben sich relativ niedrige Rechnungsdurchschnittswerte bei Belieferung von Privaten und nicht zuletzt ein hohes Debitorenrisiko. Vor allem aber haben Publikumsverlage einen schweren Stand im Buchhandel, wenn ihnen nachgesagt wird, daß sie lieber direkt vertreiben. Der Publikumsverlag ist aber auf die ganze Breite des Handelsvertriebsnetzes angewiesen und kann sich hier einen Imageverlust nicht leisten.

Nach der vom Börsenverein veröffentlichten Schätzung der Verlagsgruppe Bertelsmann wuchs der Anteil des Direktvertriebes am Umsatz buchhändlerischer Betriebe zu Endverbraucherpreisen in den Jahren 1994 bis 1999 von 14 auf 16,7 % und weist ein stärkeres Wachstum als fast alle anderen Vertriebswege auf.

In der Abbildung auf Seite 121 oben ist in einem Ablaufschema dargestellt, wie sich die Werbe- und Vertriebswege kombinieren lassen.

Handels-vertrieb

Auf der Handelsstufe stehen dem Verlag verschiedene Möglichkeiten offen, seine Produktion an die Leser heranzutragen. Mit einem Marktanteil von 58,8 % im Jahre 1999 ist der klassische *Sortimentsbuchhandel* nach wie vor der *Hauptvertriebsweg* für Bücher. Sonstige Verkaufsstellen haben einen Umsatzanteil von 8,9 %. Es handelt sich um alle möglichen Arten von Nebenmärkten, wie etwa Buchabteilungen im Schreibwaren- oder Spielzeughandel, in Supermärkten, in Sport- und anderen Fachgeschäften. Auf solchen Wegen

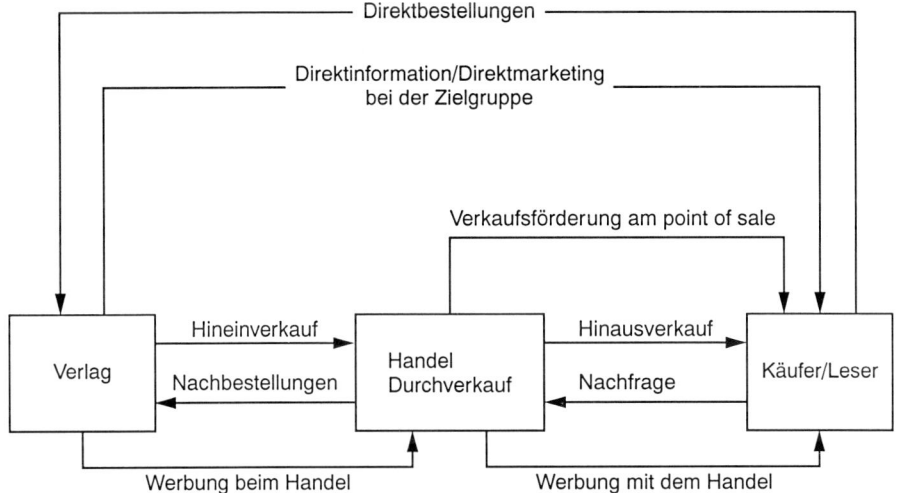

Kombination der Werbe- und Vertriebswege

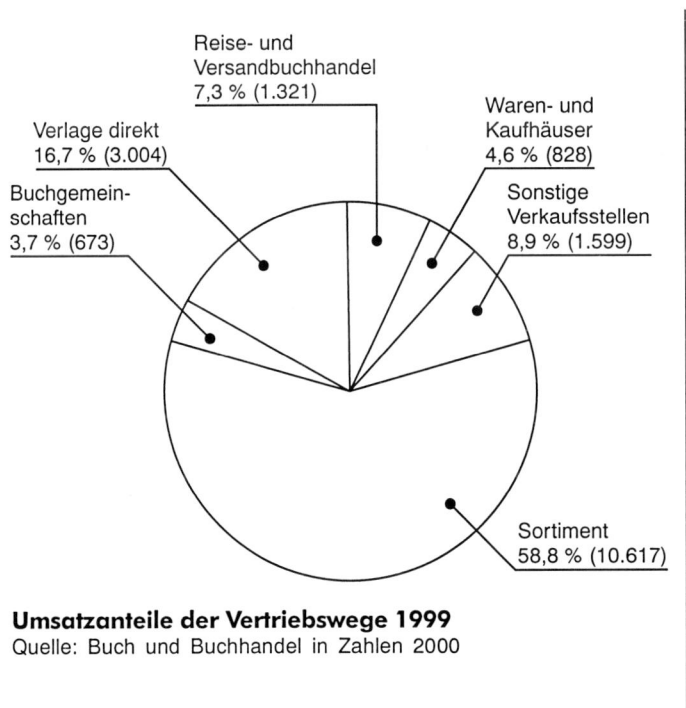

Umsatzanteile der Vertriebswege 1999
Quelle: Buch und Buchhandel in Zahlen 2000

lassen sich normalerweise nur sehr preiswerte und nicht erklärungsbedürftige Titel vertreiben, bei denen es auf Beratung und buchhändlerische Pflege nicht ankommt.

Der Weg zum Handel aller Sparten führt über ein ausgefeiltes logistisches System, das in Kapitel 3.4 näher beschrieben wird (s. auch BuB 3).

Warenhäuser

Kauf- und Warenhäuser haben mit 4,6 % einen interessanten Anteil am Buchverkauf und sind für den Verkauf von Zeitschriften, Hörbüchern und elektronischen Medien ein wichtiger Vertriebsweg. Marktbeherrschend sind die *KARSTADT-Quelle AG*, die *KAUFHOF-Warenhaus AG*, die zur *METRO AG* gehört sowie der *Einkaufsverbund KAUFRING AG*. Die Auswahl der Buchabteilungen in großen Häusern entspricht dem mittlerer Sortimentsbuchhandlungen. Die relativ starre Einteilung nach Produktgruppen wird immer öfter aufgelöst, so daß Bücher und Medien auch im Zusammenhang von Life-style-Themen präsentiert werden (s. 3.3).

Buchgemein-schaften

Nur noch 3,7 % des Buchverkaufs zu Endverbraucherpreisen entfallen auf die *Buchclubs*. Ihre besondere Struktur wird im Abschnitt 3.6 dargestellt.

Produktions-rhythmus

Es hat historische und praktische Gründe, daß die Verlage ihre Produktion einem besonderen Rhythmus erscheinen lassen und dem Buchhandel anbieten. Der Rhythmus geht zurück auf die buchhändlerischen Abrechnungstermine zu *Cantate* und *Michaelis*. Zu diesen Terminen trafen sich die Buchhändler im vorigen Jahrhundert am zentralen Buchumschlagplatz Leipzig, um ihre Lieferungen gegeneinander abzurechnen. Noch heute gliedern sich die Verlagsprogramme normalerweise in eine Frühjahrs- und eine Herbstproduktion.

Vertreterarbeit

Zweimal im Jahr gehen über 1 400 Repräsentanten von 1 450 Verlagen auf die Reise, um die wichtigen Buchhandelskunden zu besuchen. Aufgabe des Vertreters ist schon lange nicht mehr nur der Verkauf der Neuerscheinungen, sondern die eingehende Information des Buchhändlers, die Vermittlung von Verkaufsargumenten und das Gespräch über Verkaufsförderung und Werbemaßnahmen (s. 4.9).

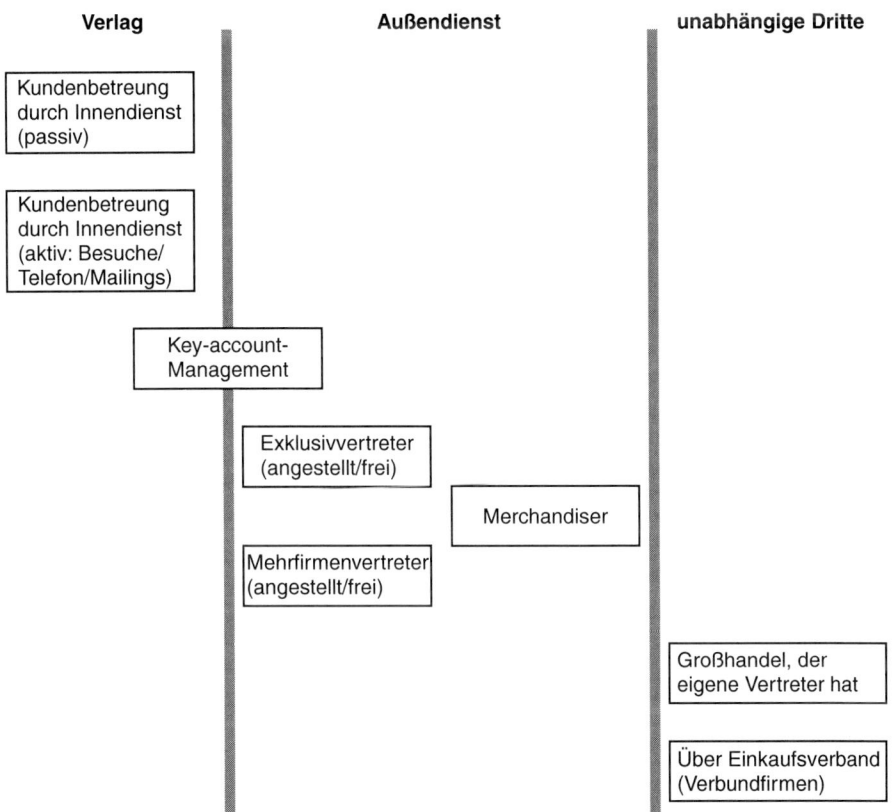

Verlag	Außendienst	unabhängige Dritte

Kundenbetreung durch Innendienst (passiv)

Kundenbetreung durch Innendienst (aktiv: Besuche/ Telefon/Mailings)

Key-account-Management

Exklusivvertreter (angestellt/frei)

Merchandiser

Mehrfirmenvertreter (angestellt/frei)

Großhandel, der eigene Vertreter hat

Über Einkaufsverband (Verbundfirmen)

Der Verkauf an den Handel erfolgt durch interne und externe Mitarbeiter sowie über unabhängige Dritte. Key-account-Manager betreuen die Groß- kunden, Merchandiser nehmen vor Ort Regalpflege und Lagerergänzung vor. Einige Grossobuchhandlungen haben eigene Vertreter. In Branchen wie dem Spielzeughandel oder PBS (Papier/Bürobedarf/Schreibwaren) erfolgt der Verkauf über Einkaufsverbände, die in der Regel vom Key-account- Manager betreut werden.

Am effizientesten ist die Arbeit mit *angestellten Reisenden* oder *freien Handelsvertretern* auf Exklusivbasis. Der Trend zu dieser Vertreterform ist unübersehbar. Kleinere Verlage sind auf freie Handelsvertreter angewiesen, die das Programm von zwei bis normalerweise höchstens zehn Verlagen im Buchhandel des jeweiligen Reisegebietes präsentieren.

123

Der Zuschnitt der *Reisegebiete* ist den Bedürfnissen der einzelnen Verlage angepaßt, wobei größere Verlagsgruppen mit mehreren Vertreterteams und zum Teil unterschiedlich geschnittenen Reisegebieten arbeiten.

Viele Verlage halten sich unter Einteilung der Reisegebiete an die von der *A. C. Nielsen GmbH* vorgenommene Strukturierung des gesamten Bundesgebietes in einigermaßen gleichgewichtige Gebiete. Diese acht Nielsen-Gebiete sind in insgesamt zwölf Nielsen-Standard-Regionen unterteilt. Viele Verlage folgen dieser Differenzierung, um eine breite Bearbeitung des Handels sicherzustellen.

Größere Verlage arbeiten mit weiteren Netzen freier oder angestellter Vertreter zusammen, die nicht das Sortiment, sondern andere Vertriebspartner besuchen, z. B. Warenhäuser, die PBS-Branche (Papierwaren – Büroartikel – Schreibwaren), Spielzeugfachgeschäfte usw. Wer Spezialliteratur z. B. für Hobbyfotografen, Jäger, Segler usw. verlegt, läßt die einschlägigen Fachgeschäfte besuchen, soweit sie Bücher führen.

Vertreter-börsen

Da das ausführliche Verkaufsgespräch des Vertreters mit dem Buchhändler viel Zeit in Anspruch nimmt, finden aus Rationalisierungsgründen in verschiedenen deutschen Städten so genannte *Vertreterbörsen* statt (s. 4.9). Jeder Vertreter mietet in einem Hotelsaal einen Tisch, an dem er die Buchhändler aus der Umgebung zum Bestellgespräch empfängt. So ähnlich sah die *Leipziger Buchhändlerbörse* schon in den ersten Jahrzehnten des 19. Jahrhunderts aus. Zur Zeit finden Vertreterbörsen in Bad Ems, Bad Salzuflen, Berlin, Delmenhorst, Ettlingen, Friedberg, Gelsenkirchen, Hamburg, Kassel, Konstanz, München und Nürnberg statt. Ihre Bedeutung und die Nutzung durch den Buchhandel scheint aber abzunehmen.

Vertretung Österreich/ Schweiz

In *Österreich* und in der *Schweiz* sind die meisten bundesdeutschen Verlage durch Auslieferer als Dienstleistungsfirmen vertreten, die die von ihnen zu vertretenden Produktionen durch eigene Reisende oder freie Handelsvertreter im Sortimentsbuchhandel anbieten.

ACNielsen Gebiete

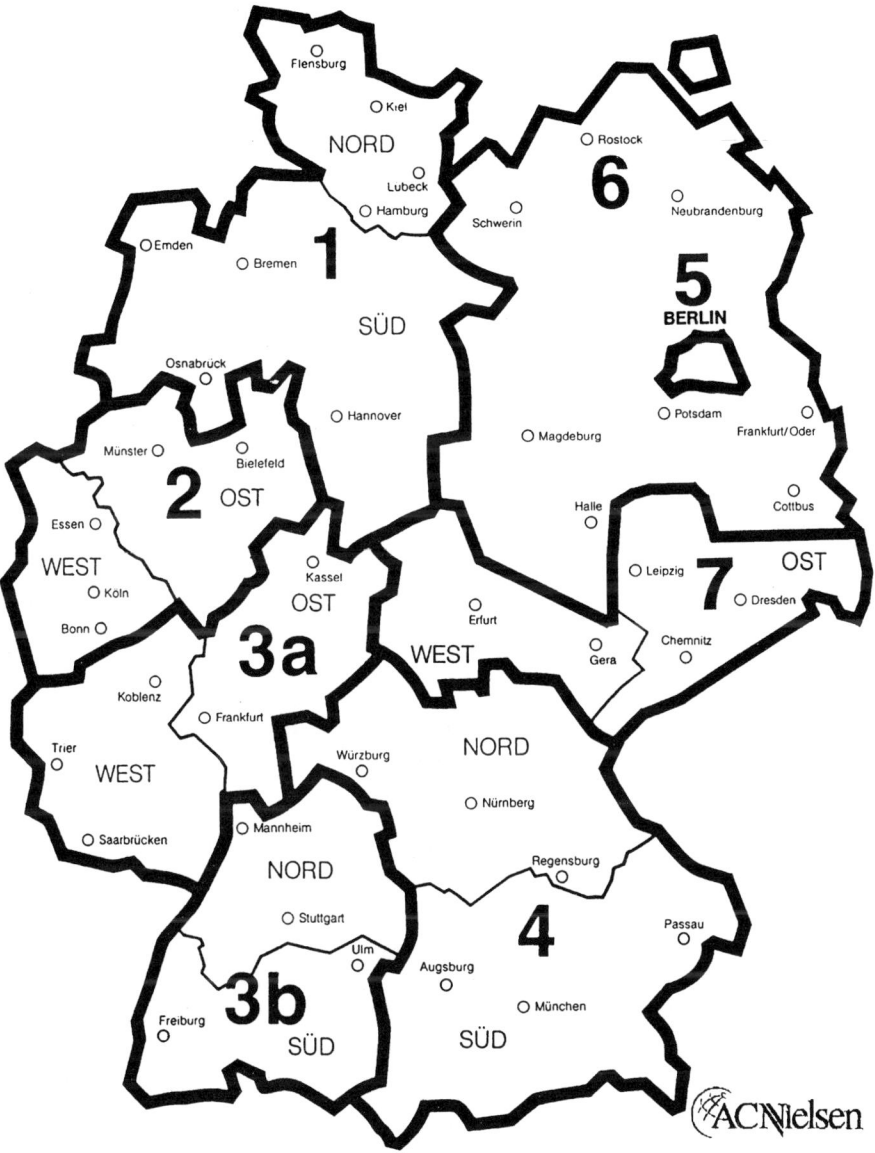

ACNielsen-Gebiete in Deutschland

**Schaufenster-
und
Regalflächen**

Im Mittelpunkt der Verkaufsförderungsmaßnahmen steht oft ein *Schaufensterwettbewerb*, den ein Verlag veranstaltet. Die Buchhändler widmen dann einer Verlagsproduktion oder Teilen daraus zwei oder mehr Wochen ein Sonderfenster und senden davon Fotos an den Verlag. Die besten Gestaltungslösungen werden vom Verlag prämiert. Die vom *Bundeskartellamt* eigens für die Buchbranche genehmigten *Wettbewerbsregeln* (s. 1.6) versuchen, einen Riegel vor den Kauf von Schaufenster- und Regalflächen durch die Verlage zu schieben, um einer Praxis entgegenzuwirken, wie sie in anderen Branchen gang und gäbe ist. In der Praxis ist es schwer, die Grenze zu ziehen. Für die Verlage ist es lebensnotwendig, im Buchhandel überdurchschnittlich präsent zu sein. Eine Zusammenarbeit zwischen Verlag und Buchhandel im Bezug auf Präsentation im Laden und Aufnahme von Titeln in die örtliche Werbung der Buchhandlung führt jeweils zu wahrnehmbaren Erfolgen.

**Vertriebs-
wege für
Zeitschriften**

Außer beim Abonnementsvertrieb von Fach- und wissenschaftlichen Zeitschriften an institutionelle und Industriekunden spielt der Buchhandel im Zeitschriftenvertrieb eine untergeordnete Rolle. Zeitschriftenverlage gleichen den Handel entweder über einen eigenen Vertrieb oder eine Dienstleistungsfirma (Branchenfachausdruck: *Nationalvertrieb*). Von da aus werden die verschiedenen Zweige des Einzelhandels bedient. Die Abonnementsverwaltung für Einzelkunden liegt entweder beim Verlag oder ebenfalls einem Servicebetrieb, oft Schwesterbetrieb eines Nationalvertriebs.

Die *Vertriebswege für Zeitschriften* sind auf Seite 127 dargestellt.

**Verlags-
vorschau**

In der Zusammenarbeit der Verlage mit dem Handel spielt die so genannte *Vorschau* eine ebenso zentrale Rolle wie das seit 1834 erscheinende *Börsenblatt für den Deutschen Buchhandel* (s. 3.13). Solche Programmvorschauen erscheinen zweimal jährlich und stellen das jeweilige Herbst- oder Frühjahrsprogramm vor. Sie werden auch an die Presse versandt.

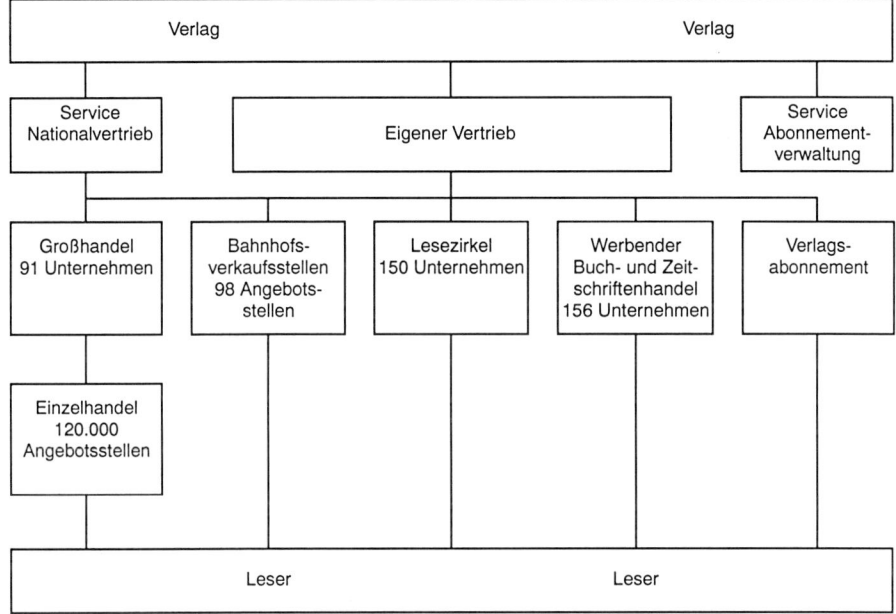

Die Vertriebswege der Zeitschriften
Quelle: Bundesverband Presse-Grosso, Geschäftsbericht 1998/1999

Die aus der Sicht des Buchhandels ideale Verlagsvorschau enthält folgende Elemente:

1. exakte bibliografische Daten mit ISBN-Nummer und Strichcode

2. Erscheinungstermin/Erstverkaufstag

3. Fotos von Umschlägen und Autoren

4. Autorenkurzbiografie; sonstige Veröffentlichungen des Autors

5. Ausführlicher Informationstext

6. zusätzlicher Kurztext

7. Verlag und Verlagssignet

- einheitliches Schema für alle Titel

- Format DIN A4

- genaue Angaben über Zielgruppe

- lieferbare Werbemittel

- Angaben über Originaltitel und Übersetzer

- Rückseiten unbedruckt

- ferner Angaben über die Auslieferung und die Adressen der Vertreter, Namen der verantwortlichen Verlagsmitarbeiter in Vertrieb und Werbung, Verlagsadresse und Durchwahl Telefon- bzw. Faxnummern sowie persönliche e-mail-Adressen der Ansprechpartner; nach Möglichkeit Übersicht über die lieferbaren Titel.

Der Wettbewerb der Verlage führt dazu, daß Verlagsvorschauen immer größer, dicker und bunter werden und zum Teil in extremen Formaten daherkommen. Maßgebliche Einkäufer aus dem Buchhandel plädieren in der Branchenpresse nach wie vor für Fakten anstelle eines Wettbewerbs in der Ausstattung.

Books on Demand Die digitale Erfassung von Texten, Grafiken und sonstigen Abbildungen ermöglicht es, Bücher im *on-demand* (auf-Verlangen)-Verfahren abzurufen. Damit können vergriffene Titel zugänglich gemacht oder Kleinauflagen nach Bedarf hergestellt werden. Bisher gibt es *Druck- und Ausgabestationen* bei den großen Barsortimenten und einer Reihe von Spezialanbietern. Noch ist offen, wo die Ausgabestationen bei weiterer Entwicklung der Technik stehen werden. Es ist denkbar, daß Verlage, Buchhandlungen, Bibliotheken, Copyshops, aber auch Bildungsinstitutionen um diesen Markt konkurrieren werden, sobald die Kosten für solche Stationen sinken und sie wirtschaftlich betrieben werden können.

Leben und Sterben in Berlin

➤ Von der Klagenfurter Jury
ausgezeichnet mit dem
3sat-Preis.

➤ Ralf Bönt gelingt es furios
von jenen Dingen zu
schreiben, die die junge
Generation in höchstem
Maße betreffen.

➤ Der Autor liest auf der
Leipziger Buchmesse und
steht für Lesungen zur
Verfügung.

7

3

3

4

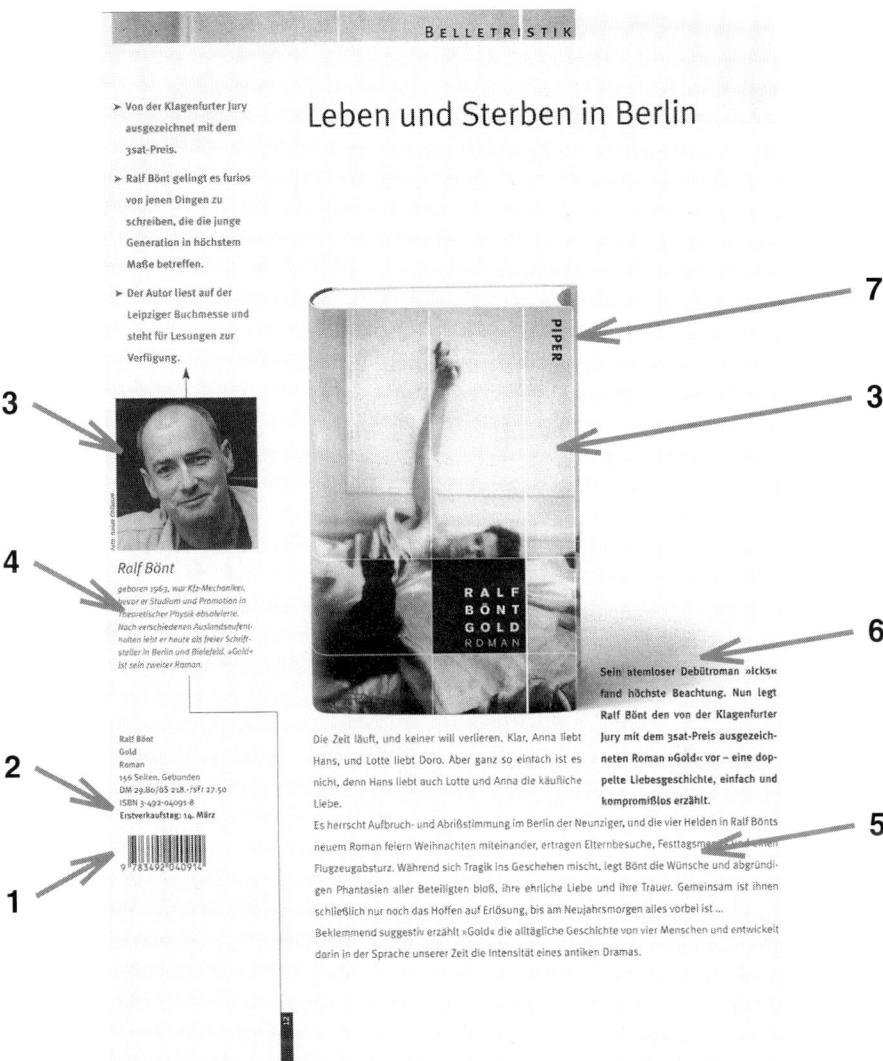

Ralf Bönt

*geboren 1963, war Kfz-Mechaniker,
bevor er Studium und Promotion in
theoretischer Physik absolvierte.
Nach verschiedenen Auslandsaufent-
halten lebt er heute als freier Schriftsteller in Berlin und Bielefeld. »Gold«
ist sein zweiter Roman.*

2

Ralf Bönt
Gold
Roman
156 Seiten, Gebunden
DM 29.80/öS 218.-/sFr 27.50
ISBN 3-492-04091-8
Erstverkaufstag: 14. März

1

6

Sein atemloser Debütroman »icks«
fand höchste Beachtung. Nun legt
Ralf Bönt den von der Klagenfurter
Jury mit dem 3sat-Preis ausgezeichneten Roman »Gold« vor – eine dop-
pelte Liebesgeschichte, einfach und
kompromißlos erzählt.

Die Zeit läuft, und keiner will verlieren. Klar, Anna liebt
Hans, und Lotte liebt Doro. Aber ganz so einfach ist es
nicht, denn Hans liebt auch Lotte und Anna die käufliche
Liebe.

5

Es herrscht Aufbruch- und Abrißstimmung im Berlin der Neunziger, und die vier Helden in Ralf Bönts
neuem Roman feiern Weihnachten miteinander, ertragen Elternbesuche, Festtagsmenüs und einen
Flugzeugabsturz. Während sich Tragik ins Geschehen mischt, legt Bönt die Wünsche und abgründi-
gen Phantasien aller Beteiligten bloß, ihre ehrliche Liebe und ihre Trauer. Gemeinsam ist ihnen
schließlich nur noch das Hoffen auf Erlösung, bis am Neujahrsmorgen alles vorbei ist ...
Beklemmend suggestiv erzählt »Gold« die alltägliche Geschichte von vier Menschen und entwickelt
darin in der Sprache unserer Zeit die Intensität eines antiken Dramas.

Kriterien der idealen Vorschau aus der Sicht des Sortiments

2.7 Werbung und Direktmarketing

Werbung kommuniziert mit der Öffentlichkeit unter deutlich absatzgerichteten Aspekten. *Öffentlichkeitsarbeit* zielt auf die Umwelt eines Unternehmens ab, aber diese Kommunikationsform ist nicht unmittelbar auf den Absatz ausgerichtet (s. 2.8). Zusammen mit der Öffentlichkeitsarbeit, dem persönlichen Verkauf und der Verkaufsförderung gehört nach der klassischen Definition die Werbung zum Kommunikations-Mix innerhalb des Marketing-Mix eines Unternehmens.

Werbung im Publikums- verlag

Publikumsverlage setzen in allererster Linie auf den »Push« im Handel (s. 1.4). Für das »Pull« benötigen sie Massenmedien wie Fernsehen, Rundfunk, Illustrierte und die Wochenpresse. Diese haben so hohe Schaltpreise, daß dort nur für einige wenige Bestseller sowie standardmäßig für die monatlich erscheinenden Taschenbuchprogramme geworben wird. Auch ist der Streuverlust besonders hoch: Sie erreichen zwar viele Menschen, darunter aber nur wenige, die ein besonderes Interesse für Bücher zeigen. Deshalb werben Publikumsverlage meist in Zeitungen und Zeitschriften mit geringerer Auflage, aber einem höherem Interesse der Leserschaft an Büchern.

Ideal für Publikumsverlage ist, in Medien präsente Autoren zu gewinnen oder Medienthemen aufzugreifen, weil damit ohne großen Werbeeinsatz genügend Anziehungskraft auf die Käufer entsteht. Deshalb finden sich regelmäßig Buchtitel von Medienstars auf den Bestsellerlisten (s. unten u. 1.3).

Werbung im Fach- und Wissenschafts- verlag

Insbesondere der *Fachverlag* hat die Möglichkeit, seine Zielgruppen durch Direktmarketing und über spezielle Fachorgane sowie über Meinungsbildner zu erreichen. Dasselbe gilt für den *Wissenschaftsverlag*. Diese beiden Verlagstypen sind weniger auf Händlerwerbung angewiesen und beschränken sich in der Regel auf regelmäßige und eingehende Informationen der kleinen Zahl von Spezialbuchhandlungen, die das jeweilige Fach führen; in der Regel 200 bis 250 pro Fach- oder Wissenschaftsgebiet.

Den werbenden Verlagen (und selbstverständlich ebenso den Versand- und Buchhandlungen) stehen die klassischen Wege des *Direktmarketings* offen:

- Direct mail (Werbung per Post, personalisiert oder nicht personalisiert)
- Media (Anzeigen, Beilagen, Beihefter usw.)
- Telefon, Telefax
- Vertreterverkauf auf Messen, Ausstellungen, Kongressen und Seminaren

Als neuer Direktmarketingweg etabliert sich E-Commerce, vorzugsweise per *Internet*, aber auch per e-mail.

Ziel der Werbeanstrengungen der Publikums- und Taschenbuchverlage ist es, auf die *Bestsellerlisten* zu gelangen, deren wichtigste vom Fachmagazin *Buchreport* erstellt und allwöchentlich im *Spiegel* veröffentlicht wird. Titelnennungen auf dieser Liste haben zweifellos eine multiplizierende Wirkung und beeinflussen sowohl das Verhalten der Käufer wie der Buchhändler. Deshalb sind die Listen – da sie vermutlich nicht auf exakt gemessenen Verkaufszahlen beruhen – in Branche und Öffentlichkeit umstritten (s. 1.3).

Wer wirbt, will wissen, wen er mit einem Werbeträger erreicht. Deshalb ist die *IVW* – die *Informationsgemeinschaft zur Feststellung von Verbreitung von Werbeträgern e. V.* –, die 1949 gegründet wurde, eine wichtige Institution. Ihre Aufgabe ist es, die Verbreitung von Werbeträgern zu erfassen und objektive Vergleiche der Werbeträgerleistung zu ermöglichen. Bei periodisch erscheinenden Druckerzeugnissen sind die IVW-Auflagenzahlen die zentrale Basisgröße. Sie bilden die verläßliche Arbeitsgrundlage für jede Mediaplanung im Printbereich. Die IVW überprüft außerdem Werbung in Filmtheatern, Funkmedien und von Online-Medien.

Unternehmen, die sich der Überprüfung ihrer Angaben durch die IVW unterziehen, sind berechtigt, das *IVW-Zeichen* zu führen. Für Fachzeitschriften werden neben der IVW-Auflagenkontrolle Empfängerdatei-Analysen durchgeführt. Standardmerkmale sind die geografische und branchenspezifische Verbreitung. Zusätzlich können die Betriebsgröße der belieferten Unternehmen und – bei persönlichen Empfängern – die Funktion des Beziehers und seine Stellung im Betrieb nachgewiesen werden. Der Umfang der Tätigkeit der IVW im Pressebereich ist in der nachstehenden Tabelle dargestellt.

IVW-geprüfte Pressetitel im Jahresvergleich (jeweils viertes Quartal)

	IVW-Mitgliedstitel		Anzeigen-belegungseinheiten	
	1999	1998	1999	1998
Zeitungen gesamt	417	425	1.730	1.711
– Tageszeitungen	393	398	1.671	1.648
– Wochenzeitungen	24	27	59	63
Zeitschriften	1.928	1.889	2.047	1.999
– Publikumszeitschriften	839	809	901	859
– Fachzeitschriften	1.089	1.080	1.146	1.140
Kundenzeitschriften	88	72	92	75
Kalender	2	0	2	0
Telekommuniksationsverzeichnisse	155	1)	155	1)
Handbücher	45	63	54	69
Wirtschaftsnachschlagewerke	19	18	19	18
Offertenblätter	20	22	68	67

1) Die Gruppe der Telekommunikationsverzeichnisse besteht seit dem ersten Quartal 1999; sie umfaßt auch die Branchentelefonbücher Gelbe Seiten, die bis zum vierten Quartal 1998 als eigenständige IVW-Gruppe ausgewiesen wurden.
Quelle: IVW

Händlerwerbung

Der Publikumsverlag, der seine Leserschaft nicht oder nur in beschränktem Ausmaß ansprechen kann, kann Direktmarketing nur für hochpreisige und/oder Serien- und Abonnementsobjekte betreiben und ist deshalb weitgehend vom Handel abhängig. Deshalb konzentriert er seine Werbekraft auf diesen Vermittler zum Käufer und auf die Unterstützung der Werbeaktivitäten der Buchhändler (sog. *Händlerwerbung*).

Verkauf über Internet

Über das Internet als »elektronischen Verkäufer« werden zunehmend Print- oder andere -medien mit Bibliografie, Titel,

Abbildung, Werbetexten und ausführlichen Informationen angeboten.

Auch verkaufen Verlage ihre Produkte ebenso wie über den klassischen Ladenbuchhandel über den ständig wachsenden speziellen Internet-Buchhandel und über Buchhandlungen, die Ladengeschäft und Internet-Auftritt miteinander verbinden (*e-commerce*).

Über den mehr oder minder konventionellen Weg des Verkaufs von Produkten per Internet hinaus ergeben sich für Verlage zahlreiche strategische Möglichkeiten. Sie können sie allerdings nur nutzen, wenn sie sich mit Service-Technologie und Medienpartnern vernetzen, um sich dauerhaft zu etablieren.

Der Verkauf von *Online-Produkten* entwickelt sich allmählich zu einer auch für Verlage interessanten Einnahmequelle. Dabei werden vom Verlag erarbeitete Inhalte gegen Gebühr online zur Verfügung gestellt.

Diese *Inhalte* können z. B. im Abonnement, als Einzelartikel, als Archive, als Lernangebote, als Datenabfragen usw. verkauft werden. Verlage können aber darüber hinaus *Plattformen* errichten, z. B. als Broker-Services (Informationsvermittlung), virtuelle Marktplätze, Messen, Auktionen, Clubs usw. Verlage können aber anderen Marktteilnehmern auch *Internet-Services* anbieten, z. B. Zugang zum Internet, Homepages, e-mail-Versand usw. Schließlich können sie genau wie bei Printmedien Werbeflächen einrichten für Anzeigen, rubrizierte Kleinanzeigen, Banner usw. Experten der Beratungsfirma *Diebold Deutschland GmbH* sind der Ansicht, daß die Verlagsbranche die Dynamik des Internets und dessen Auswirkung auf die Branche bisher ignoriert oder zu wenig ernst nimmt. Sie könnte nur erfolgreich sein, wenn sie Informations-, Interaktions- und Transaktionsbedürfnisse ihrer Zielgruppen in Online-Angeboten zusammenführen. Das heißt auch, daß sie ihr bisheriges primär journalistisch, kulturell oder erzieherisch geprägtes Selbstverständnis durch eines als Vermittler von Informationen und Dienstleistungen zu ersetzen haben.

2.8 Öffentlichkeits- und Pressearbeit

Der Erfolg eines Verlages hängt davon ab, welche Anziehungskraft er auf seine jeweilige Öffentlichkeit ausübt. Aufgabe der *Öffentlichkeitsarbeit* ist es daher, ein attraktives Image zu schaffen, es zu pflegen und zu profilieren, damit neue Titel und Autoren ihren Weg finden können. Ebenso wie von der Öffentlichkeitsarbeit wird das Verlagsimage von den Autoren, Programmen, Verlagsvertretern, die im Verlag tätigen Personen sowie von der Werbung geprägt. Zunehmend spielt auch der Internet-Auftritt als Imagefaktor eine Rolle.

Verlagsimage im Buchhandel

Das Bild, das sich der Buchhändler von einem Verlag macht, ist entscheidend für dessen Erfolg. Es formt sich in vielschichtigen Prozessen, oft in Jahrzehnten, und wird von Generation zu Generation tradiert. In den letzten Jahren ist es aber auch Verlagsneugründern gelungen, sich rasch *Image und Ansehen im Buchhandel* zu verschaffen und damit für ihre Neuerscheinungen die begehrten Plätze in den Schaufenstern, Regalen und in den Auslagen der Buchhändler zu erobern.

Rezensionswesen

Die meisten mittleren und größeren Verlage haben für *Public Relations* eine eigene Abteilung. Sie heißt in der Regel *PR-* oder *Presseabteilung*. Die wichtigsten Aktivitäten dieser Abteilung sind die gezielte Information der Redaktionen und der Versand von *Rezensionsexemplaren*. Früher beschränkte sich in vielen Verlagen die Öffentlichkeitsarbeit auf diese Tätigkeit.

PR-Arbeit

Aufgabe der Abteilung ist es heute, dafür zu sorgen, daß sich die Neuerscheinungen eines Verlages aus der Fülle der alljährlichen Novitäten herausheben. Der Pressechef oder die Pressechefin besucht die für den Verlag wichtigsten Redaktionen aller für den Verlag in Frage kommenden Medien und pflegt den direkten Kontakt zu den zuständigen Redakteuren und freien Kritikern. Weitere Mittel der Öffentlichkeitsarbeit der Verlage sind Pressemitteilungen, besondere Veranstaltungen zu Autorengeburtstagen und Firmenjubiläen, Pressekonferenzen, Autoren-Lesereisen, Signierstunden und sogenannte *Buchpremieren*.

2.9 Lizenzen und Kooperationen

Lizenz bedeutet *Erlaubnis*: Verleger erwerben *Lizenzen* zur Übersetzung und Verbreitung von Werken aus anderen Sprachen oder vergeben Lizenzen zur Übersetzung deutschsprachiger Werke in andere Sprachen. Auch im Inland spielen Lizenzen eine wichtige Rolle, z. B. für Club-, Taschenbuch- und Sonderausgaben.

Im *Lizenzimport* spielt englischsprachige Literatur mit 71,9 % aller Übersetzungen die wichtigste Rolle. Es folgen Lizenzen aus dem französischen Sprachraum mit rund 10,7 %. Alle anderen Sprachen haben nur eine relativ geringe Bedeutung (Basis 1999).

Lizenzimport

Eindeutige Zahlen über die Lizenzvergabe ins Ausland gibt es nicht, sondern lediglich Daten aus einer Umfrage des *Börsenvereins*, die keinen Anspruch auf Vollständigkeit erhebt. Danach wurden im Jahre 1999 insgesamt 5 398 Lizenzen in 65 Länder vergeben. An der Spitze der Sprachen, in die deutsche Titel übersetzt wurden, lagen Chinesisch, Englisch, Niederländisch, Tschechisch, Spanisch, Italienisch, Polnisch, Französisch, Ungarisch, Koreanisch, Japanisch und Russisch. Zum Vergleich: Im gleichen Zeitraum wurden 7 596 Titel aus fremden Sprachen ins Deutsche übersetzt, davon 70,2 % aus dem Englischen.

Lizenzexport

Bundesrepublikanische Verlage treten als *Lizenznehmer* aber nicht nur beim Import von Übersetzungsrechten auf. Lizenzen werden z. B. von deutschsprachigen Verlagen bei deutschsprachigen Verlagen zur Herausgabe preiswerter Sonderausgaben erworben. Zu einem hohen Prozentsatz bestehen die Programme der Taschenbuchverlage aus Lizenzen von Hardcoverausgaben, wenn auch der Anteil von Originalausgaben in den letzten Jahren gestiegen ist. Schließlich bringen Buchgemeinschaften vorwiegend Lizenzen heraus.

Lizenznehmer im Inland

Im Bereich des Publikumsverlages spielt die *Lizenzvergabe im Inland* wirtschaftlich eine wichtige Rolle. Es gibt Fälle, in denen Publikumsverlage mit ihrem über den Buchhandel verkauften Programm ein Null-Ergebnis oder sogar rote Zahlen erwirtschaften. Gewinn wird nur auf dem Weg über

Lizenzvergabe im Inland

**Ein Titel weltweit vermarktet: Siegfried Lenz' »Deutschstunde«.
Neun von 25 fremdsprachigen Ausgaben.**

Lizenzausgaben erzielt. Eine vernünftige Verlagspolitik strebt an, im Warengeschäft einen angemessenen Gewinn zu erwirtschaften und Lizenzerlöse zusätzlich zu verbuchen. In der Regel fließen 50 bis 70 % der Lizenzerlöse vertragsgemäß an die Autoren ab. Außerdem werden Lizenzerlöse, soweit sie über literarische Agenten erzielt werden, um die Agenturprovision geschmälert (s. 4.3).

Unter *Koproduktion* versteht man die gleichzeitige Herstellung vor allem von Bildbänden durch verschiedene Verleger im In- und Ausland oder durch einen Verlag in Gemeinschaft mit einer Buchgemeinschaft oder einem anderen Lizenznehmer im Inland. Die durch Koproduktion erreichbare höhere Auflage trägt zur Senkung der Herstellungskosten für alle Koproduktionspartner bei.

Koproduktion

2.10 Modernes Antiquariat

Oftmals findet ein Buch erst dann den Weg zum Käufer, wenn der Ladenpreis aufgehoben und der Titel verramscht oder eine preiswerte Sonderausgabe herausgebracht wird. Die Buchhändler sind in der Preisgestaltung von *Modernem Antiquariat* nicht der Preisbindung unterworfen (brancheninterne Bezeichnung: M. A.).

Der Begriff *Modernes Antiquariat* hat sich in der Branche in den letzten Jahren gewandelt. Unter ihm werden auch Sonderausgaben zu Preisen verstanden, die erheblich unter dem Ladenpreis der Originalausgabe liegen. Das Angebot dieser Titel im Ladenbuchhandel erfolgt zumeist im Eingangsbereich zusammen mit Titeln des echten *Modernen Antiquariats*.

**Sonder-
ausgaben**

Sonderausgaben werden in der Regel von vergriffenen Titeln veranstaltet, aber es sind auch Parallelausgaben zu den noch lieferbaren Originalausgaben am Markt. Wenn der Preis der Originalausgabe gebunden ist, kann eine preisniedrigere Sonderausgabe nur erscheinen, wenn sie sich in der Ausstattung erheblich unterscheidet. Das Geschäft mit Restauflagen und Sonderausgaben zeigt seit einigen Jahren die stärksten Zuwachsraten von allen Warengruppen.

**Groß-
antiquariate**

Das *Moderne Antiquariat* wird von Großantiquariaten gelie-fert, die traditionell der Sparte *Zwischenbuchhandel* zuge-rechnet werden. Solche *Grossisten* kaufen dem Originalverlag schwerverkäufliche Bestände ab, wobei sie in der Regel dem Verleger 5 bis 12 % vom dann aufzuhebenden Ladenpreis zahlen. Solche Restauflagen werden zu einem günstigen Net-topreis an die verschiedenen Zweige des Buchhandels abge-geben.

Großantiquariate treten in vielen Fällen auch als Lizenzneh-mer und Anbieter von Sonderausgaben auf und erreichen mit diesen Märkte, zu denen der Originalverlag wegen seiner ganz anderen Vertriebsstruktur keinen Zugang hat. Auch wer-den gutgehende Restauflagen von Großantiquariaten in hohen Auflagen nachgedruckt.

**M.-A.-
Verkaufswege**

Als *Verkaufsweg* kommen mittlere und größere Buchhand-lungen mit eigenen MA-Abteilungen, Warenhäuser, Versen-der und Versandbuchhandlungen sowie Märkte und Filial-ketten, *Food-* und *Non-Food-Bereich* in Frage. Restauflagen werden im Buchhandel stapelweise, durch Streuversand von Spezialprospekten und über das Internet vertrieben.

2.11 Betriebswirtschaft des Verlages

Aufgabe des Rechnungswesens ist es, die für Geschäftsbe-trieb und Produktion notwendigen Mittel bereitzustellen, die Buchführung aufgrund der steuerlichen und gesetzlichen Vor-schriften zu erledigen und für betriebswirtschaftliche Trans-parenz zu sorgen.

Das sogenannte *externe Rechnungswesen* führt auf dem Weg über die Buchhaltung zur Bilanz. Das *interne Rechnungs-wesen* stellt mit Hilfe der Deckungsbeitragsrechnung ein differenziertes Betriebsergebnis dar (s. Abb. S. 141).

Die Wege und Darstellungsformen sind in beiden Zweigen des Rechnungswesens verschieden, führen aber zum gleichen Ergebnis, dem Jahresüberschuß (oder Jahresverlust).

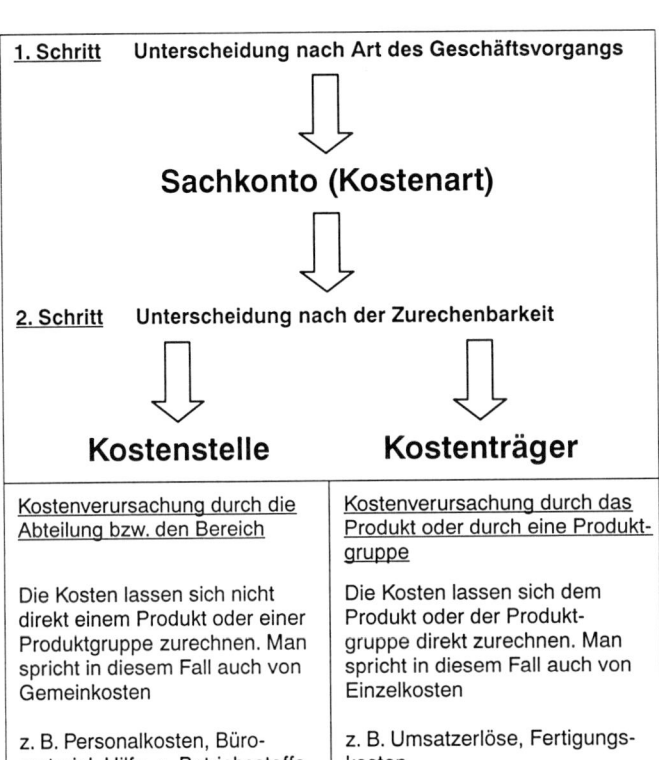

1. Schritt Unterscheidung nach Art des Geschäftsvorgangs

⇩

Sachkonto (Kostenart)

⇩

2. Schritt Unterscheidung nach der Zurechenbarkeit

⇩   ⇩

Kostenstelle   Kostenträger

Kostenstelle	Kostenträger
Kostenverursachung durch die Abteilung bzw. den Bereich	Kostenverursachung durch das Produkt oder durch eine Produktgruppe
Die Kosten lassen sich nicht direkt einem Produkt oder einer Produktgruppe zurechnen. Man spricht in diesem Fall auch von Gemeinkosten	Die Kosten lassen sich dem Produkt oder der Produktgruppe direkt zurechnen. Man spricht in diesem Fall auch von Einzelkosten
z. B. Personalkosten, Büromaterial, Hilfs- u. Betriebsstoffe	z. B. Umsatzerlöse, Fertigungskosten

Voraussetzung für die Stimmigkeit der internen und der externen Rechnungslegung ist das richtige Kontieren der Belege. Dabei muß die Kostenart für die Sachkonten definiert und über die Zuordnung zum Kostenverursacher (Kostenstelle oder Kostenträger) entschieden werden.

Das sogenannte *externe Rechnungswesen* – die klassische *Finanzbuchhaltung* – ist in der Hauptsache für Partner außerhalb des Unternehmens bestimmt. Es führt zur Bilanz, die Aktionären, Banken, dem Finanzamt und bei Aktiengesellschaften und GmbH auch der Öffentlichkeit zugänglich ist.

**Finanz-
buchhaltung**

Betriebs-abrechnung

Hauptinstrument des internen Rechnungswesens ist eine fein-gefächerte *Betriebsabrechnung*, mit der die Rentabilität des Gesamtverlages, einzelner Buch- oder Produktgruppen, einzelner Zeitschriftenobjekte oder -ausgaben sowie einzelner Titel ermittelt werden kann. Die Betriebsabrechnung stützt sich auf EDV-erstelltes Zahlenmaterial der Auslieferung, das über Absatz und Umsatz der Produktion und über die Umsätze von Kundengruppen und Einzelkunden detailliert Auskunft gibt.

Wichtigster Bestandteil der Betriebsabrechnung ist die Deckungsbeitragsrechnung nach Kostenträgern oder auch nach Kundengruppen und Vertriebswegen. Sie ist das wichtigste Werkzeug des *Controlling*.

Controlling

Das *interne Rechnungswesen* dient dem betriebswirtschaftlichen *Controlling* durch die Geschäftsführung, betrifft aber auch diejenigen, die für Teilergebnisse verantwortlich sind. Es geht von einer zukunftsbezogenen *Soll*-Deckungsbeitragsrechnung aus und mißt diese monatlich, vierteljährlich und jährlich am erwirtschafteten *Ist*.

Unter Controlling versteht man in diesem Sinne die vorausschauende Planung des wirtschaftlichen Geschehens und die Überwachung der eingeleiteten Maßnahmen. Modernes Controlling – das alle an einem Projekt Beteiligten in die wirtschaftliche Verantwortung einbindet – wird in Verlagen jeder Größenordnung und Richtung immer mehr zu einem aktuellen Trend.

Profitcenter

Um die Ergebnisse der verschiedenen Programm- und Firmenbereiche rechnerisch voneinander abgrenzen zu können, werden in mittleren und größeren Verlagen *Profitcenter* gebildet, d. h. wirtschaftliche Einheiten, deren Ergebnis gesondert geplant, errechnet und in der Deckungsbeitragsrechnung ausgewiesen wird. In der Regel delegiert die Geschäftsführung die Ergebnisverantwortung an die Leitung des jeweiligen Profitcenters (s. 2.4).

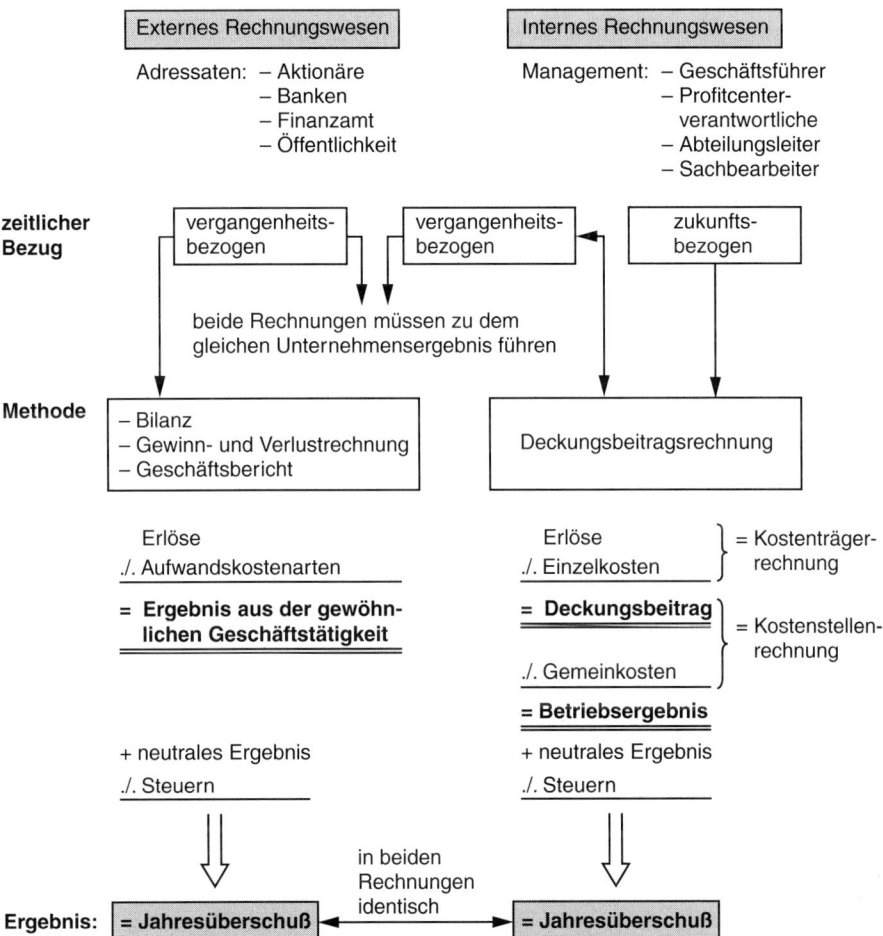

Externes Rechnungswesen	Internes Rechnungswesen

Adressaten: – Aktionäre   Management: – Geschäftsführer
          – Banken   – Profitcenter-
          – Finanzamt   verantwortliche
          – Öffentlichkeit   – Abteilungsleiter
                                   – Sachbearbeiter

zeitlicher Bezug

vergangenheitsbezogen   vergangenheitsbezogen   zukunftsbezogen

beide Rechnungen müssen zu dem gleichen Unternehmensergebnis führen

Methode

– Bilanz
– Gewinn- und Verlustrechnung
– Geschäftsbericht

Deckungsbeitragsrechnung

Erlöse
./. Aufwandskostenarten
———————————
= **Ergebnis aus der gewöhnlichen Geschäftstätigkeit**

Erlöse
./. Einzelkosten   } = Kostenträgerrechnung
———————————
= **Deckungsbeitrag**   }
———————————   = Kostenstellenrechnung
./. Gemeinkosten   }
———————————
= **Betriebsergebnis**

+ neutrales Ergebnis
./. Steuern

+ neutrales Ergebnis
./. Steuern

Ergebnis: | = **Jahresüberschuß** | ← in beiden Rechnungen identisch → | = **Jahresüberschuß** |

Controlling ist Teil des Informationssystems eines Unternehmens

Verlage arbeiten kapitalintensiv, da sie einen hohen Vorausfinanzierungsbedarf haben (s. 1.1). Aber eine schwache *Eigenkapitalquote* ist eher die Regel. Neben *Bankkrediten* und *Gesellschafterdarlehen* ist deshalb das *Factoring* ein wichtiges Finanzierungsinstrument (s. 3.4).

Finanzierung von Verlagen

Erst seit der jüngsten Vergangenheit erschließen sich Verlagshäuser Finanzierungsquellen durch den Börsengang. Aktienfinanzierte, an der Börse gehandelte Verlagshäuser waren bis dahin die Ausnahme. Unter der Überschrift *Buchhandelsnahe Aktien* dokumentiert *buchreport.express* laufend die Kursentwicklung (s. 3.13).

Eine weitere Finanzierungsmöglichkeit für Verlage ist *Leasing*. Der Verleger trifft die Entscheidung über den Kauf eines Titels. Die Leasingfirma tritt in den Kaufvertrag ein und stellt die Rechte dem Leasingnehmer zur Verfügung. Der Leasingnehmer zahlt entsprechend dem Leasingvertrag die Raten (s. 3.4).

Betriebsvergleich

Ein *Betriebsvergleich* des Verlagsbuchhandels wird vom Institut für Handelsforschung an der Universität zu Köln durchgeführt. Die Ergebnisse werden wegen der geringen Teilnehmerzahl bisher nicht veröffentlicht. Auszugsweise veröffentlicht werden hingegen die Ergebnisse der alljährlichen *Schnellumfrage zur wirtschaftlichen Entwicklung im Verlagsbuchhandel des Börsenvereins* jeweils im *Börsenblatt*. Die Teilnehmer erhalten in der Regel einen kurz gefaßten Vorabbericht Anfang März, einen etwa vierzigseitigen Jahresbericht im April und außerdem separat für jeden Teilnehmer erstellte Kennzahlenbogen. Die Weiterführung der Erhebung ist zur Zeit der Drucklegung dieses Buches ungewiß.

EDV- und Organisationsabteilungen

In größeren Verlagen existieren eigenständige Abteilungen, die zumeist zusammengefaßt für alle *Organisations-* und Koordinierungsfragen und für die zentrale *Datenverarbeitung* zuständig sind. Für die Arbeit mit PCs, die in den einzelnen Arbeitseinheiten organisiert ist, leisten sie Support. Auch der Materialeinkauf einschließlich der wichtigen Anschaffungen von Hard- und Software ist in der Regel an dieser zentralen Stelle zusammengefaßt.

Elektronische Datenverarbeitung wird heute so gut wie in allen relevanten Bereichen der Verlagsarbeit eingesetzt, unabhängig von der Größe des Verlages. Eine Reihe von Anbietern haben sich auf Verlagssoftware spezialisiert und entwickeln diese ständig weiter. Sie präsentieren sich auf der Frankfurter Buchmesse im *Forum der Dienstleister*.

Klassische Einsatzmöglichkeiten für EDV im Verlag

- Auftragsabwicklung Buch-Loseblattwerk
- Logistik
- Abonnement-Vertrieb
- Anzeigen-Vertrieb
- Marketing
- Presse
- Lektorats-Verwaltung
- Redaktion/Lektorat
- Herstellung
- Integrierte Funktionen der Bürokommunikation
- Integrierte betriebswirtschaftliche Funktionen

Die wichtigsten Einsatzgebiete der EDV im Verlag sind in einem gesonderten Kasten dargestellt. Elektronisches Publizieren ist dabei nicht eigenständig berücksichtigt (s. 2.3).

Wer EDV im Verlag neu einführen oder die bestehenden Programme optimieren will, nimmt zunächst eine Bestandsaufnahme vor. Sie beginnt mit einem Überblick über die Organisation. Dann wird die Anzahl der Adressen und Kunden ermittelt, ebenso die Zahl der zu erfassenden Titel, die in einer bestimmten Periode anfallenden Aufträge, Rechnungen und Rechnungspositionen, eine Übersicht über die Logistik (Läger, Entnahmen und Packstücke), die Anzahl der Verträge, Abrechnungen und Briefe in Lektoraten und Redaktionen, die Zahl der jährlich erteilten Herstellungsaufträge und die Zahlen aus der Debitoren- und Kreditorenbuchhaltung. Ein solches Mengengerüst ist die unerläßliche Voraussetzung für Gespräche mit Fachleuten und Lieferanten.

2.12 Kalkulation, Deckungsbeitrags-rechnung und Preisgestaltung

Ein Produkt kalkulieren heißt, den richtigen Preis dafür zu finden. Er muß die Kosten decken und für den Verlag einen Gewinn abwerfen. Das ist die eine Seite. Die andere Seite ist, welchen Preis der Markt akzeptiert.

Im Falle gebundener Preise kalkuliert der Verlag den Ladenpreis und setzt die Rabatte fest, die er dem Groß- und Einzelhandel gewährt. Bei nichtgebundenen Preisen ist ausschlaggebend der Nettoabgabepreis an den Handel, wobei oft ein fiktiver Ladenpreis als *empfohlener Preis* kalkuliert wird, der aber für den Handel keine bindende Wirkung hat.

Preisschwellen

Im *Publikumsmarkt* spielen die sogenannten Preisschwellen eine bestimmte Rolle. So hört man die Faustregel: »Ein Roman, der mehr als 50 Mark kostet, hat am Markt kaum eine Chance, es sei denn, er ist ein Bestseller.« Aber auch hier bestätigen Ausnahmen immer wieder die Regeln.

Im *Special-interest-*, *Fachmedien-* und *(Aus)Bildungsmarkt* gelten so verschiedene Gesetze und ganz andere Preisschwellen, daß eine Verallgemeinerung nicht möglich ist.

Misch-kalkulation

Da Bücher – gesamtwirtschaftlich gesehen und an hochwertigen Gebrauchsgütern gemessen – relativ niedrige Preise haben, sind der Verlagskalkulation enge Grenzen gezogen. Der Verleger hilft sich oft mit der *Mischkalkulation*: Günstig zu kalkulierende Bücher, die in hohen Auflagen absetzbar sind, müssen schwieriger zu kalkulierende Titel wirtschaftlich mittragen. Die kulturelle Leistung, die das Verlagswesen mit einer Vielzahl solcher intern subventionierten Titel erbringt, ist nicht zu unterschätzen. Im übrigen gibt es Mischkalkulationen mit internem Subventionscharakter überall im Wirtschaftsleben.

Rabatt

Beim System der gebundenen Preise *kalkuliert* der Verlag für den Buchhändler *mit*, weil er den Ladenpreis nicht nur festsetzt, sondern auch *bindet*. Der Buchhändler ist gezwungen, den vom Verlag festgesetzten Ladenpreis einzuhalten (s. 1.6). Deshalb entbrennt immer wieder brancheninterner

Preiswürdigkeit von Büchern

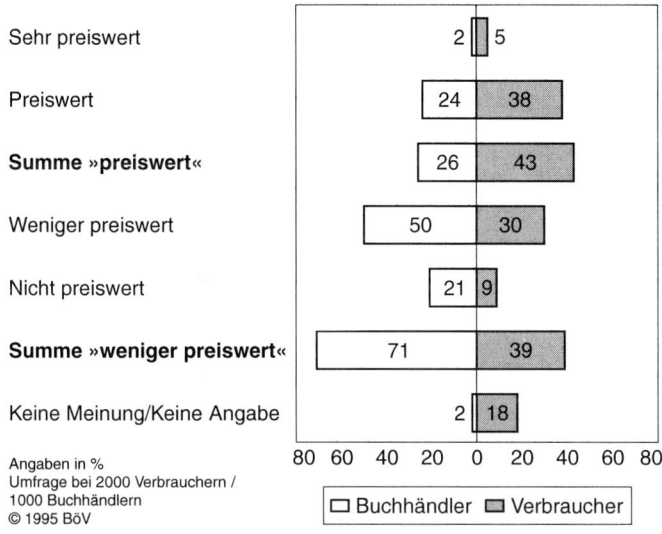

	Buchhändler	Verbraucher
Sehr preiswert	2	5
Preiswert	24	38
Summe »preiswert«	26	43
Weniger preiswert	50	30
Nicht preiswert	21	9
Summe »weniger preiswert«	71	39
Keine Meinung/Keine Angabe	2	18

Angaben in %
Umfrage bei 2000 Verbrauchern /
1000 Buchhändlern
© 1995 BöV

☐ Buchhändler ▨ Verbraucher

Quelle: Börsenverein des Deutschen Buchhandels e. V. Abt. Marktforschung:
Erfolgsfaktor »zufriedene Kunden«. Frankfurt/M: Börsenverein 1995.

Verbraucher haben von der Preiswürdigkeit von Büchern eine viel bessere Meinung als Buchhändler – ein ziemlich niederschmetterndes Befragungsergebnis.

Streit zwischen den drei Partnern Verlag, Barsortiment und Einzelhandel um die Höhe der gewährten Rabatte. In der Regel gehen zwischen 25 und 50 % des Buchpreises an den Buchhandel und an den Zwischenbuchhandel. Aus dieser Summe wird die buchhändlerische Logistik mit der ständigen Lieferbereitschaft, die Lagerhaltung des Sortiments und die damit verbundene Beratungstätigkeit des Buchhändlers bestritten.

Die Grafik auf Seite 146 zeigt, aus welchen Elementen sich der Preis eines Buches zusammensetzt, d. h. welche Kosten aus dem Buchpreis bestritten werden müssen. Daraus wird deutlich, welcher Aufwand erbracht und gezahlt werden muß, um ein Buch herzustellen und zum Käufer zu bringen.

**Elemente
der Buch-
kalkulation**
(Prozentzahlen
als Beispiel)

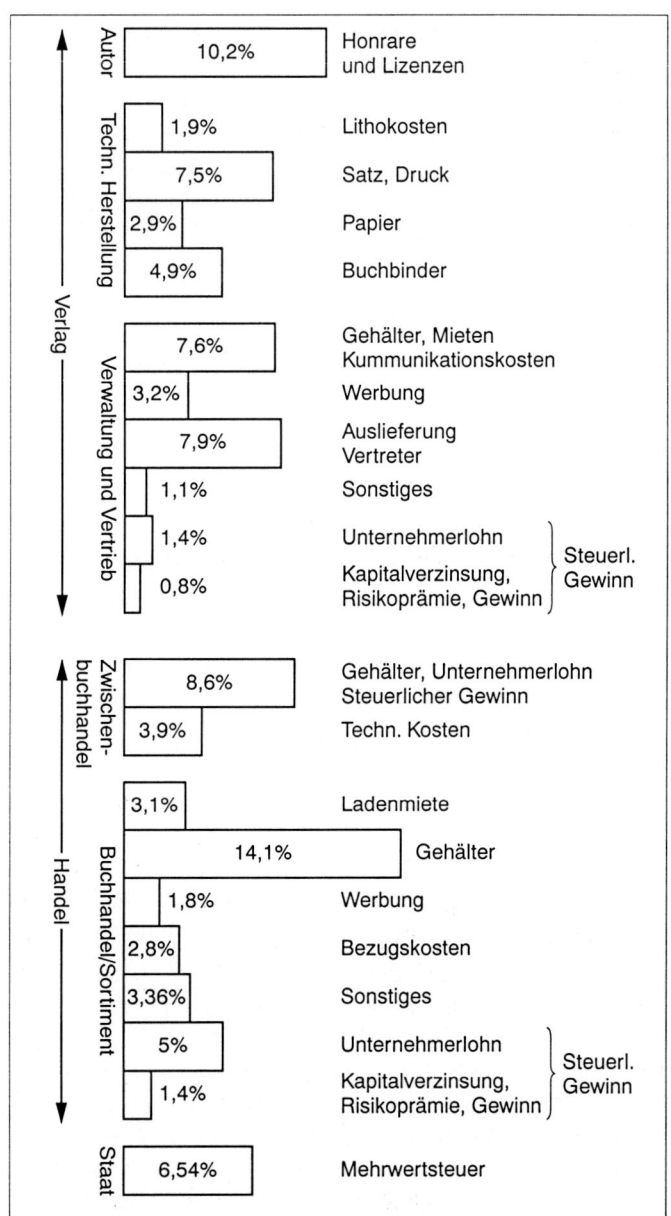

Autor	10,2%	Honrare und Lizenzen
Techn. Herstellung	1,9%	Lithokosten
	7,5%	Satz, Druck
	2,9%	Papier
	4,9%	Buchbinder
Verwaltung und Vertrieb	7,6%	Gehälter, Mieten Kummunikationskosten
	3,2%	Werbung
	7,9%	Auslieferung Vertreter
	1,1%	Sonstiges
	1,4%	Unternehmerlohn
	0,8%	Kapitalverzinsung, Risikoprämie, Gewinn

Verlag

Steuerl. Gewinn

Zwischenbuchhandel	8,6%	Gehälter, Unternehmerlohn Steuerlicher Gewinn
	3,9%	Techn. Kosten
Buchhandel/Sortiment	3,1%	Ladenmiete
	14,1%	Gehälter
	1,8%	Werbung
	2,8%	Bezugskosten
	3,36%	Sonstiges
	5%	Unternehmerlohn
	1,4%	Kapitalverzinsung, Risikoprämie, Gewinn
Staat	6,54%	Mehrwertsteuer

Handel

Steuerl. Gewinn

146

Das traditionelle Verfahren der Verlage zur Preisermittlung ist die *Zuschlagskalkulation*, die voraussetzt, daß Einzel- und Gemeinkosten getrennt erfaßt werden. Die Gemeinkosten werden im sogenannten Betriebsabrechnungsbogen auf die Hauptkostenstellen verteilt (z. B. Verwaltung, Vertrieb) und als Prozentsatz der Einzel- und Herstellkosten ausgewiesen und diesen zugeschlagen, um die Gesamtselbstkosten des Verlages zu ermitteln.

Zuschlags-kalkulation

Im modernen Controllingverfahren versucht die *Deckungs-beitragsrechnung* so viele Kosten wie möglich dem einzelnen Buch oder Produkt, z. B. einer Zeitschrift, oder wenigstens der Produkt- oder Buchgruppe zuzurechnen. Der Titel oder die Buchgruppe erwirtschaftet einen Deckungsbeitrag, der sich aus den Erlösen abzüglich der direkt zurechenbaren Einzelkosten ergibt. Aus der Summe der Deckungsbeiträge der verkauften Titel sind sämtliche Gemeinkosten zu decken und Kapitalverzinsung und Gewinn zu erwirtschaften (s. nachstehendes Schema).

Deckungs-beitrags-rechnung

	Erlöse Objekt	
./.	direkte Kosten	
=	Deckungsbeitrag	Summe der Deckungsbeiträge
		./. Gemeinkosten
		= Betriebsergebnis des Unternehmens

Soweit die Ladenpreise fest gebunden sind, empfiehlt es sich, bei der *Deckungsbeitragsrechnung* vom Ladenverkaufspreis auszugehen und diesen gleich 100 zu setzen. Viele Verlage setzen ihren Nettoerlös gleich 100 und rechnen von dieser Ausgangsbasis aus. Bei einer solchen Betrachtungsweise wird der aus der Vergangenheit hergeleitete Durchschnittsrabatt gleichsam sanktioniert und als unveränderlich betrachtet, obwohl er der verlegerischen Willensbildung unterliegt und jeweils situationsbezogen verändert werden kann. Auch entfällt die Möglichkeit, die Kosten für Direktverkäufe zum Ladenpreis mit dem Händlerrabatt zu vergleichen. In jedem Fall ist es richtig, vom Ladenverkaufspreis minus

Mehrwertsteuer auszugehen und dann davon den Rabatt oder die Kosten für Direktmarketing (s. 2.7) abzusetzen. Auf dieser Seite ist eine Muster-Deckungsbeitragsrechnung dargestellt.

Deckungsbeitragsrechnung

Kosten (gerechnet in % vom Ladenpreis inkl. MWSt)

Erlöse und Kosten	Erlös- bzw. Kostenart		DM/Ex	%
Bruttoerlös	Umsatz zu Ladenpreisen		100,00	100,00
Kosten des Verkaufs I	Rabatt		47,00	47,00
	MWSt	7 %	3,47	3,50
	Erlösschmälerungen *)	4 %	4,00	4,00
Zwischensumme: Nettoerlös			45,53	100,00 **)
Kosten des Verkaufs II	Vertreterprovisionen	6 %	2,73	6,00
	Werbung			
	– Titeletat	5 %	2,28	5,00
	– allgemeiner Etat	1 %	0,46	1,00
Wareneinsatz/ Externe Kosten	Technische Herstellkosten		13,66	30,00
	Honorare 10 % v. Nettoerlös		4,56	10,00
	– Absatzhonorare			
	– Pauschalhonorare			
	– Honorarwagnis			
	Fremdauslieferung		3,64	8,00
	Lager		0,91	2,00
Summe Einzelkosten			28,24	62,00
Deckungsbeitrag I			17,29	38,00
Wagnisse	Bestände		2,28	5,00
	Debitoren		0,46	1,00
	sonstige Wagnisse		0,46	1,00
Deckungsbeitrag II			14,09	30,90
Zusätzliche Deckungsbeiträge	Deckungsbeiträge aus Nebenrechten		2,00	4,40
	Deckungsbeiträge aus Anzeigen und Werbeerlösen		1,00	2,20
Deckungsbeitrag III			17,09	37,50
Gehäusekosten	lt. Kostenstellen-Abrechnung		13,66	30,00
Betriebsergebnis			3,43	7,50

*) Skonti, Boni, Remisssionen
**) Bezugsgröße für nachfolgende Rechnung

148

Der Kalkulation des Verlegers liegen die *Kosten der technischen Herstellung* zugrunde: das, was für Druckvorstufe, Druck und Weiterverarbeitung notwendig ist. Man kann davon ausgehen, daß die technischen Kosten der Herstellung eines Buches etwa ein Siebentel bis ein Fünftel des Ladenpreises ausmachen.

Einzelkosten

Der zweite Kalkulationsfaktor sind *Honorare* und *Lizenzen*, die an die Inhaber der Urheberrechte sowie an freie Mitarbeiter, z. B. für Überarbeitungen, Illustrationen, den Schutzumschlagentwurf usw. zu zahlen sind. Zu den Einzelkosten zählen die für Werbung, Auslieferung und Vertreter.

Die *Verwaltungs-* und *Vertriebskosten* des Verlages umfassen die Kosten des gesamten Verlagsapparates. Das sind vor allem Mieten und Gehälter sowie Kommunikationskosten für Telefon, Post usw. Diese Kosten werden auch als Gemein-, Fix- oder Gehäusekosten bezeichnet.

Gemeinkosten

Hat ein Verlag seine Auslieferung an einen Auslieferer vergeben, so fallen die dafür erforderlichen Kosten nicht als ständige Fixkosten an, sondern werden umsatzabhängig berechnet. Auch die Vertreterprovision ist umsatzabhängig, denn sie ist nur zu zahlen, wenn der Vertreter Verkäufe tätigt. Die Werbekosten werden in der Regel umsatzabhängig errechnet, d. h. prozentual vom zu erwartenden Umsatz als Werbebudget festgelegt.

Einzelkosten werden oft irrtümlich als variable Kosten, *Gemeinkosten* als Fixkosten bezeichnet. Diese Bezeichnungen sind falsch. *Einzelkosten* sind solche, deren Zuordnung zu Programmbereichen oder Einzelobjekten möglich ist. Die Zuordnung von *Gemeinkosten* ist nicht oder nur schwer möglich. Die Differenzierung erfolgt hier über eine zusätzliche *Kostenstellenrechnung*. Variable (= mengenabhängige) und fixe (= mengenunabhängige/zeitabhängige) Kosten gibt es sowohl im Einzel- wie im Gemeinkostenbereich.

Die Kosten im Verlagswesen sind in der Übersicht auf Seite 150 dargestellt.

Kostentheorie im Verlagswesen

pro Titel/Auflage	Einzelkosten (Zuordnung möglich) = Kostenträgerrechnung		Gemeinkosten (Zuordnung nicht bzw. schwer möglich) = Kostenstellenrechnung
Variable Kosten (mengen-abhängig)	Herstellung:	• Papier • Einbandmaterial • Fortdruckkosten • Fortbindekosten	• Lagerkosten • Kalk. Zinsen • Kalk. Unternehmer-Lohn
	Honorar:	• Absatzhonorar • Absatzlizenzen	
	Absatz:	• Vertreterprovision • Auslieferungskosten (Fremdauslieferung)	
Fixe Kosten (mengen-unabhängig/ zeitabhängig)	Herstellung:	• Satz • Reinzeichnung • Repro • Korrekturkosten • Druckfilme, Klischees, Platten • Umbruch • Einrichtung (Rüstkosten) • Prägegalvano	• Herstellabteilung
	Honorar:	• Pauschalhonorar • Garantiehonorar • Lizenzgarantie	• Verlagsleitung • Lektorat/Redaktion • Honorar- und Lizenzabteilung
	Absatz:	• Werbung (Titeletat)	• Auslieferung (eigene) • Vertriebsabteilung • Werbeabteilung • Presseabteilung
	Marktforschung (titelbezogen)		Marktforschung (allg.)

Steuerlicher Gewinn

Der *steuerliche Gewinn* des Unternehmens teilt sich in den Unternehmerlohn, die Verzinsung für das eingesetzte Kapital und den eigentlichen Verlagsgewinn, der die Risikoprämie für den Unternehmer darstellt.

Mehrwert-steuer

Es darf nicht vergessen werden, daß Printmedien wie alle anderen Artikel mit *Mehrwertsteuer* belastet sind, wenn auch nur mit einem ermäßigten Satz (zur Zeit 7 %).

150

Die Zeitschriftenkalkulation ähnelt der von Buchprojekten, speist aber im Normalfall die Objekterlöse aus zwei Quellen, nämlich aus Anzeigen- und Vertriebserlösen und führt damit normalerweise zu einer besseren Gewinnsituation. Die Beispiel-Planungsrechnung für ein monatlich erscheinendes Objekt wird auf S. 152/153 dargestellt.

Zeitschriftenkalkulation

Die Herstellung von Tonträgern, CD-ROMs sowie die Installation von Online-Produkten gehorcht jeweils eigenen Gesetzen. Relativ hoch ist jeweils der Herstellungsaufwand für das Master-Produkt, während die Vervielfältigung günstig auch in kleineren Stückzahlen erfolgen kann. Beim Online-Produkt entfällt jeder Vervielfältigungsaufwand.

Medienkalkulation

Neue Möglichkeiten ergeben sich, wenn einmal erfaßte Texte, Bilder und Töne in den verschiedensten Formen vermarktet werden. Jedoch spielt das in der Praxis noch keine ausschlaggebende Rolle und die daraus resultierenden Rationalisierungsmöglichkeiten im Herstellungsaufwand werden erst ansatzweise ausgeschöpft.

Produktgestaltung und Einkaufspolitik bestimmen den *Gestehungspreis* als ein wichtiges Element der Preisgestaltung. Aber ebenso wird diese vom Markt bestimmt. Die Formulierung der Preispolitik eines Verlages erfolgt zweckmäßigerweise nach dem *Auflage-Preis-Prinzip*. Die waagerechte Achse des Portfolios bezeichnet die Auflagendimension, die senkrechte Achse die Preisdimension (s. auch Abb. S. 153).

Preispolitik

Dabei ist wichtig, eigens für den jeweiligen Markt zu definieren, was für ihn eine hohe oder niedrige Auflage oder ein hoher oder niedriger Preis ist. So wäre es unsinnig, kostbare Faksimile-Drucke mit Taschenbüchern preislich oder auflagenmäßig zu vergleichen.

Hohe Auflagen – sei es im Hoch- oder Niedrigpreisbereich – sind stets mit hohem Risiko verbunden. Andererseits liegen in den hohen Auflagen auch die entsprechenden Gewinnchancen. Die meisten Verlage streben in diese Richtung, ohne zu erkennen, daß sie sich bei nüchterner Betrachtungsweise eigentlich im *Harakiri*-Feld befinden. Niedrige Auf-

Planungsrechnung für ein neues Zeitschriftenobjekt

			2000	2001	2002	2003	2004
A.		VIII. ABSATZ					
	1.	Erscheinungsweise/Jahr	12	12	12	12	12
	2.	Druckauflage	6.000	8.000	10.000	11.000	12.000
	3.	Abo	4.000	6.000	8.000	9.000	10.000
		Abopreis	130	130	130	130	130
		Nettoerlös Abo	115	115	115	115	115
	4.	Einzelverkauf					
		Heftpreis DM					
		Nettoerlös EV					
	5.	Seiten (96 + 4)	100	100	104	104	104
		Anzeigenseiten	16	16	20	20	20
		Nettoerlös Anzeigen	3.500	3.600	3.700	3.800	4.000
B.		**Umsatz**	**TDM**	**TDM**	**TDM**	**TDM**	**TDM**
	1.	Abo	462	693	923	1.039	1.154
	2.	Einzelverkauf					
	3.	Anzeigen	672	691	888	912	960
	4.	Sonstiges					
	5.	Gesamtumsatz	1.134	1.384	1.811	1.951	2.114
	6.	Erlösschmälerungen 2%	23	28	36	39	42
		Gesamtleistung	1.111	1.356	1.775	1.912	2.072
C.		**Einzelkosten**					
	1.	Herstellung	194	250	312	330	344
	2.	Papier	58	77	96	106	115
	3.	sonstiger Wareneinsatz					
	4.	Honorar, 150 DM/Seite	151	151	151	151	151
	5.	Abo-Provision, 80 DM/Abo	320	160	160	80	80
	6.	Vertriebs-Werbung					
	7.	Anzeigen-Provision 6%	40	42	53	55	58
	8.	Anzeigen-Werbung	100	100	100	100	100
	9.	Versand	48	72	96	108	120
	10.	Sonstiges	20	20	20	20	20
		Summe Einzelkosten	932	871	989	949	988
D.		**Zwischensumme**	180	485	787	963	1.084
		in % von der Gesamtleistung	16	36	44	50	52

E.	INTERNE VERRECHNUNG					
	100 Redaktion	120	120	120	120	120
	200 Anzeigen	85	110	110	120	120
	300 Herstellung	40	40	40	40	40
	400 Vertrieb	80	85	90	95	100
	Summe Bereichskosten	325	355	360	375	380
F.	DECKUNGSBEITRAG I	-146	130	427	588	704
	in % von der Gesamtleistung	-13	10	24	31	34

Im Abschnitt A wird die Auflagen- und Erlösentwicklung geschätzt.
Im Abschnitt B wird die Umsatzentwicklung getrennt nach Abonnements,
Einzelverkaufs- und Anzeigenerlösen geschätzt.
Im Abschnitt C werden die Einzelkosten ausgewiesen
Im Abschnitt E erfolgt die interne Verrechnung der Gemeinkostenanteile, die
auf das Objekt umgelegt werden. Daraus ergibt sich der Deckungsbeitrag,
der im ersten Jahr negativ und dann steigend ist.

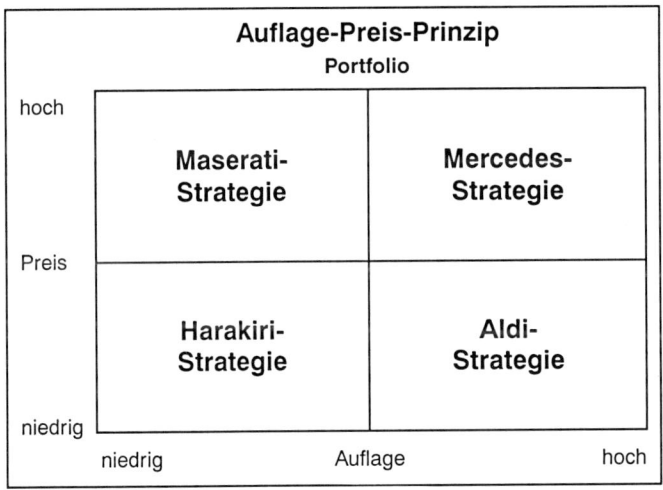

Auflage-Preis-Prinzip

153

lagen zu hohen Preisen vermindern das Risiko, wenn die Publikationen so nützlich für den Käufer sind, daß praktisch die Preisfrage keine Rolle spielt.

Durchschnittsladen- und Bogenpreise

Der *Börsenverein des Deutschen Buchhandels* errechnet alljährlich den *Durchschnittsladenpreis*. Dazu werden die Preise aller im jeweiligen Jahr laut *Wöchentlichem Verzeichnis der deutschen Bibliographie* erschienenen Bücher zusammengerechnet und durch die Zahl der Titel geteilt. 1951 betrug dieser Durchschnittsladenpreis 6,84 DM. Bis 1971 stieg er auf 18,73 DM, stieg 1991 auf 35,73 DM und bis 1999 auf 46,63 DM.

Auf der gleichen Basis wird der *Durchschnittsbogenpreis* errechnet. Das ist der Preis für jeweils 16 Seiten, also einen Druckbogen. Er betrug 1951 0,65 DM, 1971 1,50 DM, stieg bis 1991 auf 2,34 DM und betrug 1998 3,45 DM. Für 1999 wurden dazu vom Börsenverein keine Zahlen vorgelegt.

Euro

Vom 1. Januar 2002 an werden *Euro*-Banknoten und -münzen ausgegeben und ab 1. Juli 2002 ist der Euro alleiniges Zahlungsmittel. Bis dahin muß das gesamte Kalkulations- und Rechnungswesen der Verlage und des Buchhandels auf die neue Währung umgestellt sein. Derzeit wird in der Branche noch diskutiert, welche neuen *Schwellenpreise* sich ergeben werden. So werden z. B. aus 14,90 DM 7,62 Euro. Selbstverständlich sollen auch die neuen Euro-Preise jeweils runde Preise sein. Je nach Programmsegment und Marktgängigkeit werden die Verlage dabei behutsam nach oben oder unten abrunden. Die Taschenbuchverlage, die im Gegensatz zu den meisten anderen Verlagen die Preise auf ihre Bücher aufdruckken, haben zum Teil bereits auf das System umgestellt und drucken neben dem DM-Preis den neu festgesetzten runden Euro-Preis ein.

Zum Nachschlagen und Weiterlesen

Einzelveröffentlichungen

AMF-Schriftenreihe.
Bd. 1 AMF-Standard für Media-Informationen Fachzeitschriften.
5. Aufl. 1998.
Bd. 3 Media- und Marketing-Begriffe Fachzeitschriften. 2. Aufl.
1993.
Bd. 4 Die Anzeigenpraxis in Fachzeitschriften. 2. Aufl. 2000.
Bd. 5 Media-Forschung Fachzeitschriften. 1. Aufl. 1994
Frankfurt/M.: Deutsche Fachpresse.

Balkwill, Richard:
Multilingual Dictionary of Copyrights, Rights and Contracts. Friedrichsdorf: Hardt & Wörner 1995.

Bergmann, Leopold:
Verlage ins Internet. Eine Einsteigerfibel. Frankfurt/M.: Börsenverein 2000.

Bidmon, Robert/Vögele, Siegfried:
Das ABC des Direct Mail. Würzburg: Lexika Verlag 2000.

Blunden, Brian und Margot (Hrsg.):
The Electronic Business and its Market. Friedrichsdorf: Hardt & Wörner 1994.

Brown, David J.:
Electronic Publishing and Libraries. München: Saur 1996.

Bücher haben feste Preise. Börsenverein des Deutschen Buchhandels. Abt. Presse und Information. Frankfurt/M.: Börsenverein des Deutschen Buchhandels 1990.

Clark, Giles:
Karrierechancen im Verlag. Friedrichsdorf: Hardt & Wörner 1996.

Davies, Gill:
Beruf: Lektor. Friedrichsdorf: Hardt & Wörner 1995.

Delp, Ludwig/Lutz, Peter:
Der Verlagsvertrag. 6. Aufl. München: Beck 1994.

Delp, Ludwig:
Kleines Praktikum für Urheberrecht und Verlagsrecht. 4. Aufl. München: Beck 2000.

Feldman, Tony:
Multimedia – Eine Einführung. Friedrichsdorf: Hardt & Wörner 1995.

Franzmann, Bodo/Hasemann, Klaus/Löffler, Dietrich/Schön, Erich (Hrsg.):
Handbuch Lesen. München: Saur 1999.

IG Medien (Hrsg.):
Reader Medienökonomie 2000. Materialien zur wirtschaftlichen Lage und Entwicklung im Bereich der Verlage und anderer Medienunternehmen in Deutschland. Stuttgart: IG Medien 2000.

Jaeckel, Ralf (Hrsg.):
Handbuch Verlags-PR. Neuwied: Luchterhand 1996.

Kautter, Frank/Kraeft, Jochen:
Kleines Verlagslexikon. Itzehoe: Beruf + Schule 1995.

Kommission Betriebswirtschaft der deutschen Fachpresse (Hrsg.):
Schritte zum Controlling im Fachzeitschriften-Verlag. Bonn: Deutsche Fachpresse 1992.

Koop, Hans Jochen/Jäckel, K. Konrad/Heinold, Ehrhardt F.:
Business E-volution. Das E-Business-Handbuch. Organisation, Marketing, Finanzen, Projekt-Management. Wiesbaden: Vieweg-Gobler 2000.

Krüger, Jens-Peter:
Direktmarketing in Verlag und Buchhandel. Friedrichsdorf: Hardt & Wörner 1995.

Mäckler, Andreas (Hrsg.):
Books on demand: so verkaufen Sie Ihre Bücher im Internet. München: Sequenz Medien Produktion 2000.

Moser, Rolf/Scheuermann, Andreas:
Handbuch der Musikwirtschaft. Starnberg: Keller 1999.

Müller von der Heide, Kristian:
Recht im Verlag. Ein Handbuch des Börsenvereins des Deutschen Buchhandels. Frankfurt/M.: Buchhändler-Vereinigung 1995.

Owen, Lynette:
Selling Rights – Rechte vermarkten. Friedrichsdorf: Hardt & Wörner 1996.

Peacock, John (Hrsg.):
Multilingual Dictionary of Printing and Publishing Terms. Friedrichsdorf: Hardt & Wörner 1995.

Plenz, Ralf:
Verlagsgründung. 4. Aufl. Hamburg: Input 2000.

Raecke, Renate (Hrsg.):
Kinder- und Jugendliteratur in Deutschland. München: Arbeitskreis für Jugendliteratur 1999.

Rehbinder, Manfred:
Urheberrecht. Juristische Kurzlehrbücher. 10. Aufl. München: Beck 1998.

Reiter, Hanspeter:
Tele-Marketing in Verlag und Buchhandel. Friedrichsdorf: Hardt & Wörner 1996.

Röhring, Hans-Helmut:
Wie ein Buch entsteht. Eine Einführung in den modernen Buchverlag. 6. Aufl. Darmstadt: Primus 1997.

Stiehl, Ulrich:
Die Buchkalkulation. Ein Lehr- und Übungsbuch. Mit 75 Musterkalkulationen und einem PC-Kalkulationsprogramm. 4. Aufl. Wiesbaden: Harrassowitz 1989.

Südwestdeutscher Zeitschriften-Verleger-Verband SZV (Hrsg.):
Standardsoftware für Zeitschriftenverlage. Stuttgart: SZV 2000.

Urheberrecht.
Kommentar zum Urheberrechtsgesetz und zum Urheberrechtswahrnehmungsgesetz mit den Texten der Urheberrechtsgesetze der Schweiz und Österreich. Begr. von Karl Friedrich Fromm/Wilhelm Nordemann, fortgeführt von Wilhelm Nordemann/Kai Vinck/Paul W. Hertin. – Unter Berücksichtigung des Änderungsgesetzes vom 23.05.1985. 9. Aufl. Stuttgart: Kohlhammer 1998.

Urheber- und Verlagsrecht.
Urheberrechtsgesetz, Verlagsgesetz, Rechte der Verwertungsgesellschaften, Internationales Urheberrecht. 7. Aufl. München: dtv 1998.

Vollnhals, Otto:
Multilingual Dictionary of Electronic Publishing. München: Saur 1996.

Periodische Veröffentlichungen

AfP – Zeitschrift für Medien- und Kommuniksationsrecht.
Gegründet 1969. Düsseldorf: Handelsblatt. Erscheint 6 x jährlich.

Institut für Bildungsmedien (Hrsg.):
fachbuch kompaß. Ein Führer durch das Fachbuchangebot für berufliche Schulen. Erscheint jährlich

Institut für Bildungsmedien (Hrsg.):
medien kompaß. Ein Führer durch das AV-Angebot für allgemein bildende und berufliche Schulen. Erscheint jährlich.

Institut für Bildungsmedien (Hrsg.):
schulbuch kompaß. Ein Führer durch das Schulbuchangebot für allgemein bildende Schulen. Erscheint jährlich.

Institut für Bildungsmedien (Hrsg.):
online kompaß. Schulbuchverlage im Internet. Erscheint jährlich

Media-Daten. Handbücher der deutschen Werbeträger: 1. Fachzeitschriften. 2. Zeitschriften. 3. Zeitungen/Anzeigenblätter. 4. Radio/TV/Video. Wird zweimal jährlich aktualisiert. Auch auf CD-ROM lieferbar. Wiesbaden: Media-Daten Verlag.

Neumann. Handbuch für den Pressevertrieb.
Hamburg: Presse Fachverlag. Erscheint jährlich.

Plenz, Ralf (Hrsg.).
Das Verlagshandbuch. Loseblattwerk. Hamburg: Input. Seit 1995.

Redaktions Adressen.
Handbuch mit jährlich zweimaliger Aktualisierung. Auch mit Diskette und auf CD-ROM. Wiesbaden: Media-Daten Verlag.

Zimpel. Redaktionsadressen 1: Zeitungen. 2: Zeitschriften. 3: Funk/TV. Loseblattwerk. München: Zimpel. Grundwerk mit monatlicher bzw. zweimonatlicher Aktualisierung.

3 Bücher sind überall verfügbar. Grundlagen der Branchenorganisation.

Verlage	Auslieferung
Grossisten	Import / Export
Vertreter	Buchhandlungen
Buchmessen	Branchenpresse
Börsenverein	Logistik
Buchclubs	Lizenzpartner
Buchförderung	Leseförderung
Bibliotheken	Leser

Dieses Kapitel behandelt die Frage, wie die Märkte funktionieren.

3.0 Wie funktioniert der Buch- und Medienmarkt?

* Das traditionsreiche deutsche Buchhandels- und Verlagswesen hat nach der Erfindung der beweglichen Lettern durch Gutenberg im Verlauf der Jahrhunderte ein dichtes Buchhandelsnetz hervorgebracht.

* Heute verbindet ein eng verknüpftes, elektronisch gesteuertes logistisches System alle Partner der Branche. Diese Struktur gilt international als vorbildlich.

* Verlage kündigen ihre Neuerscheinungen und Programme in der Branche über die Branchenpresse, durch Anzeigen in den Medien sowie Sonderaktionen, Vertreterbesuche in den Sortimenten und schriftliche Information an.

* Buchhändler ordern entsprechend ihrer Angebotsrichtung – entweder direkt bei den Verlagen, über Vertreter oder beim Grossisten – und führen Kundenbestellungen aus.

* Der Leser erhält an jedem beliebigen Ort mit Buchhandlungen eine Vielzahl von Titeln innerhalb von ein bis drei Tagen. Die Besorgung von ausländischen Titeln wird über Importspezialisten ebenfalls zügig erledigt.

* Eine besondere Vertriebsform sind die Buchgemeinschaften. Ihr Angebot beruht auf dem Prinzip, daß bestimmte Verlagstitel in der Regel zwei Jahre nach Erscheinen der Originalausgabe den Buchclubmitgliedern verbilligt angeboten werden. Im Wettbewerb mit großen Versandfirmen setzen sie verstärkt auf Originalausgaben und Parallelausgaben zum Buchhandel.

* Die zentrale Standesorganisation ist der *Börsenverein des Deutschen Buchhandels e. V.* (Frankfurt/M.). Er nimmt wichtige administrative, wirtschaftliche, rechtliche, logistische und kulturelle Interessen seiner Mitglieder wahr.

* Die.steigende Buchproduktion und die vielfältigen Interessen der modernen Informations- und Freizeitgesellschaft haben dazu geführt, daß Bücher, Zeitschriften und Medien aller Art weit über den Buchhandel hinaus an zahlreichen

Verkaufspunkten zugänglich sind. Verlage nutzen intensiv dieses weit ausgebreitete Netz.

- Vor allem die Ausbreitung des Internet trägt dazu bei, die von Verlagen erschlossenen Informationen für die Nutzer rasch auffindbar zu machen. Dementsprechend spielen bibliografische und sonstige Auskünfte über das Internet, aber auch die Nutzung des Internet als Bestellweg eine zunehmend wichtigere Rolle.

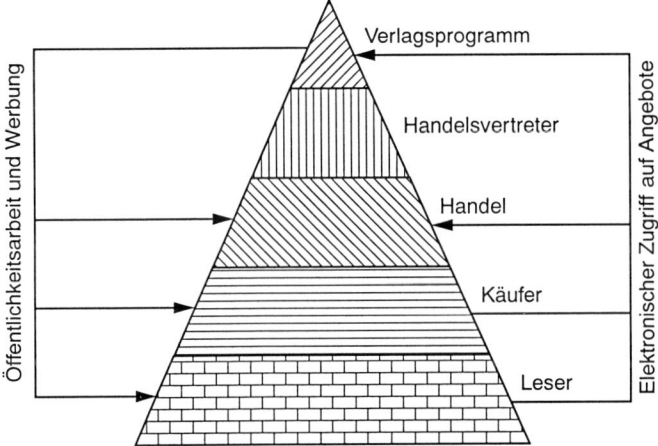

Marktmodell des Verlagsmedienmarktes

Um ein Verlagsprogramm zum Leser zu bringen, muß der Verlag seine Handelsvertreter, den Handel, die Käufer und die Leser überzeugen. Dazu bedient er sich der Öffentlichkeitsarbeit und Werbung und verkauft in den Handel hinein, soweit er nicht im Direktmarketing arbeitet. Die Käufer und Leser haben einen bequemen elektronischen Zugriff auf das Angebot des Handels und der Verlage und werden von sich aus aktiv in der Informationsbeschaffung.

3.1 Wirtschaftliche Daten und Fakten

Die Titelproduktion hat sich in den letzten Jahren wieder beschleunigt und liefert die breite Basis für die Tätigkeit der Verlage und Buchhandlungen. Interessante Aufschlüsse bietet die Übersicht, welche Anteile an der Titelproduktion die 65 Sachgruppen nach der Gliederung der Deutschen Nationalbibliographie erreichen. Ebenso erhellend ist eine Analyse der Umsätze: auf welche Buchkategorien entfallen sie und welche Firmengrößenklassen vereinigen auf sich welche Anteile?

Wichtige Verlagsorte

Die zehn wichtigsten *Verlagsorte* für Bücher in der Bundesrepublik sind:

Ort	Verlage
München	253
Berlin	195
Hamburg	134
Stuttgart	110
Frankfurt/M.	109
Köln	90
Düsseldorf	49
Heidelberg	31
Hannover	25
Darmstadt	24

Quelle: Buch und Buchhandel in Zahlen 2000

Titelproduktion

Im Jahre 1999 sind 80 779 neue Titel erschienen, davon 60 812 in Erstauflage. Die Tabelle auf S. 163 zeigt die Entwicklung der letzten 10 Jahre. Auffallend ist das relativ konstante Verhältnis zwischen Erst- und Neuauflage. Etwa jedes 4. erscheinende Buch kommt in neuer Auflage heraus (s. nachstehende Tabelle).

Sachgruppenproduktion

Eine differenzierte Übersicht über die *Titelproduktion* zeigt deutliche die Spitzenstellung der Schönen Literatur. Mit 11,6 % Anteil steht sie weit vor allen anderen Sachgruppen. In der nachstehenden zusammenfassenden Übersicht ist sie in der Sachgruppe *Sprach- und Literaturwissenschaft, Belletristik* enthalten. Andererseits sagt das auch, daß 87,8 % aller neuen Titel *nicht* zur Schönen Literatur gehören.

162

Titelproduktion 1990 – 1999

Jahr*	Titel insgesamt	Erst- auflage	Neu- auflage	Erstauflage: Neuauflage
1990	61.015	44.779	16.236	73:27
1991	67.890	48.879	19.011	72:28
1992	67.277	48.836	18.441	73:27
1993	67.206	49.096	18.110	73:27
1994	70.643	52.767	17.876	75:25
1995	74.174	53.359	20.815	72:28
1996	71.515	53.793	17.722	75:25
1997	77.889	57.680	20.209	74:26
1998	78.042	57.678	20.364	74:26
1999	80.779	60.819	19.960	75:25

*Seit 1991 inkl. neue Bundesländer

Quelle: Buch und Buchhandel in Zahlen 2000

Titelproduktion nach Sachgruppen 1999

Sachgruppe	Erstauflage 1999	Anteil 1999 in %
Allgemeines	4.628	7,6
Philosophie, Psychologie	2.767	4,5
Religion, Theologie	3.267	5,4
Sozialwissenschaften	15.538	25,5
Mathematik, Naturwissenschaften	4.361	7,2
Angewandte Wissenschaften, Medizin, Technik	9.520	15,7
Kunst, Kunstgewerbe, Photographie, Musik, Spiel, Sport	4.783	7,9
Sprach- und Literaturwissenschaft, Belletristik	10.536	17,3
Geographie, Geschichte	5.419	8,9
Insgesamt	60.819	100,0

Quelle: Buch und Buchhandel in Zahlen 2000

Umsatzanteile nach Buchkategorien

Der *Börsenverein des Deutschen Buchhandels* hat für das Jahr 1999 eine Schätzung der Buchumsätze nach Buchkategorien vorgelegt, die auch Fach- und wissenschaftliche Zeitschriften erfaßt (Vertriebserlöse, ohne Anzeigenerlöse, s. nachstehende Übersicht).

Geschätzte Umsatzanteile 1999 zu Endverbraucherpreisen

Allgemeine Literatur	54,8 %	9.898 Mio DM
davon: Belletristik/ Sachbuch/ Lexika/ Kartographie und Sonstiges	38,1 %	6.881 Mio DM
Taschenbücher	9,7 %	1.758 Mio DM
Restauflagen	7,0 %	1.259 Mio DM
Fachbuch/ Wissenschaft	34,9 %	6.295 Mio DM
Vertriebserlöse Fach- und wiss. Zeitschriften	10,2 %	1.849 Mio DM

Quelle: Buch und Buchhandel in Zahlen 2000

3.2 Konzentration im Verlagswesen

Wenn man unter *Konzentration* versteht, daß eine kleine Spitzengruppe der umsatzstärksten Firmen immer höhere Umsatzanteile auf sich vereinigt, so ist diese Erscheinung im Verlagswesen und Buchhandel ebenso wie in der übrigen Wirtschaft zu beobachten, wenn auch nicht in so erheblichem Ausmaß wie z. B. in der Lebensmittelbranche. Die Zeitschriften- und Medienproduktion unterliegt ebenfalls diesem Konzentrationsprozeß.

Im Wettstreit mit den Großen – »Berliner Handpresse«

Umsatzanteile nach Größenklassen 1997

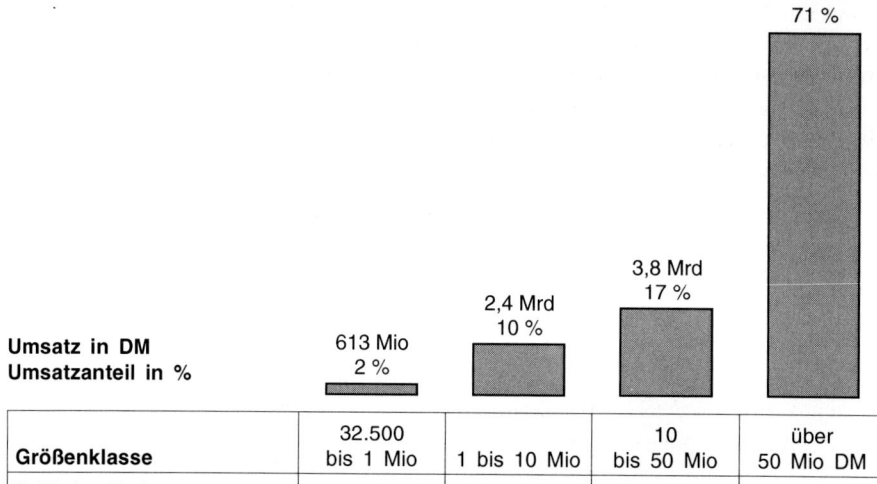

| Umsatz in DM Umsatzanteil in % | 613 Mio 2 % | 2,4 Mrd 10 % | 3,8 Mrd 17 % | 16 Mrd 71 % |

Größenklasse	32.500 bis 1 Mio	1 bis 10 Mio	10 bis 50 Mio	über 50 Mio DM
Zahl der Verlage	2.374	730	172	68
Anteil an der Gesamtzahl	71 %	22 %	5 %	2 %
Durchschnittlicher Umsatz	0,25 Mio	3,3 Mio	22 Mio	235 Mio

Quelle: Umsatzsteuerstatistik 1997 (jüngere Zahlen liegen noch nicht vor)

**Umsatzver-
hältnisse nach
Größenklassen**

Von 3 344 erfaßten Buchverlagen haben 1997 die kleinsten 2 374 Firmen lediglich 3 % des Gesamtumsatzes erwirtschaftet. In den Größenklassen über 10 Millionen DM waren es 240 Verlage, die 87 % des Gesamtumsatzes erzielten. Auch das Mittelfeld von 730 Verlagen in der Umsatzgrößenklasse zwischen 1 bis 10 Millionen erwirtschaftet nur noch 10 % des Gesamtumsatzes.

**Konzentration
im Für
und Wider**

Es hat keinen Sinn, die *Konzentration* im Verlagswesen totzuschweigen oder zu verharmlosen. Ihr entspricht eine Konzentration im Buchhandel. Die Gefahr besteht, daß die Großfirmen auf beiden Seiten den Markt unter sich aufteilen. Damit würde kleineren und mittleren Firmen die Existenzmöglichkeit entzogen und die kulturelle und wissenschaftliche Vielfalt und Lebendigkeit bedroht. Wie lange für kleine und mittlere Firmen die Spezialisierung auf Marktnischen einen Ausweg böte, bleibt eine offene Frage.

166

Kritikern der zunehmenden Konzentration in der Buchbranche wird gern vorgehalten, daß ihr die Gründungswelle im Buchhandel und Verlag entgegenwirke. Das ist nur zum Teil richtig. Die Masse der Marktteilnehmer und auch der Neugründer sind – wie die Umsatzsteuerstatistik ausweist – Klein- und Kleinstfirmen, die in der Regel vom Idealismus ihrer Gründer und Betreiber leben und in hohem Maße wirtschaftlichen Risiken ausgesetzt sind.

So ernst die wirtschaftlichen und kulturellen Folgen der Konzentration zu nehmen sind, so notwendig sind größere und größte Betriebseinheiten. Durch sie kann verhindert werden, daß die Branche in Provinzialität versinkt. Nur große Betriebseinheiten sind international wettbewerbsfähig und in der Lage, den Anschluß an neue Technologien und Medien zu behalten. Aus diesem Blickwinkel ist die Leistung der Großen der Branche zu würdigen.

3.3 Die Großen der Branche

Die *Medienwirtschaft* gewinnt weiter an Bedeutung und ist nach einer Veröffentlichung aus der *Bertelsmann AG* so wichtig wie die Automobil-Industrie, die 1998 einen Umsatz von ca. 320 Mrd. DM und 710 000 Beschäftigte auswies. Nach Darstellung von Bertelsmann setzte die Informationswirtschaft 1998 mit 1 700 000 Beschäftigten ca. 500 Mrd. DM um. Davon entfielen auf die *multimediarelevante Info-Wirtschaft* ein Umsatz von ca. 200 Mrd. DM und 700 000 Beschäftigte und auf die *Medien* ein Umsatz von ca. 140 Mrd. DM mit 700 000 Beschäftigten.

Im Zuge der Konzentration haben einige Verlagsgruppen in den letzten Jahren durch spektakuläre Zukäufe von sich reden gemacht. *Wer gehört zu wem?* ist ein beliebtes Branchenthema. In einer sich weltweit dramatisch verändernden Medienlandschaft und durch die Digitalisierung der gesamten Informations- und Unterhaltungsindustrie entstehen ganz neue globale Zusammenhänge und Wettbewerbssituationen. Auch spielt die Welt der Börse für die Medienindustrie eine zunehmend wichtigere Rolle. Wurden bisher Aktien nur weniger Medienunternehmen gehandelt, so tauchen dort jetzt rasch wachsende Newcomer ebenso auf wie demnächst Tochterunternehmen bisher nicht börsennotierter Konzerne, die sich für ihre Expansion Geld an der Börse beschaffen (s. 2.11).

Es gibt eine Reihe von Rankings der größten Unternehmen, jeweils nach unterschiedlichen Kriterien, die laufend in der Fachpresse veröffentlicht werden. Die wichtigsten sind im folgenden dargestellt.

Anschließend folgen Porträts der Gütersloher *Bertelsmann AG* und der Stuttgarter *Verlagsgruppe Georg von Holtzbrinck*, die weltweit publizistisch tätig sind, deren Buchaktivitäten aber in Deutschland besondere Bedeutung haben.

Wiederum im Anschluß werden die Spitzenreiter aus dem alljährlichen *buchreport.magazin*-Ranking vorgestellt.

Beteiligungen/ Schwesterund Tochterverlage/ Imprints

Wegen der zahlreichen Zusammenschlüsse, Aufkäufe, Beteiligungen sowie der Neugründung von sogenannten *Imprints* oder *Labels* ist es schwierig, einen Überblick zu behalten, wer eigentlich zu wem gehört. Deshalb hat die Fachzeitschrift *BuchMarkt* unter ihrer Internet-Adresse www.buchmarkt.de einen Service *Who is Whom* eingerichtet, der ständig aktualisiert wird. *buchreport.magazin* hat im Juni 2000 einen *Verlagskompass* veröffentlicht, der in Zukunft jährlich erscheinen soll und ebenfalls ausweist, wer zu wem gehört.

Medienunternehmen

Die zehn größten deutschen Medienunternehmen sind in der nebenstehenden Tabelle aufgeführt (Basis 1998).

Die Rangliste zeigt, daß publizistische Aktivitäten in den Bereichen Printmedien, Film, Funk, Fernsehen und elektronische Medien nicht mehr voneinander zu trennen sind. Wesentliche Buchaktivitäten sind aus der oben stehenden Rangliste vor allem bei der *Bertelsmann AG*, bei der *Axel Springer Verlag AG*, bei der *Verlagsgruppe Georg von Holtzbrinck* sowie beim *Heinrich Bauer Verlag* zu finden. Eine sorgfältige Dokumentation des gesamten Geschehens im Medienmarkt ist in dem Jahrbuch *Medien* zu finden, daß von der Zeitschrift *w & v werben und verkaufen* im Europa-Fachpresse-Verlag herausgegeben wird. Das Nachschlagewerk dokumentiert Ak-

Alphabetische Übersicht buchhandelsaktiver Verlage am deutschen Markt, die Konzernen oder Gruppen angehören

BuchMarkt und Buchreport informieren mit Broschüren und tagesaktuell per Internet über die Konzentrations- und Fusionsvorgänge.

Rang	Unternehmen	Umsatz in Mio. DM	plus in %
1	Bertelsmann AG, Gütersloh	22 414,0	+ 4,1
2	ARD, Frankfurt/M.	10 542,9	+ 2,5
3	KirchGruppe, München	5 039,9	+ 10,8
4	Gruner + Jahr, Hamburg	4 819,0	+ 5,2
5	Axel Springer Verlag AG, Berlin	4 599,0	+ 4,1
6	Zeitungsgruppe WAZ, Essen	4 000,0	+ 21,0
7	CLT/Ufa S. A., Luxemburg	3 526,2	+ 35,2
8	Verlagsgruppe Georg von Holtzbrinck, Stuttgart	3 493,0	+ 7,6
9	Heinrich Bauer Verlag, Hamburg	2 912,6	+ 0,9
10	RTL plus Deutschland Fernsehen GmbH & Co. KG, Köln	2 238,0	+ 9,1

Gruner & Jahr ist zu 74,9 % im Besitz der Bertelsmann AG.

Quelle: Jahrbuch Medien 1999. Europa-Fachpresse-Verlag München

quisitionen, Fusionen, Beteiligungen und Auslandsaktivitäten, außerdem die Anteile der Medienkonzerne am Werbemarkt, dessen Bedeutung auf diese Weise sichtbar wird. Einer Rangliste der *Top 150 Medienkonzerne* folgen ausführliche Firmenporträts.

Horizont-Ranking

Die Fachzeitschrift *Horizont* veröffentlicht ebenfalls jährlich ein *Ranking* der 100 größten Medienunternehmen Deutschlands. Nachstehend die 15 größten privaten deutschen Medienunternehmen im Vergleich von 1999 zu 1998 (die Daten weichen teilweise von denen der Quelle auf Seite 169 ab):

		Umsatz (Mio. DM)		Beschäftigte		Umsatz pro Beschäftigte/n (tsd. DM)	
		1998	*1999*	*1998*	*1999*	*1998*	*1999*
1.	Bertelsmann	26 000	32 000	57 807	73 000	450	438
2.	Kirch-Gruppe*)	5 000	5 200	1 400	1 400	(3 571)	(3 714)
3.	Springer	4 811	5 211	12 052	12 504	399	417
4.	Holtzbrinck	3 666	4 173	11 200	10 800	327	386
5.	WAZ-Gruppe*)	3 700	3 700	12 000	12 200	(308)	(308)
6.	Bauer	3 018	3 076	5 634	5 565	534	553
7.	Burda	2 066	2 235	4 255	4 481	486	499
8.	Medien Union*)	1 500	1 600	7 000	7 000	(214)	(229)
9.	Süddeutscher Verlag	1 251	1 448	5 062	5 049	247	287
10.	Sparkassenverlag	1 096	1 437	1 522	1 624	720	883
11.	FAZ-Gruppe	1 300	1 400	3 950	4 498	329	311
12.	DuMont Schauberg	1 021	1 151	3 724	3 793	274	304
13.	Weltbild	1 020	1 117	1 510	1 634	676	684
14.	Verlagsgrp. Passau	1 026	1 110	5 917	6 524	173	170
15.	Sebald	961		3 578	3 700	269	

*) Schätzungen   Quelle: Horizont-Magazin, Juli 2000, Poster-Beilage

Ein *Fachverlags-Ranking* veröffentlicht alljährlich *compact*, ein Special der Zeitschrift *w & v werben & verkaufen*. Vom *buchreport*-Ranking unterscheidet sich diese Rangliste dadurch, daß auch die Fachverlage berücksichtigt werden, bei denen die Fachzeitschriften dominieren, wodurch sich eine ganz andere Reihenfolge ergibt.

Fachverlags-Ranking

Die Zeitschrift *werben & verkaufen* veröffentlicht außerdem jährlich ein Fachpresse-Ranking, d. h. eine Liste der auflagenstärksten Fachzeitschriften, wobei allgemeine Computer-Zeitschriften und Special-Interest-Titel nicht berücksichtigt werden.

Schließlich veröffentlicht *buchreport.express* in unregelmäßigen Abständen Übersichten über die Top-10-Fachverlage der Welt.

buchreport.magazin veröffentlicht alljährlich im April ein Ranking der 100 größten Verlage, worunter die Redaktion in erster Linie Buchverlage versteht und solche Fachverlage, bei denen nicht die Zeitschrift, sondern das Buch dominiert. In gesonderten Tabellen werden jeweils als Auswahl aus den 100 die zehn größten *Publikumsverlagsgruppen, Fachverlagsgruppen, Taschenbuchverlage, Schulbuchverlage* und *Jugendbuchverlage* aufgeführt. Aus diesem Ranking werden ab Seite 172 die größten Gruppen in Kurzporträts vorgestellt.

Buchreport-Ranking

Die 20 größten deutschen Buchverlage

Rang	Verlag	Ort	Umsatz
1	BertelsmannSpringer S+B Media**	München	682,0 Mio. DM
2	Weka Firmengruppe	Kissing	546,8 Mio. DM
3	Verlagsgruppe Bertelsmann**	München	449,0 Mio. DM
4	Klett-Gruppe	Stuttgart	410,0 Mio. DM*
5	Süddeutscher Verlag Hüthig	München	397,3 Mio. DM
6	Cornelsen	Berlin	330,0 Mio. DM
7	Mairs Geographischer Verlag	Stuttgart	280,0 Mio. DM
8	Weltbild	Augsburg	261,5 Mio. DM
9	Haufe	Freiburg	251,6 Mio. DM
10	C. H. Beck	München	220,0 Mio. DM*

Die 20 größten deutschen Buchverlage (Fortsetzung)

Rang	Verlag	Ort	Umsatz
11	Könemann	Köln	204,0 Mio. DM
12	Norman Rentrop	Bonn	195,0 Mio. DM
13	Verlagsgruppe Droemer Weltbild	München	194,2 Mio. DM
14	Axel Springer Buchverlage	München	190,0 Mio. DM
15	Westermann	Braunschweig	187,0 Mio. DM*
16	Thieme	Stuttgart	182,3 Mio. DM
17	Heyne	München	176,0 Mio. DM
18	Langenscheidt	München	165,0 Mio. DM*
19	BI/Brockhaus	Mannheim	146,1 Mio. DM
20	Egmont	Leinfelden-Echterdingen	144,5 Mio. DM

Quelle: *buchreport.magazin* April 2000
(*von der Redaktion *buchreport* geschätzt, **Einzeldarstellung s. S. 172 ff.)

Bertelsmann AG

Der international tätige *Bertelsmann-Konzern* hat sich aus einem kleinen, 1835 gegründeten religiösen Verlag in ostwestfälischen Gütersloh entwickelt und gehört heute zu den größten Medienkonzernen der Welt, mit denen er in scharfem Wettbewerb steht. Gütersloh ist nach wie vor der Stammsitz, jedoch versteht sich das Unternehmen international mit einem besonders großen Marktanteil in den USA und Sitz in zahlreichen Ländern der Erde.

Der Aufstieg zur Weltbedeutung begann 1950 mit der Gründung des *Bertelsmann Leserings* als der ersten Buchgemeinschaft, die nicht auf Direktvertrieb an die Kunden setzte, sondern in großem Stil mit dem Buchhandel zusammenarbeitete. Vor allem der Reise- und Versandbuchhandel erkannte und nutzte in den Aufbaujahren nach dem Krieg seine Chance, breite Leserschichten für preiswerte Bücher zu gewinnen.

Parallel zur Buchgemeinschaft entwickelten sich Dienstleistungsbetriebe, die nach modernen Führungsprinzipien als eigenständige Profit-Center eingerichtet wurden: die *Mohndruck Graphischen Betriebe*, Gütersloh, die *Bertelsmann Distribution*, Gütersloh und die *Verlagsgemeinschaft*, Rheda-Wiedenbrück, die die Betreuung der Buchgemeinschaftsabon-

Die Bertelsmann AG in Zahlen

Sparte	Umsatz Mio. DM	Ergebnis vor Steuern
Buch AG	8.473	60
BMG Entertainment	9.406	439
Gruner + Jahr	5.733	726
Arvato (Druck und Dienstleistung)	4.378	368
CLT-Ufa	6.452	725
BertelsmannSpringer	1.339	126
Multimedia	922	–510

Konzern-Eckdaten		
Kennzahlen in Mio. DM	1999/2000	Veränderung in %
Umsatz	32.386	24,6
Jahresüberschuss	1.315	45,0
Cash-Flow	2.207	22,0
Bilanzsumme	28.490	44,7
Investitionen	4.060	–13,6
Mitarbeiter	76.257	14,8

Basis: Geschäftsjahr 1999/2000.
Quelle: Geschäftsbericht 1999/2000.

nenten für die Vertriebsfirmen, die die Kunden geworben hatten, übernahm.

Der Verleger *Reinhard Mohn* (*1921), der in die Führung des Verlages unmittelbar nach dem Krieg in fünfter Generation eintrat, verwirklichte dabei revolutionäre Prinzipien. Während in der Verlagsbranche der patriarchalische Führungsstil dominierte, delegierte er schon Mitte der fünfziger Jahre die inhaltliche und Ergebnisverantwortung an die Leitungen der Unternehmenseinheiten. Zugleich schuf er ein effizientes Controllingsystem, das dem zentralen Management die Steuerung der selbständig operierenden Unternehmenseinheiten ermöglichte. Ebenso revolutionär war die Beteiligung der Mitarbeiter am Unternehmensergebnis. Diese seinerzeit völlig neuen Grundsätze der Unternehmensführung und die konsequente Internationalisierung der in Deutschland entwickelten Konzepte führten zu einer Art Quantensprung und zu der herausragenden Stellung des Konzerns bis heute.

Die Hauptanteile an der Bertelsmann AG liegen bei der Bertelsmann Stiftung, die umfangreiche Forschungsprojekte fördert (s. 3.12). Eine umfangreiche Kulturarbeit betreibt die Bertelsmann Buch AG. Herausragendes Beispiel ist die Veranstaltungsreihe *Leipzig liest* alljährlich während der Leipziger Buchmesse. Die kulturellen Aktivitäten der AG sind international angelegt. In Hinblick auf den sich international formierenden elektronischen Markt befindet sich der Konzern in einem Umstrukturierungsprozeß. Bertelsmann setzt dabei auf das Internet, den E-Commerce, Multimedia-Aktivitäten jeder Art und auf die Entwicklung von Inhalten für das weltweite Vertriebs- und Vermarktungssystem. Für Inhalte (*contents*) wurde innerhalb der Weltkonzernleitung ein eigener Vorstand berufen.

Im Geschäftsjahr 1999/2000 waren im Konzern weltweit 76257 Mitarbeiter in mehr als 300 Einzelfirmen tätig, die in 54 Ländern Informationen, Bildung und Unterhaltung vermitteln, Inhalte und Programme entwickeln und Produktions- und Dienstleistungen im Medienbereich erbringen. In diesem Geschäftsjahr verzeichnete Bertelsmann einen Umsatzanstieg von 24,6 % = 32 386 Milliarden DM.

Im *buchreport*-Ranking der 100 größten Buchverlage wurde nicht der Gesamtkonzern berücksichtigt, sondern die in Deutschland tätigen Buch- und Fachzeitschriftenverlage. Das sind die *BertelsmannSpringer, Science + Business Media* (Fachinformation) und die *Verlagsgruppe Bertelsmann* (Publikumsbereich). BertelsmannSpringer ist im Januar 1999 aus der Vereinigung der ehemaligen *Bertelsmann-Fachinformation* und der Verlage der internationalen *Springer-Gruppe* entstanden.

Der nicht mit dem von Axel Springer (1912 – 1985) gegründeten Zeitungsverlag zu verwechselnde *Springer-Verlag* wurde 1842 in Berlin gegründet und ist seit 1946 auch in Heidelberg ansässig. Tochterverlage gibt es in New York, London, Paris, Tokyo, Hongkong, Barcelona, Mailand und Wien. Der Verlag erreichte 1998 345 Millionen DM Umsatz,

174

die gesamte Springer-Gruppe weltweit 685 Millionen DM. Der Verlagsumsatz verteilte sich zu 40 % auf Bücher, zu 59 % auf wissenschaftliche Zeitschriften (zur Zeit ca. 450) und zu 1 % auf elektronische Medien. Hauptpublikationsbereiche: Medizin, Naturwissenschaften und Technik.

Die erst 1973 gegründete *Weka Firmengruppe* in Kissing bei Augsburg hat ihren Schwerpunkt im Bereich der Fachinformation. Weil Online-Informationen zunehmend das bedruckte Papier ersetzen, befindet sich die Gruppe im Umbruch und mußte 1999 Umsatzrückgänge hinnehmen. Sie ist mit 33 Firmen in 11 Ländern tätig, davon 22 im deutschsprachigen Raum.

Weka Firmengruppe

Die Stuttgarter *Klett-Gruppe* hat ihren Umsatzschwerpunkt in Schul- und Bildungsmedien, verlegt aber auch Belletristik, Sachbuch und Jugendbuch.

Klett-Gruppe

Die *Verlagsgruppe Süddeutscher Verlag Hüthig* entstand Anfang 1999 aus der Fusion der *SV Fachinformationen* in München mit der Heidelberger *Hüthig-Gruppe*. Im Mittelpunkt stehen Fach- und wissenschaftliche Veröffentlichungen, u. a. im Bereich Recht/Wirtschaft/Steuern.

Verlagsgruppe Süddeutscher Verlag Hüthig

Der 1946 in Berlin gegründete *Cornelsen Verlag* zählt heute zu den führenden Verlagen für Bildungsmedien in Deutschland. Gemeinsam mit seinen Tochterverlagen *Cornelsen Scriptor* und *Cornelsen & Oxford University Press (C&O)* entwickelt der Verlag Unterrichtsmedien für nahezu alle Fächer und Schulformen. Das Programm umfaßt Schulbücher, Fachbücher, Lehrwerke für die berufliche und die Erwachsenenbildung, Begleitmaterialien, Lernhilfen und pädagogische Literatur sowie multimediale Lernsoftware und Online-Angebote.

Cornelsen Gruppe

Weitere Unternehmen der Cornelsen Gruppe: *Volk und Wissen Verlag*, Berlin, *Pädagogischer Zeitschriftenverlag*, Berlin, *Veritas Verlag*, Linz, *ALL Verlagsgruppe* (50 %), Bukarest, *Patmos Verlagsgruppe* (75 %), Düsseldorf, *AKAD – Hochschulen für Berufstätige*, Stuttgart, *Cornelsen Experimenta*, Berlin, *Cornelsen Verlagskontor*, Bielefeld, *CS-Druck Cornelsen Stürtz* (50 %), Berlin.

Mairs Geographischer Verlag

Die *Gruppe Mairs Geographischer Verlag* zählt mit dem *Shell-Autoatlas*, der *Deutschen Generalkarte* sowie den Marken *Baedeker, Deutscher Wanderverlag, Falk, Kompass* und *Marco Polo* zu den »Schwergewichten« im hart umkämpften Reisemarkt.

Weltbild

Das Augsburger Medienunternehmen *Weltbild* wurde 1948 als *Winfried-Werk* gegründet. Keimzelle war die Zeitschrift *Mann in der Zeit.* Daraus entwickelte sich in fünf Jahrzehnten eine Verlagsgruppe mit zehn Zeitschriften, dem größten clubfreien Buchversand Deutschlands, einer Buchladenkette *Weltbildplus* (ein Joint-Venture mit der Buchhandlung Hugendubel), zwei Musikverlagen mit hochwertigen Sammler-Editionen und der Verlagsgruppe *Droemer Weltbild* (in Partnerschaft mit dem Hause *Holtzbrinck*). Gesellschafter sind fünf deutsche katholische Diözesen.

Der Jahresumsatz der Gruppe liegt über 1 Milliarde DM; unter den 20 größten Verlagen ist lediglich der Verlagsumsatz (ohne Droemer Weltbild) aufgeführt.

Haufe

Die 1934 gegründete Freiburger Haufe-Gruppe befindet sich in dynamischer Aufwärtsentwicklung. Sie ist auf Fachinformationen spezialisiert und widmet ihre besondere Aufmerksamkeit den elektronischen Medien, mit denen 1999 bereits 36 % des Umsatzes erzielt wurden.

C. H. Beck

Das 1763 in Nördlingen gegründete und seit 1889 in München ansässige Unternehmen ist noch immer im Besitz der Gründerfamilie und ist führend auf dem Gebiet Recht, Wirtschaft und Steuern und zahlreichen Standardwerken und Fachzeitschriften. In einem zweiten Verlagsbereich werden kulturgeschichtliche und historische Sachbücher, neuerdings Belletristik und Taschenbücher verlegt.

Könemann
KÖNEMANN

Der erst 1993 gegründete Verlag ist ein Newcomer unter den Verlagen mit preiswerten, international produzierten Bildbänden, Sachbüchern und Ratgebern.

Rentrop

Der 1975 gegründete Verlag hat sich aus der Keimzelle der Zeitschrift *Die Geschäftsidee* entwickelt und gehört heute zu den wichtigsten Anbietern im Bereich der Fachinformationen. Rentrop ist in sieben Ländern mit 600 Mitarbeitern und 1000 Autoren publizistisch tätig. Das Unternehmen zählt zu den bedeutendsten deutschen Anbietern von Wirtschaftsinformationen. Es wurde in eine Aktiengesellschaft umgewandelt und agiert als *VNR Verlag für die Deutsche Wirtschaft AG*. Zur Zeit wird das Corporate Design der Gruppe neu entwickelt. Statt eines Logos deshalb in der Randspalte die Beratungspyramide, die dem Verlag als Sinnbild seiner verlegerischen Aufgabe dient.

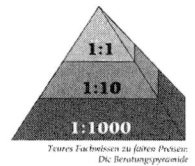

Die *Verlagsgruppe Droemer Weltbild* entstand Anfang 1999 aus dem Zusammenschluß des zur Holtzbrinck-Gruppe gehörenden Droemer-Knaur Verlages mit einer Reihe von Imprint-Verlagen der Weltbild-Gruppe. Der Schwerpunkt liegt bei Belletristik und Sach- und Taschenbüchern. Weil offenbar solche Zusammenschlüsse doch nicht so einfach zu bewältigen sind, wurde die Titelzahl gedrosselt und die Zahl der Mitarbeiter reduziert.

Droemer Weltbild

Die Gruppe entstand 1998 durch Übernahme der *Econ & List Verlage* durch den Berliner *Axel Springer Verlag*, der in die Gruppe die *Ullstein-Buchverlage* einbrachte und firmiert nach dem Kauf des Heyne-Verlages als Ullstein-Heyne. Außerdem gehören die *Weltkunst- und Reimers*-Verlage zur Gruppe.

Axel Springer Buchverlage

Der 1938 gegründete Westermann-Verlag ist im Besitz der *Medien Union GmbH* in Ludwigshafen (*Rheinpfalz-Gruppe*). Die Hauptaktivitäten liegen im Schulbuchbereich.

Westermann

Das 1886 in Leipzig und seit 1946 in Stuttgart ansässige Unternehmen ist ein klassischer medizin- und naturwissenschaftlicher Verlag mit führenden Standardwerken und Fachzeitschriften. Er befindet sich nach wie vor im Familienbesitz.

Thieme

Nach *Goldmann*, der zur *Verlagsgruppe Bertelsmann* gehört, ist *Heyne* die Nummer 2 unter den Taschenbuchverlagen und führt außerdem Hardcover-Produktionen unter den Labels *Collection Rolf Heyne, Zabert Sandmann* und *Diana*. Das 1934 in Dresden gegründete Unternehmen siedelte sich nach dem Krieg in München an und ist seit 1958 Taschenbuchverlag. Übernahme durch A. Springer seit Ende 2000.

Heyne

Langenscheidt

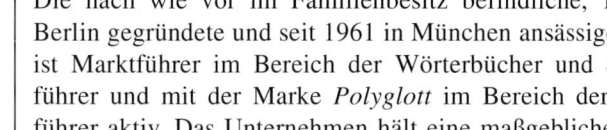

Die nach wie vor im Familienbesitz befindliche, 1856 in Berlin gegründete und seit 1961 in München ansässige Firma ist Marktführer im Bereich der Wörterbücher und Sprachführer und mit der Marke *Polyglott* im Bereich der Reiseführer aktiv. Das Unternehmen hält eine maßgebliche Beteiligung an der *BI/Brockhaus AG*.

BI/Brockhaus

Brockhaus Bibliographisches Institut (gegründet 1826 in Gotha) und *Brockhaus* (gegründet 1805 in Amsterdam) erlebten ihre erste Blütezeit von 1874 bzw. 1817 bis 1945 in Leipzig. Die beiden Firmen wurden 1984 in Mannheim vereinigt, wo das BI 1953 seine Arbeit wieder aufgenommen hatte, während Brockhaus 1945 in Wiesbaden neu begann. Verlegt werden führende Lexikonmarken wie *Brockhaus* und *Meyer* sowie der *Duden* und die um ihn gruppierte Produktfamilie.

Egmont

Die im Besitz einer gemeinnützigen dänischen Stiftung befindliche Gruppe entstand nach dem Zweiten Weltkrieg als Lizenznehmerin für die *Walt-Disney*-Lizenzen (*Micky Maus*) und ist Marktführer im Bereich der Kinder- und Jugendzeitschriften und Comics. Mit *Schneider* und *Pestalozzi* verfügt die Gruppe über zwei starke Kinderbuchmarken.

 **Schneider Buch**

Holtzbrinck-Verlagsgruppe

Die *Verlagsgruppe Georg von Holtzbrinck GmbH* ist international tätig und umfaßt Buchverlage, Wirtschafts- und Wissenschaftsverlage, Regionalzeitungen/Wochenpresse, Druckereien und Neue Medien. Der konsolidierte Umsatz der Gruppe betrug 1994 2179,8 Millionen DM und stieg bis 1998 auf 3676,6 Millionen DM. In dieser Zeit stieg die Zahl der Mitarbeiter von 7200 auf 11200.

Die Struktur der Gruppe mit ihren zahlreichen nationalen und internationalen Aktivitäten und Beteiligungen ist auf der folgenden Seite dargestellt.

Buchverlage

Farrar, Straus & Giroux (81 %), New York
S. Fischer Verlag, Frankfurt
Fischer Taschenbuch Verlag, Frankfurt
Wolfgang Krüger Verlag, Frankfurt
Droemersche Verlagsanstalt, München
Knaur, München
Kindler, München
Macmillan Education
Nature Publishing Group, London
Rowohlt Verlage, Reinbek und Berlin
Rowohlt Taschenbuch Verlag, Reinbek
Wunderlich, Reinbek
Schroedel Schulbuchverlag, Hannover
Gehlen (85 %), Bad Homburg
Spektrum Fachverlag, Stuttgart mit
• J. B. Metzler, Stuttgart
• Spektrum Akademischer Verlag,
  Heidelberg
• Schaeffer-Poeschel, Stuttgart
Coron, Stuttgart, Wien, Lachen (CH)
Henry Holt, New York
W. H. Freeman, New York
Hanley & Belfuß (65 %), Philadelphia
Bob Worth (33 %), New York
Gustav Fischer Verlag, Stuttgart/Jena
(Mehrheitsbeteiligung)
Urban & Fischer, München
Verlag Moritz Diesterweg, Frankfurt

Regionalzeitungen und Druckereien

Südkurier, Konstanz
Saarbrücker Zeitung, Saarbrücken
Mainpresse Verlag, Würzburg
Lausitzer Rundschau, Cottbus
Clausen & Bosse, Leck
Franz Spiegel (63 %), Ulm
J. M. Richter Druck, Würzburg

Wirtschafts- und Wissenschafts-Informationen

Verlagsgruppe Handelsblatt, Düsseldorf mit
• Handelsblatt Zeitung
• Wirtschaftswoche
• DM
• Wirtschaftsdatenbanken GENIOS
• Lebensmittelpraxisverlag, Neuwied
• Wirtschaft und Finanzen, Frankfurt
• World Patent Service (WPS)
• Wirtschaftswoche/Wochenpresse (50 %),
  Wien
• Bilanz (50 %), Zürich
• VDI-Verlag (40 %), Düsseldorf
• Handelsblatt – Dow Jones (50 5),
  Frankfurt
• Groupe Expansion/Eurexpansion
  (Minderheitsbeteiligung), Paris/Brüssel

Scientific American, New York
Spektrum der Wissenschaft, Heidelberg

Prognos AG (75 %), Basel

Neue Medien und Musik

AV Euromedia (15 % an SAT. 1), Stuttgart
Westschiene (14,5 %), Köln
AVE für Fernsehproduktion, München
AVE für Hörfunkbeteiligungen mit den
wesentlichen Sendern
• Antenne Niedersachsen (20 %),
  Hannover
• Antenne Sachsen-Anhalt
  (Minderheitsbeteiligung), Magdeburg
• Schwarzwaldradio/Radio Regenbogen
  (Minderheitsbeteiligung), Mannheim
• Radio Gong (10 %), München
Intercord Tongesellschaft, Stuttgart
Manus Presse (43 %), Stuttgart

Quelle: Informationsbroschüre der Georg von Holtzbrinck GmbH (Stand September 1999)

3.4 Vertriebswege, Logistik und zentraler Service

In der Bundesrepublik Deutschland und in den übrigen deutschsprachigen Ländern steht den Verlagen ein vorbildlich ausgebautes *logistisches Netz* zur Verfügung. Dieses Netz transportiert die Bestellungen, Dispositionen und Wünsche des Handels zum Verlag und die Waren vom Verleger zu den Verkaufsstellen.

Die Zusammenarbeit mit den verschiedenen Sparten des verbreitenden Buchhandels, die zu dem logistischen System gehören, wurde bereits in Kapitel 2.6 dargestellt. Eine Sonderrolle spielen die Buchclubs (s. 3.6).

Auslieferungs-organisation

Ausgangspunkt des buchhändlerischen Netzes ist die *Auslieferung* der Verlage. Sie umfaßt die Lagerhaltung, die Rechnungsschreibung, die Bestandsführung und die so genannte körperliche Auslieferung. In der Regel fällt sie in den Verantwortungsbereich des Vertriebs, stellt aber keineswegs seine Haupttätigkeit dar.

Die Mehrzahl der größeren Verlage hat die Auslieferung ihrer Verlagsprodukte einer dem Bereich *Zwischenbuchhandel* zuzurechnenden *Verlagsauslieferung* übergeben. Solche Verlagsauslieferungen, die im Prinzip für jeden Verlag offenstehen, sind oft Töchter größerer Firmenverbände.

Die schematische Darstellung zeigt den Weg einer Lieferung vom Verlag zum Buchhandel. Der Verlag kann den Buchhandel entweder direkt oder über Grossobuchhandlungen und Barsortimente beliefern oder sich einer Verlagsauslieferung bedienen, die für ihn an Grossobuchhandel und Barsortiment sowie den Buchhandel liefert.

Die *Eigenauslieferung* durch Verlage gewinnt wieder an Bedeutung. Maßgeblich dafür können spezielle Produkte wie z. B. Loseblatt-Werke sein, die vom Verlag ständig auf den neuesten Stand sortiert werden müssen. Es gibt aber auch wirtschaftliche und Marketinggesichtspunkte. Nachdem der Fortschritt der Datentechnik eine kostengünstige Abwicklung von Massenvorgängen im eigenen Haus ermöglicht, spielt

180

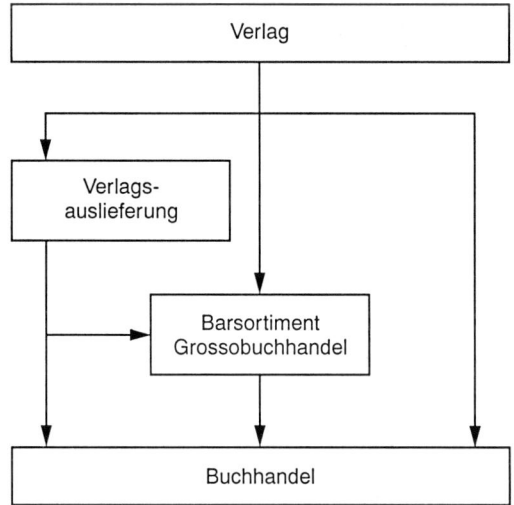

Der Weg einer Lieferung vom Verlag zum Buchhandel

die bei einer Eigenauslieferung gegebene größere Kundennähe oft die ausschlaggebende Rolle für die Entscheidung des Verlages, weiterhin oder wieder selbst auszuliefern. Als Alternative übernehmen einige Verlagsgruppen und Verlage die Rechnungsschreibung selbst, übertragen aber Lagerhaltung und körperliche Auslieferung einem Zwischenbuchhändler. Selbstverständlich sind auch alle vom Buchhandel geführten *Non-Books* (s. BuB 5) in das System einbezogen und werden wie Bücher behandelt und geliefert.

Ähnlich organisiert sind *Zeitschriftenauslieferungen.* Zumeist Töchter größerer Zeitschriftenverlagsgruppen, bündeln sie die Auslieferung zahlreicher Zeitschriften, Titel aus den verschiedensten Verlagen und beliefern das Presse-Grosso (s. 2.6). In der Fachsprache werden sie als *Nationalvertriebe* oder *National Distributors* bezeichnet.

Zeitschriftenauslieferung und Abonnentenbetreuung

Für die Betreuung von Zeitschriftenabonnenten stehen entsprechende Dienstleister zur Vefügung, in einigen Fällen Schwesterfirmen von Nationalvertrieben.

181

Hochregalanlage der VVA.
Die VVA Vereinigte Verlagsauslieferung ist ein Unternehmensbereich der Bertelsmann Services Group.
Sie liefert die Produktion für über 200 Verlage aus, nimmt Bestellungen aus dem Handel entgegen und erledigt die Abwicklung des Zahlungsverkehrs.

In der Bundesrepublik beliefern insgesamt 91 Presse-Grosso-Unternehmen täglich knapp 120000 Verkaufsstellen. Sie haben im Jahr 1998 einen Umsatz zu Abgabepreisen an den Einzelhandel ohne Mehrwertsteuer in Höhe von rund 6,2 Milliarden DM erzielt, stellen also einen beachtlichen Marktfaktor dar (s. BuB 3.2).

Presse-Großhandel

Der aus anderen Branchen bekannte *Großhandel* spielt im Verlagswesen eine geringe Rolle. An seiner Stelle hat sich die branchentypische Form des *Barsortiments* entwickelt. Es handelt sich dabei um einen Großhandelstyp, der auf eigene Rechnung einkauft und verkauft. Bezieht der Buchhändler beim Barsortiment, so liegt der Vorteil für ihn darin, daß er Bücher aus den verschiedensten Verlagen in einer Sendung von einem Großhändler – meist innerhalb von 12 bis 24 Stunden – beziehen kann. Der Name Barsortiment geht auf Gepflogenheit dieses Zwischenbuchhandels zurück, zu den sogenannten »Barpreisen« der Verleger zu liefern (erste Gründung eines Barsortiments 1852 in Leipzig).

Buchgroß-handel und Barsortiment

Die Marktmacht der großen Zwischenbuchhändler ist unübersehbar. Die Gruppe *Koch Neff & Oetinger/Koehler, Volkmar* in Stuttgart und Köln arbeitet nach Angaben des *Börsenblattes für den Deutschen Buchhandel* mit 3500 Verlagen zusammen, *Georg Lingenbrink (Libri)* in Hamburg/Frankfurt/Bad Hersfeld mit 3 100 Verlagen. Nach diesem Bericht tätigt Libri 60 % seines Umsatzes mit nur 20 Verlagen. Zum Vergleich: *Im Verzeichnis lieferbarer Bücher (VLB)* sind Erzeugnisse von mehr als 20 000 Verlagen und Institutionen aufgeführt.

Von Bedeutung mit Schwerpunkt jeweils in ihrer Region, aber mit zunehmenden Aktivitäten darüber hinaus sind die Firma *Umbreit* in Bietigheim-Bissingen, die Firma *Könemann* in Hagen, *Wehling* in Bielefeld sowie kleinere Regional- und Spezialfirmen. Auch diese mittleren und kleineren Barsortimente bieten ihren Buchhandelskunden z. T. umfangreiche Leistungspakete auf EDV-Basis.

Die Bindung der Buchhandelskunden an das Barsortiment wird noch durch Warenwirtschaftssysteme verstärkt, die ihnen zur Verfügung gestellt werden, so daß sie sich eine teure Eigenabwicklung sparen (s. BuB 2.).

In Österreich gibt es zwar eine größere Zahl leistungsfähiger Auslieferer, die die Produktion der inländischen sowie der deutschen und Schweizer Verlage vertreiben, aber keine Barsortimente. Deshalb bemühen sich die deutschen Barsortimente besonders um den österreichischen Markt.

In der Schweiz gibt es neben leistungsfähigen Verlagsauslieferungen als modernes Barsortiment das genossenschaftlich betriebene *Schweizer Buchzentrum* in Hägendorf bei Olten. Allerdings besitzt die Geschäftsführung dieses Unternehmens wenig Sinn für zeitgemäße Öffentlichkeitsarbeit. Vielmehr schrieb der *Direktor Marketing* an den Autor unter dem 14.03.2000: »Wir bitten Sie, in der 5. Auflage Ihres Kompendiums *Bücher und Büchermacher* den Bericht über das Schweizer Buchzentrum nicht mehr zu veröffentlichen.« Eine Begründung gab er dafür nicht. Eine weitere ausführliche Bitte um Information blieb unbeantwortet.

Barsortiments-kataloge

Nach Schätzungen von Kennern tätigt der Buchhandel zwischen 25 und 30 % seiner Verlagsbezüge über das Barsortiment. Die großen Barsortimente halten ein *Lager* von ca. 300.000 Titeln. Die so genannten *Barsortimentskataloge* werden zunehmend von elektronischen Auskunftssystemen (CD-ROM und Online) abgelöst. Die Buchhandlungen bibliografieren fast nur noch am Bildschirm und übermitteln ihre Bestellungen auf elektronischem Wege. Auch die Lieferscheine werden im direkten Verkehr zwischen Buchhandlungen und Barsortimenten sowie wichtigen Verlagsauslieferungen elektronisch erstellt. Über die Terminals der Barsortimente können Buchhandlungen die wichtigsten Verlagsauslieferungen mit ihren Bestellungen direkt erreichen, ohne daß die so bestellte Sendung den Weg über das Barsortiment nehmen muß.

Einen gedruckten Barsortimentskatalog bringt nur noch die Gruppe Koch Neff & Oetinger/Koehler & Volckmar heraus. Die CD-ROM-Ausgabe dieses Kataloges erscheint zwölfmal jährlich. Die Libri-Gruppe hat ihren gedruckten Katalog ganz aufgegeben und bringt statt dessen ihre CD-ROM achtzehn-mal jährlich heraus.

In Vorbereitung sind bei den Barsortimenten sogenannte *Or-der-Response-Systeme*, mit der die Buchhandlung wenige Minuten nach Bestellung die Lieferbestätigung bekommt und damit die Chance erhält, nicht lieferbare Titel sogleich auf einen anderen Lieferanten umzuleiten.

Soweit die Barsortimente keine eigenen gedruckten Lager-kataloge herausbringen, *sigeln* sie die von ihnen geführten Titel im Verzeichnis lieferbarer Bücher (VLB). Libri sigelt ergänzend zum eigenen CD-ROM-Katalog auch im VLB.

Neben den elektronischen Bestellsystemen der Barsortimente spielt das lieferantenneutrale *Informations- und Bestellsystem IBU* der *BAG* eine wichtige Rolle.

Elektronische Bestellsysteme

Besondere Probleme ergeben sich daraus, daß verschiedene Systeme miteinander kommunizieren müssen, denn es gibt in der Buchbranche verschiedene Satztypen für Terminalbe-stellungen. Am meisten verbreitet ist der sogenannte *Bar-sortiments-Satz*. Mit ihm können Bestellungen (Kunde / Ver-lag / Titel Nr. /Anzahl) übermittelt werden. Um differenzierte Bestellwünsche (Konditionen, Referenznummern) via DFÜ abzuwickeln, hat der betriebswirtschaftliche Ausschuß des Börsenvereins (BWA) vor einigen Jahren für den Bumchhan-del einen deutschen Normsatz, den sogenannten *BWA-Satz* formuliert, der sich bei den Bestellanstalten der Barsortimente durchgesetzt hat und auch von vielen Warenwirtschaftssy-stemen im Sortiment unterstützt wird.

In der Zwischenzeit forderten aber unter anderem Bibliothe-ken und große Buchhänder ein internationales Datenaus-tauschformat, da diese via DFÜ komplexere Sachverhalte (Auflage, Bezugskonditionen etc.) mitteilen wollen, als durch den relativ einfachen BWA-Satz möglich ist. Deshalb wurde für die Buchbranche EANCOM zum Standard erhoben (s. Anhang 1).

Geschäftsbeziehungen im Buchhandel .....

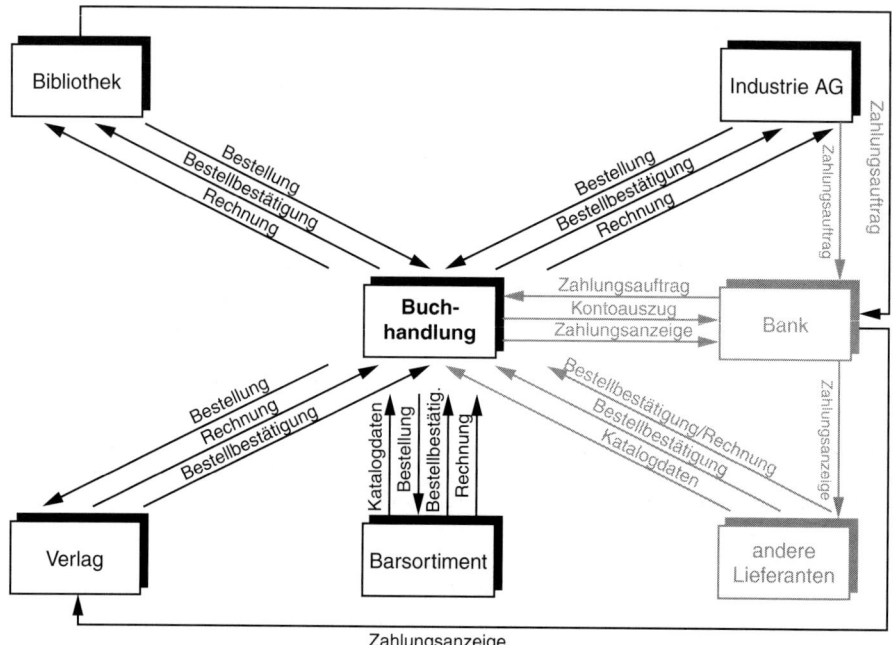

EANCOM organisiert den Datenaustausch zwischen dem Buchhandel (Sortiment) und den Verlagsauslieferungen entweder über das Barsortiment oder das firmenneutale IBU-System und ist ebenfalls geeignet zum Datenaustausch mit Bibliotheken.

Während der Bestell- und Informationsaustausch zwischen Buchhandlungen und ihren Verlagen seit Jahren mit elektronischen Bestellungen und Rückmeldungen arbeitet, wird mit den Kunden des Sortiments noch immer via Papier gearbeitet. Durch EANCOM ergeben sich vollkommene neue Möglichkeiten der Rationalisierung über elektronischen Datenaustausch (s. Abb.).

Grundlage für den sinnvollen Einsatz von EANCOM im Sortiment ist ein *Warenwirtschaftssystem (BWS)*, das *elektronische Lieferscheine (ELS)* ermöglicht (s. BuB 3).

186

...vereinfacht durch das EDI Clearing Centre

**EDI Clearing Centre KNO·K & V bietet eine grundlegende Verein-
fachung aller Geschäftsprozesse durch die Konvertierung der Daten
von und nach EANCOM. Die »Wolken« auf der rechten Grafik stellen
die wesentlichen Netze dar, über die EDI-Nachrichten übermittelt werden (X
400 = Mailbox-Dienst der Deutschen Telecom AG).**

Beim Einsatz von EANCOM in Verlagen und Verlagsauslieferungen ergibt sich eine Reduzierung der Verarbeitungszei-
ten, geringerer manueller Aufwand sowie eine Steigerung
der Datenqualität durch weniger Eingabefehler.

Schrittmacher auf dem Gebiet der elektronischen Bestell-
und Informationswege sind die Barsortimente. So bieten *KNO
K & V* dem Buchhandel eine komplette Lösung für EDI
(Electronic Data Interchange) an, die neue Möglichkeiten
bietet, ganze Geschäftsprozesse mit Kunden und Lieferanten
elektronisch abzuwickeln. Mit dem *EDI Clearing Centre*
eröffnen die *KNO K & V Bestellanstalten* ihren Kunden neue
Möglichkeiten, durch Standardisierung und Rationalisierung
ihre Wettbewerbsfähigkeit zu erhöhen. Kunden des Sortiments, Lieferanten in und außerhalb des Buchhandels und
Verlagsvertreter werden in die elektronische Kommunikation
mit dem Sortiment einbezogen.

187

PhonoNet ist ein 1991 vom Bundesverband Phono gegründetes Dienstleistungsunternehmen, das den Bestellverkehr zwischen Handel und Tonträgerindustrie computergestützt auf elektronischem Wege realisiert. Über dieses System werden auch die Verkaufsdaten des Handels für Zwecke der Chart-Ermittlung (= Bestseller) und für Marktforschungsvorhaben übermittelt. Rund 650 Händler nehmen an dem System teil.

Internet-Datenbanken der Barsortimente

Eine große Arbeitserleichterung für Verlage ergibt sich seit Sommer 2000. Wer seine Titel in den *Internet-Datenbanken der Barsortimente* durch Cover-Abbildungen, Kurz- und Langtexte, Inhaltsverzeichnisse usw. ergänzen möchte, dem steht ein einheitlicher Standard für die Datenübermittlung zur Verfügung.

An dem neuen System nehmen auch die Barsortimente *Umbreit* und *Könemann* teil. Die *VLB*-Datenbank (*Buchhändler-Vereinigung* in Partnerschaft mit dem Barsortiment *Wehling*) geben zwar andere Formate vor, verarbeiten den neuen Standard aber ebenfalls.

Die Datenbanken:
www.libri.de (Libri)
www.buchkatalog.de (KNO/K&V)

Standard für Cover-Abbildungen:
Bildformat: JPG oder TIF
Auflösung: 75 dpi
Bildhöhe: 648 Pixel
Dateiname: ISBN.JPG
(mit Prüfziffer, ohne Bindestriche)
Plattform: PC oder Macintosh

Standard für Texte:
Dateiformat: ASCII oder Word-Datei
Meldevorschrift: ISBN
(mit Prüfziffer, ohne Bindestriche, Texte als Fließtexte)
Plattform: PC oder Macintosh

Quelle: Börsenblatt 61/2000

Allerdings ist es erforderlich, die Daten jeweils jedem der beteiligten Barsortimente gesondert zu übermitteln. Im übrigen greifen auch die großen Internet-Buchhandlungen auf die Datenbestände zu, so daß sich eine gesonderte Übermittlung an diesen neuen Teil des Handels erübrigt.

EAN-Strichcodes

Während EANCOM ein internationaler Telekommunikationsstandard ist und zur Familie der *Edifactstandards* gehört, ist EAN das Markenzeichen für das von der *International Article Numbering Association (EAN)* verwaltete Identifiktations- und Strichcodierungs-System. Strichcodes werden zur Erleichterung der buchhändlerischen Warenwirtschaft eingesetzt, indem die Verlage Bücher und andere Artikel mit EAN-Symbolen versehen, die in Rechner für Warenwirtschaftssysteme und in die Kasse eingelesen werden können. EAN ist inzwischen ein Weltstandard für Identifikationsverfahren und der einzige Standard, der auf einem eindeutigen Nummernsystem beruht.

Hier das Beispiel eines pressespezifischen EAN-Codes nach der Umstellung auf EURO:

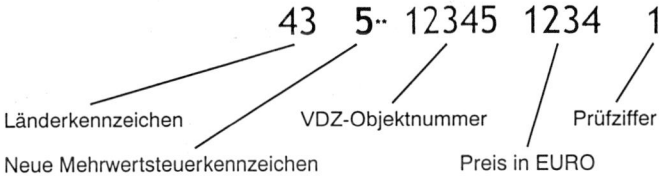

| 43 | **5**·· | 12345 | 1234 | 1 |

Länderkennzeichen   VDZ-Objektnummer   Prüfziffer

Neue Mehrwertsteuerkennzeichen   Preis in EURO

Bücher-sammel-verkehr

Für den Transport der bestellten Ware von den Verlagen und Verlagsauslieferungen zum Handel bieten sich neben den konventionellen Dienstleistern wie *Deutsche Post AG* und *private Paketdienste* verschiedene *Büchersammelverkehre* an. In der Hauptsache von den großen Barsortimenten betrieben, bilden sie ein engmaschiges Netz, das alle größeren Verlage und Verlagsauslieferungen mit so gut wie jeder Buchhandlung in der Bundesrepublik verbindet. Diese logistische Ausstattung bildet die Grundlage dafür, daß lieferbare Bücher, soweit sie in den Barsortimenten vorrätig sind, in der Regel innerhalb von 12 bis 24 Stunden vom Buchhändler beschafft werden können. Die Besorgung von Titeln, die von den Barsortimenten nicht geführt werden, nimmt im Durchschnitt ein bis zwei Wochen in Anspruch. Die Büchersammelverkehre transportieren solche Verlegersendungen als *Beischlüsse*.

Logistische Einrichtungen

- Die *BAG Buchhändler-Abrechnungs-Gesellschaft mbH* in Frankfurt/M., eine Clearingstelle für den Zahlungsverkehr

- die *Kreditliste* in Hamburg, die über die Bonität der Unternehmen Auskunft gibt

- die *Verleger-Inkasso-Stelle* in Hamburg, die von einer vom Verlag festzusetzenden Mahnstufe an den Einzug von Forderungen der Verlage an Buchhändler und Private im In- und Ausland übernimmt. Die *Verleger-Inkasso-Stelle* Hamburg bietet in Zusammenarbeit mit dem *Deutschen Inkasso-Dienst (DID)* als spezielle Lösung für den Medienmarkt ein *Verlags-Factoring* an. Es handelt sich dabei um eine Vorfinanzierung von zu erwartenden Zahlungsströmen. Es ist entwickelt worden, um den Bedürfnissen und Besonderheiten des Buchmarktes gerecht zu werden und ist grundsätzlich für Verlage aller Größenordnungen geeignet. Partner für den Faktor (DID) sind alternativ der Verlag oder der Auslieferer des Verlages. Die großen Verlagsauslieferungen bieten den von ihnen betreuten Verlagen ebenfalls die Dienstleistung Factoring an.

Verzeichnis lieferbarer Bücher (VLB)

Ein wichtiger Bestandteil der buchhändlerischen Logistik ist das *Verzeichnis lieferbarer Bücher (VLB)*, das auf der *Internationalen-Standard-Buch-Nummer (ISBN)* aufbaut (s. Anhang), die alle damit versehenen Bücher bibliografisch identifizierbar macht.

Das VLB ist nach wie vor in einer Printversion lieferbar. Sie tritt in ihrer Bedeutung zurück gegenüber der CD-ROM-Version, die in einer modernisierten, generalüberholten Fassung geliefert wird. Ein Übergang zu den Datenbanken von *KNO* oder der Auslieferungsfirma *Petersen* ist mit einem Klick möglich. Eine Schnittstelle sorgt dafür, daß Warenwirtschaftssysteme aller Art problemlos die VLB-Daten lesen und importieren können.

Die achtbändige Print-Ausgabe des VLB umfaßt die biblio-grafischen Daten von ca. 870 000 lieferbaren Büchern. Dar-über hinaus sind von einigen deutschen Barsortimenten und Verlagsauslieferungen sowie von Grossisten in Österreich und der Schweiz die Titel gekennzeichnet, die kurzfristig direkt ab Lager lieferbar sind. Das VLB erscheint jährlich im Oktober, ein Ergänzungsband im Frühjahr. Als sinnvolle Ergänzung dieser Bibliografie bietet sich das *VLB-Schlag-wortverzeichnis* an. Das VLB auf CD-ROM ist auch als preisgünstiges Kurzabo erhältlich – mit zwei Aktualisierun-gen jährlich. Seit Oktober 1998 ist das *Verzeichnis Lieferbarer Elektronischer Medien (VLE)* in die VLB CD-ROM integriert. Damit hat auch der Software-Bereich ein eigenes biblio-grafisches Recherchemedium erhalten, das derzeit rund 28 000 Einträge zu elektronischen Produkten wie CD-ROMs, Dis-ketten, CD-Audio, Tonkassetten (Hörbücher), Videos und Online-Publikationen enthält.

Das VLB ist auch im Internet zugänglich. In Zukunft werden dort Titel zusätzlich mit *Cover-Abbildungen* dargestellt, wie es bei den Internet-Auftritten der Barsortimente und der Online-Buchhandlungen schon lange üblich ist.

Weitere wichtige Kataloge sind das *Verzeichnis lieferbarer Schulbücher (VLS)* in Printversion, das *Verzeichnis Vergrif-fener Bücher* als CD-ROM-Edition sowie das *Verzeichnis lieferbarer Musikalien* in CD-ROM-Ausgabe.

3.5 Service der Buchhändler-Vereinigung

Als Service für Verlage und Buchhandlungen hat die *Buchhändler-Vereinigung* für die Branche eine Plattform im *Internet* geschaffen, auf der sie sich individuell präsentieren können.

Mit dem *Werbe-Anschriften-Service (WAS)* und *Zeitschriften-Informations-Service (ZIS)* stehen den Verlagen zwei weitere wichtige Dienstleistungen der Branchenorganisation zur Verfügung.

**buch +
medien
Online**

Die Plattform in der *Buchhändler-Vereinigung* unter dem Titel *buch + medien Online* ist über die zentrale Internet-Adresse *www.buchhandel.de* erreichbar. Der Buch- und Medieninteressierte wird darüber sowie über Internet-Suchmaschinen wie über PR und Werbeaktionen zum Branchenangebot im Internet geführt.

Das *Verzeichnis lieferbarer Bücher* und alle anderen Verzeichnisse lieferbarer Medien sind innerhalb dieses Online-Auftritts in einer Datenbank zusammengefaßt. Das erleichtert dem Verbraucher die Recherche und er bekommt auf Wunsch alles, was ein Autor bisher an Medien veröffentlicht hat. Ergänzt werden die bibliografischen Nachweise durch Coverabbildungen sowie werbliche Texte. Verlage können nicht nur Texte und Bilder zu ihren Titeln hinterlegen, sondern auch Audio- und Videodateien. Der Käufer hat die Möglichkeit, alle verzeichneten Medien über die dem System *Buchhandel-Online* angeschlossenen Buchhandlungen mit Hilfe einer *e-commerce-Lösung* zu bestellen.

Bookguard

Ins System integriert ist außerdem *Bookguard* als persönlicher Einkaufs- und Informationsagent für registrierte Kunden, die insgesamt fünf Themen auswählen können, über die sie regelmäßig per e-mail informiert werden wollen. Auf Wunsch werden die persönlichen Daten des Kunden gespeichert und für die Bestellung an eine dem System *Buchhandel-Online* angeschlossene Buchhandlung genutzt. Innerhalb dieses Service erhält der Nutzer außerdem Daten aus dem Kalender oder Branchenmeldungen des Börsenblattes. Der elektronische Newsletter wird einmal am Tag an die Kunden verschickt, wenn sich in der abonnierten Rubrik etwas Neues ereignet hat.

Die von der Buchhändler-Vereinigung in Printform heraus-gegebene Kundenzeitschrift ist in der Internet-Version *Buch-Journal Online* ebenfalls im System enthalten.

Aus dem VLB-Datenbestand stellt die *Buchhändler-Vereini-gung* als Dienstleistung für Verlage *Verlagskataloge* her, in alphabetischer oder systematischer Gliederung und in indi-vidueller Gestaltung.

Verlags-katalogdruck

Eine weitere Dienstleistung der *Buchhändler-Vereinigung* ist der *Werbe-Anschriften-Service (WAS)*, der Anschriften von Verlagen, Buchhandlungen und Bibliotheken in differenzier-ter Gliederung anbietet und laufend aktualisiert wird. WAS übernimmt auf Wunsch die komplette Konfektionierung.

Werbe-Anschriften-Service

Der *Zeitschriften-Informations-Service (ZIS)* bietet allen Zeit-schriftenverlagen der Bundesrepublik Deutschland, der Schweiz und Österreichs ein umfangreiches Dienstleistungs-paket an, in deren Mittelpunkt die Präsentation der Zeit-schriften auf der Frankfurter Buchmesse steht. Sie werden in dem zur Zeitschriftenausstellung alljährlich erscheinenden Katalog aufgenommen. Der Service umfaßt weitere Messe-präsentationen und Angebote.

Zeitschriften-Informations-Service

3.6 Buchclubs

Buchclubs sind ein eigener Absatzweg für Bücher. Sie ar-beiten teils direkt, teils mit dem Handel und haben einen interessanten Beitrag zur *Demokratisierung* des Buches ge-leistet.

Ihre ideelle Wurzel haben die *Buchgemeinschaften* im 18. und 19. Jahrhundert in den Lesegesellschaften des Bürger-tums und in Bildungsbestrebungen der Arbeiterklasse. Sie haben das leseungewohnte Kleinbürgertum (zu dem Fachar-beiter gehören) für das Buch erschlossen.

Geschichte der Buchgemein-schaften

Ihre eigentliche *Geschichte* beginnt im Jahre 1891 mit der Gründung des *Vereins der Bücherfreunde*. Dabei standen der

Volksbildungsgedanke und die Idee einer persönlichen *Haus-bücherei* des Lesers im Mittelpunkt. Zwei wichtige Buch-gemeinschaftsgründungen erfolgten 1924: Die im *Verband der Deutschen Buchdrucker* gewerkschaftlich organisierten Buchdrucker-Gehilfen gründeten die *Büchergilde Gutenberg* und in Berlin entstand die *Deutsche Buch-Gemeinschaft.* Zu ihnen gesellten sich bald weitere Neugründungen.

Die entscheidende Stunde der *Buchgemeinschaften* schlug nach dem Zweiten Weltkrieg. In der *Wiederaufbauphase* und den Jahren danach traten Millionen von Menschen in die Buchgemeinschaften ein. Hier erhielten sie ausgewählte Titel zu günstigen Preisen, und zwar in verschiedenen Formen des Abonnements. Auswahl, Preis und regelmäßiger Bezug waren die drei Kriterien, die den Aufbau einer eigenen Pri-vatbibliothek ermöglichten.

Neu war aber nicht nur das Angebot, sondern auch die aggressive Form der Mitgliederwerbung durch Vertreter von Haus zu Haus und in Verkaufsomnibussen. Teile des Buch-handels machten gegen diese Art des Marketings Front. An-dere stationäre Buchhändler warben wie die Reise- und Ver-sandbuchhändler aktiv um Buchclub-Mitglieder und sicherten sich so einen eigenen rentablen Kundenstamm. Wie immer man das Buchgemeinschaftsmarketing jener Jahre beurteilen mag – es trug zur weiteren Verbreitung und Demokratisierung des Buches in der Bundesrepublik – im Verein mit dem Taschenbuch – bei und half, die sogenannte Schwellenangst abzubauen. Entscheidend für den Erfolg der Buchgemein-schaften war der Durchbruch zu buchungewohnten Sozial-schichten.

Zunächst lebten die *Buchgemeinschaften* von Lizenzausga-ben. Sie druckten vor allem erfolgreiche Romane in großen Auflagen nach. Die Verantwortlichen in den Buchgemein-schaften erkannten bald das wachsende Interesse an Sacht-hemen, Nachschlagewerken und Ratgebern. Sie weiteten ihre Programmangebote entsprechend aus; später kamen Schall-platten, Hi-Fi-Geräte, Büchermöbel und sonstige sogenannte *Non-Book-Artikel* hinzu.

Heute beherrscht den deutschsprachigen Buchgemeinschafts-markt eine einzige Firmengruppe:

* die *Bertelsmann Buch AG* mit dem *Bertelsmann-Club*, der *Deutschen Buch-Gemeinschaft*, dem *Deutschen Bücherbund*, der *Buchgemeinschaft Donauland* in Österreich, dem *Club Bertelsmann Medien* in der Schweiz sowie weiteren Clubs im deutschsprachigen Raum.

Keimzelle der Clubarbeit war der *Bertelsmann Lesering*. Sein besonderer Erfolg ist auf ein wirtschaftliches Prinzip zurückzuführen, daß der Gütersloher Medienkonzern gern als *Königsidee* bezeichnet. Während Buchgemeinschaften bis dahin ihre Mitglieder auf direktem Wege warben und von der Zentrale aus belieferten, schaltete Bertelsmann vom Gründungstag, dem 01.07.1950, an den gesamten verbreitenden Buchhandel in die Mitgliederwerbung und -belieferung ein. Diese Grundidee wurde zur Initialzündung für die Entwicklung des Leserings, diese wiederum zur Initialzündung für die Entwicklung des relativ unbedeutenden Verlags- und Druckhauses in der ostwestfälischen Provinz zu einem der größten Medienkonzerne der Welt (s. 3.3).

Bertelsmann übertrug seine Prinzipien, Marketing- und Arbeitsmethoden mit Erfolg in andere Länder und Sprachen. So gibt es Clubs in Osteuropa, Spanien, Portugal, USA, Kanada, Großbritannien und neuerdings in China, demnächst auch in Korea. Besonders erfolgreich ist der amerikanische Buchclub von *Doubleday Direct* mit über 5,8 Mio. Mitgliedern und die französischsprachige Gruppe *France Loisirs*, an der Bertelsmann mit 50 % beteiligt ist und die in Frankreich, Belgien und Kanada sowie der Schweiz 5 Mio. Mitglieder hat.

Großflächige und preisaggressive Anbieter setzen den Clubs in verschiedenen Ländern allerdings erheblich zu, so daß der Konzern zurückhaltend davon spricht, daß es gelte, in reifen Märkten mit innovativen neuen Konzepten die Buchclub-Vorteile zu verdeutlichen und sich auf geänderte Kaufgewohnheiten einzustellen. Nicht zuletzt gilt das für den deutschsprachigen Markt, wo sich Bertelsmann mit seinem

195

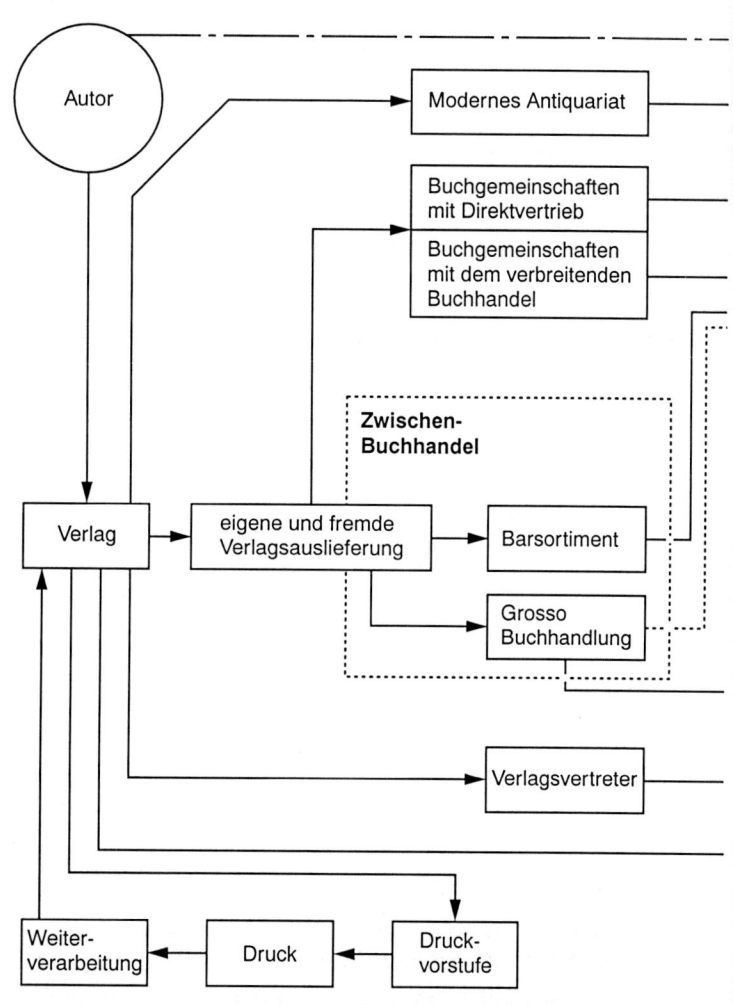

Die Grafik zeigt den Weg eines Buches vom Autor über den Verlag zum Leser. Sie macht deutlich, daß einerseits die grafische Industrie nur als Zulieferer eine Rolle spielt und daß andererseits das Vertriebsnetz feinmaschig, komplex und differenziert organisiert ist.

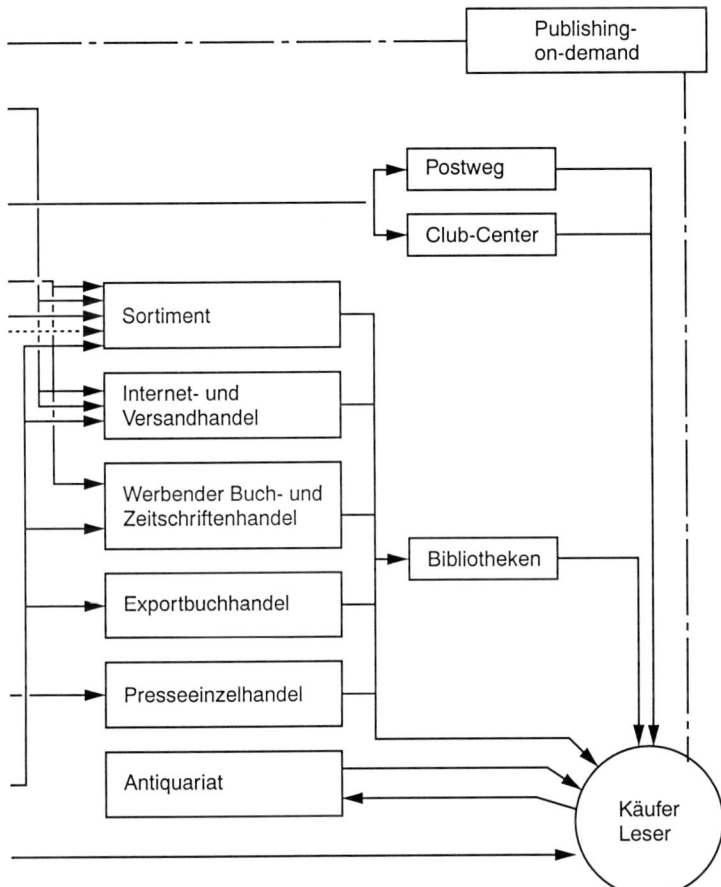

Das dargestellte Schema trifft auch für Non-Books zu, und auch der Zeitschriftenvertrieb ist ähnlich organisiert.

Vor welch revolutionären Veränderungen wir stehen, macht die Strich-Punkt-Linie deutlich. Der Autor erarbeitet die digitale Druckvorlage selbst und übergibt sie einem Dienstleister für On-demand-Publishing. Der Käufer ruft bei diesem sein jeweils individuelles Exemplar ab.

Prinzip der Mitgliedschaft vor allem der Konkurrenz der Augsburger *Weltbild-Gruppe* ausgesetzt sieht, die auf dem Versandweg und in einer Ladenkette ohne Clubbindung preisgünstige und umfangreiche Medienangebote vertreibt.

Club-Center und Bücherstuben

Ursprünglich arbeiteten die Buchgemeinschaften wie Versandunternehmen und tätigten ihre Umsätze aufgrund des Katalogversandes ihrer sogenannten *Club-Illustrierten*. Die Buchgemeinschaften paßten sich dem geänderten Kaufverhalten ihrer Mitglieder an und errichteten Ladengeschäfte, in denen ausschließlich Club-Mitglieder kaufen können und die nur das Angebot des Clubs führen. Versuche, die Club-Center mit einem allgemeinen Buchhandelsangebot zu kombinieren, sind wieder aufgegeben worden.

Spezial-Buchgemeinschaften

Im deutschsprachigen Raum behaupten sich in Nischen die *Wissenschaftliche Buchgesellschaft*, Darmstadt, die *Büchergilde Gutenberg* in Farnkfurt/M. sowie kleinere konfessionelle Buchclubs.

3.7 Verlagswesen in anderen deutschsprachigen Ländern

Bibliografisch gesehen zählen im international angelegten *ISBN-System* (s. Anhang) die deutschsprachigen Länder als Einheit: Die *3* am Anfang der *ISBN* kennzeichnet alle Veröffentlichungen aus deutschsprachigen Ländern.

Politisch und wirtschaftlich gesehen gibt es kein einheitliches deutsches Sprachgebiet. So hat sich auch das Buchwesen in den verschiedenen deutschsprachigen Ländern eigenständig entwickelt. Die gemeinsame Sprache verbindet die Literaturen und damit auch die Märkte über die Grenzen hinweg. Problematisch dabei ist die *grenzüberschreitende Preisbindung* (s. 1.6).

Österreichischer Buchmarkt

Die Statistik der *österreichischen Buchproduktion* wird aufgrund der Angaben der *Österreichischen Bibliographie* ausgearbeitet. Österreich hat eine eigene Sachgruppensystematik, die sich nicht mit der von *Deutschen Bibliothek/Deutschen*

Bücherei angewendeten deckt. Außerdem unterscheidet die österreichische Statistik für 1998 nach Neuerscheinungen *innerhalb* und *außerhalb* des Buchhandels.1998 sind in Österreich 7 487 neue Publikationen erschienen. 7 064 Einzelwerke, 342 Periodika und 81 sogenannte »Non-Book-Materials« (NBM), davon 4 674 Neuerscheinungen im Buch-

Neuerscheinungen in Österreich 1998

Sachgruppe	im Buchhandel insgesamt	außerhalb des Buchhandels insgesamt
Allgemeines	99	120
Religion	185	77
Philosophie	143	33
Recht	477	121
Wirtschafts- und Sozialwissenschaften	475	398
Politik	59	69
Sprach- und Literaturwissenschaft	193	32
Schöne Literatur	720	327
Kinder- und Jugendliteratur	349	132
Erziehung	113	74
Schulbücher	–	–
Bildende Kunst	285	176
Musik	140	49
Geschichte	434	144
Geographie	119	30
Karten	284	43
Medizin	154	102
Naturwissenschaften	131	272
Mathematik	51	15
Technik	132	175
Nachrichten- und Verkehrswesen	49	57
Land- und Forstwirtschaft	164	107
Turnen	43	37
Kalender	36	63
Summe	**4 835**	**2 653**

Quelle: Statistik des österreichischen Buchhandels.
Ziffern und Zahlen 1999.

handel, 2 653 außerhalb des Buchhandels (inkl. 563 Buchgemeinschaftsausgaben). Die Produktion ist damit gegenüber dem Vorjahr um 2,6 (+ 196) Prozent angewachsen.

Von den 4 835 Neuerscheinungen im Buchhandel waren 4 674 Einzelwerke, 107 Periodika sowie 54 sogenannte »Non-Book-Materials« (das sind: CD-ROMs, CDs, Disketten, Video- und Audiokassetten, Plakate, Mikrofiches und Kunstpostkarten).

Die Interessen der Buchbranche in Österreich werden vom *Hauptverband des Österreichischen Buchhandels* vertreten, der 331 Buchhandels- und 203 Verlagsmitglieder hat, insgesamt 534. Auf dem österreichischen Buchmarkt sind nach Verbandsangaben 831 Verlage und 2132 Buchhandlungen tätig.

Eine verläßliche Statistik über den Import und Export von Büchern für Österreich gibt es nicht. Kenner schätzen den Anteil von Büchern aus der Bundesrepublik Deutschland in Österreich auf 80 % und den Anteil österreichischer Bücher in der Bundesrepublik Deutschland auf 5 %.

Schweizer Buchmarkt

Die Schweiz ist dreisprachig und das spiegelt sich auch im Verlagswesen wieder. 1999 waren in der deutschsprachigen Schweiz 300, in der Romandie 100 und im Tessin 20 Buchverlage tätig. Der deutschsprachige *Schweizer Buchmarkt* ist kein isolierter Binnenmarkt, sondern steht in enger Verbindung mit dem Buchmarkt in der Bundesrepublik Deutschland. Nach Schätzungen von Fachleuten stammen ca. 70 % der in der deutschen Schweiz verkauften Bücher und etwa 80 % der jährlichen Neuerscheinungen aus bundesdeutschen Verlagen. Die hohen Herstellungskosten in der Schweiz und der für Exporte ungünstige Wechselkurs beeinträchtigen die Konkurrenzfähigkeit der Schweizer Verlage. Die Übermacht des deutschen Marktes drückt sich darin aus, daß in den letzten Jahren namhafte Schweizer Verlage in deutschen Besitz übergegangen sind.

Buchproduktion in der Schweiz 1998

Die schweizerische Buchproduktion ist in der nachstehenden Tabelle dargestellt.

Sachgruppe	deutsch	franz.	ital.	rom.	engl.	andere*	Total
Allgemeines, Buchwesen	78	25	1	0	6	7	117
Religion, Theologie	363	170	7	0	43	11	594
Philosophie, Psychologie	404	107	1	0	33	3	548
Recht, Verwaltung	482	85	9	0	24	18	598
Wirtschaft, Statistik	415	70	7	0	42	11	545
Sozialwissenschaft	140	88	4	0	36	19	287
Politik	78	36	3	0	14	2	133
Wehrwesen	10	5	0	0	0	2	17
Sprach- und Literaturwissenschaft	296	85	21	3	87	28	520
Schöne Literatur	659	368	44	15	13	40	1 139
Jugendschriften	286	114	32	10	11	33	386
Erziehung, Unterricht	223	45	6	5	20	1	300
Schulbücher	231	28	4	0	3	0	266
Bildende Kunst, Kunstgewerbe	339	126	35	0	49	71	620
Musik, Theater, Film, Radio	66	32	3	0	9	5	115
Musica practica	428	159	93	5	309	180	1 174
Geschichte, Volkskunde	278	157	25	3	26	6	495
Erd- und Völkerkunde, Reisen	116	52	9	1	29	12	199
Karten, Atlanten	133	23	22	0	1	87	266
Medizin	168	97	10	1	182	5	463
Naturwissenschaften	197	73	6	0	97	9	282
Mathematik	12	8	0	0	61	3	84
Technik, Industrie, Gewerbe	136	32	3	0	78	10	259
Verkehr	47	4	1	0	0	7	62
Land-, Forst- und Hauswirtschaft	127	40	8	0	2	3	180
Turnen, Sport, Alpinismus, Spiele	79	42	6	0	6	11	144
Verschiedenes, Kalender	19	7	5	0	0	0	31
Total	**5 690**	**2 078**	**365**	**43**	**1 164**	**584**	**9 924**

*Hauptsächlich mehrsprachige Werke
Quelle: Buchverleger-Verband der deutschsprachigen Schweiz VVDS: Jahresbericht 1998

Der Buchverleger-Verband vertritt die Interessen der deutsch-sprachigen und rätoromanischen Schweiz sowie des Fürstentums Liechtensteins. Er gehört zum *Schweizerischen Buchhändler- und Verlegerverband SBVV* mit Sitz in Zürich. Der Verband tritt als Interessenvertretung auf und bietet als Wirtschaftsverband seinen Mitgliedern verschiedene Dienstleistungen an, u. a. Gemeinschaftsauftritte auf Messen und Ausstellungen, den Betrieb der ISBN-Agentur Schweiz, Aus- und Weiterbildung, Publikation von Branchenzeitschriften, Herausgabe der Fachzeitschrift *Der Schweizer Buchhandel* und Beratung der Mitglieder.

Die Wettbewerbskommission der Schweiz hat einen Entscheid gegen die Buchpreisbindung gefällt, gegen die ein *Widerspruchsverfahren* des Schweizerischen Buchhändler- und Verlegerverbandes läuft (s. 1.6).

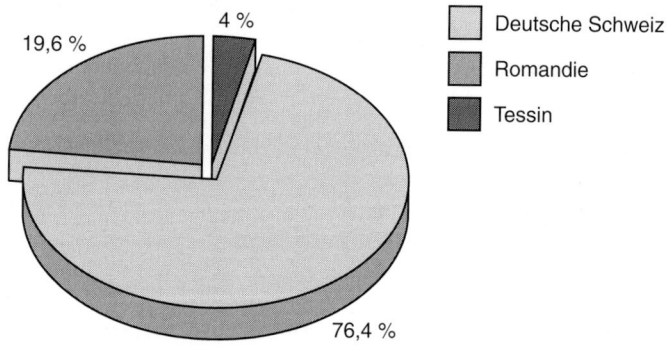

4 %

19,6 %

☐ Deutsche Schweiz

▨ Romandie

▨ Tessin

76,4 %

Quelle: Buchverleger-Verband der deutschsprachigen Schweiz
VVDS-Jahresbericht 1998

Die Grafik stellt die Verteilung der Schweizer Verlage auf die Sprachgruppen Deutsch, Französisch und Italienisch dar.

3.8 Import und Export von Büchern

Mit dem Buchhandel und Verlagswesen in aller Welt ist die deutsche Buchbranche auf vielfältige Weise verbunden. Handelspartner sind fast alle Länder der Welt. Dies spiegelt sich am deutlichsten in der Bedeutung der *Frankfurter Buchmesse* wider (s. 3.9).

Die *UNESCO* veröffentlicht mit einiger zeitlicher Verzögerung vergleichende Statistiken zur *internationalen Titelproduktion*. Die Erhebung erfaßt etwa die Hälfte aller Staaten, wobei die Industrieländer überproportional abgedeckt sind. Im Rahmen dieser Statistik meldete China für das Jahr 1996 110 283 neue Titel und damit die weltweit höchste Titelproduktion. Großbritannien, das im Vorjahr an der Spitze gelegen hatte, meldete 107 263 neue Titel. Diese Zahl der Neuerscheinungen ist allerdings insofern zu relativieren, als hier auch ein Teil der Titelproduktion amerikanischer Verlage sowie englischsprachige Publikationen aus dem übrigen Ausland enthalten sind.

Internationale Titel-produktion

Länder mit überdurchschnittlich hoher Titelproduktion (1996)

Erscheinungsland	Titel insgesamt
China	110 283
Großbritannien	107 263
Bundesrepublik Deutschland	71 515
USA	68 175
Japan	56 221
Spanien	46 330
Rußland	36 237
Italien	35 236
Südkorea	30 487

Quelle: UNESCO Statistical Yearbook 1999

Importe von Waren des Buchhandels nach Deutschland hatten 1998 ein Volumen von 1,92 Mrd. DM zu Grenzübergangs-werten (ohne Mehrwertsteuer). Gemessen am Vorjahr entspricht dies einem Wachstum in Höhe von 14,7 %. Unter Waren des Buchhandels sind Bücher, Bilderbücher, Kalender, kartographische Erzeugnisse, Noten, Zeitschriften und Zeitungen zu verstehen. 1,05 Mrd. DM des Importvolumens entfielen auf Bücher.

Der Export betrug 1998 für Waren des Buchhandels 3,41 Mrd. DM. Davon entfielen auf Bücher 1,8 Mrd., auf Zeitschriften 1,2 Mrd. und der Rest auf Zeitungen. Fast die Hälfte der Exporte ging nach Österreich und in die Schweiz.

Fremd-sprachige Produktion deutscher Verlage

Interessant ist in diesem Zusammenhang, daß eine Reihe bedeutender deutscher wissenschaftlicher und Fachverlage in zunehmendem Maße *Neuerscheinungen in englischer Sprache* herausbringen. Einige von ihnen haben für diese Produktion und für deren Vertrieb Tochterunternehmen in den USA gegründet oder ausländische Verlage als Tochterfirmen erworben. Hierzu zählen die Verlage *Bertelsmann-Springer* (s. 3.3), WEKA, *Walter de Gruyter* und andere. BertelsmannSpringer, der größte deutsche wissenschaftliche Verlag, bringt wissenschaftliche Literatur auch in Französisch, Italienisch, Spanisch, Japanisch und Chinesisch heraus.

Nach dem Zusammenbruch der Sowjetunion haben sich eine Reihe deutscher Verlage in den osteuropäischen Ländern engagiert und dort eigene Niederlassungen oder Joint Ventures gegründet.

3.9 Buchmessen im In- und Ausland

Buchmessen haben heute fast immer internationalen Charakter. Sie dienen dem weltweiten Literaturaustausch, dem Handel mit Lizenzen und Rechten, der Förderung internationaler Koproduktionen und dem grenzüberschreitenden Handel mit Büchern und Medien aller Art.

Mit der *Frankfurter Buchmesse* ist das *Flaggschiff* der internationalen Buchmessen in Deutschland zu Hause.

Eine Reihe von lokalen *Buchausstellungen* wenden sich nicht an den Handel, sondern direkt an das Publikum und weisen zum Teil hohe Besucherzahlen auf.

Die *Leipziger Buchmesse* findet als Frühjahrsbuchmesse statt und wurde 1998 aus den Messehäusern in der Leipziger Innenstadt auf das neue Messegelände verlegt. Die Messe verzeichnet etwa 1 800 Aussteller aus etwa 25 Ländern und 50 000 Besucher. Der Charakter einer Handelsmesse tritt eher zurück gegenüber dem einer großen Informationsbörse, zumal die Messe von der Veranstaltungsreihe *Leipzig liest* begleitet wird, die die ganze Stadt mit mehreren hundert Veranstaltungen überzieht. In diesem Sinne hat sich die nach der Wende zunächst totgeglaubte Messe stabilisiert und erfährt Unterstützung des Freistaates Sachsen und der Stadt Leipzig als Gesellschafter des Veranstalters, der *Leipziger Messe GmbH.*

Leipziger Buchmesse

Während der Leipziger Buchmesse wird alljährlich der *Leipziger Buchpreis zur Europäischen Verständigung* verliehen (s. Anhang 2).

Die *Frankfurter Buchmesse* führt die Tradition der Buchmessen fort, die sich nach der Erfindung des Buchdrucks im letzten Drittel des 15. Jahrhunderts in Frankfurt und Leipzig entwickelten. Während im 16. Jahrhundert Frankfurt dominierte, gewann vom 17. Jahrhundert an die *Leipziger Ostermesse*, die am Sonntag Kantate begann (Kantate-Messe), immer größere Bedeutung.

Frankfurter Buchmesse

Die Frankfurter Buchmesse ist eine Herbstmesse in der ersten Oktoberhälfte. Sie ist der Welt größter internationaler Treffpunkt von Verlegern, Buchhändlern, Autoren und Kulturinteressierten.

Auch Branchenkenner können nur schwer erklären, weshalb sich gerade im zerstörten Deutschland nach dem verlorenen Zweiten Weltkrieg die Buchmesse zu internationaler Bedeutung entwickelte. Die geografische Lage der Bundesrepublik in Mitteleuropa und ihre Nachbarschaft sowohl zu west- wie osteuropäischen Staaten mögen dabei ebenso eine Rolle ge-

Alljährlich Anfang Oktober ist die Internationale Frankfurter Buchmesse weltweit Treffpunkt für alle, die beruflich mit dem Buch zu tun haben.

spielt haben wie der Wiederaufbau-Elan, der die Branche in den Nachkriegsjahren erfüllte.

Besondere Aufmerksamkeit widmet die Frankfurter Buchmesse der Entwicklung neuer elektronischer Medien. Deshalb wurde schon 1993 die Sachgruppe *Elektronisches Publizieren* eingeführt.

1949 stellten insgesamt 205 deutsche Aussteller in der *Frankfurter Paulskirche* 8400 Titel aus. Die Messe sprengte alsbald diesen Rahmen und wurde auf das Frankfurter Messegelände verlegt. An der *50. Frankfurter Buchmesse 1999* nahmen 6643 Einzelaussteller teil und stellten 89000 Neuerscheinungen vor. 2449 von ihnen kamen aus Deutschland. Die Zahl der teilnehmenden Länder betrug 113, 87 von ihnen zeigten Nationalausstellungen. Die Ausstellungsfläche betrug 1999 ca. 79 928 m^2. Die Besucherzahl lag bei rund 290 000.

Leitthemen der Buchmesse

Seit 1976 steht die *Frankfurter Buchmesse* im zwei-Jahres-Abstand unter einem *Leit-(Schwerpunkt-)Thema*. Seit 1988 ist alljährlich ein bestimmtes Land Messe-Schwerpunkt-Thema:

1976	Lateinamerika	1978	Kind und Buch
1980	Schwarzafrika	1982	Religion
1984	Orwell 2000	1986	Indien
1988	Italien	1989	Frankreich
1990	Japan	1991	Spanien
1992	Mexiko	1993	Flandern und die
1994	Brasilien		Niederlande

208

1995	Österreich	1996	Irland
1997	Portugal	1998	Schweiz
1999	Ungarn	2000	Polen
2001	Griechenland		

Internationale Buch- und audiovisuelle Messen

Ort	Messe
Angouleme/Frankreich	Festival International de la bande Dessinée
Antwerpen/Belgien	Flanders' Book Fair
Beijing/China	International Art Book Fair
Beijing/China	International Education Book Fair
Beirut/Libanon	Lebanon International Book Fair
Belgrad/Jugoslawien	International Book Fair
Bogota/Kolumbien	Feria Internacional del Libro
Bologna/Italien	Children's Book Fair
Bratislava/Slowakei	Biblioteka
Brüssel/Belgien	Foire du Livre de Bruxelles
Bukarest/Rumänien	International Book Fair
Budapest/Ungarn	International Book Festival
Buenos Aires/Argentinien	Buenos Aires International Book Fair
Cannes/Frankreich	MILIA
Dakar/Senegal	Foire Internationale du Livre et du Matériel Didactique
Damaskus/Syrien	Arabic Book Fair Damascus
Frankfurt/M./Deutschland	Frankfurt Book Fair/Frankfurter Buchmesse
Genf/Schweiz	Salon International du Livre et de la Presse
Göteborg/Schweden	Book Fair
Guadalajara/Mexiko	Feria Internacional del Libro (FIL)
Harare/Simbabwe	Zimbabwe International Book Fair
Hongkong	Hong Kong Book Fair
Istanbul/Türkei	Istanbul Book Fair
Jerusalem/Israel	Jerusalem International Book Fair
Kairo/Ägypten	International Book Fair
Kairo/Ägypten	International Children's Book Fair
Kalkutta/Indien	Calcutta Book Fair

Internationale Buch- und audiovisuelle Messen (Fortsetzung)

Ort	Messe
Kuala Lumpur/Malaysien	Kuala Lumpur International Book Fair
Leipzig/Deutschland	Leipziger Buchmesse
Lissabon/Portugal	Portuguese Fair for Languages and Cultures
London/Großbritannien	London International Book Fair
Los Angeles/USA	BookExpo America
Madrid/Spanien	Expolingua
Mainz/Deutschland	Mainzer Minipressen-Messe
Manila/Philippinen	Philippines Bookfair
Mexico City/Mexiko	International Book Fair - Mineria
Minsk/Belarus	Minsk International Book Fair
Montreal/Kanada	Salon du Livre de Montréal
Montreuil/Frankreich	Salon du Livre de Jeunesse
Moskau/Rußland	International Book Fair MIBF
New Orleans/USA	ALA Conference
New York/USA	Art Book Fair New York
Paris/Frankreich	Expolangues
Prag/Tschechische Republik	BookWorld
St. Petersburg/Rußland	St. Petersburg Book Salon
Santiago/Chile	Santiago International Book Fair
Sao Paulo/Brasilien	International Book Fair
Seoul/Korea	Seoul International Book Fair
Sharjah/Arabische Emirate	Sharjah World Book Fair
Singapur	Singapore International Book Fair
Sofia/Bulgarien	International Book Fair
Stuttgart/Deutschland	Interschul didacta
Sydney/Australien	APA Australian Book Fair
Taipei/Taiwan	International Book Exhibition
Tokio/Japan	Tokyo International Book Fair (TIBF)
Turin/Italien	Salone del Libro
Vilnius/Litauen	Baltic Book Fair
Warschau/Polen	Warsaw International Book Fair

Quelle: Ausstellungs- und Messe-GmbH; dort auch Termine und Adressen
(s. Anhang 6).

Betreut wird die *Frankfurter Buchmesse* von der *Ausstellungs- und Messe-GmbH*, einer Tochter des *Börsenvereins* (s. 3.10). In der Internationalen Abteilung der AuM werden Auslandsausstellungen, Beteiligungen an internationalen Messen und Seminare für Verleger und Buchhändler im In- und Ausland organisiert.

Ausstellungs- und Messe- GmbH (AuM)

Kontaktbörse und Informationszentrum für das deutsche und internationale Buchwesen zugleich soll die Internationale Abteilung sein: Hierzu wurden Projektgruppen zu Mittel- und Osteuropa, zum englischsprachigen Raum, zu den spanisch- bzw. portugiesischsprachigen Ländern, zu Asien und zu Europa eingerichtet. Die Mitarbeiter in diesen Projektgruppen sollen Recherchen über ihre jeweiligen regionalen Arbeitsgebiete anstellen, deutsche Messebeteiligungen und repräsentative Wanderausstellungen am Ort planen und realisieren sowie – bei Bedarf – buchhändlerische Informationsveranstaltungen durchführen.

In der Internationalen Abteilung ist auch die Koordination der verschiedenen buchhändlerischen Stipendiatenprogramme angesiedelt, ebenso die Betreuung der Einladungs- und Fachprogramme während der Frankfurter Buchmesse – wie das traditionelle *Rights Directors' Meeting*.

Die Präsentation deutscher Bücher im Ausland wird in Zusammenarbeit mit den zuständigen Stellen im Auswärtigen Amt bzw. im Bundeswirtschaftsministerium durchgeführt. Von großer Bedeutung als Kooperationspartner sind zudem sämtliche Einrichtungen, die in der internationalen Kulturarbeit tätig sind.

Wichtiger Teil der Aufgaben der Internationalen Abteilung ist die Koordination und Betreuung der Arbeit der Deutschen *Buchinformationszentren* im Ausland, die als permanente deutsche Buchausstellungen eine ständige Vertretung des deutschen Buchhandels im Ausland ermöglichen. Als wichtiges Kommunikationsmittel für die Branche dient zudem das jetzt elektronisch publizierte *Auslands-Info*, in dem über aktuelle Entwicklungen des internationalen Buchmarkts berichtet wird.

Buchaus-
stellungen

Wichtige regionale Buchausstellungen sind alljährlich u. a. die *Münchner Bücherschau*, die *Stuttgarter Buchwochen* und weitere Regionalausstellungen.

DRUPA

1949 wurde von der Druck-, der Papier verarbeitenden sowie der Druck- und Papiermaschinenindustrie die Gründung einer *Fachausstellung für Druck und Papier* in Düsseldorf beschlossen, die unter der Bezeichnung *DRUPA* 1951 zum ersten Mal stattfand und alle vier Jahre veranstaltet wird. DRUPA ist weltweit die wichtigste Fachmesse ihrer Art und ein Muß zumindest für alle Verlagshersteller.

3.10 Börsenverein des Deutschen Buchhandels e. V. und seine Funktionen

Der *Börsenverein des Deutschen Buchhandels e. V.* in Frankfurt/M. nimmt in der buchhändlerischen Struktur einen besonderen Platz ein. In ihm sind alle Sparten des Buchhandels vereinigt, also Verleger, Buchhändler, Zwischenbuchhändler und Verlagsvertreter.

Aufgabe
der Standes-
organisation

Der *Börsenverein* entstand 1825 als Zusammenschluß der Buchhändler und Verleger, die sich jährlich zur Börse, d. h. zur Abrechnung untereinander in Leipzig trafen. Heute ist Aufgabe des Vereins die »Vertretung der Standes- und Berufsinteressen seiner Mitglieder gegenüber der Öffentlichkeit, den gesetzgebenden Körperschaften, Behörden, Parteien, Organisationen und Verbänden«. Hierzu gehören Außenhandel, Bildungs- und Kulturpolitik, Postwesen, Steuerfragen, Urheber- und Verlagsrecht, Wettbewerbsrecht. Die Satzung des Vereins beschreibt als weitere Aufgabe die »Schaffung und Unterhaltung von Einrichtungen zur Erleichterung des Geschäftsverkehrs«. Zu diesen Einrichtungen gehören so grundlegende Dinge wie die *Verkehrs-Nummer* im Buchhandel als Basis des Verkehrs der Buchhändler, Zwischenbuchhändler und Verleger untereinander (s. 3). Das *Adreßbuch für den deutschsprachigen Buchhandel* erfaßt in drei Bänden alle wichtigen Marktteilnehmer im In- und Ausland. Das *Ver-*

zeichnis lieferbarer Bücher (VLB) ist das Rückgrat des buchhändlerischen Informationssystems (s. 3.4).

Die *BAG Buchhändlerische Abrechnungs-Gesellschaft* ratio-
nalisiert den Zahlungsverkehr zwischen Verlagen und Buchhandlungen. Die *BKG Buchhändler-Kreditgarantiegemein-
schaft GmbH & Co. KG* verbürgt den beteiligten Sortimentern
Betriebsmittelkredite und den beteiligten Verlegern Vorschüs-
se auf BAG-Einrichtungen.

Dokumentationsaufgaben der Branche werden von der *Bibliothek* und dem *Historischen Archiv des Börsenvereins*
wahrgenommen (s. Anhang 4). Auch die spezielle *Bibliothek
Buchmarkt-Forschung* bietet den *Schulen des Deutschen
Buchhandels* (s. 4.13) Information und Dokumentation.

Die Mitgliederzahl stieg von 3875 im Jahre 1975 auf 6694
im Jahre 2000. Die Mitgliederstruktur ist in einer Grafik
dargestellt.

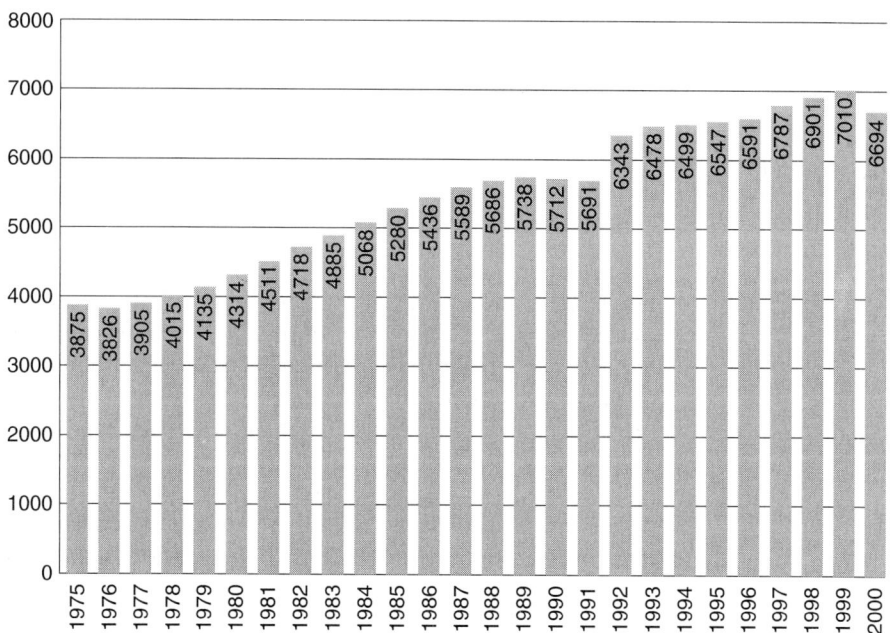

Mitgliederentwicklung seit 1975

Innerhalb des Börsenvereins werden die *Interessen der drei Sparten* durch den *Verleger-Ausschuß*, den *Sortimenter-Ausschuß* und den *Ausschuß für den Zwischenbuchhandel* wahrgenommen.

Die ersten beiden Signets des Börsenvereins entsprachen dem Geschmack des 19. Jahrhunderts (s. Randspalte).

Seit 1952 benutzte der Börsenverein des Deutschen Buchhandels das *Fust-Schöffersche Druckerzeichen* mit dem Zusatz *BV* im linken Schild als Signet. Das Zeichen der *Gutenberg*-Nachfolger *Johann Fust* (um 1400 – 1466?) und *Peter Schöffer* (1425 – 1502 oder 1503) ist das älteste bekannte Druckerzeichen.

Im Jahre 1986 wurde das Fust-Schöffersche Signet durch das nebenstehende Symbol abgelöst, das zusätzlich die Öffentlichkeitsarbeit des Börsenvereins kennzeichnet und das seit 1978 vor allem als Leuchtschild an Buchhandlungen verwendete »dreibogige B« weitgehend ersetzt hat.

In der ehemaligen DDR führte der *Börsenverein der Deutschen Buchhändler zu Leipzig* ebenfalls die Tradition des 1825 gegründeten Vereins fort. Nach dem Beitritt der DDR zur Bundesrepublik Deutschland billigten die Mitgliederversammlungen des Frankfurter und des Leipziger Börsenvereins im Jahre 1990 den Zusammenschluß der Verbände durch Fusionsvertrag.

Das seit dem 1. Januar 1991 bestehende *Leipziger Büro* übernimmt für die Geschäftsstelle Koordinations- und Informationsaufgaben in den neuen Bundesländern. Es pflegt Kontakte zu den politischen, wirtschaftlichen und kulturellen Institutionen vornehmlich in Leipzig. Ihm obliegt die Umsetzung der projektbezogenen Verbandsaktivitäten in den neuen Bundesländern, die Organisation des *Leipziger Buchpreises zur Europäischen Verständigung* (s. Anhang 2) und branchenbezogener Veranstaltungen im *Haus des Buches* auf dem historischen Grundstück des Börsenvereins an der Prager Straße in Leipzig.

Das frühere Bonner ist jetzt als *Berliner Büro* des Börsenvereins Koordinations- und Anlaufstelle für die Kontakte mit Politikern, verantwortlichen Mitarbeitern in Ministerien und Institutionen sowie mit den in der Bundeshauptstadt ansässigen Medienvertretern. Vom Berliner Büro werden in regelmäßigen Abständen parlamentarische Abende des Börsenvereins und kulturelle Veranstaltungen durchgeführt. Darüber hinaus organisiert das Berliner Büro auch die Besuche von VIPs auf der *Frankfurter Buchmesse* (s. 3.9).

Berliner Büro

Die Tradition des »Börsenblattes für den Deutschen Buchhandel« – das zweimal wöchentlich erscheint – reicht bis ins Jahr 1834 zurück (s. 3.13)

Die verlegerischen und sonstigen wirtschaftlichen Aufgaben des *Börsenvereins* liegen bei der *Buchhändler-Vereinigung GmbH*. Gesellschafter sind die *buchhändlerischen Landesverbände* (s. Anhang 1). Die Serviceangebote sind in 3.5 dargestellt.

Buchhändler-Vereinigung

Bei der Buchhändler-Vereinigung erscheinen Verzeichnisse, Zeitschriften, die *Deutsche Nationalbibliographie*, die Veröffentlichungen der *Deutschen Bibliothek*, das *Archiv für Geschichte des Buchwesens*, Buchhandelsfachliteratur, Veröffentlichungen zum Friedenspreis und der *Stiftung Buchkunst* sowie Ausstellungskataloge. Unentbehrlich für jeden, der sich mit der Branche beschäftigt, ist die alljährliche Bestandsaufnahme *Buch und Buchhandel in Zahlen*. Die Buchhändler-Vereinigung ist der Verlag des *Börsenblattes für den Deutschen Buchhandel* (s. 3.5).

Bei der Buchhändler-Vereinigung erscheint das *BuchJournal* als Kundenzeitschrift des Buchhandels mit Ausgaben in Deutschland und der Schweiz und je 4 Ausgaben im Jahr. Außerdem organisiert die Buchhändler-Vereinigung den Internet-Branchenauftritt *Buchhandel.de* (s. 3.5).

Buchhändlerische Landesverbände

In den Bundesländern der Bundesrepublik existieren eigenständige *buchhändlerische Landesverbände*. Sie sind keine Regionalverbände des Börsenvereins, arbeiten aber eng mit diesem zusammen. Sie vereinigen wie er alle Handelsstufen in sich. Im Mittelpunkt der Arbeit stehen die Beratung der Mitglieder, Aus- und Fortbildungsfragen sowie regionale Gemeinschaftswerbeaufgaben, zu denen jeweils in der Weihnachtszeit z. B. die *Münchner Bücherschau* und die *Stuttgarter Buchausstellung* gehören.

Arbeitsgemeinschaften

Innerhalb des *Börsenvereins* sind folgende Arbeitsgemeinschaften bzw. Arbeitskreise organisiert, die die Interessen der jeweiligen Verlagssparte vertreten.

• Arbeitsgemeinschaft Publikumsverlage

• Arbeitsgemeinschaft Zeitschriftenverlage (AGZV) / Deutsche Fachpresse

• Arbeitskreis Buchgemeinschaften und verwandte Unternehmen

• Arbeitsgemeinschaft Bildkalenderverlage

• Arbeitskreis Bild- und Kunstbuchverlage

• Arbeitskreis Elektronisches Publizieren (AKEP)

- Arbeitskreis kleinerer Verlage (AkV)

- Arbeitsgruppe Taschenbuch

Das *kulturpolitische Engagement* der Buchbranche – von dem ihre Einzelaktivitäten erfüllt sind – findet symbolischen Ausdruck in Preisen und Veranstaltungen, die über die Branche hinaus öffentliche Bedeutung haben. Höhepunkt des buchhändlerischen Jahres sind die *Frankfurter Buchmesse* (s. 3.9) und die damit verbundene alljährliche *Verleihung des Friedenspreises des Deutschen Buchhandels*. Auch der während der *Leipziger Buchmesse* verliehene *Buchpreis zur Europäischen Verständigung* gewinnt immer mehr an Ansehen und Bedeutung für Branche und Publikum (s. Anhang 2).

**Kultur-
politisches
Engagement
des Buch-
handels**

Im sozialen Bereich beschränkt sich die Branche auf internes Wirken.

3.11 Leseforschung und -förderung

Lesefähigkeit ist die wichtigste Kulturtechnik einer auf Fortschritt und Technologie aufbauenden Gesellschaft. Aus dieser Erkenntnis heraus betrachten der *Börsenverein* und die *Stiftung Lesen* die *Förderung des Lesens* als eine wichtige kulturpolitische Aufgabe.

Für die amerikanische Institution der *Reading Research* (Lese- oder Leserforschung) hat sich als deutsches Synonym der Begriff *Buchmarkt-Forschung* eingeführt. Die Buchmarkt-Forschung empfing mit Schwerpunkt in den 60er Jahren entscheidende Impulse aus der Öffentlichkeitsarbeit des Hauses *Bertelsmann* unter Federführung von *Wolfgang Strauß* (1909 – 1988). Ein eigentliches Zentrum für Buchmarkt-Forschung existiert in der Bundesrepublik zur Zeit nicht.

**Buchmarkt-
Forschung**

Wer sich anhand von empirischen Daten über Läden und Buchverkauf informieren möchte, ist auf die Ergebnisse von jeweils auftragsbezogenen Studien verschiedener Marktforschungsinstitute angewiesen und findet zusammenfassende Daten bei der *Bertelsmann Stiftung* (s. 3.12 und BuB 1).

Erfreulicherweise widmet sich die *Professur für Buchwissenschaft und Buchwirtschaft* innerhalb des Studiengangs *Kommunikations- und Medienwissenschaft* an der *Universität Leipzig* seit ihrer Etablierung im Wintersemester 1995/96 auch der Buchwirkungsforschung in Deutschland und stellte das Arbeitsfeld zum ersten Mal bei den *VIII. Leipziger Hochschultagen für Medien und Kommunikation* im Herbst 1998 dar.

Einführung in die Welt der Bücher für Kinder und Jugendliche

Einige empfehlenswerte Veröffentlichungen in Auswahl:

Kurt Franz: Lesen macht stark
Alles über Bücher.
Vom Autor bis zum Leser
Mit Bildern von Frantz Wittkamp.
München: Deutscher Taschenbuch Verlag 1991
Ein Klassiker in Stichworten. Nicht überladen, fortlaufend lesbar, die Bilder ordnen sich in den Text harmonisch ein.

Wer ist das? Johannes Gutenberg.
Wissenshörspiel für Kinder. Hamburg: Edel 1999
Solide gearbeitetes Hörspiel über das Leben Gutenbergs und seine Erfindung.
Mit Günter Lüdge als Erzähler.
Buch, Regie und Produktion: Carsten Jaspers.

Die Geschichte des Buches.
Übersetzung und deutsche Bearbeitung
Hanspeter Thiel und Marcus Würmli.
Mannheim: Bibliographisches Institut & F. A. Brockhaus 1996

Einführung in die Welt der Bücher für Kinder und Jugendliche

Einige empfehlenswerte Veröffentlichungen in Auswahl:

Millán, José Antonio/Castor, Perico:
Die kleine Geschichte, die ein großes Buch werden wollte. Aus dem Spanischen von Ariane Böckler. München: Bertelsmann 1999.
Hübscher Einfall, eine »kleine Geschichte« selbst zum Helden eines Erzähltextes zu machen, der die Wissensvermittlung von der Sach- auf die Erlebnisebene transponiert.

Berger/Holler/Jatzek/Martin/Mauz/Unger:
Von Gutenberg zum World Wide Web. Wien: Dachs 2000.
Spannendes und Informatives über
• Drucken & Printing,
• Verlegen & Publishing,
• Lesen & Surfen,
• Schreiben & Mailen,
• Druckerwerkstätte & Desktop, ...

Buch – Partner des Kindes.
Ein nützlicher Ratgeber für die Auswahl und Anwendung von Kinderbüchern von Waltraut Hartmann, Walter Heginger und Albert Rieder.
ÖBV & HPT 1998 (neubearbeitete Auflage)

Schmidt, Markus/Feldhaus, Hans-Jürgen:
Das Medienbuch. 3. Aufl. Ravensburg: Ravensburger 1998.
Der Begriff Medien ist hier nicht auf die sogenannten *Neuen Medien* verengt, sondern vom Buch geht es bis zur e-mail und zum interaktiven Fernsehen.
Mit vielen Beispielen wird dargestellt, wie Zeitungen und Sendungen entstehen, welche Aufgaben die Medien haben und wie sie sich durch den technischen Fortschritt verändern.

Das Medienbuch

Institutionen, die sich mit Buch- und Leseforschung beschäftigen, ist der Abschnitt *Archiv- und Dokumentationswesen, Buch- und Leseforschung* gewidmet (s. Anhang 2).

Vorlese-wettbewerb

Die bekannteste lesefördernde Veranstaltung des *Börsenvereins* ist der *Vorlese-Wettbewerb des deutschen Buchhandels*, der seit 1959 jährlich für alle Schüler und Schülerinnen des sechsten Schuljahres, gleichgültig ob sie Haupt- oder weiterführende Schulen besuchen, ausgeschrieben wird, und der mittlerweile mehr als 500 000 zwölfjährige Teilnehmer pro Jahr zählt. Seit 1979 steht der Wettbewerb unter der Schirmherrschaft des Bundespräsidenten.

»Lesen macht Spaß« ist das Motto dieses Vorlese-Wettbewerbes, dem, wie die Erfahrung gezeigt hat, der richtige Gedanke zugrunde liegt, Schulkinder schon möglichst früh zum selbständigen Lesen anzuregen und diese Anregung auf dem Umweg über das Vorlesen und über den sportlichen Charakter des Wettbewerbs zu geben.

Im Wettbewerb *Das lesende Klassenzimmer* werden Schulklassen dazu angeregt, sich kreativ mit Literatur auseinanderzusetzen. Daneben stellt der Börsenverein Wanderausstellungen mit Büchern zur Verfügung. Alljährlich präsentieren sich auf der *Frankfurter Buchmesse* im *Lesezelt* die verschiedensten Einrichtungen der Leseförderung sowie Autoren und Verlage.

Stiftung Lesen

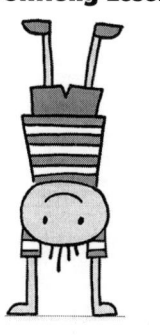

Der Jahresetat der *Stiftung Lesen* betrug im Jahre 1998 insgesamt 4 807 TDM, davon 1324 TDM Stifter-Spenderzuwendungen, 2323 TDM Projektzuschüsse und 1 160 TDM sonstige Einnahmen. Davon wurden 2180 TDM für Personalkosten und 2530 TDM für Sachkosten verwandt. Wichtige Projekte der Stiftung Lesen sind das *Vorlesemobil*, Leseförderung im Medienverbund, Arbeitshilfen und Fortbildungen für Lehrerinnen und Lehrer, Schülerzeitungswettbewerbe, Leseclubs, Buchausstellungen, Aktionen, Vorträge und Tagungen, Publikationen sowie Aktivitäten zum *Welttag des Buches* (s. BuB 2).

VORLESE WETT-BEWERB

41.

1999 2000

VORLESE-WETTBEWERB DES DEUTSCHEN BUCHHANDELS
FÜR ALLE MÄDCHEN UND JUNGEN DER 6. SCHULKLASSEN
UNTER DER SCHIRMHERRSCHAFT DES BUNDESPRÄSIDENTEN

Börsenverein des Deutschen Buchhandels e.V.

Der Leseförderung bei Kinder und Jugendlichen widmen sich eine Reihe von Institutionen. Dazu gehören der *Arbeitskreis für Jugendliteratur e. V.* in München, der die gesamte Szene seit Jahren im *Blaubuch* und in Zukunft auf einer CD-ROM dokumentiert. Ihm obliegt die organisatorische Verantwortung und die Jurierung des einzigen deutschen staatlichen Literaturpreises, nämlich des *Deutschen Jugendliteraturpreises*, der alljährlich zur Buchmesse in den Kategorien Bilderbuch, Kinderbuch, Jugendbuch und Sachbuch

Leseförderung

Stiftung Lesen

Stiftungsrat:

- Deutsche Bischofskonferenz (Vors.)
- Arbeitsgemeinschaft von Jugendbuchverlegern in der BRD e. V.
- Arbeitskreis für Jugendliteratur e. V.
- Bundeselternrat
- Bundesverband der Friedrich-Bödecker-Kreise e. V.
- Deutsche Akademie für Kinder- und Jugendliteratur e. V.
- Deutscher Bibliotheksverband e. V.
- Deutscher Gewerkschaftsbund
- Deutscher Paritätischer Wohlfahrtsverband e. V.
- Deutscher Philologenverband
- Deutscher Sportbund
- Deutscher Volkshochschulverband e. V.
- Deutsches Jugendmedienwerk e. V.
- Friedrich-Naumann-Stiftung
- Gewerkschaft Erziehung und Wissenschaft
- Goethe-Institut
- Hochschul-Rektoren-Konferenz
- Kulturkreis der deutschen Wirtschaft im Bundesverband der Deutschen Industrie e. V.
- Rat der Evangelischen Kirche in Deutschland
- Verband Bildung und Erziehung
- Bundesministerium des Innern
- Bundesverband Deutscher Zeitungsverleger e. V.

Stifterrat:

- Stadt Mainz (Vors.)
- Bertelsmann AG
- Börsenverein des Deutschen Buchhandels e. V.
- Commerzbank AG
- DaimlerChrysler AG
- Deutsche Bahn AG
- Dresdner Bank AG
- Frankfurter Allgemeine Zeitung GmbH
- Freistaat Sachsen
- Freunde der Stiftung Lesen e. V.
- Gruner + Jahr AG & Co.
- Heinrich Hugendubel
- Land Hessen
- Kulturstiftung der Deutschen Bank
- Land Niedersachsen
- Land Rheinland-Pfalz
- Otto Maier Verlag Ravensburg
- Mitsubishi Motors
- Julius-Springer-Verlag
- Stiftergemeinschaft Land Baden-Württemberg/Baden-Württembergische Bank AG
- Stiftung Pressehaus NRZ
- Studienkreis
- Twentieth Century Fox of Germany
- Ullstein Verlag GmbH
- Velber Verlag GmbH
- Verband Deutscher Papierfabriken
- Verband Deutscher Zeitschriftenverleger e. V.
- Verlagsgruppe Georg von Holtzbrinck

Quelle: Stiftung Lesen

verliehen wird. Weitere wichtige Einrichtungen sind die von Jella Lepman (1891 – 1970) im Jahre 1949 gegründete *Internationale Jugendbibliothek* in München, die *Deutsche Akademie für Kinder- und Jugendliteratur*, das *Deutsche Jugendmedienwerk e. V.* und der *Borromäus-Verein* mit *proliko*, dem *Projekt Literarische Kompetenz* (s. Anhang 1).

Eine weitere PR-Aktivität des Börsenvereins ist der international begangene *UNESCO Welttag des Buches* jeweils am 23. April eines jeden Jahres.

UNESCO Welttag des Buches

3.12 Literaturförderung und Stiftungen

Es fällt auf, daß bekannte Verlage in den Besitz von *Stiftungen* überführt worden sind oder sukzessiv überführt werden, wodurch die Verlagsgewinne Förderungszwecken zur Verfügung stehen. Solche Stiftungen fördern wissenschaftliche Forschungen, kulturelle Projekte oder auch unmittelbar Literatur und Medien. Zu den bekanntesten, hauptsächlich in Stiftungsbesitz befindlichen Unternehmen gehört die *Bertelsmann AG* in Gütersloh, die *Cornelsen-Schulbuchgruppe* in Berlin, die einer dänischen Stiftung gehörende *Egmont-Gruppe* in München und Stuttgart und kürzlich sind Anteile der Würzburger *Vogel-Gruppe* in den Besitz einer Familienstiftung übergegangen. Im folgenden werden einige Stiftungen, aber auch Fördergesellschaften dargestellt, die für die Verlagsszene wichtig sind.

Durch Literaturpreise und Stipendien fördert der Staat vorwiegend die fiktionale Literatur. Der Bund gab für diesen Zweck im Jahr 1997 rund 34 Millionen DM aus, die Länder rund 60 Millionen. Dazu kommen Förderprojekte einzelner Kommunen. Fachleute bezeichnen die unübersichtliche Szene der Literatur- und Leseförderung in Deutschland als »Dschungel«.

Zu den von Ländern oder Kommunen geförderten Einrichtungen gehören *Literaturbüros*, die vermittelnde Funktionen haben, und *Literaturhäuser*, die zusätzlich eine Veranstaltungsstätte bieten. Solche Literaturhäuser gibt es u.a. in Berlin, Frankfurt/M., Hamburg, Kiel und Rostock, Literaturbüros in Erlangen, Frankfurt/Oder, Freiburg und weiteren Städten.

Bertelsmann Stiftung

Die *Bertelsmann Stiftung* ist die größte private Stiftung in Deutschland. Seit ihrer Gründung durch *Reinhard Mohn* (*1921) im Jahr 1977 hat sie es sich zur Aufgabe gemacht, Lösungsmodelle für gesellschaftliche Problemstellungen und Zukunftsfragen zu entwickeln. Als operative Stiftung führt sie alle Projekte eigenverantwortlich durch. An ihrem Sitz in Gütersloh steht heute 200 Mitarbeitern ein Jahresbudget von über 100 Mio. DM zur Verfügung, mit denen rund 150 Projekte finanziert werden.

Die Tätigkeitsbereiche der Stiftung umfassen Wirtschaft, Staat und Verwaltung, Öffentliche Bibliotheken, Medien, Politik, Kultur, Medizin und Gesundheitswesen, Stiftungswesen und Hochschule. Innerhalb des Themas *Medien* hat die Stiftung die Schwerpunkte Medienpolitik, Medienwirtschaft und Professionalisierung sowie Medien und Bildung. So hat sie u. a. gemeinsam mit dem Land Nordrhein-Westfalen die *Medienakademie Köln* gegründet und ist mit einer Reihe von großen Verlagsgruppen zusammen Gesellschafter der *Akademie des Deutschen Buchhandels* in München. In einem umfangreichen Verlagsprogramm, im alljährlichen Tätigkeitsbericht sowie im Jahresheft *spektrum* legt die Stiftung öffentlich Rechenschaft über ihre Arbeit ab und wird auch damit dem eigenen Anspruch, »die Reformwerkstatt zu sein«, gerecht.

Delp-Stiftung

Die 1985 errichtete *Ludwig-Delp-Stiftung* mit Sitz in München hat den Zweck, Wissenschaft, Volksbildung und Berufswissen auf den Gebieten des Buch- und Zeitschriftenwesens sowie verwandte Gebiete zu fördern. Die Stiftung fördert u. a. das *Deutsche Bucharchiv* in München (s. Anhang). Sie wurde von *Ludwig Delp* (*1921), Rechtsanwalt in München, errichtet.

Deutsche Forschungs- gemeinschaft

Die *DFG (Deutsche Forschungsgemeinschaft)* mit Sitz in Bonn dient der Wissenschaft in allen ihren Zweigen durch finanzielle Unterstützung von Forschungsvorhaben. Ihre besondere Aufmerksamkeit gilt der Förderung des wissenschaftlichen Nachwuchses. Zu ihren vielfältigen Aufgaben gehört neben der Förderung des wissenschaftlichen Bibliothekswe-

224

sens die Vergabe von Druckbeihilfen. Diese werden zum Druck wissenschaftlicher Veröffentlichungen gegeben, wenn angenommen werden kann, daß sich die Herstellungskosten nicht aus dem Verkaufserlös der ersten beiden Jahre decken lassen. Dabei muß es sich um die erstmalige *Veröffentlichung von Forschungsergebnissen* handeln. Die Beihilfen sind in der Regel nach Maßgabe des erzielten Absatzes zurückzuzahlen. Auch der Druck von Habilitationsschriften und – unter besonderen Ausnahmevoraussetzungen – von Dissertationen kann finanziert werden.

Der *Förderungsfonds Wissenschaft der VG Wort* gewährt Druckkostenzuschüsse für die erstmalige Veröffentlichung von wissenschaftlichen Werken oder Fachwerken, wie in den Richtlinien ausgeführt. Seit Bestehen des Fonds 1977 sind Druckkostenzuschüsse von insgesamt 32,4 Millionen DM für 1925 Werke an 229 antragsberechtigte Verlage ausbezahlt worden. Im Jahre 1998 wurden 123 Werken Förderungszuschüsse in Höhe von 1,542 Millionen DM zugesprochen.

Förderungsfonds Wissenschaft der VG Wort GmbH

Die am 16.06.1969 durch *Margarete Kliemann* (1895 – 1976) gegründete *Horst-Kliemann-Stiftung* fördert die buchhandelsgeschichtliche Forschung und Publikationen im buchgeschichtlichen Bereich. Sie unterstützt insbesondere Studenten und Doktoranden bei Studienaufenthalten im In- und Ausland und leistet Zuschüsse zu Forschungsaufgaben.

Horst-Kliemann-Stiftung für Geschichte des Buchwesens

Die *Stiftung Presse-Grosso* wurde von einem am Fortbestand des in 50 Jahren bewährten, unabhängigen Pressevertriebssystems interessierten Grossisten errichtet. Sie hat die Aufgabe, Wissenschaft und Forschung sowie Ausbildung auf dem Gebiet des Pressevertriebs, der durch einen unabhängigen Pressegroßhandel die nach Artikel 5 des Grundgesetzes geschützte Pressefreiheit garantiert, zu fördern. Die Stiftung verfolgt dabei das Ziel, durch das Ergebnis ihrer Arbeit einen Beitrag zur Erhaltung von Pressefreiheit und Pressevielfalt, als einer wichtigen Grundlage unseres freiheitlichen, demokratischen Staatswesens zu leisten.

Stiftung Presse-Grosso

Der Arbeit der Stiftung liegen *10 Thesen zur Bedeutung des Presse-Grosso für die Presse- und Informationsfreiheit in der Bundesrepublik* zugrunde. Motto: Das Recht des mündigen Bürgers auf Information.

Waldemar-Bonsels-Stiftung

Die *Waldemar-Bonsels-Stiftung* in München wurde am 31.07. 1977, dem 25. Todestag des Schriftstellers *Waldemar Bonsels* (1880 – 1952), von dessen Witwe *Rose-Marie Bonsels* (*1909) errichtet. Sie fördert das geistige Schaffen der Gegenwart im wesentlichen durch buchwissenschaftliche Forschung sowie durch Vermittlung und Anwendung erzielter Forschungsergebnisse im Bereich der Kommunikationsmedien. Die Stiftung unterstützt das *Deutsche Bucharchiv* in München (s. Anhang 4) und hatte zum 100. Geburtstag des Autors einen *Waldemar-Bonsels-Preis* ausgeschrieben. Zur Förderung der Stiftungszwecke hat sie u. a. eine Kooperationsvereinbarung mit dem *Deutschen Bucharchiv* in München abgeschlossen. Die Stiftung fördert insbesondere die in Gründung befindliche *Deutsche buchwissenschaftliche Gesellschaft.*

3.13 Branchenpresse

In der Geschichte der Fachpresse der Buchbranche haben von Anbeginn an privatwirtschaftlich verlegte Zeitschriften sowie Verbandsorgane miteinander konkurriert. So ist es noch heute. Neben dem Verbandsorgan *Börsenblatt für den Deutschen Buchhandel* stehen unabhängige Branchenmagazine.

Börsenblatt für den Deutschen Buchhandel

Die Spaltung Deutschlands in zwei Staaten hatte dazu geführt, daß es zwei Standesorganisationen mit ähnlichem Namen und zwei Verbandsorgan mit dem gleichen Namen gab. Der *Börsenverein des Deutschen Buchhandels* mit Sitz in Frankfurt/M. gab das *Börsenblatt für den Deutschen Buchhandel – Frankfurter Ausgabe* heraus. Der *Börsenverein der Deutschen Buchhändler zu Leipzig* war Herausgeber des *Börsenblattes für den Deutschen Buchhandel.* Beide Organe führten die Tradition des 1834 in Leipzig gegründeten *Börsenblattes für den Deutschen Buchhandel* weiter. Seit dem 01.01.1991 erscheint das Frankfurter *Börsenblatt* mit den Verlagsorten *Frankfurt/M.* und *Leipzig.* Das ehemalige Leipziger Börsenblatt hat sein Erscheinen eingestellt.

Charakteristisch ist für das *Börsenblatt* seit seiner Gründung, daß in ihm Text- und Anzeigenteil gleichberechtigt nebeneinander stehen. Dieser Grundcharakter des *Börsenblattes* ist stets der gleiche geblieben. Der Anzeigenteil des *Börsenblattes für den Deutschen Buchhandel* hat für die etwa 13 000 Bezieher in Buchhandel, Verlag und Bibliothekswesen hohen Informationswert. Er enthält Ankündigungen von Neuerscheinungen und Neuauflagen der Verlage und wird vom Buchhändler vor allem für die Titel als Bestellunterlage benutzt, die ihm nicht von Verlagsvertretern angeboten werden.

Dem Anzeigenteil schließt sich der Stellenmarkt an, den Verlage und Buchhandlungen für ihre Stellenausschreibungen nutzen.

Der redaktionelle Teil ist als modernes Branchenmagazin angelegt. Als Sprachrohr des *Börsenvereins des Deutschen Buchhandels* vertritt er in der Branchendiskussion die Verbandspolitik. Er wird ergänzt durch die von Fall zu Fall erscheinenden Beilagen *Aus dem Antiquariat, Buchhandelsgeschichte und Archiv für Soziologie und Wirtschaftsfragen des Buchhandels.*

Die aus besonderem Anlaß erscheinenden *Sondernummern des Börsenblattes* sind wichtige Nachschlagewerke für den Buchhandel, so die alljährliche Messe-Ausgabe.

Das *Börsenblatt* erscheint zweimal wöchentlich. Im Internet wird das *Börsenblatt* täglich aktualisiert (s. Anhang 4).

Der von *Bodo Harenberg* (*1937) herausgegebene verbandsunabhängige *Buchreport* besteht aus drei Teilen:

Buchreport

- *buchreport.online:* Täglich sind ab 14.30 Uhr die News der Branche über Internet abrufbar; auf Wunsch werden die Daten zur festen Tageszeit per e-mail versandt.

- *buchreport.express:* Jeweils am Mittwoch erhalten die Abonnenten die 48seitige Express-Ausgabe.

- *buchreport.magazin:* Erscheint jeweils am letzten Freitag eines jeden Monats mit ca. 160 bis 200 Seiten Umfang.

Buchmarkt

Ebenfalls verbandsunabhängig ist die Monatszeitschrift *Buchmarkt*, die sich im Untertitel *Das Ideenmagazin für den Buchhandel* nennt. Mit dieser Zielgruppenorientierung auf den verbreitenden Buchhandel unterscheidet sich *Buchmarkt* von *Börsenblatt* und *Buchreport*. Auch *Buchmarkt* ist im Internet vertreten, aktualisiert seine Seiten nach Bedarf und bietet besondere Services (s. 3.3).

Ausländische Buchhandels-Zeitschriften

Der *Anzeiger – Fachzeitschrift des österreichischen Buchhandels*, ist das Mitteilungsblatt des österreichischen Buchhandels, das auch Mitteilungen des *Bundesgremiums* und der *Landesgremien des Handels mit Büchern, Kunstblättern und Musikalien* in Österreich veröffentlicht. Die Zeitschrift publiziert u. a. eine monatliche Synopse von Bestsellern und Bestsellerlisten. *Der Schweizer Buchhandel* wendet sich an die Buchbranche in der Schweiz.

Die Liste der wichtigsten ausländischen Buchhandelszeitschriften ist im *Adreßbuch für den deutschsprachigen Buchhandel* zu finden. Unter ihnen sind einige Pflichtlektüren für deutsche Verleger, die sich für Übersetzungsrechte interessieren:

- *Publishers Weekly* (USA)

- *The Bookseller* (Großbritannien)

- *Livres hebdo – Livres de France* (Frankreich)

Für literarische und Sachbuchverleger sind außerdem *The times Literary Supplement* (Großbritannien) und *New York Review of Books* (USA) wichtig.

Weitere Fachzeitschriften

dnv – der neue Vertrieb, Hamburg, ist eine Fachzeitschrift für das Vertriebsmanagement in Zeitungs-, Zeitschriften- und Taschenbuchverlagen und Verbandsorgan für *Bundesverband Presse-Grosso e. V., Verband Deutscher Bahnhofsbuchhändler e. V., Bundesverband des Werbenden Buch- und Zeitschriftenhandels e. V.* sowie Publikationsorgan für *Distripress*, die *Vereinigung zur Förderung des internationalen Pressevertriebs*.

buchreport express 38

22. September 2000

« Wie in Hitchcocks Filmen hört man bei **Mary Higgins Clark** die Schritte des Verbrechers auf dem Parkett ...»

Süddeutsche Zeitung

Bonnier wächst auf dem deutschen Markt

Werden die deutschen Publikumsverlage zunehmend interessanter für ausländische Investoren? Der schwedische Medienriese **Bonnier**, der in Europa mehr als 4 Mrd DM umsetzt, hat sich jedenfalls abermals für einen deutschen Publikumsverlag entschieden. Am Montag dieser Woche ist die hundertprozentige Übernahme des Familienunternehmens **arsEdition** (Umsatz 1999: 47,5 Mio DM, Platz 68 im buchreport-Ranking „Die 100 größten deutschen Verlage") bekannt geworden.

Bonnier verstärkt in Familienbesitz hält in Deutschland bereits jeweils 100% in den folgenden Verlagen:
■ **Piper** (mit dem Taschenbuchverlag **Serie Piper** sowie den Imprints **Kabel** und **Malik**; Umsatz 1999: 78,8 Mio DM
■ **Carlsen** (mit dem Imprint **Edition Inhouse**; Umsatz 1999: 53,2 Mio DM.

Anders als andere Medienkonzerne hat sich Bonnier für die Strategie entschieden, allen Verlagen ihre Selbständigkeit weitestgehend zu belassen. Viktor Niemann, Piper-Verleger

und für die Bonnier-Holding in Deutschland verantwortlich. „Für das Familienunternehmen Bonnier geht es nicht darum, einzelne Verlage in ein unternähmerisches Konzept der üblichen Art einzupassen."

Bonnier macht derzeit ca. 17% seines Umsatzes mit Büchern, 44% mit Tageszeitungen und weitere 17% mit Zeitschriften.

Den größten Teil seines Umsatzes erzielt der Medienriese aus dem Norden mit 85% in Schweden, gefolgt von Norwegen (13%), Finnland (8%), Dänemark (8%), Deutschland (4%), Frankreich (2%) und mehreren anderen Ländern (zusammen 5%).

Der Kauf von arsEdition bedeutet für Bonnier eine weitere Diversifizierung sowohl in Deutschland wie auch im Konzern: arsEdition ist spezialisiert auf Kinder- und Geschenkbücher sowie Notebooks. Bekannt wurde der Verlag vor allem durch seinen Erfolg mit 3-D-Büchern im Jahr 1994. Lesen Sie Einzelheiten über den Verkauf auf Seite 6.

Lesen Sie Einzelheiten über den Verkauf auf Seite 6.

Sechsundsechzig Wörter — Von Bodo Harenberg

Bildung ohne Bücherschrank

Die Wissensexplosion lässt Bibliotheken und Datenbanken aus den Fugen geraten. Der Jahrtausend alte Habitus des Lesens werde radikal erweitert, hieß es in einem Beitrag von Aleida Assmann auf dem Wiener Germanistenkongress. Der herkömmliche Bildungskanon sei obsolet geworden. Individuelle Auswahl ersetze in Zukunft die kollektive Übereinkunft in Fragen der Bildung. Das Buch fungiere nur noch als kulturelles Gedächtnis. Und wir? Wir denken gern zurück an Vaters Bücherschrank.

G 1912

„MANCHE LEUTE DRÜCKEN FÜR EIN AUGE ZU, UM BESSER ZIELEN ZU KÖNNEN" BILLY WILDER

BuchMarkt

Nr. 11/November 2000/35. Jahrg.   Das Ideenmagazin für den Buchhandel

BESTELLVERHALTEN:

Verschenktes Geld

Seite 42

CROSS-MARKETING:
Das Buch zum Bier 62

SORTIMENT:
Traditionelle Kultur – moderne Technik 64

SCHNELLKURS:
Merchandising – aber wie? 70

EVENTS:
Der Tag als Harry Potter kam 156

SPECIAL GESCHICHTE/POLITIK:
Kritische Zeiten für kritische Läden

SPECIAL KUNST:
Erotische Fotografie 128

BUCHMARKT-GRAFIK: Weihnachtstitel 2000

229

Presseporträts informiert den Presse-Einzelhandel über das Sortiment des Presse-Großhandels zweimal jährlich. *DISTRI-PRESS GAZETTE* erscheint als Fachzeitschrift für den internationalen Pressevertrieb in englischer, deutscher und französischer Sprache.

Für den Bücherfreund interessant sind *Illustration 63*, eine Spezialzeitschrift für Buchillustrationen, und *Graphische Kunst*, eine Zeitschrift für Grafikfreunde.

Die Monatszeitschrift *Buchhändler heute* nennt sich im Untertitel *Fachzeitschrift für den gesamten Buchhandel* und hat als Zielgruppe vornehmlich Auszubildende im Sortimentsbuchhandel und im Verlagswesen. Einmal jährlich erscheint STREIFBAND als Ausbildungszeitschrift für Verlagskaufleute.

Literatur- und Werbe- magazine

Für den Leser ist eine Reihe von *Literatur-* und *Werbemagazinen* bestimmt, die in der Regel kostenlos abgegeben werden. Fragen Sie Ihren Buchhändler.

Studierende der Hochschule für Technik, Wirtschaft und Kultur Leipzig (FH) aus dem Fachbereich Polygrafische Technik bestalten einmal jährlich »Streifband« als Ausbildungszeitschrift für Verlagskaufleute. Hier das Team vom Oktober 1999.

230

Zum Nachschlagen und Weiterlesen

Einzelveröffentlichungen

Börsenverein des Deutschen Buchhandels (Hrsg.):
EANCOM und ILN im Deutschen Buchhandel. Frankfurt: Buchhändler-Vereinigung 1997.

Börsenverein des Deutschen Buchhandels (Hrsg.):
German Book Trade at Home and Abroad. Frankfurt: Börsenverein 1995, Suppl. mit aktuellen Informationen 1998/99.

Börsenverein des Deutschen Buchhandels (Hrsg.):
Warum denn nicht Friede? 50 Jahre Friedenspreis des Deutschen Buchhandels. Frankfurt: Buchhändler-Vereinigung 2000.

Hachmeister, Lutz/Rager, Günther (Hrsg.):
Wer beherrscht die Medien? Die 50 größten Medienkonzerne der Welt. München: Beck 2000.

Füssel, Stephan u.a. (Hrsg.):
Der Börsenverein des Deutschen Buchhandels 1825 – 2000. Frankfurt/M.: Buchhändler-Vereinigung 2000.

ISBN Internationale Standard-Buchnummer.
Leitfaden. Frankfurt: Börsenverein 1978.

Sachgruppen der Deutschen Bibliographie.
Warengruppen für den Buchhandel. Ein Leitfaden zu ihrer Vergabe. Deutsche Bibliothek (Hrsg.). Frankfurt: 2. Aufl. 1994.

Stiftung Lesen/Deutsche Literaturkonferenz (Hrsg.):
Handbuch Lesen. Pullach: Saur 1999.

Stöckle, Wilhelm:
ABC des Buchhandels. 9. Aufl. München: Lexika Verlag 1998.

Universität Leipzig (Hrsg.):
Buchwissenschaft und Buchwirkungsforschung. VIII. Leipziger Hochschultage für Medien und Kommunikation. Institut für KMW, Abt. Buchwissenschaft, Universität Leipzig 2000.

Wörner, Jochen:
Verhandlungen mit Auslieferungen und Barsortimenten. Frankfurt: Börsenverein o. J.

Periodische Veröffentlichungen

Adreßbuch für den deutschsprachigen Buchhandel.
Buchhändler-Vereinigung (Hrsg.).
Bd. 1: Verlage. Bd. 2: Buchhandlungen. Bd. 3: Organisationen.
Frankfurt: Buchhändler-Vereinigung. Erscheint jährlich (auch als CD-ROM).

Bertelsmann Stiftung:
spektrum. Das Jahresheft. Gütersloh: Bertelsmann Stiftung. Erscheint jährlich.

Bertelsmann Stiftung:
Tätigkeitsbericht. Gütersloh: Bertelsmann Stiftung. Erscheint jährlich.

Börsenverein des Deutschen Buchhandels (Hrsg.):
Buch und Buchhandel in Zahlen.
Frankfurt: Buchhändler-Vereinigung. Erscheint jährlich.

Der Banger auf CD-ROM.
Verlage – Vertretungen – Auslieferungen. Deutschland – Österreich – Schweiz. CD-ROM. Köln: Banger. Erscheint jährlich.

Deutschsprachige Verlage.
Deutschland – Österreich – Schweiz und internationale Verlage mit deutschen Auslieferungen. Köln: Banger. Erscheint jährlich.

Deutschsprachige Zeitschriften.
Deutschland – Österreich – Schweiz und ausgewählte internationale Zeitschriften. Köln: Banger. Erscheint jährlich.

FORUM LESEN.
Hrsg. von der Stiftung Lesen. Erscheint 4 x jährlich.

Forschungsdienst Lesen und Medien.
Hrsg. von der Stiftung Lesen in Zusammenarbeit mit dem Institut für Buchwissenschaft der Johannes Gutenberg-Universität Mainz. Erscheint 4 x jährlich.

Frankfurter Buchmesse.
Katalog. Ausstellungs- und Messe-GmbH des Börsenvereins des Deutschen Buchhandels (Hrsg.). Frankfurt: Ausstellungs- und Messe-GmbH. Erscheint jährlich.

International Book Trade Directory/Internationales Buchhandelsadressbuch.
München: Saur.

International Literary Market Place.
New York: Bowker (auch in CD-ROM-Edition und Online).

Meyer, Franz/Breitmoser/Doris (Hrsg.):
Blaubuch des Arbeitskreises für Jugendliteratur e. V. München:
Arbeitskreis für Jugendliteratur.

NEUMANN – Handbuch für den Pressevertrieb.
Ein Leitfaden für Verlage und Vertriebsfirmen von Buch- und
Presseerzeugnissen. Hamburg: Pressefachverlag. Erscheint jährlich.

STAMM
Leitfaden durch Presse und Werbung. Essen: Stamm. Erscheint
jährlich.

STAMM Österreich.
Leitfaden durch Presse und Werbung. Essen: Stamm. Erscheint
jährlich.

STAMM Schweiz.
Leitfaden durch Presse und Werbung. Essen: Stamm. Erscheint
jährlich.

STAMM Printmedien Deutschland (CD).
Essen: Stamm. Erscheint jährlich.

Stiftung Lesen (Hrsg.):
Tätigkeitsbericht. Mainz: Stiftung Lesen. Erscheint jährlich.

Verlage.
Deutschland – Österreich – Schweiz und internationale Verlage mit
deutschen Auslieferungen. Köln: Banger. Erscheint jährlich.

Verlagsauslieferungen.
Deutschland – Österreich – Schweiz. Köln: Banger. Erscheint jährlich.

Verlagsvertretungen.
Deutschland – Österreich – Schweiz. Köln: Banger. Erscheint jährlich.

**Verzeichnis Lieferbarer Bücher (VLB) Ergänzungsband Früh-
jahr /German Books in Print Supplement Spring.**
Frankfurt: Buchhändler-Vereinigung. Erscheint jährlich.

Verzeichnis lieferbarer Bücher (VLB)/German Books in Print.
Bücherverzeichnis im Autorenalphabet, kumuliert mit Titel- und
Stichwortregister. 8 Bde. Frankfurt: Buchhändler-Vereinigung. Er-
scheint jährlich.

Verzeichnis Lieferbarer Bücher (VLB) ISBN-Register/German Books in Print – ISBN.
Frankfurt: Buchhändler-Vereinigung. Erscheint jährlich.

Verzeichnis Lieferbarer Bücher (VLB Aktuell) CD-ROM-Ausgabe (Deutsche Version)/German Books in Print.
Autoren, Stichworte, Schlagworte, Verlage, ISBN. Frankfurt: Buchhändler-Vereinigung. Erscheint monatlich.

Verzeichnis Lieferbarer Bücher (VLB) Schlagwort-Verzeichnis/German Books in Print – Subject Guide.
7 Bde. Frankfurt: Buchhändler-Vereinigung. Erscheint jährlich.

Verzeichnis Lieferbarer Schulbücher (VLS).
Frankfurt: Buchhändler-Vereinigung. Erscheint jährlich.

Verzeichnis Vergriffener Bücher (VVB) CD-ROM-Ausgabe/German Books Out-of-Print (VVB) CD-ROM Edition.
Frankfurt: Buchhändler-Vereinigung. Erscheint jährlich.

Verzeichnis Lieferbarer Musikalien (VLM) CD-ROM-Ausgabe/Music in Print.
Frankfurt: Buchhändler-Vereinigung. Erscheint zweimal jährlich.

Who's Who at the Frankfurt Book Fair.
An International Publishers' Guide. Ausstellungs- und Messe-GmbH des Börsenvereins des Deutschen Buchhandels (Hrsg.). Frankfurt: Ausstellungs- und Messe-GmbH. Erscheint jährlich.

Zeitschriften – Loseblattwerke – Jahrbücher (CD-ROM).
Köln: Banger. Erscheint jährlich.

Branchenpresse

Anzeiger. Die Fachzeitschrift des österreichischen Buchhandels.
Gründungsjahr 1866. Wien: Hauptverband des österreichischen Buchhandels. Erscheint 2 x monatlich.
Internet: www.buecher.at

Auslands-Info.
Info der Ausstellungs- und Messe GmbH. Frankfurt: AuM. Erscheint elektronisch.

Bertelsmann Briefe.
Gründungsjahr 1961. Wiesbaden: Verlag für Buchmarkt- und Medienforschung. Erscheint 2 x jährlich.
Internet: www.bertelsmann.de

Börsenblatt für den Deutschen Buchhandel.
Frankfurt: Buchhändler-Vereinigung. Erscheint 2 x wöchentlich.
Internet: www.boersenblatt.net

The Bookseller.
Gründungsjahr 1858. London: Whitaker & Sons Ltd. Erscheint
wöchentlich.

Buchhändler heute.
Gründungsjahr 1946. Fachzeitschrift für den gesamten Buchhandel.
Düsseldorf: Triltsch. Erscheint monatlich.

BuchMarkt – Das Ideenmagazin für den Buchhandel.
Gründungsjahr 1966. Düsseldorf: Buchmarkt. Erscheint monatlich.
Internet: www.buchmarkt.de

buchreport.express.
Dortmund: Harenberg. Erscheint wöchentlich.
Internet: www.buchreport.de

buchreport.magazin.
Dortmund: Harenberg. Erscheint monatlich.
Internet: www.buchreport.de

buchreport.online.
Dortmund: Harenberg. Tägliche News.
Internet: www.buchreport.de

BücherFrauen/woman in publishing.
Newsletter. Berlin: Seehausen & Sandberg. Erscheint 2 x jährlich.
Internet: www.WIPRD@aol.com

dnv – der neue vertrieb.
Gründungsjahr 1949. Verbandsorgan für Bundesverband Presse-
Grosso e. V., Verband Deutscher Bahnhofsbuchhändler e. V., Ver-
band Deutscher Lesezirkel e. V., Bundesverband des Werbenden
Buch- und Zeitschriftenhandels e. V. Hamburg: Presse Fachverlag
GmbH. Erscheint monatlich.
Internet: www.presse.de

European Bookseller. Europe's Book Trade Magazine.
London: European bookseller Ltd. Erscheint monatlich.

Graphische Kunst. Eine Zeitschrift für Graphikfreunde.
Gründungsjahr 1973. Memmingen: Edition Curt Visel. Erscheint
2 x jährlich.

Horizont.
Zeitung für Marketing, Werbung und Medien. Frankfurt/M.: Deutscher Fachverlag. Erscheint wöchentlich.

Illustration 63 – Zeitschrift für die Buchillustration.
Gründungsjahr 1963. Memmingen: Edition Curt Visel. Erscheint
3 x jährlich.

Jaeckel-Report.
(bisher: wir fachjournalisten). Lemgo: Jaeckel. Erscheint 6 x jährlich.

kress report.
Gründungsjahr 1966. Erscheint 50 x jährlich.
Internet: www.kress.de

Livres Hebdo – Livres de France.
Gründungsjahr 1979. Paris: Editions Professionelles du Livre. Erscheint wöchentlich.

Logos. The Professional Journal for the Book World.
London: Whorr Publishers Ltd.

media & marketing.
München: Europa-Fachpresse-Verlag. Erscheint monatlich.
Internet: www.mediaundmarketing.de

medien aktuell.
Zeitungen & Zeitschriften, Funk & Fernsehen, Multimedia Werbung
& PR. Schenefeld: Infodienst.
Internet: www.medien-aktuell.de

musikhandel.
Gründungsjahr 1949. Bonn: musikhandel Verlagsgesellschaft. Erscheint 8 x jährlich.

New York Review of Books.
New York: NYREV Inc. Erscheint 22 x jährlich.

Publishers Weekly. The Journal of the Book Industry.
Gründungsjahr 1872. New York: Bowker. Erscheint wöchentlich.

Der Schweizer Buchhandel.
Gründungsjahr 1943. Zürich: Schweizerischer Buchhändler- und
Verlegerverband. Erscheint 2 x monatlich.

text intern.
Informationsdienst für Medien, Werbung, Marketing, PR. Hamburg:
Text Verlag. Erscheint wöchentlich.

The Times Literary Supplement.
Gründungsjahr 1902. London: Times Newspapers Ltd. Erscheint
jährlich.

Der Titelschutz Anzeiger.
Für Zeitungen, Zeitschriften, Bücher, Tonträger, Hörfunk und TV
mit DER SOFTWARE TITEL. Hamburg: Presse Fachverlag. Erscheint wöchentlich.
Internet: www.presse.de

w&v werben und verkaufen.
München: Europa-Fachpresse-Verlag. Erscheint monatlich.
Internet: www.wuv.de

w&v new media report.
München: Europa-Fachpresse-Verlag. Erscheint monatlich.
Internet: www.wuv.de

Bücher und Buchhändler

Buchhandlungen in der Informationsgesellschaft

4., völlig neu bearbeitete Auflage 2001.
Ca. 350 Seiten. Kartoniert. Ca. DM 39,80.
In Vorbereitung.

Im Buchhandel vollzieht sich ein rasanter Strukturwandel, hervorgerufen durch die "elektronische Revolution" und durch die Expansion der Großflächen und Filialsysteme.
Wie verbinden sich die traditionellen Elemente des Einzelhandels mit Büchern und diesen neuen Entwicklungen? Wie strukturiert der Buchhandel in einer Flut von Neuerscheinungen sein Angebot, wie organisiert er die weltweit als vorbildlich angesehene Logistik, welche betriebswirtschaftlichen Überlegungen bestimmen sein aktuelles Handeln? Welche Berufschanchen bietet der Buchhandel, wie bedient er sich der elektronischen Medien und wie erschließt er für seine Kunden Bücher, Zeitschriften, Tonträger, CD-ROMs und sogenannte Non-Books? Und welche Vorzüge bieten Bücher nach wie vor in der Medienvielfalt?
Antwort auf diese Fragen gibt der Autor in seinem 4., völlig neu bearbeiteter Auflage vorliegenden Buch. Es ist besonders geeignet für alle, die einen Beruf in der Buchbranche anstreben oder bereits in der Praxis tätig sind.

Rezension zur Vorauflage:

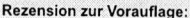

"Warnung: Schlagen Sie dieses Buch nicht auf, gleich ob Sie meinen, schon alles über Bücher und Buchhändler zu wissen, oder ob Sie völliger Neuling sind.
Sie werden sich in jedem Fall festlesen und das Buch erst aus der Hand legen, wenn Sie es ausgelesen haben. Und dann dürfte auch der Fachmann sagen, dass er noch manches dazu gelernt hat, dass ihm manches erst jetzt klargeworden ist. Verblüffend ist die Aktualität dieser Neuerscheinung."
"...So vollständig bei so komprimiertem Text ist unsere Branche jedenfalls noch nicht dargestellt worden. Darum ist das Buch für jeden Buchhändler und jeden Bibliothekar ein Muss." (Buchhändler heute)

Hüthig GmbH & Co. KG
Postfach 102869, 69018 Heidelberg
Tel. 06221/489-555, Fax 06221/489-450
www.huethig.de

59706219-2

Wolfgang Ehrhardt Heinold

4 Die Magie der Kommunikation. Menschen und Berufe um Bücher und Medien herum

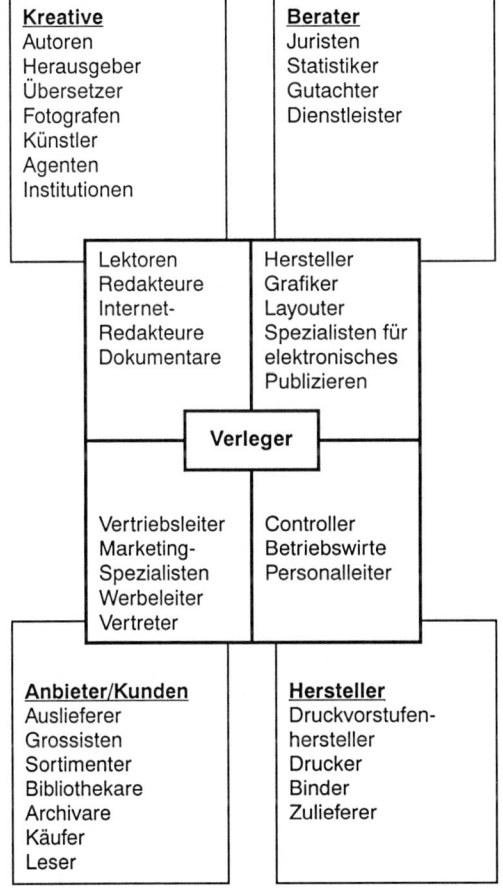

Kreative
Autoren
Herausgeber
Übersetzer
Fotografen
Künstler
Agenten
Institutionen

Berater
Juristen
Statistiker
Gutachter
Dienstleister

Lektoren
Redakteure
Internet-
Redakteure
Dokumentare

Hersteller
Grafiker
Layouter
Spezialisten für
elektronisches
Publizieren

Verleger

Vertriebsleiter
Marketing-
Spezialisten
Werbeleiter
Vertreter

Controller
Betriebswirte
Personalleiter

Anbieter/Kunden
Auslieferer
Grossisten
Sortimenter
Bibliothekare
Archivare
Käufer
Leser

Hersteller
Druckvorstufen-
hersteller
Drucker
Binder
Zulieferer

Dieses Kapitel behandelt die Frage, was Bücher- und Medienberufe so interessant macht.

4.0 Was macht Bücher- und Medien- berufe so interessant?

- Bücher und Medien entstehen durch kreative Menschen. In Büchern und Medien treffen sich Geist und Kommerz in einem außerordentlichen Spannungsfeld.

- Die am Mediengeschäft beteiligten Menschen bestimmen die Qualität, Lebendigkeit und den Erfolg von Ideen und deren wirtschaftlicher Umsetzung. Persönliches Ansehen und Kompetenz besonders der kreativ Tätigen sowie die Beziehungen untereinander und zu den externen Partnern sind für den Geschäftsgang häufig entscheidend.

- Ihre Motivation als Generalisten und Spezialisten beziehen die Menschen im Verlags- und Medienwesen sowie Buchhandel aus den vielfältigen Gestaltungsprozessen, die sie selbst steuern. Handwerkliches steht neben High-Tech-Abläufen, geschäftliche Disziplin neben verlegerischer Liebhaberei, die breite Kommunikation neben zurückgezogener Geistesarbeit.

- Für die *Berufe* im Verlagswesen gibt es keine spezifische Ausbildung. Angesichts der Komplexität aller Tätigkeiten ist ein zentraler Studiengang wohl auch nicht planbar. Die Berufsausbildung zum Buchhändler und Verlagskaufmann legt Grundlagen für Sachbearbeiterpositionen und für den möglichen Aufstieg. Wo die Verlagswelt in die moderne Medienwelt übergeht, ist hochspezifisches Fachwissen allerdings unerläßlich.

- Der Verleger selbst, seine Mitarbeiter und die externen Partner müssen Verlagstätigkeit in der Praxis lernen und bereit sein, sich mit weit auseinanderliegenden Fachgebieten und Abläufen qualifiziert zu befassen und mit der technologischen Entwicklung Schritt zu halten, indem sie ständig dazu lernen.

4.1 Autoren und Herausgeber

Das Lexikon definiert ihn schlicht als den *Verfasser oder Urheber eines Werkes:* den *Autor*, von dem Wohl und Wehe des Verlagswesens abhängt. Die deutsche Sprache hat die Neigung, zwischen dem *Dichter* und dem *Schriftsteller* zu unterscheiden. Wer den Begriff Autor näher beschreiben will, muß sich zunächst über seinen Literaturbegriff im klaren sein. Der mehrfach erwähnte *Friedrich Christoph Perthes* beschrieb den seinen so: »Deutsche Literatur ist alles in Schrift Verfaßte und durch den Druck Verbreitete, was in unserer Nation durch Nachdenken und Forschen zur Wissenschaft gebracht worden ist; alles, was der Geist durch Anschauung und Phantasie entdeckt, bildet und aufstellt, durch Witz und Scharfsinn erfindet, vergleichet, erhellet durch Beredsamkeit klar und lichtvoll darstellet.« Wer sich der Perthes'schen Definition anschließt, muß auch den Begriff des Autors weit fassen. Damit ist nicht nur der Verfasser von Gedichten, Dramen und Romanen gemeint, sondern genauso gut jeder Beiträger zu einem Lexikon oder Wörterbuch, jeder Schulbuchverfasser und jeder Wissenschaftler, der sich schriftstellerisch betätigt, und auch jeder *Herausgeber*.

Indem heute jeder, der einen Bildschirm und eine *Homepage* im Internet besitzt, seine Gedanken grafisch und typografisch gestalten und öffentlich zugänglich machen kann, erweitert sich der Begriff des Autors auf bisher ungeahnte Weise. Und im Gegensatz zu den konventionellen Medien bietet der Auftritt im Netz die Gelegenheit zum sofortigen Dialog. Die Folgen dieser technologischen Veränderung sind in ihren vielfältigen geistigen, gesellschaftlichen und wirtschaftlichen Veränderungen noch völlig unabsehbar.

Ins Blickfeld der Öffentlichkeit tritt noch immer am meisten der *belletristische Autor:* nicht nur durch Lesungen aus eigenen Werken, sondern auch durch Mitwirkung in der politischen Öffentlichkeit, durch Stellungnahmen zu Zeitereignissen, durch Manifeste und Aufrufe.

Belletristik-Autor

Fach- und wissenschaftlicher Autor

Aber schon an der Statistik der Titelproduktion nach Sachgebieten anhand des *Wöchentlichen Verzeichnisses der Deutschen Bibliographie* zeigt sich, daß die Mehrzahl der Autoren nicht im belletristischen, sondern im *Sach-, Fach-, Lehr- und Wissenschaftsbereich* zu finden ist. Die sogenannte *Schöne Literatur* einschließlich der Jugendbücher macht nur ein knappes Fünftel der gesamten Titelproduktion aus (s. 3.1).

Autorenschulung

Während an US-amerikanischen Hochschulen in erheblichem Umfang Kurse in *Creative Writing* angeboten werden, ist es um entsprechende Angebote in Deutschland schlecht bestellt. Ein Studium für Autoren ist möglich am *Deutschen Literaturinstitut Leipzig* sowie im *Nordkolleg* in Rendsburg, der privaten *Schreibschule Köln e. V.*, im praxisbezogenen *Schreibstudiengang* an der *Gesamthochschule Essen* und in privaten Schreibkreisen.

Der Vermittlung komplizierter Sachverhalte wird eine immer größere Bedeutung zukommen. Deshalb ist das Verlagswesen darauf angewiesen, daß es genügend kompetente Autoren gibt, die ein Sachgebiet beherrschen, gleichzeitig stil- und umsetzungssicher sind und über das technische Fachwissen über die digitale Gestaltung von Text-, Bild- und Tonbeiträgen verfügen.

Technisches Autoren-Knowhow

Große Autoren hatten noch weit bis ins vergangene Jahrhundert im Stammsatzbetrieb ihren Stammsetzer, der ihre Handschrift lesen konnte, also das *Manuskript* im ursprünglichen Sinne. Noch schneller als das Manuskript vom *Typoskript* abgelöst wurde, setzte sich die Erfassung von Texten mit sogenannten *Textprogrammen* und die Anlieferung an den Verlag per Diskette durch. Dieser Weg für Texterfassung und -transport wird abgelöst von der *e-mail*, die das, was der Autor geschrieben hat, blitzschnell ohne jeden Zeitverlust zum Verlag oder technischen Betrieb bringt.

Schrittmacher auf dem Weg war das sogenannte *Desktop Publishing* (wörtlich übersetzt: Publizieren am eigenen Schreibtisch). Während bis dahin die Entwicklung einer professionellen *Drucksache* zeitraubend über die Etappen Entwerfen, Texten, Setzen, Layout, Montage und Druck führte und dabei gewöhnlich Fachbetriebe usw. Auftragsarbeiten

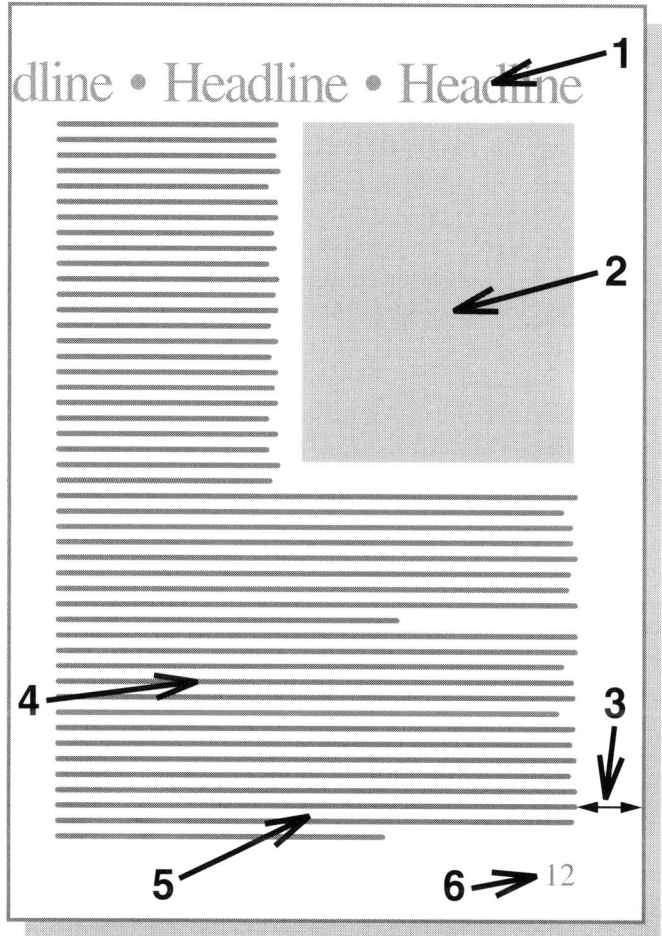

1 Überschrift
2 Bild
3 Außensteg
4 Textkolumne
5 Satzspiegel
6 Paginierung

Die klassischen Elemente einer Druckseite

leisteten, werden beim Desktop Publishing die ersten fünf Arbeitsgänge zusammengefaßt. Der Autor gestaltet nicht nur Text und Bild, sondern die gesamte Druckseite selbst (s. Abb.). Der Begriff Desktop Publishing ist eher im Schwinden begriffen, die Sache, nämlich die professionelle Herstellung der Druckvorlage am Arbeitsplatz des Urhebers, wird dagegen eher zur Regel. Und zweifellos verlagern sich Teile der originären Verlagsarbeit auf den Autor, während andererseits der Verlag originäre Aufgaben des Autors übernimmt.

243

Zwischen dem vom Autor eingereichten Typoskript und der von ihm komplett erstellten Druck- und möglicherweise sogar Tonvorlage sind im Verlags- und Publikationsalltag alle Zwischenformen vorhanden, je nach dem technischen Fach-Knowhow des Autors und der Arbeitstechnik und -organisation des Verlages und der für ihn arbeitenden grafischen Betriebe. Die Rückkehr zur *Gutenberg*-Ära, in der Autor, Setzer, Drukker, Verleger und Händler in einer Person vereinigt waren, ist tendenziell in dieser Entwicklung ebenso zu erkennen wie die zu immer größerer Spezialisierung im Bereich der Druckvorlagenherstellung, so daß das Wechselspiel zwischen Autor, Lektor und Hersteller im Verlag, technischen Dienstleistern und hochspezialisierten Experten, die allen diesen Gruppen zur Seite stehen, immer weiter an Dynamik gewinnt.

Die Zahl der Webseiten wächst, die Autoren direkt ins Netz stellen. Verlage, die Buchinhalte digital erfassen, bieten ihren Autoren neben dem Auflagendruck die Möglichkeit, Bücher im Volltext ins Netz zu stellen (s. 2.3, 5.3, 5.4).

Soziale Sicherung für Autoren

Mit der digitalen Verfügbarkeit von Texten weltweit im Netz ergeben sich zahlreiche neue Fragen, nicht nur des Urheberrechts, sondern der materiellen Absicherung der Autoren, die noch längst nicht geklärt sind (s. 2.1).

Neben der Frage der materiellen Entlohnung geistiger Arbeit und ihrer vielfältigen medialen Nutzung spielt die soziale Absicherung der Urheber eine wichtige Rolle. Das am 01.01. 1983 in Kraft getretene *Künstlersozialversicherungsgesetz (KSVG)* erfaßt »Schriftsteller, Journalisten und solche Personen, die in anderer Weise publizistisch tätig werden« und definiert sie als »Publizisten im Sinne des Gesetzes«, die der Versicherungspflicht unterliegen, soweit sie »selbständig und erwerbstätig« und das »nicht nur vorübergehend« sind.

Das Gesetz verpflichtet die Verlage, einen Satz von zur Zeit 5 % ihrer alljährlichen Honorarsumme für diese Gemeinschafts-Pflichtversicherung an die *Künstlersozialkasse* abzuführen.

Der Gesetzgeber hat im Jahr 1999 Änderungen zu diesem Gesetz beschlossen. Die bisher spartenspezifische Errechnung der Künstlersozialabgabe, getrennt nach den Bereichen

Wort, Bildende Kunst, Musik und Darstellende Kunst wurde abgeschafft und der Bundeszuschuß zur Künstlersozialkasse gekürzt.

Bei Periodika, Sammel- und Loseblattwerken ist der *Herausgeber* der geistige Leiter des Werkes. Der Kompilator von Anthologien wird ebenfalls als Herausgeber bezeichnet.

Herausgeber

Die Master-Erstellung, z. B. bei CD-ROMS, ist so komplex, daß sie in der Regel von einem Autor nicht geleistet werden kann. Die Umsetzung von Buchinhalten auf dieses Medium mit Text-, Bild- und Tonelementen erfolgt durch spezielle *Arbeitsteams* in speziellen Dienstleistungsbetrieben. Die klassische Rolle des Autors ist hier so weit aufgelöst, daß die Produkte in den meisten Fällen ohne Autorennamen auf den Markt kommen.

Medienproduzent

4.2 Übersetzer

Aufträge zur Übersetzung von literarischen, wissenschaftlichen und Fachwerken werden von den Verlagen an *freie Übersetzer* vergeben. *Angestellte Übersetzer* sind in Buchverlagen so gut wie gar nicht zu finden.

Buchübersetzer sind in aller Regel freiberuflich tätig. Als Urheber im Sinne des Urheberrechts sind sie den Autoren gleichgestellt. Es gibt keine spezifische Ausbildung für literarische Übersetzer, daher ist die Berufsbezeichnung nicht geschützt. Voraussetzung für das Übersetzen literarischer Werke ist ein besonders ausgeprägtes Gefühl für Sprache und Texte, der sichere und sensible Umgang mit der Muttersprache, die aktive und/oder passive Beherrschung einer oder mehrerer Fremdsprachen, eine fundierte Kenntnis der Lebenswirklichkeit der Länder, in denen die zu übersetzenden Texte entstanden sind sowie die Fähigkeit zu recherchieren und computergestützt zu arbeiten. In aller Regel haben literarische Übersetzer eine Hochschulbausbildung, häufig in geisteswissenschaftlichen Fächern, absolviert.

Berufsbild des Übersetzers

Übersetzer-honorare

Vertragspartner der Übersetzer sind im allgemeinen die Verlage, die Übersetzungsaufträge für Bücher aus der Belletristik und dem Sachbuchbereich vergeben. Bezahlt wird nach übersetzter Seite (Normseite). Eine Übersicht der branchenüblichen Honorare gibt die Broschüre der *Mittelstandsgemeinschaft literarische Übersetzerinnen und Übersetzer*, die jährlich neu erscheint. Eine angemessene Beteiligung am Erfolg eines Buches steht dem Übersetzer als Urheber seines übersetzten deutschen Texts auf der Basis des Urheberrechtsgesetzes zu. In dem vom Verlegerausschuß des *Börsenvereins des Deutschen Buchhandels* mit der *IG Medien* ausgehandelten *Normvertrag* sind neben dem Seitenhonorar sowohl prozentuale Beteiligungen am Nettoladenpreiss wie auch Erlöse aus Nebenrechtsverkäufen vorgesehen. In der Praxis dominieren offensichtlich noch pauschale Seitenhonorare ohne sonstige Beteiligungen der Übersetzer.

Übersetzer-verband

Der *Verband deutschsprachiger Übersetzer literarisch und wissenschaftlicher Werke e. V. (VDÜ)* wurde 1954 gegründet und trat zusammen mit dem *Verband deutscher Schriftsteller (VS)* und ging im Jahre 1973 in die *IG Druck und Papier* ein. Heute sind die Übersetzer in der *Bundessparte Übersetzer des Verbands deutscher Schriftsteller (VS)* innerhalb der *IG Medien* organisiert. Der VDÜ blieb gleichzeitig als e. V. bestehen, ist aber von den Mitgliedern und vom Vorstand her mit der Bundessparte identisch.

Einen Studiengang *Literaturübersetzung* bietet die Heinrich-Heine-Universität Düsseldorf an.

4.3 Literaturagenten

Literaturagenten sind als Vermittler zwischen Autoren und Verlagen sowie zwischen Verlagen im Ausland und Verlagen im Inland tätig.

Literarische Agenturen gehen auf Initiativen der Autoren zurück und haben auch in Deutschland ihre Wurzeln in der zweiten Hälfte des vorigen Jahrhunderts. Während seinerzeit das Schwergewicht der Tätigkeit wohl mehr in der Vermittlung einzelner Artikel, Beiträge und Erzählungen lag, entwickelte sich die Vermittlung von Buchmanuskripten an Verlage parallel in den angelsächsischen Ländern. Auch hierzulande ist es immer mehr üblich, daß ein Autor die Verwertung all seiner Rechte einem Agenten überträgt, der die einzelnen Rechte – z. B. Erstverlagsrecht, Buchclubrecht, Taschenbuchrecht – einzeln an verschiedene Verlagsunternehmen verkauft. Der Schwerpunkt der Rechtevermittlung liegt beim literarischen und Sachbuch.

Eine wichtige Rolle im Verkauf von Verlagsrechten von Land zu Land spielen die sogenannten *Importagenturen*. Sie vertreten ausländische Agenturen, Verlage oder Autoren und verkaufen die Übersetzungsrechte an deutsche Verlage. **Import-agenturen**

Die für die Bundesrepublik Deutschland bedeutsamste Stadt für die Vermittlung internationaler Rechte ist *Zürich* in der benachbarten Schweiz. Dort hat eine Reihe namhafter Agenturen ihren Sitz. Auf der *Frankfurter Buchmesse* gibt es ein eigenes Zentrum für Scouts und Literatur-Agenten.

Anschriften enthalten das *Adreßbuch für den deutschsprachigen Buchhandel* (Band 1) sowie das Adreßbuch *Deutschsprachige Verlage* (s. Literatur Kapitel 3).

Der Literatur-Agent ist an den von ihm ausgehandelten Honoraren prozentual beteiligt, und zwar mit 10 bis 15 % im Inlandsgeschäft und 15 bis 20 % im Auslandsgeschäft. **Agentur-honorare**

**Peter S. Fritz, Antonia Fritz und Christian Dittus
(Paul & Peter Fritz AG, Zürich)**

**Sabine Ibach
(Mohrbooks AG, Zürich)**

**Sebastian Ritscher
(Mohrbooks AG, Zürich)**

**Literarische Agenten sind im internationalen Verkehr der Verlage unterein-
ander unentbehrlich. Auch wächst ihre Bedeutung als Betreuer inländischer
Autoren.**

248

Antoinette
Matejka (r.)
und
Leonardo La
Rosa (l.)
(Niedieck
Linder AG,
Zürich)

Menno Kohn
(Internationaal
Literatuur Bureau BV,
Hilversum)

Eva Koralnik (l.) und Ruth Weibel (r.)
(Liepman AG, Zürich)

4.4 Der Verleger

Der Beruf des *Verlegers* ist einer der individuellsten Berufe überhaupt und bietet vielfältige geistige und wirtschaftliche Gestaltungsmöglichkeiten. Kaum ein Verleger gleicht in seinen Intentionen dem anderen, jeder betrachtet seine Rolle anders und bestimmt die individuelle Richtung seines Verlages. Trotz dieser Unterschiede gibt es erstaunlich viele Gemeinsamkeiten in der Abwicklung des täglichen Geschäfts.

Reinhard Mohn (*1921) hat sich nie als Verleger im klassischen Sinne, sondern als Unternehmer verstanden. Gerade deswegen hat er mehr als andere – erst als Vorstands –, dann als Aufsichtsratsvorsitzender der Bertelsmann AG Gütersloh und als Vorsitzender der Bertelsmann- Stiftung – das deutsche Verlagswesen der Nachkriegsjahre geprägt.
Mohn stellte sein verlegerisches Wirken unter den Leitspruch »Das oberste Ziel eines Unternehmens ist der Leistungsbeitrag für die Gesellschaft.«

Verleger im Strukturwandel

Verleger heute, seien sie Eigentümer oder angestellte Geschäftsführer, sind Manager, die organisatorische Abläufe gestalten und mit den strategischen Zielen des Verlags abstimmen. Generell betreiben Verleger ihr Geschäft nach kulturellen, geschäftlichen, an Zielgruppen orientierten oder persönlichen Interessen. In den meisten Fällen ist es eine Mischung aus allem.

War bisher der Begriff des Verlegers untrennbar mit den Printmedien *Buch, Zeitung* und *Zeitschrift* verbunden, so ist heute darunter der *Medienunternehmer* zu verstehen, der alle vom Markt akzeptierten Medien zur Vermittlung von Unterhaltung und Wissen nutzt. Insofern gewinnt der klassische Begriff des Verlegers neue Dimensionen, während andererseits Medienunternehmer verlegerisch tätig sind, die sich im klassischen Sinn nicht als Verleger verstehen.

Verleger kleinerer und mittlerer Verlage kümmern sich vielfach auch um Produktion, Verkauf, Rechnungswesen, die Behandlung von Rechten usw. In größeren Verlagen sind es häufig das Lektorat oder die Redaktion, die als verlängerter Arm des Verlegers fungieren, wobei die Wichtigkeit der Lektorate und Redaktionen vom Typus des Verlegers und dem Schwerpunkt der Verlagstätigkeit abhängt.

Großverleger

Der große Verlag arbeitet in gegliederter Struktur und häufig nach identischen Maßstäben. Der Unternehmensablauf ist arbeitsteilig organisiert. Der Verleger delegiert die meisten Funktionen an Spezialisten. Er ist Kaufmann und Stratege. Die ursprüngliche verlegerische Rolle wird abstrakt wahrgenommen, die verlegerischen Funktionen im eigentlichen Sinne liegen bei den Programm- und Vertriebsabteilungen. Der *Großverleger* steht an der Spitze einer Entscheidungspyramide und steuert den Verlag im wesentlichen unter betriebswirtschaftlichen Gesichtspunkten.

Kleinverleger

In Kleinverlagen liegen die Funktionen wie bei den *Urverlegern* häufig in einer Hand. Die Entscheidungsabläufe sind einfach, der *Kleinverleger* bestimmt Idee, Art und Erfolg seines Verlagsgeschäfts. Während es nur wenige Großverlage gibt, sind in der Bundesrepublik rund 20 000 Unternehmen und Institutionen verlegerisch tätig. Verlegerische Selbständigkeit gilt als attraktiv; auch sind überraschend viele Kleinverleger als Spezialisten auf ihrem Gebiet wirtschaftlich erfolgreich.

Publikums-verleger

Der Publikumsgeschmack ist unkalkulierbar. Der erfolgreiche *Verleger* hat oft aus eigener Erfahrung des Schreibens, Lesens und Lernens Verständnis für die Probleme von Autoren und letztlich die Wünsche von Lesern. Seine Kunst ist die Auswahl in der Vielfalt, er muß die Erfolgskriterien kennen. Der Verleger geht mit dem Zeitgeist. Die Qualität seiner Arbeit läßt sich daran messen, inwieweit er dabei ein unverwechselbares Bild seiner verlegerischen Intention und Tradition wahrt.

Fachverleger

Der *Fach- und Wissenschaftsverleger* ist in der Regel mit *seiner Disziplin* auf das engste verbunden, auch wenn er das jeweilige Fach nicht studiert hat, sondern vielleicht aus einer ganz anderen Richtung kommt. Er organisiert seinen Verlag als zentrales Forum der Information, der Kommunikation und des Handels für eine bestimmte Branche oder eine wissenschaftliche Disziplin. Sein Erfolg ergibt sich daraus, wie erfolgreich er seine Vermittlerfunktion ausübt. Nach der einfachen Philosophie, wie sie etwa im wissenschaftlichen *Springer-Verlag* (jetzt *BertelsmannSpringer*, s. 3.3) ausgeprägt wurde: »Auf der einen Seite ist jemand, der eine Information hat – auf der anderen Seite jemand, der diese Information braucht. Wir organisieren die Vorgänge, die dazwischen liegen!« (s. 5.11).

4.5 Verlagsberufe

Jedes Druckerzeugnis, ob Buch, Zeitung oder Zeitschrift, muß sich täglich wieder seinen Platz im Markt erobern oder ihn doch zumindest behaupten. Verlagsobjekten gewährt man keinen Stillstand – die Leser sind ein unerbittliches Publikum.

Alle Mitarbeiter müssen deshalb äußerst flexibel sein, sich stets an der Situation des Marktes orientieren und gegebenenfalls zur rechten Zeit neue Wege einschlagen. Wege des Erfolgs! Das gelingt aber nur dann, wenn auch die kaufmännische Seite stimmt.

Mitdenken ist also gefragt. Die Ideen und das Engagement aller Mitarbeiter sind für jeden Verlag das wertvollste Kapital.

Über 50 verschiedene *Berufe* sind im *Verlagswesen* anzutreffen, und zwar in den im folgenden dargestellten Bereichen.

Ein Verlag wird vom *Verleger geleitet.* Neben den typischen Inhaberverlag, der in der ersten Hälfte unseres Jahrhunderts dominiert hat, ist der von Managern geführte Verlag getreten, der in allen Märkten heute die herrschende Rolle spielt.

Verlagsleitung

In größeren Verlagsgruppen übt die *Geschäftsführung* nur noch planerische und koordinierende Funktionen aus, während die Verlegerfunktion von den Leitern der Tochterverlage wahrgenommen wird.

Bei der Geschäftsleitung sind in größeren Unternehmen die *Rechtsabteilung,* die *Personalabteilung,* die *Abteilung Rechte und Lizenzen* sowie das *Referat Presse-/Öffentlichkeitsarbeit* angesiedelt.

In einer Reihe von Verlage gibt es die Funktion des *Cheflektors,* der das *Programm* des Verlages bestimmt und die einzelnen Lektoren führt. Vor allem in Lexikon- und Schulbuchverlagen wird der *Lektor* meist als *Redakteur* bezeichnet. Lektoren verstehen sich vor allem in Fachverlagen in erster Linie als *Produktmanager.* Eine Sonderfunktion übt der *Bildredakteur* aus, der hauptsächlich im Lexikonverlag und in Zeitungs- und Zeitschriftenverlagen anzutreffen ist (s. 2.4). Neu entwickeln sich verschiedene Berufsbilder im Bereich des elektronischen Publizierens (s. 2.3, 2.4).

Programm

Der *Herstellungsleiter* und die *Hersteller* sind entweder gelernte *Verlagskaufleute* oder kommen aus der grafischen Industrie (s. 5.2). Sie sind für den gesamten Material- und Herstellungskapazitäten-Einkauf und für das Projektmanagement der einzelnen Titel nach Abschluß des Manuskriptes durch Autor und Lektor zuständig. Ihnen obliegen das Anfordern von Angeboten der grafischen Betriebe, die Herstellungskalkulation und in manchen Verlagen auch die Ladenpreis- und Nachkalkulation (s. 2.5).

Herstellung

Einen *Art Director* als den für die Gestaltung der Bücher Verantwortlichen gibt es nur in wenigen Verlagen. Auch *Designer* sind in Verlagen nicht sehr häufig anzutreffen. Diese beiden Funktionen werden in der Regel in der Herstellungsabteilung oder von *freien Mitarbeitern* ausgeübt.

Grafik/Layout

Dokumentation	*Text-, Bild- und Tondokumentare* sowie *Archivare* gibt es nur in Verlagen, die Nachschlagewerke herausbringen und entsprechende Dokumentations- und Archivbestände zu verwalten haben.
Ton-/ Filmstudio	In Verlagen, die neben Printmedien eine audiovisuelle Produktion herausbringen, treffen wir die Berufe des *Ton-* und des *Bildtechnikers* sowie des *Cutters* an.
Marketing und Vertrieb	Der *Vertrieb* wird vom *Vertriebsleiter* oder *Verkaufsleiter* geführt. In einigen Verlagen ist für diese Position auch die Bezeichnung *Marketingleiter* üblich. Die Abteilung ist für alle Verkaufsaktivitäten von der Planung bis zur Kontrolle der Ergebnisse zuständig. In Verlagen mit eigener Auslieferung fallen oft auch Rechnungsschreibung, Lagerhaltung und Versand in das Gebiet Vertrieb.

Größere Verlage haben neben dem *Gesamt-Vertriebs-* oder *Verkaufsleiter* noch *Verkaufsleiter* für einzelne Vertriebswege, z. B. für den Sortimentsbuchhandel, die Warenhäuser und sonstige Nebenmärkte (s. 2.6).

Key-account-Manager	Neueren Datums ist die Funktion des *Key-account-Managers*, dessen Aufgabe die Betreuung von Schlüsselkunden ist. Key-account-Schlüsselkunde ist ein Begriff aus dem Lebensmitteleinzelhandel, wo mit einem Schlüssel (nämlich dem Besuch der Zentrale) die Tür zu einem ganzen System von Filialen aufgeschlossen wird. Im Verlagswesen werden durch Key-account-Manager ebenfalls buchhändlerische Filialsysteme, buchhändlerische Großkunden, Spezialgrossisten in Nebenmärkten, Versandhäuser und Versender und Industrie-Direktkunden betreut. Der Key-account-Manager unterscheidet sich in der Funktion vom Verlagsvertreter, der auf das typische Einzelhandelsgeschäft ausgerichtet ist (s. 2.6, 4.9).
Export	Verlage mit hohem Exportanteil kennen die Position des *Exportleiters* oder des *Verkaufsleiters für einzelne Märkte*, z. B. für den englischsprachigen Raum, für den Fernen Osten usw.
Werbung	Der *Werbeleiter* hat im kleineren Verlag All-round-Aufgaben. Er plant nicht nur die *Werbung*, sondern schreibt die Texte selbst und übernimmt grafische Grundaufgaben. Immer mehr

254

größere Verlage arbeiten professionell mit *Werbeagenturen* zusammen. Der Werbeleiter entwirft auf der Grundlage seines Werbebudgets den Werbeplan und übernimmt das *Briefing* der Werbeagentur, d. h. er weist sie in die Aufgabenstellung ein.

Komplette Werbeabteilungen haben vor allem diejenigen Verlage, die eigens *Direct Mailing* betreiben, d. h. die an ihre Zielgruppen per Post direkt verkaufen. In solchen Verlagen treffen wir *Werbeplaner, Werbegrafiker, Texter* und *Konzeptioner* sowie *Produktioner* (Hersteller von Werbemitteln) an, ferner eigenständige Marktforschungsabteilungen (s. 2.7).

Die Abteilung für *Lizenzverkäufe* kann im Vertriebsbereich angesiedelt sein oder fungiert als Stabsstelle bei der Verlagsleitung (s. 2.9). Sie verkauft die sogenannten *großen Rechte* (Auslands-, Buchgemeinschafts- und Taschenbuchlizenzen; Sonderausgaben). Die *kleinen Rechte* (vor allem Vorab- und Nachdrucke) werden in der Regel von der Presseabteilung mitverwaltet. Die Presseabteilung ist in einigen Verlagen Stabsstelle bei der Geschäftsleitung, in anderen Verlagen ist sie der Vertriebsabteilung zugeordnet (s. 2.8). **Lizenzverkauf und PR**

Die Pressesprecher sind in einem sehr aktiven *Arbeitskreis der Verlagspressesprecher (AVP)* organisiert.

Im Zeitschriftenverlag spielt die Anzeigenabteilung eine ausschlaggebende Rolle. Sie ist mit *Anzeigenleitern* für den Gesamtverlag und die einzelnen Objekte, mit *Anzeigensachbearbeitern* sowie mit angestellten oder freiberuflichen *Anzeigenvertretern* besetzt. In Adreßbuchverlagen entfällt mehr oder minder der gesamte Umsatz auf den Anzeigenbereich, während die Verlagsobjekte kostenlos abgegeben werden. In Fachzeitschriftenverlagen machen die Anzeigenerlöse etwa 50 % des Umsatzes aus. Bei manchen Objekten ist der Anzeigenumsatz höher als 50 % und damit die ausschlaggebende Komponente (s. 1.4, 1.5). **Anzeigenverkauf**

Einige wenige Verlage betreiben eigenes Telefonmarketing, bei dem *Telefonverkäufer* direkten Kontakt mit dem Händler oder Privatkunden halten. Besonders im Zeitschriftenbereich arbeiten Verlage mit professionellen *Call Centern* zusammen. **Telefonverkauf**

255

Kunden-betreuer

Kundenbetreuer sind im Innendienst für den Einzelhandel in bestimmten Regionen oder einzelner Branchen zuständig. Als direkter Ansprechpartner des Händlers spielen sie in den immer umfangreicher werdenden Informations-, Bestell- und Lieferprozessen eine immer wichtigere Rolle.

Größere Gruppen von Kundenbetreuern werden in Schulbuchverlagen beschäftigt. Ihre Aufgabe ist es in der Hauptsache, die aus den Schulen zumeist telefonisch eintreffenden Schulbuchbestellungen entgegenzunehmen sowie telefonische oder schriftliche Anfragen oder Reklamationen von Lehrern zu bearbeiten.

Versand

Die sogenannte *körperliche* Auslieferung untersteht dem *Versandleiter*, der für die Lagerorganisation und die Auslieferung der Bestellungen verantwortlich ist.

Kauf-männische Verwaltung

In der *kaufmännischen Verwaltung* sind die gleichen Berufe wie in der übrigen Wirtschaft anzutreffen: der *Leiter des Rechnungswesens*, die *Buchhalter*, die *Kostenrechner*, die *Controller*, die *Personalsachbearbeiter* sowie *Spezialisten* für die EDV (s. 2.11).

Rechts-abteilung

Rechtliche Fragen gewinnen in Verlagen immer mehr an Bedeutung. Deshalb verfügen größere Verlage oder Verlagsgruppen über eigene *Rechtsabteilungen*, die mit einem oder mehreren Volljuristen besetzt sind. In manchen Verlagen wird der *Leiter der Rechtsabteilung* als *Justitiar* bezeichnet. Die Zuständigkeit der Rechtsabteilung bezieht sich auf alle im Verlag anfallenden Rechtsprobleme, insbesondere diejenigen des komplizierten Urheber- und Verlagsrechtes sowie auf das Lizenzrecht, in zunehmendem Maße aber auch auf Wettbewerbsfragen (s. 2.1, 2.2).

Berufliche Voraussetzungen

Die verschiedenen Verlagsberufe stellen ganz unterschiedliche Anforderungen an Ausbildung, Kenntnisse und Fertigkeiten der Mitarbeiter. So können z. B. nur ausgebildete Spezialisten als *Marktforscher* oder im *Druckvorstufenbereich* tätig werden. *Hersteller* kommen entweder aus der grafischen Industrie oder sind gelernte Verlagskaufleute. Die Mitarbeiter in der *Werbung* haben zumeist eine werbefachliche Grund- oder Zusatzausbildung. Vertriebsexperten sind entweder gelernte Verlagsbuchhändler oder kommen aus dem Sortimentsbuchhandel. Für gehobene Tätigkeiten im *Rechnungswesen* und im *Marketing* ist ein wirtschaftswissenschaftliches Studium erforderlich. *Lektoren* haben zumeist ein Hochschulstudium absolviert. Wünschenswert ist, daß sie auch eine verlagsbuchhändlerische oder verlagskaufmännische Ausbildung haben (s. 4.13).

Computer, Fernseher und Telefon verschmelzen zu neuen Diensten und Geräten und auch die Buchproduktion ist in dieses digitale Netzwerk eingespannt. Damit werden die einst starren *Berufsgrenzen* zwischen Technikern einerseits und den Lieferanten von Inhalten andererseits aufgehoben. Damit gewinnen auch die Schnittstellen an Bedeutung und gebraucht wird nach Schätzungen von Experten der *spezialisierte Generalist*. Ein Studium für die neuen Berufsfelder ist unerläßlich. Als gute Eingangsvoraussetzungen gelten Kombi-Studiengänge wie Wirtschaftsinformatik, Medieninformatik oder Medienwirtschaft.

Neue Berufsfelder

Neue Berufsfelder im Bereich des elektronischen Publizierens, der Internet-Auftritte und der CD-ROM-Produktion sind *Projektmanager, Programmierer, Web-Designer* und *Konzepter*, so z. B. bei der führenden deutschen Multimedia-Agentur *Pixelpark*, einer *Bertelsmann*-Tochter.

Wo der Buchvertrieb über das Internet stattfindet oder Musik aus dem Netz und das Fernsehen vom Computerbildschirm kommen, werden z. B. *Screendesigner, Netzbroker* oder *3-D-Animatoren* gebraucht.

Nach einer Schätzung der *Fraunhofer-Gesellschaft* München gab es in Deutschland vor zehn Jahren 24 000 Berufsbezeichnungen, heute sind es mehr als 55 000 – und darüber hinaus gibt es Jobs, für die es weder einen allgemein gebräuchlichen Namen noch eine Ausbildungsordnung gibt.

Die Schaffung neuer Berufsbilder kommt eher langsam voran. Seit 1997 gibt es als Ausbildungsberufe den *IT-System-Elektroniker*, den *Fachinformatiker*, den *Informatikkaufmann* und den *IT-Systemkaufmann*.

Seit 1998 sind der *Kaufmann für audivisuelle Medien,* der *Mediengestalter Digitale und Printmedien* und die *Fachkraft für Veranstaltungstechnik* hinzugekommen.

An nordrhein-westfälischen Hochschulen gibt es ein breit gefächertes Angebot an medienspezifischen Studiengängen. Diese mehr als 35 Studiengänge an 14 verschiedenen Studienorten lassen sich in folgende Schwerpunkte einordnen:

- Medienkunst

- Mediengestaltung

- Medientechnik

- Medienökonomie/-planung/-management

- Medienwissenschaft

Nähere Auskunft unter dem Stichwort *medienforum NRW* (s. Anhang 6).

Einen in Deutschland einmaligen dualen Ausbildungs- und Studiengang *Medienbetriebswirtschaft* bietet seit 1999 die *Wirtschaftsakademie Hamburg* an. Der Studiengang ist betriebswirts- und gleichzeitig medienwirtschaftlich orientiert.

Die *Hochschule Mittweida (FH)* bietet einen Studiengang *Medientechnik* an, der die Komponenten Ingenieurwissenschaft und Journalismus miteinander verbindet. Neben den Studienrichtungen Fernsehen, Hörfunk und Multimedia gibt es auch eine Spezialisierung auf *Printmedien.*

Eine Fortbildung zum *Online-Redakteur* bietet *WBS-Training* in Frankfurt/M. seit Anfang 2001 an.

Noch vermag niemand zu sagen, wie sich das Zusammenwachsen der Gutenberg-Welt – also der klassischen Verlagswelt – und der neuen Multimedia-Welt organisieren und gestalten wird. Das gilt auch für die isoliert nebeneinander stehenden Ausbildungsberufe der »alten« und »neuen« Berufswelt.

258

4.6 Frauen im Verlagswesen

Ein hoher Prozentsatz der Mitarbeiter im Verlagswesen sind *Frauen*. Wenn in diesem Kompendium die Berufsarten rund um das Buch mit der männlichen Form bezeichnet werden, so geschieht dies ausschließlich, um die umständliche Form der Nennung beider Geschlechter wie z. B. »Buchhändler und Buchhändlerinnen« oder »Verlagsvertreter und Verlagsvertreterinnen« zu vermeiden.

Allerdings ist es kein Zufall, daß im Verlagswesen wie in der übrigen Berufswelt die Berufsbezeichnungen männlich geprägt sind. Der Nationalökonom *Karl Bücher* (1847 – 1930) bezeichnete im Jahr 1903 die »rasch wachsende Inanspruchnahme der Frauenarbeit« als »stark pathologische Erscheinung im Sortiment«. Mitglieder des *Börsenvereins* konnten *Frauen* zwar werden, mußten sich aber bis 1922 in der Hauptversammlung durch Männer vertreten lassen, weil sie nicht stimmberechtigt waren (Frauen sind in Deutschland seit den Wahlen zur Nationalversammlung 1919 wahlberechtigt).

Frauen im Börsenverein

Noch immer sind die ehrenamtlichen Gremien des *Börsenvereins des Deutschen Buchhandels* hauptsächlich mit Männern besetzt. Frauen sind die Ausnahme. Von 1989 bis 1992 amtierte zum erstenmal in seiner Geschichte eine *Vorsteherin* des Börsenvereins.

Eine Reihe von Frauen hat in den letzten Jahrzehnten das Gesicht von Verlagen wesentlich geprägt. So gründete im Jahr 1934 – als das Dritte Reich die Frauen wieder als Heimchen an den Herd verbannen wollte – *Marion von Schröder* (1886 – 1976) in Hamburg einen *Verlag der Frau*, dessen eigentliche Verlagstätigkeit sie dann aber unter ihrem Namen begann. Aus diesem Verlag ging unter anderem *Maria Honeit* (1910 – 1982) hervor, die sich als Verlagsleiterin des *Christian Wegner Verlages* und als Übersetzerin einen Namen machte. Weitere wichtige Namen von Verlegerinnen der Wiederaufbaujahrzehnte sind *Hildegard Grosche* (*1913) vom damaligen *Steingrüben-Goverts Verlag*, *Cilly Lutter* (*1914) vom *Wolfgang Krüger Verlag* und *Ingeborg Stahlberg* (1921

Bekannte Verlegerinnen

– 1985) vom *Stahlberg und amadis Verlag*. Der *Verlag Rogner & Bernhard* in München wurde von *Antje Ellermann* (*1940) geleitet. *Christa Spangenberg* (*1928) leitete jahrelang den *Ellermann Verlag*, der auf Kinderbücher spezialisiert ist. Ebenso der *Gertraud Middelhauve* (*1929) *Verlag*, bis Juli 1991 von der Verlegerin geleitet, die ihm ihren Namen gab. *Maria Hönigschmied* (*1924) war jahrelang an der Seite von *Willy Droemer* (*1911) verantwortlich für die Geschicke des *Droemer/Knaur Verlages*. *Dorothea Hess-Maier* (*1936) stand von 1995 bis 1999 an der Spitze des Vorstands der *Ravensburger Buch AG* und amtierte daneben von 1989 bis 1992 als ehrenamtliche Vorsteherin des *Börsenvereins*.

Schon diese wenigen Namen, die hier stellvertretend für die vielen Frauen in der Verlagsbranche stehen, zeigen, daß es falsch ist, das Verlagswesen als Domäne der Männer anzusehen.

BücherFrauen

BücherFrauen e. V. ist ein Netzwerk von und für Frauen, die in Berufen rund um Bücher arbeiten. Die ca. 1 000 Mitgliedsfrauen sind bundesweit in 18 Regionalgruppen unterteilt; die *Women in Publishing* gibt es auch in Österreich, der Schweiz sowie in England, Irland, USA, Australien und Asien. Die deutsche BücherFrauen-Gruppen treffen sich regional einmal im Monat zu einem festgelegten (Weiterbildungs-)Thema (s. Anhang 6).

4.7 Externe Mitarbeiter und Dienstleister

Charakteristisch für Verlage ist, daß sie sich auf ihre Grundfunktionen beschränken und den Personalapparat klein halten können. Routinearbeit aus dem Verlag wird an spezialisierte Dienstleister und freiberufliche Mitarbeiter delegiert, letzteres oft im Rahmen *fest-freier Mitarbeit*.

Im Hinblick auf die zahlreichen freien Vertragsverhältnisse mit Dienstleistern aller Art sowie Verlagsvertretern, die zum Teil exklusiv für ein Unternehmen tätig sind, herrscht in den Verlagen nach wie vor Unsicherheit über die Anwendung des Ende 1998 erlassenen *Gesetzes zur Förderung der Selbständigkeit* (Stichwort: *Scheinselbständigkeit*). Die Steuerabteilung des *Börsenvereins* hat verlautbart, daß in der Regel zur Herstellung von Verlagserzeugnissen engagierte freie Mitarbeiter tatsächlich als selbständig anzusehen sein dürften. Bei Verlagsvertretern sei nur in atypischen Fällen von der Vermutung einer nichtselbständigen Tätigkeit ausgegangen worden.

Titelrecherchen werden durch spezialisierte *Auskunftsbüros* durchgeführt. Jeder Verlag muß sich rechtzeitig Buch- und Zeitschriftentitel sichern und feststellen, ob die jeweils gewählten Formulierungen nicht mit den Rechten Dritter kollidieren (s. Anhang 6).

Auskunftsbüros

Die Bebilderung von Verlagsprodukten hat weiterhin wachsende Bedeutung. Häufig ist die Qualität und Themenspezialität von entscheidender Bedeutung. Deshalb werden Verträge mit einzelnen *Fotografen* geschlossen oder eine *Bildagentur* übernimmt teilweise oder komplett die Bildbeschaffung.

Bildagenturen und Fotografen

Besonders Fach- und Sachbuchverlage lassen datenintensive Werke auf Exaktheit und Aktualität von externen Experten prüfen.

Dokumentationsdienste

Durch Umschlag- und Einbandgestaltung sowie Mitwirkung bei der Typografie prägen *Grafiker* das Gesicht der Verlage. Bekanntestes Beispiel: der Schweizer Grafiker *Celestino Piatti* (*1922), der seit der Gründung des *Deutschen Taschenbuchverlages* in München im Jahre 1961 in den ersten drei Jahrzehnten alle Buchumschläge gestaltet hat – in der Summe mehrere tausend.

Grafiker

Neben der Idealfigur des Buchgestalters oder -ausstatters steht der grafische Zuarbeiter – meist Layouter –, der einzelne Aufgaben in der Typografie, im Text- und Bildlayout, in der Illustration oder in der Werbung übernimmt.

Illustratoren interpretieren Kinder- und Jugendbücher sowie schöngeistige Titel (vorzugsweise Klassiker) farbig oder schwarzweiß in verschiedenen Mal-, Collagier- und Zeichentechniken. Sie stehen in der Tradition großer Namen wie

Illustratoren

Alfred Kubin (1877 – 1959), *Josef Hegenbarth* (1864 – 1962), *Wilhelm M. Busch* (1907 – 1987) und vielen anderen. Für Illustratoren gibt es an Fachhochschulen spezielle Studiengänge. Sachillustratoren wirken an Kinder- und Jugendsach-, Sach-, Fach- und Special-interest-Büchern mit.

Multimedia-Dienstleister

Die komplexe Welt des *Elektronischen und Multimedia-Publizierens* ist ohne hochspezialisierte Dienstleister undenkbar. Bei diesen Dienstleistern bilden sich ständig neue Berufsformen heraus (s. oben).

Packager

Packager sind Spezialisten für das internationale Publizieren von Büchern, bei dem Auflagen aus mehreren Ländern zu einer internationalen Großauflage zusammengepackt werden. Lediglich die Schwarzteile, in der Regel der Text, werden einzeln in den verschiedenen Sprachen gedruckt.

Personalberater und -vermittler

Zur Besetzung von Führungspositionen werden in zunehmendem Maße erfahrene *Personalberatungen* oder *-vermittlungen* herangezogen, in der Regel solche mit Branchenspezialisierung.

Die Personalberatung arbeitet auf der Basis gezielter *Direktsuche* (*Executive Search* oder *Head Hunting*) oder mit Ausschreibungen in der Branchen- und überregionalen Presse. Auftraggeber sind die suchenden Unternehmen.

Personalvermittlungen sind vom Arbeitsamt lizensiert und führen eine Bewerberdatei. Sie arbeiten einerseits im Auftrag suchender Unternehmen, andererseits im Auftrag der Bewerber. Die Kosten der Vermittlung trägt in jedem Fall der Arbeitgeber.

PR-Büros

Für Verlage ist der *Presseverkauf*, d. h. die gezielte Information der Medien Zeitung, Zeitschrift, Rundfunk und Fernsehen von hoher Bedeutung. Ziel ist, daß diese Medien über die Verlagsprodukte berichten (Rezensionen) oder mit Quellenangabe aus Werken zitieren. Häufig geschieht dies als sog. Preprinting-Aktivität, also vor Erscheinen eines Werkes oder durch Interviews mit Lektoren, Redakteuren und Autoren vor der Veröffentlichung (s. 2.8).

Als Dienstleister stehen zumeist auf Verlage spezialisierte *PR-Büros* zur Verfügung, die sich aber auf Publikumsmedien konzentrieren. Special-interest-, Fachmedien- und (Aus-)Bildungsverlage vergeben nur in seltenen Fällen ihre Pressearbeit an Dienstleister.

Producer im weiteren Sinn sind Dienstleister, die Bücher oder andere Medien für Verlage oder sonstige Auftraggeber produzieren. In der Regel liefern sie die produktionsreife Druckvorlage oder auch fertig gedruckte Auflagen. Unter dem Begriff des freien Producers werden auch freiberufliche *Lektoren* oder freiberufliche *Hersteller* verstanden. Infolge der Outsourcing-Politik der Verlage ist die Zahl dieser Dienstleister in den letzten Jahren erheblich gewachsen. Wer solche Dienstleister sucht, findet Leistungsprofile – auch die von freiberuflichen *Korrektoren* – unter *www.lektorate.de*.

Producer

Im engeren Sinne versteht man unter Producern Dienstleister, die eigenständig Ideen für Bücher, Buchserien, Partworks und andere Medien entwickeln, dafür einen Verleger suchen und auf dessen Risiko bis zur Druckreife oder inklusive Auflagendruck realisieren. Eine scharfe begriffliche Abgrenzung des so verstandenen Producers zum *Packager* besteht nicht.

Der amerikanische Begriff *Scout* bezeichnet Personen, die im Auftrag des Verlags an Universitäten, Forschungseinrichtungen und Unternehmen Autoren, wissenschaftliche Arbeiten und Manuskripte bzw. Informationen über interessante Publikationsvorhaben aufspüren und Kontakte zum Verlag herstellen. Namhafte deutsche Publikumsverlage haben Scouts als *Auge und Ohr* in den USA und anderen Ländern. Aufgabe des Scouts ist, Kontakt zu den lizenzgebenden Verlagen zu halten. Die *Repräsentaten* deutscher Verlage – oft identisch mit den Scouts – bemühen sich um den Verkauf von Übersetzungsrechten deutschsprachiger Autoren in andere Länder (s. 2.9).

Scouts und Repräsentanten

Häufig werden externe Spezialisten für die Gestaltung von Texten für PR, Werbung und Marketingaktivitäten herangezogen. Spezielle *Textbüros* bieten hier Komplettservice.

Texter

Unternehmensberatungen

In zunehmendem Maß werden von Verlagen die Dienstleistungen externer *Unternehmensberatungen* in Anspruch genommen. Dabei stehen die großen, zumeist international tätigen Beratungsgesellschaften im Wettbewerb mit branchenbezogen arbeitenden Spezialisten (s. Anhang 4).

Werbeagenturen

Die Rolle von *Werbeagenturen* wird für die Verlagsszene immer wichtiger, nicht nur für den Publikumsbereich. Sie verwalten entweder ganze Etats oder werden fallweise zur Gestaltung von Marketingaktionen oder Einzelwerbemitteln herangezogen.

4.8 Berufe der Druckindustrie

Der technische Wandel spiegelt sich in den Veränderungen der Berufsbilder in der *Druckindustrie* besonders deutlich. So wurde der seinerzeit klassische Beruf des *Setzers* abgelöst von dem des *Mediengestalters*, während sich der des *Druckers* erhalten hat.

Auszubildende in der Druckindustrie

In der Druckindustrie wurden 1995 insgesamt 15 845 Auszubildende verzeichnet. An der Spitze steht die *Mediengestaltung/Druckvorstufe* mit 8 343 Ausbildungsverhältnissen und einem Zuwachs von 30 %, gefolgt von der *Drucktechnik* (4 923) und der *Druckweiterverarbeitung* (2579).

Berufsbilder in der Druckindustrie

Im Berufsfeld *Mediengestalter/in für Digital- und Printmedien* gibt es folgende Fachrichtungen: *Medienberatung – Mediendesign – Medienoperating – Medientechnik*. Die Auszubildenden können jeweils eine der genannten Fachrichtungen wählen.

Weitere Berufsfelder sind *Drucker/in* mit den Fachrichtungen *Flach-, Hoch-, Tief-* und *Digitaldruck* sowie *Siebdrucker/in*.

Die Papierverarbeitung ist Bestandteil der Ausbildungsberufe *Buchbinder/in* sowie *Verpackungsmittelmechaniker/in*.

Als Fortbildungsmöglichkeiten bietet die Druckindustrie Kurse mit dem Abschluß als *Druck- und Medientechniker*, als *Medienfachwirt* und als *Betriebsassistent Druck* an. Außerdem gibt es Studienmöglichkeiten z. B. an der *Hochschule für Druck*, der ehemaligen *Fachhochschule Stuttgart*.

4.9 Verlagsvertreter

Ein wichtiges Bindeglied zwischen Verlag und Buchhandel sind die *Verlagsvertreter*. Größere Verlage beschäftigen entweder *festangestellte Reisende*, die an die Weisungen des Verlages gebunden sind, oder *freie Handelsvertreter* auf Exklusivbasis. Die übrigen Verlage arbeiten in der Regel mit freien Handelsvertretern zusammen, die als Mehrfirmenvertreter tätig sind (s. 2.6).

Mit der Einführung der *Warenwirtschaft* (s. BuB 2) und der elektronischen Bestellübermittlung verändert sich das Berufsbild. Die Tätigkeit verlagert sich vom *Verkaufen* zur *Marketingberatung* und *Information über Neuerscheinungen*.

Eine *Ausbildung zum Verlagsvertreter* gibt es nicht. Vertreter erwerben ihre spezifischen Kenntnisse vor allem in der Praxis, z. B. indem sie zunächst als angestellte Reisende ohne Provisionsrisiko unterwegs sind oder indem sie die Produktion einiger kleinerer und mittlerer Verlage anbieten und sich zur Existenzsicherung von jedem eine Garantievorauszahlung (Branchenjargon: *Fixum*) zusichern lassen.

Vertreterausbildung

Unter den Verlagsvertretern finden wir promovierte Germanisten oder Kunsthistoriker ebenso wie Sortiments- oder Verlagsbuchhändler oder Kaufleute aus anderen Branchen.

Die Tätigkeit des Verlagsvertreters ist mit fünf bis acht Kundenbesuchen pro Tag – bei bis zu 200 Reisetagen im Jahr – anstrengend, aber gut bezahlt. Besonders lukrativ sind Vertretungen größerer Verlage, vor allem wenn ein Bestseller die Umsätze in die Höhe schnellen läßt. Der freie Handelsvertreter erhält eine *Provision* von durchschnittlich 8 % von allen Umsätzen seiner besuchten Kunden, d. h. er genießt in der Regel Kundenschutz.

Tätigkeit des Verlagsvertreters

Ein begabter Verlagsvertreter knüpft rasch Kontakte an und pflegt sie. Er stellt sich auf die Besonderheiten seiner Kundschaft ein und kann beurteilen, welche Titel der besuchte Buchhändler in welcher Menge braucht. Er hat die Fähigkeit, Bücher kurz und knapp vorstellen zu können, so daß der zuständige Einkäufer das für ihn Wesentliche erfährt.

Eine mittlere und größere Buchhandlung empfängt pro Saison bis zu 100 Verlagsvertreter, die wenigstens eine oder mehrere Stunden mit den verschiedenen Einkäufern verhandeln. Wegen des erheblichen Zeitaufwandes im Sortimentsbuchhandel ist der Einkauf über den Vertreter nicht unumstritten. Andererseits gibt es für diese persönliche Art der Information und des Bestellens bisher keine Alternative.

Verlagsvertreter sind auf den zentral gelegenen Vertreterbörsen vertreten, deren Zahl aber zurückgeht (s. 2.6).

Der Verlagsvertreter notiert die ihm erteilen *Reiseaufträge* auf dem *Reiseauftragszettel*. Immer mehr Vertreter erfassen, bearbeiten und übermitteln die Reiseaufträge per *Laptop*, in dem der Verlagskatalog, Informationen über Novitäten sowie kundenbezogene Titel und Absatzstatistiken gespeichert sind und direkt beim Kunden abgerufen werden können.

Die großen Buchhandlungen der Branche sowie sonstige Schlüsselkunden im Groß- und Einzelhandel werden durch *Key-account-Manager* besucht, die teils als Angestellte des Verlages, teils auf Provisionsbasis arbeiten und sich auf Großkunden konzentrieren. In großen Buchhandlungen der Branche, die hauseigene Vertreter- oder Informationsbörsen abhalten, vertreten sie die Belange des Verlages und stellen die Produktion vor.

Bei Artikeln, die rasch nachbestellt werden müssen, z. B. bei Kunstpostkarten, Stadtplänen usw. werden von einigen Verlagen *Merchandiser* eingesetzt. Dabei handelt es sich zumeist um Kräfte auf Aushilfsbasis, die in bestimmten Regionen die vom Vertreter besuchten Kunden nachbesuchen und die Regalpflege und Lagerergänzung in entsprechender Abstimmung mit der Buchhandlung vornehmen.

Auch einige Großbuchhandlungen setzen eigene Verlagsvertreter ein für bestimmte Branchen oder Einkaufsverbände, z. B. im Spielzeughandel oder der PBS-Branche (Papier/Bürobedarf/Schreibwaren). Die Betreuung der Zentralen erfolgt in diesem Fall in der Regel durch Key-account-Manager.

4.10 Berufe im verbreitenden Buchhandel

Zum *verbreitenden Buchhandel* zählen alle Formen des Zwischenbuchhandels und des Buchhandels.

Zum *Zwischenbuchhandel* gehören Barsortimente, Regional- und Spezialgrossisten sowie Verlagsauslieferungen (s. 3.4). Wir finden in ihnen alle *Berufe* aus dem kaufmännisch-technischen Verlagsbereich, von den Angehörigen des Rechnungswesens über EDV-Spezialisten bis zu Versandfachleuten.

In welcher der verschiedenen Sparten des Verkaufs ein *Buchhändler* auch tätig ist, das Vermittelnd-Beratende seines Berufes prägt ihn. Seine Aufgabe ist es, die Bedürfnisse der Käufer und Leser mit der Auswahl im Laden, mit schriftlichen Angeboten, auf dem Weg über Vertreter oder durch Handel mit antiquarischen Veröffentlichungen zu befriedigen. Unter den Vertriebsformen des Buchhandels dominiert das klassische Ladengeschäft. Ganz neu entwickeln sich Berufe im Internet-Buchhandel (s. BuB 1).

Im *Zwischenbuchhandel* Tätige sind mit allen Fragen der Logistik, d. h. also des Bestell- und Auslieferungsverkehrs, der Datenspeicherung und -übermittlung, der Lagerung, Lagerbewirtschaftung, der Bibliographie und der Spedition vertraut. Der Zwischenbuchhandel bildet selbst aus, rekrutiert sich aber auch aus dem Verlagswesen und dem Buchhandel sowie aus den verschiedensten kaufmännischen Berufen.

Berufe im Zwischen- buchhandel

Der *Sortimentsbuchhändler* unterhält ein *sortiertes Lager* von unterschiedlicher Titelzahl. Kleinere Spezialbuchhandlungen haben mehrere tausend Titel zu einem einzigen Thema vorrätig. Eine mittlere Buchhandlung hält für ihre Kunden zwischen 30 000 und 60 000 Titel bereit. Die Großen der Branche verfügen über ein Angebot von 120 000 bis 150 000

Sortiments- buchhändler

Titeln, wobei schätzungsweise ein Drittel bis die Hälfte auf Taschenbücher entfällt.

Die Grundfunktionen einer Buchhandlung sind in jeder Betriebsgröße gleich: Information, Auswahl und Einkauf – Ladengestaltung und Warenpräsentation – Kundenbedienung und -beratung – Administration und Warenwirtschaft. In diesen Bereichen bietet der Sortimentsbuchhandel interessante Berufsaufgaben. Neben den Buchhändler, der den größten Teil seiner Zeit in der Kundenbedienung im Laden verbringt, ist der *Buchhandelsmanager* getreten, der ein großes Hauptgeschäft und mehrere Filialen dirigiert und den Kunden nicht mehr selbst bedient (s. BuB 2).

Versand-buchhändler

Der *Versandbuchhändler* unterhält kein Ladengeschäft. Er spricht den Kunden durch Direktmarketing an. Dazu gehören Mailings, Anzeigen, Telefonverkauf und Vertreterbesuche. Die Belieferung erfolgt über die Post oder durch Paketdienste.

Internet-Buchhändler

Der *Internet-Buchhändler* wählt ebenso wie der Sortimentsbuchhändler die Titel für sein Angebot aus, umwirbt mit Marketingaktivitäten den Kunden und organisiert die Besorgung und Lieferung der bestellten Medien. Seine spezielle Aufgabe ist die Präsentation seines Angebotes in attraktiver Form auf dem Bildschirm, weil es mit einer einfachen bibliografischen Verzeichnung nicht getan ist. Hier ist noch viel Neuland zu erschließen und die entsprechenden Berufsbilder befinden sich erst in der Entwicklung.

Antiquar

Der *Antiquar* handelt mit gebrauchten Büchern. Er erwirbt sie aus privater Hand, z. B. bei Auflösung von Privatbibliotheken und Haushalten. Für vergriffene und selten vorkommende Titel kann der Antiquar zum Teil hohe Preise erzielen. Antiquare sind oft auf ein Spezialgebiet ausgerichtet, zu dem sie laufend Versandkataloge erstellen. Besonders wertvolle Einzelbände oder Gesamtbibliotheken werden durch Buchauktionshäuser verkauft.

Der Beruf des Antiquars setzt eine überdurchschnittlich hohe Allgemeinbildung, Sorgfalt im Detail und die Beherrschung des Bibliografierens und Katalogisierens voraus, verbunden mit der Fähigkeit zum günstigen Einkauf und ertragreicher Preisgestaltung.

Der Antiquariatsbuchhandel verlagert sich immer mehr ins Internet. Deshalb sind gute EDV-Kenntnisse für diesen Beruf unerläßlich.

4.11 Bibliothekare

Bibliothekarische Aufgaben und Tätigkeiten sind der Aufbau und die Erschließung von Beständen sowie deren Vermittlung durch Dienstleistungen für die Bibliotheksbenutzer. Allgemeine Voraussetzungen für eine Tätigkeit im Bibliotheksbereich sind Kontakt- und Kommunikationsfähigkeit, Reaktionsvermögen und Aufgeschlossenheit gegenüber dem Umgang mit modernen Informations- und Kommunikationstechnologien.

Bibliothekare kaufen Medien ein und leihen sie aus; Buchhändler kaufen Medien ein und verkaufen sie wieder. Zwischen beiden Berufen gibt es eine Reihe von Parallelen. Deshalb werden die bibliothekarischen Berufe ausführlich in *Bücher und Buchhändler* vorgestellt (s. BuB 4).

**Bibliotheks-
berufe**

4.12 Rezensenten

Eine wichtige Rolle in der Vermittlung von Literatur spielen die Besprechungen von Büchern und Zeitungen, Zeitschriften und den Funk- und Fernsehmedien. Das gilt für den literarischen und Sachbuchbereich ebenso wie für wissenschaftliche und Fachbücher. Für diejenigen, die Literaturvermittlung durch Literaturkritik betreiben, haben sich die Bezeichnungen *Rezensent* und *Kritiker* eingebürgert. Als Rezensenten und Kritiker treten einerseits angestellte Redakteure, andererseits freie Mitarbeiter der verschiedenen Medien auf. Ausbildungsgänge für diese Tätigkeit gibt es nicht; als Rezensenten und Kritiker betätigen sich im literarischen Bereich vornehmlich leidenschaftliche Leser, zumeist mit philologischer Universitätsausbildung und journalistischer Praxis, während im Fach- und Wissenschaftsbereich jeweils Experten des betreffenden Faches diese Funktion übernehmen.

Literaturkritik

Die Kritik der sogenannten *Literatur-Literatur* – also der anspruchsvollen Belletristik – spielt sich vornehmlich in den Feuilletons der führenden Tages- und Wochenzeitungen ab. Die am häufigsten vertretenen Autoren der überregionalen Feuilletons werden gern mit leicht ironischem Unterton als »Großkritiker« bezeichnet.

Die »Großkritik« ist durch die seit 1988 laufende Fernsehserie *Das literarische Quartett* mit *Marcel Reich-Ranicki* (*1920), *Hellmuth Karasek* (*1934), *Sigrid Löffler* (*1942) und einem wechselnden Gast bundesweit populär geworden. Die in dieser Sendung gefällten literarischen »Urteile« wirken sich auf den Verkauf der vorgestellten Titel unmittelbar aus. Seit August 2000 ist *Iris Radisch* (*1958) an die Stelle von Sigrid Löffler getreten.

4.13 Berufliche Ausbildung

Im Verlagswesen gibt es zwei verschiedene Ausbildungsgänge, und zwar die beiden staatlich anerkannten Ausbildungsberufe *Buchhändler/in* und *Verlagskaufmann/Verlagskauffrau*. Es ist wohl aber davon auszugehen, daß die Mehrzahl der Einsteiger ins Verlagswesen keine Berufsausbildung absolviert, sondern ein Hochschulstudium abgeschlossen oder abgebrochen und zum Teil durch entsprechende Weiterbildungs- und Aufbaustudiengänge ergänzt hat (s. 4.14).

Berufsbild Buchhändler/ Buchhändlerin

Nach dem *Berufsbild Buchhändler* werden *Sortimentsbuchhändler, Verlagsbuchhändler* und *Antiquariatsbuchhändler* ausgebildet. Der Ausbildungsrahmenplan unterscheidet zwischen gemeinsamen Kenntnissen und Fertigkeiten für die drei Sparten und jeweils spartenspezifischen Ausbildungsschwerpunkten. Betriebe des Zwischenbuchhandels bilden nach dem Schwerpunkt *Sortiment* aus. Der Ausbildung liegt die *Verordnung über die Berufsausbildung zum Buchhändler/zur Buchhändlerin vom 5. März 1998* zugrunde.

Das Ausbildungsprofil

Berufsbezeichnung
Buchhändler/Buchhändlerin

Ausbildungsdauer:
3 Jahre

Die Ausbildung erfolgt in einem der drei Schwerpunkte:
- Sortiment,
- Verlag,
- Antiquariat.

Die Ausbildung findet an den Lernorten Betrieb und Berufsschule statt.

Arbeitsgebiet:
Buchhändler sind in Buchhandlungen, Buchverlagen, Antiquariaten und im Zwischenbuchhandel tätig.
Sie üben eine kaufmännische Tätigkeit aus. Diese erhält über die verbreiteten Produkte eine kultur- und bildungspolitische Bedeutung. Zu ihren wichtigsten Aufgabenbereichen gehören Verkauf, Einkauf und Marketing.

Berufliche Fähigkeiten:

Buchhändler
- stellen ein marktorientiertes Sortiment von Büchern und anderen Medien zusammen
- präsentieren ihr Angebot
- beraten Kunden über Bücher, Zeitschriften und elektronische Medien
- verkaufen ihre Waren und Dienstleistungen
- beobachten den Markt und wirken bei der Entwicklung von Marketingkonzepten mit
- setzen Marketingkonzepte mit Hilfe von Öffentlichkeitsarbeit und Werbung um
- bearbeiten Vorgänge im Rechnungswesen
- setzen Arbeits- und Organisationsmittel ein
- bibliographieren und recherchieren

Buchhändler mit dem Schwerpunkt **Sortiment**
- treffen aus dem vielfältigen Verlagsangebot eine marktorientierte Auswahl
- planen den Einkauf und führen ihn durch
- kalkulieren nicht preisgebundene Waren
- pflegen den Lagerbestand

- führen Beratungs- und Verkaufsgespräche

Buchhändler/Buchhändlerinnen mit dem Schwerpunkt **Verlag**
- entwickeln mit Autoren und Herausgebern Projekte
- erarbeiten Verlagsverträge, wirken bei Kauf und Vergabe von Lizenzen mit
- beurteilen und bearbeiten Manuskripte
- betreuen die Gestaltung und Herstellung von Büchern und anderern Medien
- berechnen Produktionskosten, kalkulieren Auflagenhöhe und Ladenpreise
- informieren und beliefern den Handel

Buchhändler mit dem Schwerpunkt **Antiquariat**
- bewerten und kaufen antiquarische Druckerzeugnisse
- bearbeiten Kundengesuche
- erstellen Titelaufnahmen
- lagern Ware ein und pflegen den Lagerbestand
- verkaufen antiquarische Druckerzeugnisse im Ladengeschäft, über eigene Kataloge, auf Messen und auf Auktionen

Das Ausbildungsprofil liegt in deutscher, englischer und französischer Sprache vor, damit Nachwuchskräfte auch im Ausland belegen können, welche berufliche Qualifikation sie durch den Abschluß ihrer Ausbildung erworben haben.

Die Prüfung wird schriftlich in den Prüfungsbereichen Buchhandel, Arbeitsorganisation und Rechnungswesen sowie Wirtschafts- und Sozialkunde und mündlich im Prüfungsbereich Praktische Übungen durchgeführt. Die Verordnung mit dem Ausbildungsberufsbild wird durch einen Ausbildungsrahmenplan in sachlicher und zeitlicher Gliederung ergänzt.

Training Profile

Designation of occupation
Bookseller (m/f)

Duration of traineeship
3 years

The venues for training delivery are the training company and the vocational school.

Training is provided in one of three specialisms:
– retail book trade
– publishing trade
– antiquarian book trade

Field of activity
Booksellers are employed in retail bookstores, publishing houses, antiquarian bookstores, and in the wholesale book trade.
Booksellers' duties are commercial, though their work acquires a cultural and educational significance through the products distributed. The main areas of activity include sales, procurement and marketing.

Occupational skills
Common core skills

Booksellers
• select an assortment of books and other media appropriate to the market,
• present their product range,
• advise customers on books, magazines and electronic media,
• sell products and services,
• monitor the market and assist in the development of marketing concepts,
• implement marketing concepts using public relations and advertizing tools,
• carry out accounting procedures,
• use work and organization media,
• compile bibliographies and carry out research.

Specialized skills

Booksellers specializing in the **retail book trade**
• compile a selection of products appropriate to the market from the wide range of publication products available,
• plan and implement product procurement,
• calculate prices for products not subject to fixed pricing arrangements,
• manage stocks

• conduct counselling and sales meetings.

Booksellers specializing in the **publishing trade**
• develop projects in association with authors and publishers,
• draw up publishing contracts and assist in the purchase and awarding of licences,
• appraise and process manuscripts,
• attend to the design and production of books and other media,
• calculate production costs, number of copies, and retail prices,
• supply information and goods to the retail trade.

Booksellers specializing in the **antiquarian book trade**
• appraise and purchase antiquarian print products,
• carry out searches on behalf of customers,
• draw up catalogues of titles,
• store print products and manage stocks,
• sell antiquarian print products in retail outlets, through their own catalogues or at trade fairs and auctions.

Für die Buchhandelsfachklassen der Berufsschulen ist von der Kultusministerkonferenz am 30. Januar 1998 ein neuer Rahmenlehrplan beschlossen worden, der als Grundlage eines handlungsorientierten Unterrichts nicht mehr in Unterrichtsfächer, sondern in »Lernfelder« gegliedert ist.

272

Profil de formation

Désignation du métier
Libraire (homme/femme)

Durée de formation
3 ans
La formation s'effectue dans l'une des trois options suivantes:
– assortiment,
– édition,
– commerce de livres anciens.

La formation s'effectue en entreprise et à l'école professionnelle.

Domaine d'activité
Les libraires exercent leur activité dans les librairies, les maisons d'édition, les librairies spécialisées dans les ouvrages anciens et dans le commerce intermédiaire.
Ils/elles exercent une activité commerciale. De par les produits vendus, cette dernière revêt une importance en matière de politique culturelle et de politique de la formation. Leurs principaux domaines d'activité sont les ventes, les achats et le marketing.

Capacités professionnelles
Capacités communes à tous les secteurs

Les libraires
• composent un assortiment de livres et autres médias orienté vers les besoins du marché,
• s'occupent de la présentation des produits proposés,
• conseillent les clients sur les livres, magazines et médias électroniques,
• vendent leur marchandise et leurs services
• observent le marché et participent à l'élaboration de conceptions de marketing,
• mettent en application les conceptions de marketing en faisant un travail de relations publiques et de publicité,
• traitent des opérations de comptabilité,
• utilisent les outils de travail et d'organisation,
• font de la bibliographie et des recherches.

Capacités dans les différentes options

Les libraires en option **assortiment**
• effectuent parmi les divers produits proposés par les maisons d'édition une sélection en fonction du marché,
• planifient les achats et les effectuent,
• calculent le prix des ouvrages à prix libre,
• entretiennent les stocks

• mènent les entretiens pour guider la clientèle et vendre.

Les libraires en option **édition**
• conçoivent des projets avec les auteurs et les éditeurs,
• élaborent les contrats d'édition, participent à l'achat et à l'attribution de licences,
• évaluent les manuscrits et les mettent à l'étude,
• s'occupent de la présentation et de la fabrication des livres et autres médias,
• calculent les coûts de production, le tirage et le prix en librairie,
• informent le commerce et lui livre les produits.

Les libraires en option **commerce de livres anciens**
• évaluent et achètent les ouvrages imprimés anciens,
• traitent les demandes des clients,
• répertorient les titres,
• mettent les ouvrages en stocks et entretiennent les stocks,
• vendent des ouvrages imprimés anciens, et ce en librairie, par l'intermédiaire de leurs propres catalogues, dans les foires ou les ventes aux enchères.

Berufsbild Verlagskaufmann/ Verlagskauffrau

Dem *Ausbildungsberuf Verlagskaufmann/Verlagskauffrau* liegt die *Verordnung über die Berufsausbildung zum Verlagskaufmann/zur Verlagskauffrau vom 08.06.1998* zugrunde.

Ausbildungsprofil

Berufsbezeichnung
Verlagskaufmann/Verlagskauffrau
Anerkannt durch Verordnung vom 15. Mai 1998 (BGBl. I, S. 1038)

Ausbildungsdauer
3 Jahre
Die Ausbildung erfolgt zu einem Drittel der Ausbildungszeit in einem der zwei Schwerpunkte:
• Zeitungs- und Zeitschriftenverlag
• Buchverlag

Die Ausbildung findet an den Lernorten Betrieb und Berufsschule statt.

Arbeitsgebiet
Verlagskaufleute sind in Zeitungs- und Zeitschriftenverlagen sowie Buchverlagen tätig. Dort werden die unterschiedlichen Medienmärkte analysiert und die dabei erzielten Ergebnisse produkt- und kundenorientiert umgesetzt. Wesentliche Arbeitsgebiete der Verlagskaufleute sind Verkauf, Vertrieb, Anzeigen, Marketing, Rechte und Lizenzen, kaufmännische Planung, Steuerung und Kontrolle sowie Redaktion/Lektorat, Technik und Herstellung. Verlagskaufleute können im Innen- und Außendienst tätig sein.

Berufliche Qualifikationen

Gemeinsame Qualifikationen

Verlagskaufleute
• beobachten und analysieren die unterschiedlichen Medienmärkte und gesellschaftliche Entwicklungen
• wirken an der Produkt- und Programmplanung mit
• entwickeln Marketingkonzeptionen und setzen sie um
• wenden presse- und urheberrechtliche Regelungen an
• beraten Kunden über Zeitungen, Zeitschriften, Bücher und elektronische Publikationen
• wirken bei Kauf und Verkauf von Rechten und Lizenzen mit
• vertreiben Zeitungen, Zeitschriften, Bücher und elektronische Publikationen
• kaufen Materialien, Produktionsmittel und Dienstleistungen ein
• bearbeiten Vorgänge im Rechnungswesen und im Controlling
• nutzen Informations- und Kommunikationssysteme
• arbeiten team- und prozeßorientiert

Qualifikationen in den Schwerpunkten

Verlagskaufleute mit dem Schwerpunkt **Zeitungs- und Zeitschriftenverlag**
• führen Beratungs- und Verkaufsgespräche mit Werbeagenturen, Anzeigen- und Vertriebskunden
• beraten Kunden in Fragen der Gestaltung, der Plazierung und der Konditionen von Anzeigen und Sonderinsertionsformen
• bieten den Kunden Anzeigen und Beilagen an
• bearbeiten Aufgaben im Vertriebs- und Anzeigenmarketing
• berechnen Produktions- und Vertriebskosten, disponieren Auflagenhöhe und Umfang
• begleiten Gestaltungs- und Herstellungsprozesse von Zeitungen, Zeitschriften und elektronischen Publikationen

Verlagskaufleute mit dem Schwerpunkt **Buchverlag**
• setzen Redaktions- und Lektoratsentscheidungen kaufmännisch um
• erarbeiten Verlagsverträge
• bearbeiten Manuskripte
• betreuen die Gestaltung und Herstellung von Büchern und elektronischen Publikationen
• berechnen Produktionskosten und führen Kalkulationen durch
• bearbeiten Aufgaben in Vertrieb und Marketing
• beraten und beliefern Kunden

Occupational training profile

Designation of occupation
Publishing house clerk (m/f)
Recognized by ordinance of 15
May 1998 (BGBl. I, p. 1038)

Duration of traineeship
3 years
One third of the training time
is devoted to one of two specialist areas:
• newspaper and magazine publishing
• book publishing.

The venues for training are company and vocational school (Berufsschule).

Field of activity
Publishing house clerks are employed in newspaper and magazine publishing houses as well as in book publishing houses, where they analyse the various media markets and apply the findings to products in accordance with customer preferences. The main duties of publishing house clerks are sales, marketing, advertising, management of rights and licences, commercial planning, management and control, editing/reading and production. Publishing house clerks may work in-house or externally.

Occupational skills

Common core skills

Publishing house clerks
• monitor and analyse the various media markets and social developments;
• assist in product and programme planning;
• develop and implement marketing concepts and sales strategies;
• apply the regulations of press and copyright law;
• advise clients about newspapers, magazines, books and electronic publications;
• assist in the purchase and sale of rights and licences;
• distribute newspapers, magazines, books and electronic publications;
• purchase materials, production media and services,
• handle accounting and controlling procedures;
• use information and communication systems;
• work in a team-oriented and process-oriented manner.

Specialist skills

Publishing house clerks specializing in **newspaper and magazine publishing**
• conduct sales discussions with advertising agencies, advertising customers and sales clients;
• advice clients in matters of advertisement design and placement and the conditions attached to advertising and special insertion forms;
• offer clients advertisements and supplements;
• are involved in sales and advertisement marketing;
• calculate production and marketing costs, schedule print-run numbers and size;
• support the design and production of newspapers, magazines and electronic publications.

Publishing house clerks specializing in **book publishing**
• implement editorial and reading department decisions in compliance with commercial principles;
• draw up publishing contracts;
• process manuscripts;
• attend to the design and production of books and electronic publications;
• calculate production costs and carry out other calculations;
• handle sales and marketing operations;
• counsel and supply customers.

Auch hier gibt es in der Ausbildung gemeinsame Fertigkeiten und Kenntnisse und zwei differenzierte Schwerpunkte, nämlich *Zeitungs- und Zeitschriftenverlage* und *Buchverlage*.

Prüfungsfächer sind Verlagswirtschaft, Arbeitsorganisation und kaufmännische Steuerung und Kontrolle, Wirtschafts- und Sozialkunde und praktische Übungen.

Profil de formation professionnelle

Désignation du métier
Agent commercial du secteur de l'édition (homme/femme) Métier reconnu par l'ordonnance de 15 mai 1998 (BGBl. I, p. 1038)

Durée de formation
3 ans
Un tiers de la durée de la formation est consacré à l'une des deux options:
• édition de journaux et de revues
• édition de livres.

La formation s'effectue en entreprise et au lycée professionnel (Berufsschule).

Domaine d'activité
Les agents commerciaux du secteur de l'édition exercent leur activité dans des maisons d'édition publiant des journaux ou revues et chez les éditeurs de livres. Ils/elles y analysent les différents marchés des médias et transposent les résultats ainsi obtenus en fonction du produit et des besoins de la clientèle. Les principaux domaines d'activité des agents commerciaux du secteur de l'édition sont les suivants: vente, distribution, annonces, marketing, droits et licences, planification et orientation commerciales, contrôle de la gestion, rédaction/lectorat, technique et réalisation. Les agents commerciaux du secteur de l'édition peuvent travailler dans les services internes ou opérer à l'extérieur.

Capacités professionnelles

Capacités communes

Les agents commerciaux du secteur de l'édition
• observent et analysent les divers marchés des médias et les évolutions sociales,
• participent à la planification des produits et gammes de produits,
• élaborent des conceptions de marketing ainsi que des stratégies de vente et mettent celles-ci en pratique,
• appliquent les réglementations relatives à la presse et aux droits d'auteur,
• conseillent les clients en ce qui concerne les journaux, revues, livres et publications électroniques,
• concourent à l'achat et à la vente de droits et licences,
• commercialisent les journaux, revues, livres et publications électroniques,
• se chargent de l'achat de matériel, de moyens de production et de services,
• traitent les opérations au niveau de la comptabilité et du contrôle de gestion,
• utilisent les systèmes d'information et de communication,
• travaillent en équipe et en s'orientant en fonction des étapes du travail.

Spécialisations

Les agents commerciaux du secteur de l'édition spécialisés dans l'**édition de journaux et revues**
• sont chargés des entretiens à mener avec les agences de publicité, les annonceurs et les clients pour conseiller et vendre,
• conseillent les clients en ce qui concerne la conception, le placement et les tarifs des annonces et formes de publicités particulières,
• proposent aux clients des annonces ou suppléments à insérer,
• traitent les opérations du marketing relatif à la commercialisation et aux annonces,
• calculent les frais de production et de distribution, prennent les dispositions en matière de tirages et de volumes de parution,
• suivent les processus de composition et de réalisation des journaux, revues et publications électroniques.

Les agents commerciaux du secteur de l'édition spécialisés dans l'**édition de livres**
• transposent dans le domaine commercial les décisions prises au niveau de la rédaction et du lectorat,
• élaborent des contrats d'édition,
• travaillent sur les manuscrits,
• suivent la composition et la fabrication des livres et publications électroniques,
• calculent les frais de production et établissent différents prix,
• effectuent différentes tâches au niveau de la distribution et du marketing,
• conseillent les clients et leur livrent les produits.

Im Rahmen eines Umschulungslehrgangs kann die Weiterbildung zum Verlagskaufmann/zur Verlagskauffrau in einem 21-monatigen Lehrgang an der *Akademie Klausenhof* absolviert werden. Das Angebot gilt für arbeitssuchende Hochschulabsolventen und Studienabbrecher/innen (s. Anhang 6). Über weitere Umschulungslehrgänge – z. B. an örtlichen Angestellten-Akademien – geben die Arbeitsämter Auskunft.

Der *Verband der Verlage und Buchhandlungen in Baden-Württemberg e. V.* bietet für auszubildende Verlagskauffleute im letzten Ausbildungsjahr aus Buch-, Zeitschriften- und Zeitungsverlagen ein *Intensivseminar* an.

Die Ausbildung für beide Berufsbilder findet in Verlagen statt, in denen Ausbilder tätig sind, die vor einer Industrie- und Handelskammer die Ausbilderprüfung bestanden haben (s. u.). Für beide Berufsbilder wird nach bestandener Abschlußprüfung vor der zuständigen Industrie- und Handelskammer das Prüfungszeugnis ausgehändigt.

Die *Ausbildung* dauert drei Jahre. Nach § 40 (1) des *Berufsbildungsgesetzes* kann der Auszubildende nach Anhören des Ausbildenden und der Berufsschule vor Ablauf seiner Ausbildungszeit zur Abschlußprüfung zugelassen werden, wenn seine Leistungen dies rechtfertigen. In diesem Fall sollte die Ausbildung insgesamt 24 Monate nicht unterschreiten. Die Möglichkeit, die Ausbildung auf zwei Jahre abzukürzen, wird vor allem von Abiturienten und Hochschulabgängern genutzt.

**Ausbildungs-
dauer**

Zum Stichtag 31. Dezember 1999 bestanden nach der Berufsbildungsstatistik des Deutschen Industrie- und Handelstages 2733 buchhändlerische Ausbildungsverhältnisse, davon 2270 mit Frauen. Nach Schätzungen des Börsenvereins werden über 90 % aller dieser Ausbildungsplätze vom Sortimentsbuchhandel gestellt, nur knapp 10 % vom Verlagsbuchhandel.

**Zahl der Aus-
zubildenden**

Zum gleichen Stichtag bestanden 2469 Ausbildungsverhältnisse für Verlagskaufleute, davon 1794 für Frauen. Leider bietet die Statistik des DIHT keine Aufteilung der Gesamtzahl auf die Ausbildungsschwerpunkte *Zeitungs-* und *Zeitschriftenverlag* und *Buchverlag* an. Experten vermuten, daß etwa ein Drittel der Gesamtzahl Ausbildungsplätze Verlagskaufmann/-frau auf den Schwerpunkt Buchverlag entfällt.

Fernunterricht als Alternative

Seit 1985 bietet der *Verband der Verlage und Buchhandlungen in Baden-Württemberg* Interessenten aus dem gesamten Bundesgebiet die Möglichkeit, sich das buchhändlerische Grundwissen unabhängig vom klassischen Lernort Schule im Fernunterricht anzueignen. Das offizielle Lehrgangsziel ist nicht die *Vorbereitung auf die IHK-Prüfung*, sondern die »Vermittlung des theoretischen Basiswissens für die Ausübung einer qualifizierten Tätigkeit im Buchhandel«. Der *Fernunterricht Grundwissen Buchhandel* ist von der *Staatlichen Zentralstelle für Fernunterricht* am 28.06.1999 vorläufig zugelassen worden (s. 3.1)

Als Grundwerk zum Fernunterricht dient das *Buchhandels-Kompendium*.

Weitere Ausbildungsberufe

Verlage bilden auch nach weiteren Berufsbildern, z. B. *Industriekaufmann/-frau* und *Groß- und Außenhandelskaufmann/-frau* aus, ohne daß darüber Statistiken vorlägen.

Auszubildende mit Berufsbildern nach Berufsausbildungsverordnungen in der *Druckindustrie* haben im Bereich der *Herstellung* sowie *Elektronisches Publizieren* Einstiegschancen im Verlag, können diese Ausbildung aber nicht in Verlagen absolvieren.

Aus dem Bereich der neuen IT-Berufe haben nach ihrer Ausbildung in entsprechend spezialisierten Betrieben *Fachinformatiker/Fachinformatikerinnen* sowie *Informatikkaufleute* nach der Ausbildung Berufschancen im Verlagswesen. Fachinformatiker/Fachinformatikerinnen der *Fachrichtung Anwendungsentwicklung* erstellen fach- und kundenspezifische Anwendungsprogramme und Datenbanken, z. B. für kaufmännische oder technische Anwendungen, Multimedia oder Expertensysteme. Sind sie in der *Fachrichtung Systemintegration* ausgebildet, integrieren sie Hard- und Softwarekomponenten zu komplexen und vernetzten Gesamtsystemen, z. B. zu Kommunikationsnetzen.

Informatikkaufleute arbeiten in Betrieben verschiedener Branchen, die IT-Systeme anwenden. Sie planen und beschaffen informations- und kommunikationstechnische Systeme, passen sie an betriebliche Erfordernisse an und führen sie in den Betrieb ein. Sie beraten und unterstützen die Mitarbeiter beim Einsatz der Systeme zur Abwicklung betrieblicher Fachaufgaben und sind für die Systemverwaltung zuständig. Sie führen Benutzerschulungen durch und beheben Störungen.

Fachleute für Werbung und Kommunikation und *Kommunikationswirte* finden Betätigungsfelder vor allem in den Marketingabteilungen der Verlage, gerade bei solchen, die ihre Werbeaktivitäten selbst gestalten. Die Ausbildung zu diesen Berufen umfaßt u. a. das Unterrichtsfach *Multimedia/Neue Medien* sowie die praktische Arbeit u. a. mit dem Layoutprogramm *QuarkXPress*.

Die *Schulen des Deutschen Buchhandels* werden vom *Börsenverein des Deutschen Buchhandels* und seinem Wirtschaftsbetrieb – der *Buchhändler-Vereinigung GmbH* – getragen.

Die Ausbildung ist dem Arbeitsbereich *Deutsche Buchhändler-Schule – Staatlich anerkannte private Berufsschule/Gemeinnützige Gesellschaft mbH* – zugeordnet. Die Schule bietet einen Unterricht in zwei Blöcken von jeweils neunwöchiger Dauer an, der zur Vorbereitung auf die IHK-Prüfung zum/zur *Buchhändler/in* und zum/zur *Verlagskaufmann/-frau* führt. Teilnehmer sind berufsschulpflichtige oder berufsschulberechtigte Auszubildende sowie Umschüler/innen. Der Blockunterricht ist als Ablösung eines Jahres Berufsschulpflicht staatlich anerkannt.

Für Auszubildende in Zeitschriften- und Buchverlagen wird ein *Lehrgang für Verlagskaufleute* angeboten, der in zwei Abschnitten von jeweils zwei Wochen durchgeführt wird und den Besuch der öffentlichen Berufsschule ergänzt. Schwerpunkte dieses Lehrgangs sind Funktion und Organisation der Verlage; Lektorat; Redaktion; Herstellung und Kalkulation; Rechtsfragen; Marketing; Anzeigenschäft. Außerdem wird ein vierwöchiger Lehrgang *Basiswissen Buchhandel* angeboten, der Auszubildenden ab dem zweiten Ausbildungsjahr zur Ergänzung der Berufsschule und für *Seiteneinsteiger/innen*, die keine Prüfung anstreben, angeboten wird.

Ausbildungswege in der Bundesrepublik Deutschland

	Buchhändler/Buchhändlerin	Verlagskaufmann/Verlagskauffrau
Voraussetzungen	Mindestens Hauptschulabschluß, häufig mittlere Reife, meist Abitur	Mindestens Hauptschulabschluß, häufig mittlere Reife, meist Abitur
Praktische Ausbildung	Drei Jahre Ausbildung im Sortiment, Verlag oder Antiquariat	Drei Jahre Ausbildung im Zeitungs- und Zeitschriftenverlag oder Buchverlag, entsprechend den beiden Schwerpunkten des Berufsbildes.
Theoretische Ausbildung	Besuch der Buchhandelsfachklasse einer kaufmännischen Berufsschule. Der Berufsschulpflicht kann durch zwei Unterrichtsblöcke von jeweils neun Wochen an der Deutschen Buchhändlerschule in Frankfurt/M. abgelöst werden. Ergänzend kann ein vierwöchiger Lehrgang "Basiswissen Buchhandel" der Deutschen Buchhändlerschule besucht werden.	Die Berufsschulpflicht ist in den einzelnen Bundesländern verschieden geregelt. Ersatz-Berufsschul-Lehrgänge, falls keine entsprechenden Fachklassen eingerichtet sind, werden nicht angeboten. Blockunterricht für Verlagskaufleute an der Deutschen Buchhändlerschule steht nicht zur Verfügung.
Abschluß	Prüfung vor der zuständigen Industrie- und Handelskammer zum Buchhändler/ zur Buchhändlerin.	Prüfung vor der zuständigen Industrie- und Handelskammer zum Verlagskaufmann/ zur Verlagskauffrau.
Fortbildung	Zahlreiche Fortbildungsveranstaltungen, viermonatiger Studiengang der Fachschule des Deutschen Buchhandels mit Abschlußprüfung zum Buchhandelsfachwirt/zur Buchhandelsfachwirtin mit Ausbilder-Eignungs-Prüfung vor der Industrie- und Handelskammer Frankfurt/M.	Inner- und außerbetriebliche Fortbildungsmöglichkeiten. (s. auch 4.14).

Ausbildereignung/ Ausbildungsordnungen

Wer ausbilden darf, ist im Berufsbildungsgesetz (BBiG) in den Paragraphen 20 und 76 geregelt. Danach darf nur ausbilden, wer *persönlich* und *fachlich* geeignet ist. Die fachliche Eignung wird nachgewiesen entweder durch eine Abschlußprüfung im Ausbildungsberuf oder eine Hochschul-/Fachhochschulprüfung mit praktischer Berufstätigkeit. Der Ausbilder muß eine angemessene Zeit praktisch im Ausbildungsberuf tätig gewesen sein. In der Regel gilt als angemessen 6 Jahre. Eine Faustregel besagt: doppelt so lange wie die Ausbildungszeit. Ausnahmen sind jedoch möglich. Der Ausbilder muß mindestens das 24. Lebensjahr vollendet und eine Prüfung nach der *Ausbildereignungsverordnung (AEVO)* in der Fassung von 1999 bestanden haben. Wer die Ausbilder-Eignungsprüfung bestanden hat, darf nur in dem Beruf ausbilden, in dem er selbst ausgebildet wurde. Der Paragraph 22 BBiG bestimmt, daß die Ausbildungsstätte nach Art und Einrichtung zur Ausbildung geeignet sein muß, das heißt z. B., daß die Zahl der Auszubildenden in einem angemessenen Verhältnis zu den beschäftigten Fachkräften zu stehen hat (Empfehlung der Industrie- und Handelskammern: auf drei Fachkräfte ein Auszubildender). Wenn die Ausbildungsstätte hierfür nicht geeignet ist, kann ein Teil der Ausbildung extern durchgeführt werden.

Die Ausbildungsordnung wird im Paragraphen 25 BBiG geregelt. Sie bestimmt, nach welchen Grundsätzen eine Ausbildungsordnung für ein bestimmtes Ausbildungsberufsbild auszusehen hat. Die Ausbildungsordnungen werden nach Paragraph 25,1 BBiG vom *Bundesminister für Wirtschaft* oder einem sonst zuständigen Fachminister im Einvernehmen mit dem *Bundesminister für Bildung und Wissenschaft* erlassen. Er kann durch Rechtsverordnung, die nicht der Zustimmung des Bundesrates bedarf, Ausbildungsberufe staatlich anerkennen, die Anerkennung aufnehmen und für die Ausbildungsberufe *Ausbildungsordnungen* erlassen.

Dieses System sorgt einerseits für Rechtssicherheit, führt aber andererseits zu langwierigen Zulassungs- und Änderungsverfahren, zumal die betroffenen Berufsgruppen und die Gewerkschaften angehört werden. Einer sich dynamisch entwickelnden Medienwirtschaft vermag dieses Verfahren kaum gerecht zu werden. Insofern entstehen außerhalb der Ausbildungsordnungen ständig neue Berufe und Berufsbilder.

Den Lehrberuf Verlagskaufmann gibt es in *Österreich* derzeit nicht. Auszubildende im Buch- und Zeitschriftenverlag können nur als *Großhandelskaufmann* ausgebildet werden. Grundlage ist das duale System, also parallele *Ausbildung*

Ausbildung in Österreich

in der Berufsschule und Lehrfirma. Schwerpunktfächer im Verlagswesen ergänzen die Grundausbildung, die prinzipiell drei Jahre dauert und mit der Prüfung vor einer Kommission der *Wirtschaftskammer Österreich* endet.

Die branchenbezogene Ausbildung erfolgt in Österreich für den Lehrberuf *Buchhändler* und *Musikalienhändler*. Die Ausbildung wird als Lehrzeit bezeichnet und dauert 3 Jahre oder kürzer bei Maturanten (= Abiturienten). Der Unterricht erfolgt in eigenen Buchhändlerklassen an den Berufsschulen in Graz, Linz, St. Pölten und Wien nach einem Rahmenlehrplan des Bundesministeriums für Unterricht und Kunst und umfaßt 1440 Unterrichtsstunden. Derzeit gibt es in Österreich über 250 Buchhandels-Lehrlinge im Sortiment, davon 100 in Wien und wiederum 10 Lehrlinge im Musikalienhandel. Die Zahl ist steigend. Die Lehrabschlußprüfung erfolgt vor der oben genannten Kommission.

Ein neues Berufsbild ist in Ausarbeitung. Der Lehrberuf wird in Zukunft *Buch- und Medienwirtschaft* heißen und wird spezielle Ausbildung für Buchhandel, Verlag und Buchgroßhandel beinhalten. Das Berufsbild wird dementsprechend neu gestaltet.

Ausbildung in der Schweiz

In der *Schweiz* werden *Verlags-* und *Sortimensbuchhändler* ausgebildet. Die staatlichen Buchhändlerfachklassen befinden sich in den Städten Bern, Luzern und Winterthur sowie die private *Zentrale Buchhändlerschule* in Olten. Die Buchhändlerfachklassen sind den Berufsschulen des *Schweizerischen Kaufmännischen Verbandes* angeschlossen. Die *Ausbildung* dauert drei Jahre (Vorbildung Volksschulabschluß) oder zwei Jahre (Vorbildung Mittelschulabschluß). Derzeit werden über 100 Auszubildende in schweizerischen Buchhandlungen und Verlagen ausgebildet. Verlagsbuchhändler bilden die Minderheit. Der Ausbildung liegen ein *Reglement über die Ausbildung und die Lehrabschlußprüfung* sowie ein *Lehrplan für den beruflichen Unterricht* zugrunde. Die Bezeichnungen *Verlagskaufmann* und *Verlagskauffrau* werden in der Schweiz nicht verwendet.

In der Schweiz erscheint ein eigenes Lehrwerk für die Ausbildung im Buchverlag oder einer Verlagsauslieferung. Es ist außerdem offizielles Lehrmittel des Diplomkurses für die Ausbildung von Verlagsfachleuten des *Medieninstitutes der Schweizer Presse*.

4.14 Fort- und Weiterbildung

Lebenslanges Lernen wird von allen in der Verlagsbranche Tätigen gefordert. Größere Firmen führen eigene Veranstaltungen zur *beruflichen Weiterbildung* durch. Neben Verbandsaktivitäten gibt es Angebote verbandsunabhängiger Anbieter. Das Angebot der Verbände wird in halbjährlichen Übersichten im *Börsenblatt für den Deutschen Buchhandel* jeweils zum Halbjahresbeginn veröffentlicht. Es enthält aber keine verbandsunabhängigen Aktivitäten.

Die Basis des Fortbildungsangebotes bilden die regional leicht zugänglichen, meist eintägigen Veranstaltungen der *verlegerisch-buchhändlerischen Landesverbände*, die regionale Halbjahresangebote veröffentlichen (s. Anhang 1).

Fortbildung in den Landesverbänden

Zu den *Schulen des Deutschen Buchhandels* gehört die *Fachschule des Deutschen Buchhandels*. Hier werden zahlreiche Fortbildungsveranstaltungen angeboten, u. a. ein viermonatiger Studiengang mit Abschlußprüfung zum *Buchhandelsfachwirt/zur Buchhandelsfachwirtin* mit *Ausbilder-Eignungsprüfung* vor der *Industrie- und Handelskammer* Frankfurt/M.

Weitere Aktivitäten der *Schulen des Deutschen Buchhandels* sind die Seminare zur beruflichen Fortbildung, vornehmlich für Lektoren, Hersteller und Fachklassenlehrer an Berufsschulen.

Die *Akademie des Deutschen Buchhandels* in München wird von einer gemeinnützigen GmbH getragen. Die Gesellschafter: *Bertelsmann Buch AG, Bertelsmann Stiftung, Börsenverein des Deutschen Buchhandels e. V., Cornelsen Verlag GmbH & Co., Georg von Holtzbrinck GmbH & Co., Ernst Klett Verlag gmbH, Langenscheidt KG, Axel Springer Verlag AG, Springer Verlag GmbH & Co. KG, WEKA Firmengruppe GmbH & Co. KG*. Die Akademie wendet sich vornehmlich an Führungsnachwuchskräfte in Verlag und Buchhandel.

Akademie des Deutschen Buchhandels

**MEDIEN-
AKADEMIE
Berlin**

Träger der *MEDIENAKADEMIE* sind die *Cognos AG* und die Verlagsgruppe *Georg von Holtzbrinck* (s. 3.3). Zur Cognos AG als einem führenden privaten Bildungsverbund gehören die *Akademie für Führungskräfte* in Bad Harzburg, die *Akademie Marketing & Vertrieb* in Witten und die *Akademie Fresenius* in Dortmund und mehrere andere. Die Verlagsgruppe Georg von Holtzbrinck hat in das Gemeinschaftsunternehmen ihre konzerneigene Akademie eingebracht. Es werden offene Seminare sowie unternehmensspezifische Inhouse-Seminare und -Workshops angeboten. *Zeitung* und *Buch* sind die Hauptthemenbereiche.

**Multimedia-
Akademie Köln**

Die *Multimedia-Akademie Köln* wird von der *Bertelsmann Stiftung* und dem *Land Nordrhein-Westfalen* getragen. Sie wendet sich an Multimedia-Einsteiger und -könner und will ihnen das Rüstzeug für den beruflichen Erfolg bieten. Angeboten werden offene und Inhouse-Seminare.

**VKB-VEB-
Seminare**

Der *Verband katholischer Verleger und Buchhändler e. V (VKB)*. und die *Vereinigung Evangelischer Buchhändler und Verleger e. V. (VEB)* veranstalten für den Bereich konfessioneller Buchhändler und Verlage spezielle Fortbildungsveranstaltungen sowie eine jährliche Studienwoche für Chefs und leitende Mitarbeiter.

**Eulenhof-
Seminare**

Die *Heinold, Spiller & Partner Unternehmensberatung GmbH BDU* in Hamburg veranstaltet Seminare und Klausuren für verlegerisch tätige Firmen und hat sich insbesondere im Bereich des *Elektronischen Publizierens* einen Namen gemacht.

**Verlags-
fachwirt**

Lehrgänge zur Vorbereitung auf die Fortbildungsprüfung zum *Verlagsfachwirt* bieten mit dem Schwerpunkt Herstellung die *Industrie- und Handelskammer Wiesbaden*, die *Akademie für Bildung und Kunst/Institut für Verlagswesen* in München sowie die *DIDACT Berufsbildungsgesellschaft GmbH* in München an. Vorbereitungslehrgänge mit dem Schwerpunkt Marketing bieten die *Industrie- und Handelskammern Düsseldorf* und *Frankfurt*, die *Akademie für Bildung und Kunst/Institut für Verlagswesen* und die *DIDACT Berufsbildungsgesellschaft mbH* in München an.

284

Einen Jahreskurs *Typographie: Typographisches Gestalten* bietet Rudolf Paulus Gorbach (*1939) für Verlagshersteller, Schriftsetzer, Grafik-Designer, Anwender von Systemen des elektronischen Publizierens und gestaltende Redakteure an. Der Kurs wird mit einem Zertifikat abgeschlossen. Dieser Anbieter veranstaltet außerdem verschiedene Seminare für Gestaltung und Typographie. Die *Gorbach GmbH* betreibt als Dienstleister ein *Büro für Gestaltung und Realisierung*.

Rudolf Paulus Gorbach

Die vom *Hauptverband des österreichischen Buchhandels initiierte* Akademie ist ein eingetragener Verein, der von einem gewählten Kuratorium geführt wird. Es werden *Basiswissen-Seminare*, darauf aufbauende Seminare für *Vertieftes Wissen* sowie darauf aufbauend Seminare *Strategischer Gesamtüberblick* angeboten.

Akademie des österreichischen Buchhandels

Träger der Fortbildung in der Schweiz ist der *Schweizerische Buchhändler- und Verlegerverband (SBVV)*, der regelmäßig Seminare für Verlags- und Buchhandelsmitarbeiter, für Lehrlinge und für Brancheneinsteiger durchführt.

Fortbildung in der Schweiz

Lediglich zwischen *Frankreich* und Deutschland besteht ein organisiertes Austauschprogramm. Gemeinsam mit dem *Börsenverein des Deutschen Buchhandels e. V.* und *France Edition* organisiert das *Deutsch-Französische Jugendwerk (DFJW)* ein Austauschprogramm für Buchhändler/innen und Verlagskaufleute, denen Gelegenheit gegeben wird, Literatur, Verlagswesen und Buchhandel des Nachbarlandes aus eigener Anschauung kennenzulernen. Das Austauschprogramm wird finanziell gefördert (s. Anhang 6).

Internationaler Austausch

Fragen des internationalen Austauschs widmet sich *ABPTOE*, die *Association of Bookseller and Publisher Training Organisations in Europe*. Die deutschen Interessen in diesem Gremium vertritt der *Börsenverein des Deutschen Buchhandels e. V.* durch seine Abteilung für Berufsbildung (s. Anhang 6).

4.15 Berufseinsteiger-Lehrgänge

Zahlreiche Studienabgänger oder -abbrecher, vorwiegend mit geisteswissenschaftlichem, aber auch rechtswissenschaftlichem oder naturwissenschaftlichem Studium suchen nach einem Einstieg ins Verlagswesen, ohne eine dreijährige *Ausbildung* oder ein zusätzliches mehrsemestriges Studium absolvieren zu wollen. Für diese Zielgruppe haben private Anbieter Einsteiger-Lehrgänge eingerichtet.

WBS-Training

Die Firma WBS-Training bildet in Berlin, Dresden, Düsseldorf, Hamburg, Frankfurt, München, Nürnberg und Stuttgart *Marketing- und Vertriebsassistenten für Verlage* aus. Das Berufsbildungsprojekt qualifiziert für die Aufgabenbereiche Vertrieb, Werbung, Presse und Öffentlichkeitsarbeit sowie Anzeigen und schließt mit einem Zertifikat.

WBS-Training bietet außerdem folgende verlagsbezogene Lehrgänge für Seiteneinsteiger an: Fachredakteur Multimedia, Fachredakteur Medizin, Fachzeitschriftenredakteur, Mediaexperte, PR-Referent und Werbetexter. Neu ist ein Fortbildungskurs zum Online-Redakteur.

DIDACT

Einen Lehrgang *Management-Assistent für Buchhandel und Verlagswesen* mit den Schwerpunkten Marketing und Herstellung bietet die *DIDACT Berufsbildungsgesellschaft* mbH in München an.

Akademie Klausenhof

An die gleiche Zielgruppe wendet sich die *Akademie Klausenhof* mit ihrer Umschulung zum *Verlagskaufmann/*zur *Verlagskauffrau* mit IHK-Abschlußprüfung (s. 4.13).

Hochschule für Technik, Wirtschaft und Kultur Leipzig

Westfälische Wilhelms-Universität Münster

Universität/ Gesamthochschule Essen

Institut für Jugend-buchforschung Frankfurt/M.

Universität Leipzig

Friedrich-Alexander-Universität Erlangen-Nürnberg

Johannes Gutenberg-Universität Mainz

Berufsakademie Mannheim

Berufsakademie Ravensburg

Ludwig-Maximilians-Universität München

Fachschule für Visuelle Kommunikation/ Hochschule für Druck und Medien

Flensburg

Hamburg

Bremen

Hannover

Berlin

Münster

Essen Dortmund

Kassel Leipzig Dresden

Köln/Bonn Siegen Weimar

Frankfurt

Mainz

Mannheim Würzburg

Erlangen

Stuttgart

München

Ravensburg

Verlagsnahe Studiengänge
Quelle: STREIFBAND 2/96

287

4.16 Studiengänge

In zunehmendem Maße bieten Fachhochschulen und Universitäten verlags- und medienbezogene Studiengänge an. In der nachfolgenden Übersicht sind alle vornehmlich auf das Buchverlagswesen ausgerichteten Studiengänge dokumentiert. *Kommunikationswissenschaftliche Studiengänge* sind hier nicht aufgeführt, weil sie in der Regel nicht auf die verlegerische Praxis vorbereiten. Außerdem wurde der gesamte Bereich der journalistischen Ausbildung ausgespart. Eine ausgezeichnete Einführung in die journalistische Arbeit und in die Ausbildungsmöglichkeiten bietet das *Handbuch des Journalismus* von Wolf Schneider und Paul-Josef Raue.

Berufs-akademien

Die *Berufsakademie Mannheim/Staatliche Studienakademie* bietet ein Studium der *Betriebswirtschaftslehre* mit dem Schwerpunkt *Verlagswesen* in Verbindung mit betrieblicher Ausbildung von dreijähriger Dauer an. Das Studium wird mit der Prüfung zum *Diplom-Betriebswirt (BA)* abgeschlossen.

Ein Studium der *Medien- und Kommunikationswirtschaft* in Verbindung mit betrieblicher Ausbildung bietet die *Berufsakademie Ravensburg/Staatliche Studienakademie* ebenfalls mit dreijähriger Dauer und der Abschlußprüfung zum *Diplom-Betriebswirt (BA/Fachrichtung Medien- und Kommunikationswirtschaft)* an.

Erlangen-Nürnberg

An der *Friedrich-Alexander-Universität* ist das Fach *Buchwissenschaft* seit 1984 etabliert und bietet die Möglichkeit eines akademischen Vollstudiums mit Erlangung des Magistergrades oder des Dr. phil. Die Mindeststudiendauer beträgt acht Semester. *Buchwissenschaft* wird im Haupt- und Nebenfach angeboten. Es handelt sich um eine wissenschaftliche, historisch orientierte sowie praxisbezogene Ausbildung für Tätigkeit im Verlagswesen, in Archiven und Bibliotheken.

Essen

Die *Universität/Gesamthochschule Essen* bietet im Fachbereich *Literatur und Sprachwissenschaften* einen *Studiengang Literaturvermittlung und Medienpraxis*. Die Studiendauer beträgt innerhalb eines Hauptstudiums mindestens 4 Semester und führt zum Magister Artium.

288

Das *Institut für Jugendbuchforschung* an der *Johann Wolfgang Goethe-Universität* bietet Kinder- und Jugendliteratur im Germanistikstudium an mit Studienmöglichkeiten zum Magister, Staatsexamen und Promotion.

Frankfurt/M.

Innerhalb der *Hochschule für Technik, Wirtschaft und Kultur Leipzig (FH)* gibt es im Fachbereich *Buch und Museum* den Studiengang *Buchhandel/Verlagswirtschaft* sowie den Studiengang *Verlagsherstellung*. Der Studiengang *Buchhandel/Verlagswirtschaft* ist betont betriebswirtschaftlich orientiert und endet nach 8 Semestern mit der Prüfung zum/zur Diplom-Buchhandelswirt/in (FH). Der *Studiengang Verlagsherstellung* im Fachbereich *Polygrafische Technik* bietet ein achtsemestriges Studium mit dem Abschluß *Diplom-Ingenieur (FH)*.

Leipzig

Die *Universität Leipzig* hat innerhalb des Studiengang *Kommunikations- und Medienwissenschaft* mit Unterstützung des Börsenvereins eine *Professur für Buchwissenschaft und Buchwirtschaft* eingerichtet. Dort wird die Tradition des 1925 ebenfalls vom Börsenverein gestifteten *Lehrstuhls für Buchhandelsbetriebslehre* an der Leipziger *Handelshochschule* fortgeführt. In einem ganzheitlichen, auf *Gerhard Menz* (1885 – 1954) zurückgehenden Ansatz werden Buchökonomie, Buchgeschichte und Buchtheorie verbunden. Das mindestens achtsemestrige Studium führt zur Magisterprüfung und Promotion (s. 3.11).

Aus dem 1947 gestifteten *Gutenberg-Lehrstuhl* an der neugegründeten *Johannes Gutenberg-Universität* hat sich inzwischen das größte buchwissenschaftliche Institut in der Bundesrepublik Deutschland entwickelt. Die etwa 750 Studierenden können ihren Studiengang mit historischen, literaturwissenschaftlichen sowie mit wirtschaftswissenschaftlichen und juristischen Fächern zusammenstellen. Das Studium mit einer Regelstudienzeit von acht Semestern führt zu den Abschlüssen Magister Artium und Promotion. Die Studienzeit für eine Promotion nach Fachhochschulabschluß beträgt vier Semester. Hervorzuheben ist die eigene Lehrdruckerei, die vom Bleisatz bis zum Desktop-Publishing alle Informationen

Mainz

bietet und das Studium ebenso ergänzt wie Einführungskurse in die Internetsprache *HTML*.

München

Die *Ludwig-Maximilians-Universität München* bietet einen *Diplomstudiengang Buchwissenschaft* am *Institut für Deutsche Philologie* an. Das Studium vermittelt einschlägige Kenntnisse und Fähigkeiten in den Bereichen Betriebswirtschaft, Buchhandel sowie Recht und Technik und vermittelt insbesondere Grundzüge der allgemeinen Betriebswirtschaftslehre. Damit kombiniert dieser Diplomstudiengang betriebswirtschaftliche und kulturwissenschaftliche Inhalte. Die Zulassung zum Diplomstudiengang setzt neben der allgemeinen oder fachgebundenen Hochschulreife zusätzlich eine erfolgreich abgeschlossene Lehre im Bereich des herstellenden oder verbreitenden Buchhandels voraus.

Der Aufbaustudiengang *Buchwissenschaft* an der gleichen Universität setzt ein abgeschlossenes Studium und ein viermonatiges Praktikum im Verlag oder Sortiment voraus und vermittelt in 2 Semestern praxisrelevante Kenntnisse. Er endet mit einem Nachweis über das erfolgreich absolvierte Aufbaustudium.

Münster

Am *Institut für Buchwissenschaft & Textforschung* der *Westfälischen Wilhelms-Universität* befindet sich ein Magisterhaupt- und Nebenfachstudiengang mit Promotionsmöglichkeit in Vorbereitung, der sich zur Zeit im Genehmigungsverfahren befindet.

St. Gallen

Mit Unterstützung der *Bertelsmann Stiftung* und der *Heinz Nixdorf Stiftung* hat die *Universität St. Gallen* ein *Institut für Medien- und Kommunikationsmanagement* eingerichtet, das sich zu einem weltweit anerkannten Kompetenzzentrum in Sachen Neue Medien entwickeln soll. Der neue Studiengang Medien- und Kommunikationsmanagement kann als Vertiefungsrichtung im Hauptstudium gewählt werden. Außerdem ist der Aufbau eines berufbegleitenden MBA für Medien- und Kommunikationsmanagement geplant. Die Absolventen sollen später als Führungskräfte in den Medienkonzernen der Welt arbeiten oder bei den Anwendern der Neuen Medien in Industrie, Handel und bei Dienstleistern.

Die *Universität/Gesamthochschule Siegen* bietet einen integrierten Studiengang *Medien-Planung, -Entwicklung und -Beratung* an. Er gliedert sich in ein viersemestriges Grundstudium, das durch die Diplomvorprüfung abgeschlossen wird und ein viersemestriges Hauptstudium mit der Diplomprüfung zur/zum *Diplom-Medienwirtin/Diplom-Medienwirt*. Der Studiengang ist am Fachbereich Sprach- und Literaturwissenschaften angesiedelt. Wie bei den meisten hier erwähnten Studiengängen werden Lehraufträge an Berufspraktiker vergeben. Der Studiengang ist stark medien- und weniger verlags- oder buchbezogen ausgerichtet.

Siegen

Die ehemalige *Fachhochschule für Druck* wurde 1995 in *Hochschule für Druck und Medien* umbenannt. Sie bietet seit über 20 Jahren einen Studiengang *Verlagswirtschaft* und *Verlagsherstellung* an. Er ist der älteste in der Bundesrepublik bestehende Studiengang für ein Vollstudium speziell zum Verlagswesen. Die Ausbildungsinhalte reichen von den Wirtschaftswissenschaften über Technik und Technologie – im Print- wie im Nonprint-Bereich – bis zu einem umfassenden Spektrum verlagsspezifischer Fächer, wie Verlagsherstellung, -kalkulation, -marketing. Das achtsemestrige Studium enthält zwei praktische Studiensemester, das erste in einer Druckerei, das zweite in einem Verlag und führt zum Abschluß *Diplom-Wirtschaftsingenieur (FH) der Fachrichtung Verlagswirtschaft und Verlagsherstellung*. Neu innerhalb des Studiengangs sind eine Einführung in das elektronische Publizieren, Zeitungstechnologie sowie Anzeigenmarketing und Pressevertrieb.

Stuttgart

Die *Fachschule für Visuelle Kommunikation* an der *Johannes-Gutenberg-Schule* in Stuttgart bietet eine berufsbegleitende Weiterbildung zum *Staatlich geprüften Layouter* an. Es handelt sich dabei um ein Aufbaustudium für Fachkräfte der Gestaltung in Druckindustrie, Werbewirtschaft, Verlagswesen und Fotografie.

Verlags- und buchwissenschaftliche Seminare werden am *Institut für Germanistik* und am *Institut für Publizistik und Kommunikationswissenschaft* an der *Universität Wien* sowie an den *Universitäten Graz, Innsbruck, Klagenfurt und Salz-*

Österreichische Studiengänge

burg angeboten, Publizistik und kommunikationswissenschaftliche Seminare an verschiedenen Instituten der Universität Wien, der Universität Salzburg und der Universität Klagenfurt. Die *Fachhochschule St. Pölten* bietet einen Fachhochschulstudiengang *Telekommunikation und Medien* von acht Semestern Dauer mit dem Abschluß *Diplomingenieur (FH)* an. Die *Fachhochschule Eisenstadt-Wolfgarten* bietet einen ebenfalls achtsemestrigen Studiengang für *Informationsberufe* mit dem Abschluß Mag. (FH) an.

Einen *Universitätslehrgang* Electronic *Publishing* bietet die *Donau Universität Krems* in ihrem *Zentrum für Publishing und Mediamanagement*. Der zweisemestrige Zusatzlehrgang bietet den Abschluß *Master of Advanced Studies (Electronic Publishing)*.

Zum Nachschlagen und Weiterlesen

Einzelveröffentlichungen

Arbeitsgruppe Verlagskaufmännische Ausbildung der Verlegerverbände (Hrsg.):
Medium Print. Zeitung · Zeitschrift · Buch. Bonn: Bundesverband Deutscher Zeitungsverleger e. V. – Verband Deutscher Zeitschriftenverleger e. V. Frankfurt: Börsenverein 1999.

Blana, Hubert:
Prüfungsfragen für Verlagskaufleute. 2. Aufl. Düsseldorf: Triltsch 1996.

Branchenkundeordner VERLAG/WERBUNG/DRUCK.
3. Auflage. Zürich: Schweizerischer Buchhändler- und Verlegerverband 1998.

Buchhändler/Buchhändlerin.
Erläuterungen und Praxishilfen zur Ausbildungsverordnung über die Berufsausbildung. Nürnberg: BW Verlag 1998

Buchhandels-Kompendium für Ausbildung und Praxis.
Stuttgart: Verband der Verlage und Buchhandlungen in Baden-Württemberg 1996 – 1998.

BücherFrauen (Hrsg.):
Who ist who – Adressenbuch der BücherFrauen. Berlin: Seehausen & Sandberg 1999.

Clark, Giles:
Karrierechancen im Verlag. Friedrichsdorf: Hardt & Wörner 1996.

Ebel, Hans F./Bliefert, Claus:
Schreiben und Publizieren in den Naturwissenschaften. 4. Aufl. Weinheim: Wiley-VCH 1998.

Glaubitz, Ute:
Jobs für Bücherwürmer und Leseratten. Machen Sie Ihre Leidenschaft zum Beruf. Frankfurt/M: Campus 2001.

Hillebrand, Jutta:
Literarische Agenturen im deutschsprachigen Raum. Wiesbaden: Harrassowitz 1993.

Janetzki, Ulrich/Böde, Christina (Hrsg.):
Preise und Stipendien. Handbuch für Autoren. Deutschland – Österreich – Schweiz. München: Quadriga 2000.

Jordan, Hans (Hrsg.):
Auf Verlegers Rappen. Verlagsvertreter berichten von ihren Begegnungen mit Buchhändlern, Verlegern und Autoren.2. Aufl. Stuttgart: Metzler 1994.

Kalmbach, Gabriele:
Frauen machen Bücher. Königstein/Ts.: Helmer 2000.

Lanz, Svenja:
Ich bin ein »Verkäufer«, der Literatur vermittelt. Verlagsvertreter – ein Berufsbild entwickelt aus Befragungen.
Diplomarbeit im Studiengang Germanistik an der Fakultät Sprach- und Literaturwissenschaft der Otto-Friedrich-Universität Bamberg 1990.

Mundhenke, Reinhard:
Der Verlagskaufmann. 8. Aufl. Frankfurt: Societäts-Verlag 1998.

Schneider, Wolf/Raue, Paul-Josef:
Handbuch des Journalismus. Aktual. TB-Ausgabe. Reinbek: Rowohlt 1998.

Periodische Veröffentlichungen

Bibliotheks-Taschenbuch.
Bad Honnef: Bock + Herchen. Erscheint jährlich.

Börsenverein des Deutschen Buchhandels / Abt. für Berufsbildung (Hrsg.):
Fortbildung im Buchhandel für Sortiment und Verlag. Medium Buch. Überbetriebliche Ausbildung – Umschulung – Seminare – Auslandspraktika – Studiengänge – Studium – Berufsakademie. Was für wen? Frankfurt: Börsenverein 1999. Wird jährlich aktualisiert.

Börsenverein des Deutschen Buchhandels / Abt. für Berufsbildung (Hrsg.):
Informationen Medium Buch für Auszubildende im Verlag. Arbeitsmappe. Frankfurt: Börsenverein des Deutschen Buchhandels. Wird jährlich aktualisiert.

Industriegewerkschaft Medien (Hrsg.):
Honorare für literarische Übersetzungen (Mittelstandsgemeinschaft literarischer Übersetzerinnen und Übersetzer). Stuttgart: IG Medien. Erscheint jährlich.

Leipziger Lerche.:
Hrsg. von der Projektgruppe Leipziger Lerche an der Hochschule für Technik, Wirtschaft und Kultur (FH). Erscheint 2 x jährlich.

Streifband.
Die Ausbildungszeitschrift für Verlagskaufleute. Hrsg. von der Hochschule für Technik, Wirtschaft und Kultur Leipzig (FH). Fachbereich Polygraphische Technik. Studiengang Verlagsherstellung. Erscheint jährlich.

Übersetzer/innen.
Mannheim: Elsässer. Erscheint 2 x jährlich.

Verband der Verlage und Buchhandlungen in Baden-Württemberg (Hrsg.):
Dienstleister für Verlage Ausgabe 95/96. Stuttgart: Verband der Verlage 1995. Die nächste Ausgabe erscheint 2001.

5 Körpergewordener Geist. Das Buch als Medium – die Medien und das Buch

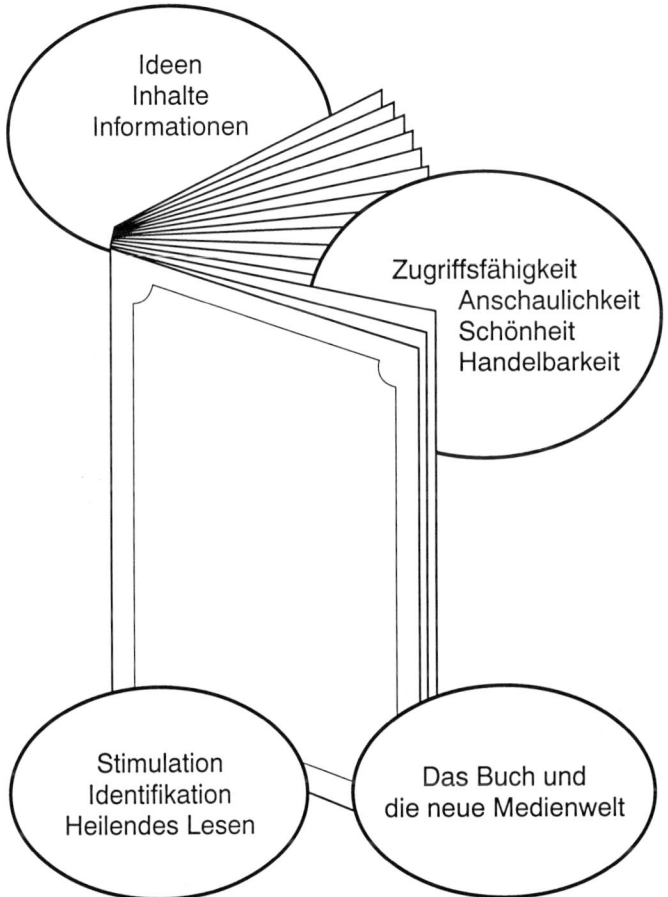

Dieses Kapitel behandelt die Frage, was das Besondere an Büchern ist und in welchem Bezug sie zu den Medien stehen.

5.0 Was ist das Besondere an Büchern?

- Bildhafte Darstellung, Schreiben und Lesen hatten vom Beginn in frühen Jahrtausenden der Menschheitsgeschichte an sowohl informative wie magische, beschwörende Bedeutung. Dieser eigentümliche Doppelcharakter ist der Bild- und Schriftkultur bis heute erhalten geblieben.

- *Bücher* sind zugleich geistige und handwerkliche Produkte, Kulturträger und Ware. Von der Herstellungstechnik der *Gutenberg-Bibel* um 1456 bis zur modernen industriellen Buchproduktion haben revolutionäre technologische Entwicklungen der Satz-, Druck-, Binde- und Papiertechnik das Buch als Gegenstand von hoher Ästhetik und als Massenware geprägt.

- Der sinnliche Aspekt ist erhalten geblieben und wird gefördert. Die Grundelemente der Buchherstellung haben sich seit Gutenberg nicht verändert. Auch heute werden Manuskripte gesetzt – vornehmlich elektronisch –, sie werden auf Papier in verschiedenen Techniken gedruckt, zu Bogen verarbeitet und gebunden. Schnitt und Art der Schrift, Form und Farbe der Illustration, Layout und Textgliederung verbinden sich beim anspruchsvollen Buch mit dem Inhalt zu einer Gesamtanmutung. Es wird zum funktionellen Gegenstand, zum geschätzten Besitz.

- Der geistige Aspekt des Buches ergibt sich aus dem Hintergrund von Kultur, Wissen und Ideen; zu spezifischen Inhalten verdichtete gedankliche Informationen werden zum Leser transportiert. Wer immer ein Buch in Händen hält, hat ein geistiges Produkt vor sich, dessen Inhalt zum eigenen geistigen Besitz werden kann.

- Bücher können eine außerordentliche psychische Wirkung haben. Man denke an die Ausstrahlung großer religiöser Werke wie der *Bibel* oder des *Koran* oder an archetypische Epen wie die *Odyssee*. Bücher können Menschen positiv und negativ beeinflussen. Form und Intensität der Mitteilung schaffen Identifikationen, Spannung und Entspannung. Bildung durch Bücher gehört zu den frühen Kul-

#	Vorbild	Muster	Frühsemitisch	Hebräisch	Griechisch	Römisch
1	Wasser	〰	𐤌	mem	M mu	M
2	Ochse	∀	≮	aleph	A alpha	A
3	Berg	⋀⋀	V	shin	Σ sigma	S
4	Schlange	⌇	⌇	nun	N nu	N
5	Kreuz	+	X	tau	T tau	T
6	Mann	Ψ	⋺	heth	E epsilon	E
7	Mund	👄	⌐	pe	Π pi	P
8	Auge	👁	O	ayin	O omicron	O

Entwicklung der Schrift: Die Schriftgeschichte gehört zu den faszinierendsten Kapiteln der menschlichen Kulturhistorie. Unsere heutigen Buchstaben gehen auf römische und griechische Prototypen zurück, die sich ihrerseits auf semitische Bildzeichen mit ähnlichen Lautwerten zurückverfolgen lassen.

turtechniken und beeinflußt die kulturell-geistigen Reife-
grade des Menschen.

- Von den technischen Medien unterscheidet sich das Buch
durch seine Handlichkeit, Praktikabilität und Einfachheit.
Bücher brauchen kein Abspielgerät. Bücher können zu
jeder Zeit und an jedem Ort verwendet werden. Bücher
kann man im eigenen individuellen Tempo genießen. Es
gibt Bücher zu allen Themen und in allen Sprachen.
Bücher hat man gerne um sich herum und in seiner Nähe.
Bücher fördern die Lebensqualität.

- Das Buch hat weiterhin eine Zukunft. Wo der Lebens-
standard wächst, kommt auch der Bedarf für das Buch
und für die Weiterbildung – in aller Welt. Nach Ansicht
von Kennern hat das Zeitalter des Buches gerade erst
angefangen.

5.1 Gutenberg und die Folgen

Johannes Gensfleisch zur Laden, genannt Gutenberg, wurde
in Mainz zwischen 1397 und 1400 geboren und starb dort
am 03.02.1468. Er ist der Erfinder des Buchdrucks mit beweglichen Drucktypen. Auch vor *Gutenberg* gab es schon
ein – wenn auch einfaches – Druckverfahren: Die Schrift
wurde in Tafeln geschnitten; von diesen Tafeln wurde gedruckt. Gutenberg erfand eine Bleilegierung, mit der er im
Handgießgerät einzelne Typen herstellen und in der Druckform zusammensetzen konnte. Auch entwickelte er in An-

Die Entwicklung der abendländischen Schrift.
Die Tabelle zeigt eine stark vereinfachte Darstellung der
Schriftentwicklung. Daneben gibt es unzählige abgewan-
delte Formen in den einzelnen Schriftepochen, die hier
nicht aufgeführt sind. Ebenso gelten die angegebenen
Jahreszahlen nur als ungefähre Anhaltspunkte, da die
Schriften, wie auch die einzelnen Baustile, Früh- und
Spätformen besitzen und teilweise über Jahrhunderte
hinweg gleichzeitig nebeneinander verwendet wurden.

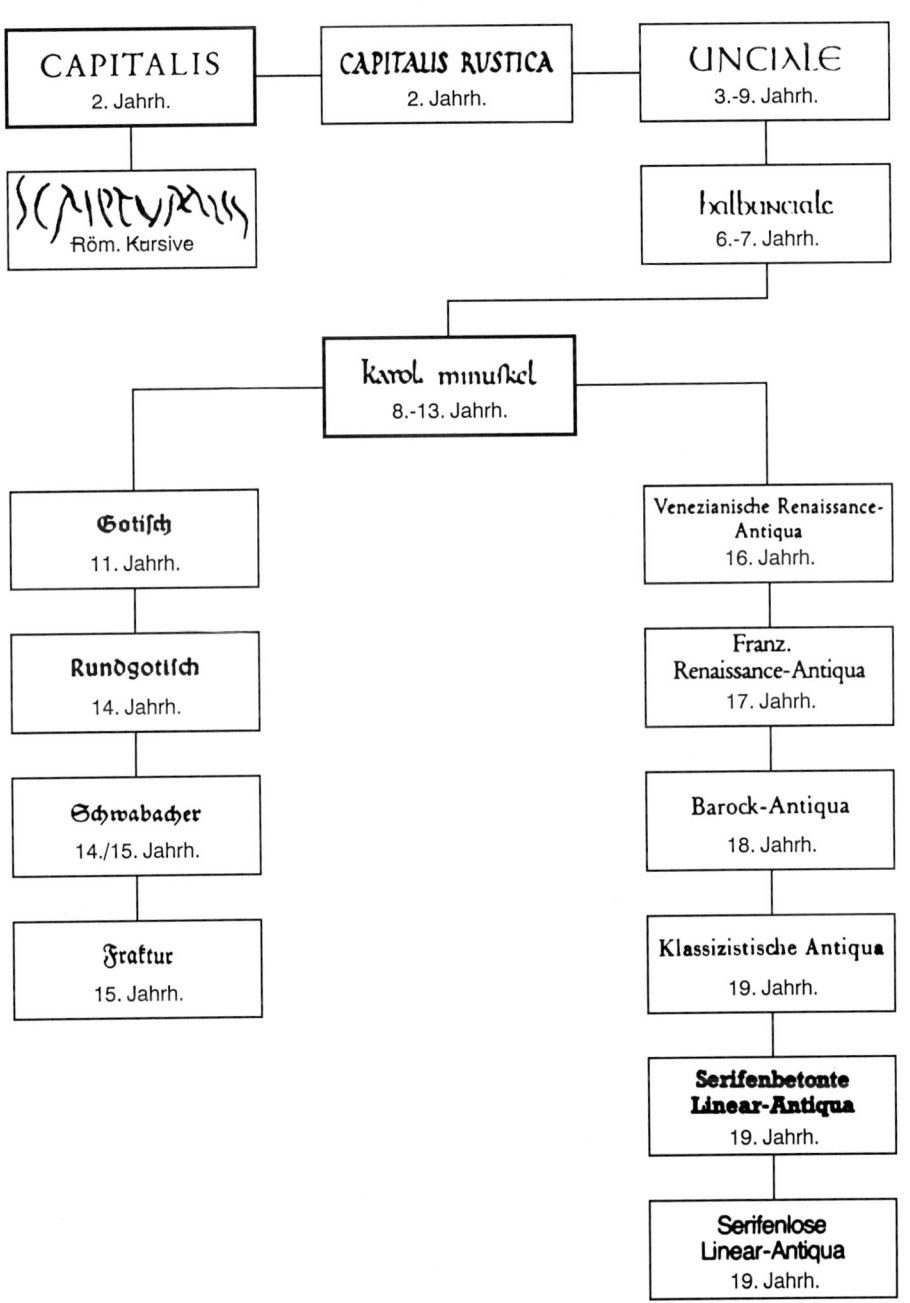

CAPITALIS
2. Jahrh.

CAPITALIS RVSTICA
2. Jahrh.

UNCIALE
3.-9. Jahrh.

Röm. Kursive

halbunciale
6.-7. Jahrh.

karol. minuskel
8.-13. Jahrh.

Gotisch
11. Jahrh.

Venezianische Renaissance-Antiqua
16. Jahrh.

Rundgotlich
14. Jahrh.

Franz.
Renaissance-Antiqua
17. Jahrh.

Schwabacher
14./15. Jahrh.

Barock-Antiqua
18. Jahrh.

Fraktur
15. Jahrh.

Klassizistische Antiqua
19. Jahrh.

Serifenbetonte
Linear-Antiqua
19. Jahrh.

Serifenlose
Linear-Antiqua
19. Jahrh.

lehnung an die Weinkelter eine leistungsfähige Druckpresse. In genialer Weise faßte er verschiedene Technologien der Zeit zur neuen Technologie des Buchdrucks mit beweglichen Lettern zusammen.

Revolution des Buches

Nicht umsonst wird im Zusammenhang mit *Gutenbergs* Erfindung von der *Revolution des Buches* gesprochen. Tatsächlich wurde die geistige Entwicklung der kommenden Jahrhunderte vom Buchdruck und seinen technischen Möglichkeiten geprägt. So ist die Reformation ohne Verbreitung der Schriften *Martin Luthers* (1483 – 1546) und seiner Gefolgsleute auf dem Weg über den Buchdruck nicht denkbar. Wenn sich im Lauf der Jahrhunderte die Ideen der Freiheit, Gleichheit und Brüderlichkeit verbreiten, so ist auch dies eine Folge des Buchdrucks. Noch heute beruht die schriftliche Kommunikation auf dieser Grundlage: Auch die moderne Computertechnologie geht auf das Gutenbergsche Prinzip zurück, Informationen in kleinste Bestandteile zu zerlegen, neu zusammenzusetzen und auf beliebige Weise zu vervielfältigen. 1999 wurde Gutenberg zum *Mann des Jahres* gewählt.

5.2 Druckindustrie heute

Die Druckindustrie ist nach wie vor eine überwiegend von Klein- und Mittelbetrieben geprägte Branche. Von den rund 14 197 Betrieben hatten im Jahr 1999 84,5 % weniger als 20 Beschäftigte. Der Gesamtumsatz betrug in diesem Jahr rund 35 Milliarden DM bei einem Umsatzzuwachs von 4,9 % gegenüber dem Vorjahr. Reichlich 31 Milliarden. DM entfielen auf die Druckproduktion, der Rest auf Satzherstellung, Druckformen und Reproduktionen, Druckweiterverarbeitung und sonstige Dienstleistungen. Die Kapazitätsauslastung der Druckindustrie lag 1999 bei 86,6 % und erreichte damit den höchsten Wert seit 1991. Die Umsatzanteile der verschiedenen Produktgruppen sind in einer gesonderten Grafik dargestellt.

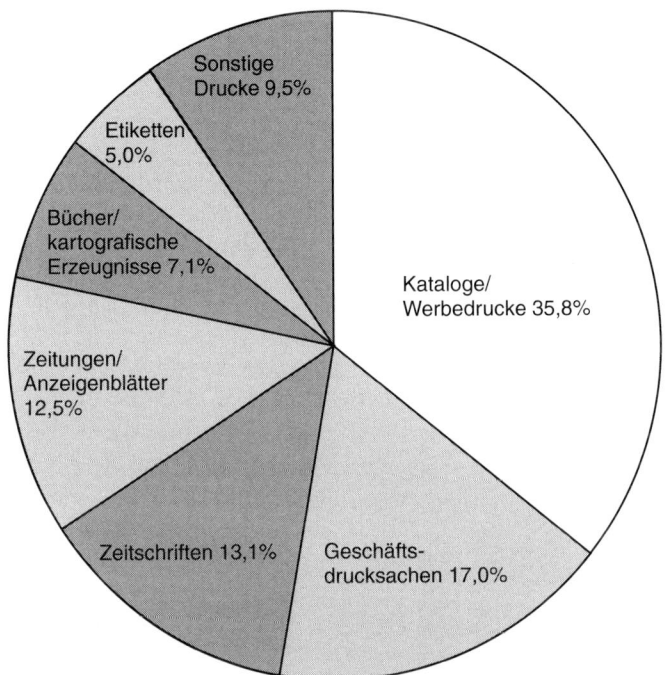

Struktur der deutschen Druckproduktion 1999

Eine weitere Grafik vergleicht die Druckleistungen der europäischen OECD-Länder ab 2 Milliarden DM im Jahre 1998. Deutschland nimmt darin die Spitzenstellung ein.

Was vor einem guten halben Jahrtausend mit Gutenberg und der »Schwarzen Kunst« begann, ist mit den aktuellen Entwicklungen der Kommunikationsindustrie kaum mehr vergleichbar. Printmedien, die Klassiker der Informationsverbreitung, verschmelzen heute mit CD-ROMs und Online-Diensten zu medienübergreifenden Informationsangeboten. Tauschte man früher analoge Manuskripte und Dias aus, handelt man heute weltweit mit digitalen Daten. Die Mehrfachnutzung digitaler Daten und die Etablierung standardisierter, effizienter Produktionsprozesse für die neue Medienvielfalt bilden den Brennpunkt des pulsierenden Geschäftes der heutigen Druckindustrie.

Druckindustrie im Strukturwandel

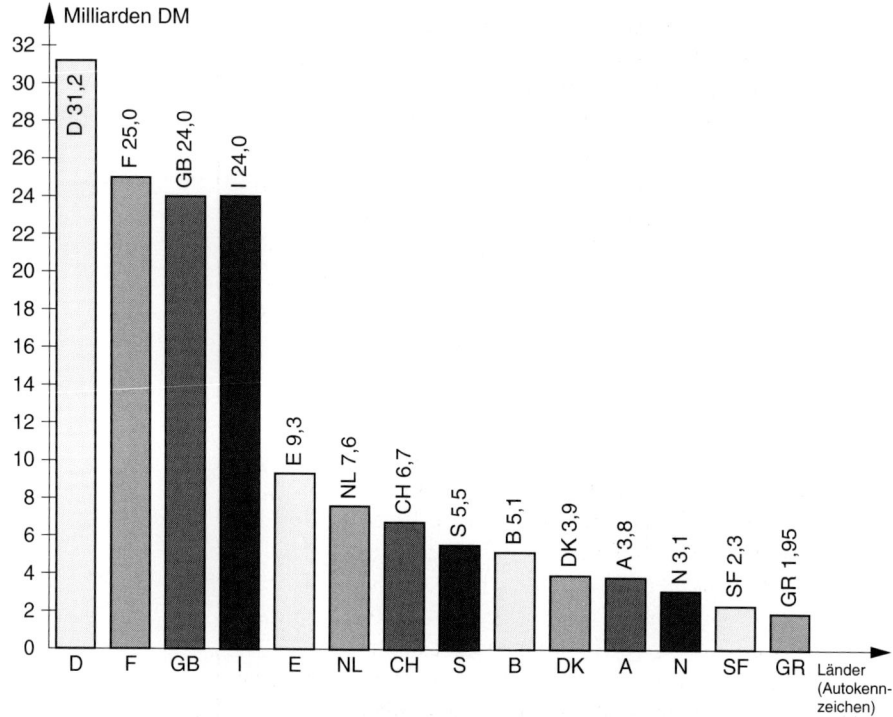

Die Druckleistungen der europäischen OECD-Länder ab 2 Milliarden DM im Jahr 1998. Die ersten vier Länder liefern bereits 67,2 % der Gesamtproduktion. Deutschland bestreitet fast ein Drittel

Der Schlüsselbegriff dieser Entwicklung heißt *Crossmedia*. Das Wort *cross* bedeutet, daß Texte, Bilder und Grafiken quer durch alle Systeme effektiv und schnell für die verschiedenen Produkte eingesetzt werden. Dies führt zu erheblich beschleunigten Produktionsprozessen und zum Teil erheblichen Kostenersparungen für den, der die neuen Anwendungen fachkundig nutzt. Damit ergeben sich auch ganz neue Anforderungen an den klassischen *Hersteller* im Buch- und Zeitschriftenverlag (s. 2.5, 4.5).

Marketing der Druckindustrie

Die Druckindustrie versteht sich zunehmend als *Mediendienstleister* für die verschiedensten Belange und ist dabei, sich auf völlig unterschiedliche Bedürfnisse des Verlagswesens einzustellen. Einerseits auf den Trend zu immer größeren Auflagen und zur Massenproduktion für Massenmärkte und für Auflagen, die durch die Resonanz in den Massenmedien stimuliert werden. Andererseits auf den Trend zur kleinen Auflage für kleine und kleinste Zielgruppen bis hin zur *Losgröße 1*, dem individuell produzierten Buch aus elektronisch archivierten Datenbeständen, kombiniert mit individuellen Elementen. Sie steht dabei im Spannungsfeld zwischen *Massenmarkt* und *Individualmarkt*. Der eine ist gekennzeichnet durch Verlagsfusionen und differenzierte Vertriebswege. Der andere durch Stichworte wie *Digitaldruck,* (s. 5.5) sowie Bestellmöglichkeiten unabhängig von Zeit und Ort via *Online-Buchhandel* im Internet.

Parallel zur rasanten Entwicklung digitaler Druckmöglichkeiten, die bis jetzt aus Kostengründen nur für Kleinauflagen geeignet sind, wird das Buch noch einige Zeit die Herstellungsschritte Vorstufe – Druck – Buchbinderei durchlaufen. Wesentliche Trends sind *digitaler Produktionsweg* bis zum Film bzw. zur Druckplatte, immer stärker vernetzte Produktion von Vorstufe bis Auslieferung und zunehmende Automatisierung, um Rüstzeiten zu senken und Produktivität zu steigern bei gleichbleibender oder verbesserter Qualität.

Die Druckindustrie bietet zahlreiche Chancen und Perspektiven, *digitale Datenbestände* mehrfach zu nutzen – von der Massenkommunikation bis hin zur Individualkommunikation. Technisch gesehen waren die vergangenen zwanzig Jahre der Branche geradezu revolutionär. Erst in den siebziger Jahren verdrängte der Fotosatz den Bleisatz. Dann ging die Entwicklung Schlag auf Schlag. Hand in Hand mit den Innovationen in der Computertechnologie veränderte sich das Gesicht der Druck- und Medienindustrie.

Technischer Wandel

In den achtziger Jahren setzte sich *Desktop-Publishing (DTP)* in der *Druckvorstufe* durch. Leistungsfähige Computer waren erstmals in der Lage, die anfallenden riesigen Datenmengen ausreichend schnell zu verarbeiten. Text und Bild konnten nun gemeinsam auf dem Bildschirm bearbeitet werden: Es wurden Farbkorrekturen vorgenommen, Bild- und Textgrößen festgelegt, das Layout verändert und Farbauszüge vorbereitet.

Anfang der neunziger Jahre entwickelte die Druckindustrie neue Verfahren, mit denen analoge Wege von der Datenaufnahme bis zum Papier entscheidend verkürzt werden konnten. Von der Fotografie bis zum Druck sind alle Produktionsschritte heute digital möglich. *Computer-to-Techniken* wie der direkte Weg vom Computer zur Druckplatte (*computer-to-plate*), in die Druckmaschine (*computer-to-press*) oder gar auf den Bedruckstoff (*computer-to-paper*) bestimmen das Arbeiten in den Druckereien. Ganze Prozessschritte wie Filmentwicklung und Filmmontage entfallen.

Zur gleichen Zeit sprach man zunehmend vom *Information Highway*, jener Datenautobahn, die durch *Modems* und *ISDN-Karten* für jedermann zugänglich geworden ist. Die *Telekommunikation* trägt entscheidend zum Fortschritt der Branche bei. Die digitalen Techniken ergänzen sich ideal mit der Entwicklung der ISDN-Übertragung, so daß Feinabstimmungen bezüglich Konzept, Layout und Druckfreigabe zwischen dem Kunden, dem Grafiker und dem Druckexperten online möglich sind. Der gesamte Produktionsprozess steht heute im Zeichen der elektronischen Datenverarbeitung. Texter, Fotografen, Layouter und Mediengestalter, Printexperten, Druckweiterverarbeiter und Dienstleister für Versand und Logistik nutzen gemeinsam moderne Telekommunikation, Computer und Datenbanken im Medienverbund.

Diese Technisierung hat alle Bereiche der Druckindustrie erfaßt: Satz-, Repro- und Multimedia-Unternehmen, von Kleinbetrieben bis hin zu industriellen Herstellern für Kataloge, Zeitungen und Zeitschriften, Siebdruckereien, Stempel- und Schilderhersteller, Druckweiterverarbeiter und -veredler.

Heute werden Print-, CD-ROM- und Online-Medien aus *einem* Datenbestand heraus produziert. Eine komplett digitale Produktionsabwicklung zwischen Kreativen, Verlagen und Druckspezialisten ist möglich. Dazu kommt die Archivierung von Daten für unterschiedliche Medien durch die Druckindustrie in medienneutralen Datenbanken. Durch *Intranet-Systeme* können Verlage als Kunden der Druckindustrie jederzeit auf diese Archive zurückgreifen und mit den Bildern, Texten und Animationen arbeiten.

5.3 Satzverfahren

Vom Produktionsvolumen der Druckindustrie entfielen im Jahre 1999 nur noch 1,3 % auf die *Satzherstellung*. Diese Zahl macht deutlich, daß die Satzherstellung sich zu Autoren, Verlagen und sonstigen Auftraggebern zurückverlagert hat, von denen die Daten digital erfaßt und an die Druckindustrie oder ins elektronische Netz zur Verarbeitung weitergegeben werden. Dennoch steht der Satz nach wie vor am Anfang aller Vervielfältigungen – auch der elektronischen. Deswegen lohnt sich ein Blick zurück auf die Geschichte der Satzverfahren.

Schrift

Im deutschen Sprachraum entwickelten sich als Druckschriften parallel die deutschen, gotischen oder gebrochenen *Schriften* einerseits und die lateinischen, Antiqua- oder ungebrochenen Schriften andererseits (s. 5.1).

Die heutige Klassifikation der Schriften regelt das *DIN-Blatt 16518* (s. Anhang 1).

Handsatz

Von *Gutenberg* bis Ende des 19. Jahrhunderts wurde mit der Hand gesetzt. Beim *Handsatz* nimmt der Setzer die einzelnen Drucktypen aus dem Setzkasten, in dem sie je nach Häufigkeit in verschiedener Menge in Griffnähe untergebracht sind. Er setzt sie in einen Winkelhaken, auf dem er die beabsichtigte Zeilenbreite haargenau eingestellt hat. Der mit neun bis 1zehn Zeilen vollgesetzte Winkelhaken wird anschließend *ausgehoben*. Mit einem fachgerechten Griff kommen die gesetzten Zeilen auf das Satzschiff, eine Zinkplatte mit 3 Randleisten. Der so gewonnene Bleisatz wird *ausgebunden* und kann später als *Druckform* verwendet werden.

Setzmaschinen

1884 wurde die erste funktionierende *Setzmaschine* erfunden: die *Linotype*, in der ganze Zeilen gegossen wurden. Sie wurde bis 1977 produziert. Neben ihr entwickelte sich die *Monotype*, auf der einzelne Buchstaben gegossen werden konnten.

Fotosatz

In den 70er Jahren unseres Jahrhunderts brach sich der *Fotosatz* Bahn. Bei diesem Verfahren wurde Schrift auf ein lichtempfindliches Material belichtet. Die Buchstaben, Zif-

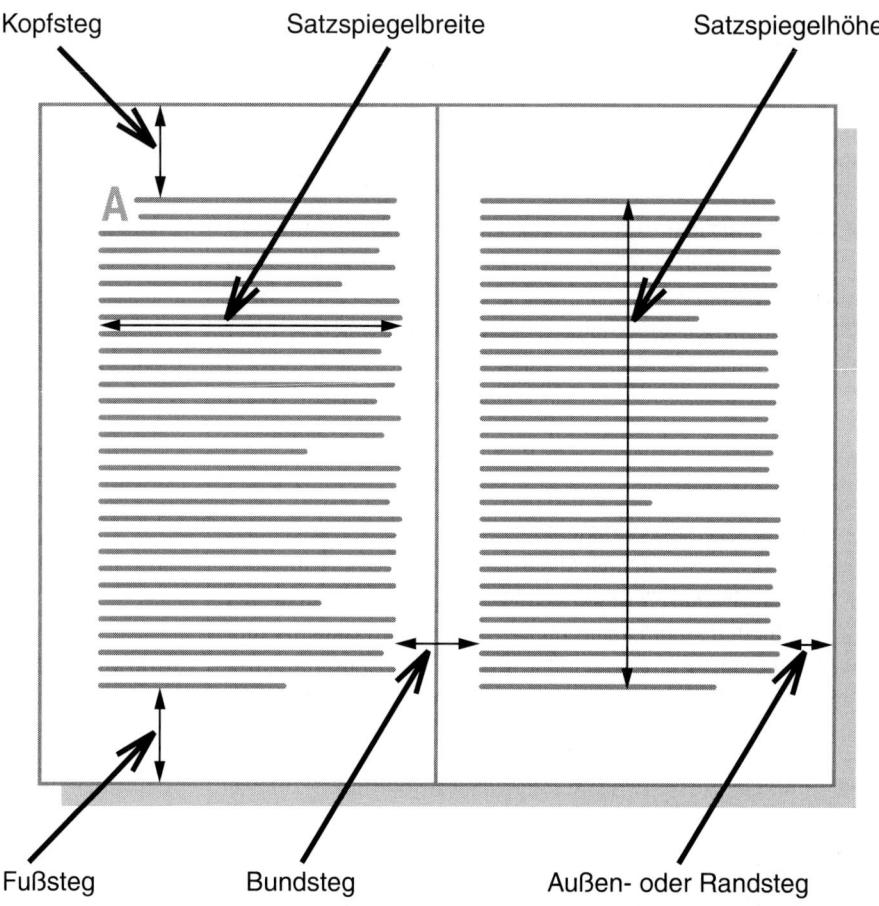

Kopfsteg — Satzspiegelbreite — Satzspiegelhöhe

Fußsteg — Bundsteg — Außen- oder Randsteg

Aufbau einer Buchseite

fern und Zeichen wurden auf Negativplatten, Negativglas oder -kunststoffscheiben oder einem Negativfilmstreifen gespeichert.

Satzerfassung, Korrektur und Umbruch

Die *Satzerfassung* hat sich aus spezialisierten, hoch qualifizierten Satzbetrieben in die Verlage und zu den Autoren rückverlagert. Damit war ein massiver Rückgang der druckgrafischen Qualität verbunden. Erst allmählich haben sich die Verhältnisse stabilisiert und für Typo-Einsteiger aus den

Bereichen Verlag und Grafikdesign sowie alle, die mehr oder weniger freiwillig Texte selbst gestalten, liegen einige brauchbare Fachbücher vor (s. Literatur Kapitel 5).

Um qualitativen Satz erstellen zu können, müssen Satzprogramme heute keine hochkomplexen Systeme mehr sein. Texterfassung, Gestaltung und Umbruch für Satz unterschiedlichster Schwierigkeitsgrade – alles an einem Bildschirm und durch einen Bediener – stellt heute kein Problem mehr dar. Darüber hinaus bieten DTP-Systeme Funktionen, die gestalterischen Freiraum mit typografischen Anforderungen an qualitativen Satz vereinen – einfache Bedienung inbegriffen. Da diese DTP-Programme zu moderaten Preisen erhältlich sind, verlagert sich die Satzdienstleistung aus den Vorstufenbetrieben bzw. Vorstufenabteilungen von Druckereien in die Herstellerbüros der Verlage bzw. an freie Mitarbeiter.

Beim konventionellen Blei- oder Fotosatz wurde der Text zunächst auf einer sogenannten Druckfahne abgezogen, die noch nicht die Seiteneinteilung enthielt. Diese Druckfahnen wurden in der Druckerei und im Verlag von Korrektoren gelesen und gingen zur Durchsicht in der Regel an den Autor. Nach Ausführung der *Korrekturen* wurde der Text *umbrochen*, d. h. auf den Fahnen nach dem festgelegten Satzspiegel eingeteilt. Eventuelle Abbildungen wurden *eingespiegelt*, d. h. der Raum, den sie beanspruchten, wurde berechnet und frei gelassen.

Früher ging die Druckform – die von Blei, also von schwerem Gewicht war – an die Druckmaschine. Dann waren es leichte, dünne Metallplatten für den Offsetdruck, die von einer Filmmontage belichtet wurden. Heute geht der Weg in vielen Fällen direkt vom digitalen Datenbestand in die Druckmaschine (s. 5.5).

5.4 Bildreproduktion

Bei der *Reproduktion* handelt es sich um die Wiedergabe und Vervielfältigung von flächigen Vorlagen. Die Wiedergabe kann einfarbig oder mehrfarbig erfolgen. Sowohl der Arbeitsvorgang wie das Ergebnis heißen Reproduktion.

Die Bildreproduktion ist gekennzeichnet von einem neuerlichen technologischen Umbruch. Wurden Druckträger in den ersten Jahrhunderten der Druckgeschichte ausschließlich manuell erstellt, entwickelte sich im vergangenen Jahrhundert die fotografische Bildreproduktion. Heute ist die Reproduktion durch eine Verbindung der Scanner-Technik mit digitalen Bildbearbeitungssystemen gekennzeichnet.

Geschichte der Bildreproduktion

Schon die handgeschriebenen Bücher aus den Klosterwerkstätten vor *Gutenberg* enthielten *Buchillustrationen*. In der Zeit des Buchdrucks wurden die Druckträger für Illustrationen im Holzschnitt-, Kupfer-, Holz- und Farbstichverfahren manuell erstellt. Ihnen schlossen sich Tiefdruckverfahren wie Radierung, Schabkunst oder Aquatinta an. Zu den neueren Techniken zählten Lithografie (Flachdruck), fototechnische Verfahren wie Strichätzung, Autotypie , Lichtdruck und elektronische Verfahren wie Computergrafik. Im letzten Jahrzehnt hat sich auf diesem Gebiet ein Wandel vollzogen. Im konventionellen Druckverfahren und im *Direct-to-plate*-Verfahren kommen Fotos oder Dias auf dem Weg über die Reprokamera und das Litho auf den Film oder die Laser- oder Reprintseite. Im *Computer-to-plate-Verfahren* und im *Printing-on-demand-Verfahren* kommen die Bilddaten direkt aus einer *Postskript-* oder *PdF-Datei*. Diese Verfahren sind auf den Seiten 319 bis 323 in einem Ablaufschema dargestellt.

Buchillustration

Buchillustrationen finden heute für fast alle Buchgattungen Anwendung. Die formalen Bedingungen des jeweiligen Buchtyps stellten spezifische Anforderungen an die Vorlagenqualität. Autor und Verlag sehen bei der Buchplanung eine Motivliste oder einen Illustrationsplan vor, der mindestens folgende Kriterien berücksichtigt:

- Umfang, Art und Qualität der Abbildungsvorlagen

- Grafisches Konzept für die layoutgerechte Verbindung von Bild und Text

- Beschaffungswege für die Bildvorlagen, Urheber- und Vervielfältigungsrechte, technische Kosten und Honorare

- Herstellung

Da die wenigsten Autoren, mit Ausnahme von Künstlern und Fotografen, mit ihren Manuskripten auch Bildoriginale zur Verfügung stellen, müssen die Verlage für die *Beschaffung der Bildvorlagen* selbst sorgen.

Bildvorlagen-beschaffung

Dies geschieht je nach Projekt oder Verlag durch den Lektor in Verbindung mit dem Bildredakteur, Hersteller, Art-Director und in Absprache mit dem Autor. Bei Kunstbänden stellt der Autor, wenn es sich um eine Monografie handelt, entweder selbst, durch seinen Agenten oder durch Recherche bei Museen und Agenturen das Material zur Verfügung. Bei Sach- und Fachbüchern wird das reprofähige Bildmaterial entweder von fremden Bildurhebern, Agenturen und Archiven gegen Honorar beschafft oder bei Fotografen und Designern in Auftrag gegeben. Die Darstellungsformen umfassen im wesentlichen Malerei, Grafik, Foto, Strichzeichnung, Farbfonds, ggf. auch grafische oder fototechnische Verfremdungen. In vielen Fällen müssen die Sujets in spezieller Technik und besonderem Format angefertigt werden. Da immer urheberrechtliche Fragen tangiert sind, muß der Verlag sorgfältig darauf achten, über die Vervielfältigungsrechte zu verfügen, die manchmal nur für eine Auflage, eine Vertriebsform (z. B. Hardcover) und einen Sprachraum gewährt werden. Jede weitere Verwertung muß neu verhandelt werden.

Um ein Schul- oder Sachbuch zu illustrieren, werden durchaus bis zu 300 Bildsujets benötigt, die eine Mischung aus Fotografien, Grafiken, Zeichnungen, Abbildung von Gegenständen und Materialien, Karten, Collagen usw. darstellen können. Die gewünschten Motive werden aus vielen Quellen zusammengetragen und spezifisch ausgewählt. Dies kann zu 1 000 bis 2 000 einzelnen Vorgängen führen, da Agenturen zumeist eine größere Bildauswahl zur Verfügung stellen und für das jeweilige Vorhaben immer nur bestimmte Vorlagen letztlich passen. Andere Illustrationen und Fotografien werden in Auftrag gegeben usw. Dies erfordert eine aufwendige Organisation, die die Beschaffung, Auswahl, Rücksendung von Originalen, Reproduktion, Archivierung, Katalogisierung, Honorierung sicherstellt. Verlage mit bildaufwendigem Programm beschäftigen deshalb Bildredakteure und -dokumentare, die die Abwicklung übernehmen. Bildurheber haben sich in Verbänden zusammengeschlossen, die Richtlinien für Honorartarife herausgeben. Durch die elektronische Archivierung von Bilddateien in Verlagen, Betrieben der Druckindustrie, Bildagenturen und bei sonstigen Archiven und Bildlieferanten ergeben sich aber völlig neue Such- und Beschaffungsmöglichkeiten.

Als Vermittlungsstelle vor allem für Illustratoren im Kinder- und Jugendbuchbereich hat sich das *FILU Archiv der Zeichner* etabliert.

Strich-, Halb- und Volltöne

Strich- oder *Voll-* werden von *Halbton-Abbildungen* unterschieden. Bei Vollton-Abbildungen handelt es sich um nicht aufgerastete Flächen oder Linien. Halbton-Bilder zeigen Grautöne oder Farbnuancen.

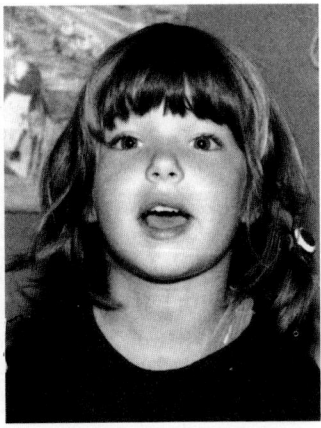

Beispiele für Strich-/Voll- und Halbtonabbildungen

Grautöne oder Farbnuancen werden in einem sogenannten *Raster* aufgelöst. Es handelt sich dabei um ein Linien- oder Punktsystem mit Punkten verschiedener Größe, in die die Halbtonvorlage umgewandelt wird. Im Grunde handelt es sich bei der Rasterung von Bildern um eine optische Täuschung des menschlichen Auges. Je nach der Zahl der Punkte oder Linien, die auf einem Zentimeter Länge untergebracht werden, ergibt sich ein gröberer oder ein feinerer Raster. Die Rasterung ist abhängig vom Papier, das für den Druck verwendet wird. Grundregel: Je besser das Papier, desto feiner kann der Raster sein (s. S. 312).

Rastern

Beim Einsatz einer Reproduktionskamera für die Bildproduktion spricht man vom *konventionellen Reproduktionsverfahren*. Dieses Verfahren wird nur noch für Strichaufnahmen (Volltöne) eingesetzt.

Konventionelle Reproduktionsverfahren

Im konventionellen Druckverfahren werden vom Text *Positivfilme erstellt* und die mit Hilfe der Reprokamera erstellten Lithos in die Filme einmontiert. Über die Bogenmontage und die Kontrolle der Blaupause führt der Weg zur Druckplatte.

Filmerstellung für den Druck

Für den Hochdruck werden Klischees mit Hilfe von positiven, seitenrichtigen Filmen erstellt. Für den Flachdruck werden seitenverkehrte Negativ- oder Positivfilme auf die Offsetplatte kopiert.

Für den Tiefdruck werden ungerasterte Halbton-Filme benötigt, zumeist wird aber direkt vom Scanner – ohne den Umweg über den Film – direkt in den Kupferzylinder graviert. Beim Siebdruck werden seitenrichtige Positivfilme eingesetzt, und zwar solche mit einem groben Raster.

Die Reproduktion von Bildern hat sich auf *Scanner* und *EB-Programme (elektronische Bildverarbeitung)* verlagert. Die Bildbearbeitung erfolgt digital. Da dafür nach wie vor erhebliches Können gefragt ist, haben darauf spezialisierte Dienstleister das beste Know-How. Im Interesse eines durchgängig digitalen Weges werden Bilder als digitaler Andruck auf einem Proof ausgedruckt und nach Freigabe in das gesetzte Dokument eingebunden. Satz, Bildbearbeitung und

Reproduktion heute

Im 70er Raster reproduziertes Foto

In der Vergrößerung eines Ausschnitts des oberen Fotos erkennt man deutlich die Struktur des Rasters

Einbindung kann dabei durch einen jeweils anderen Dienstleister erfolgen. In der Druckerei wird das Dokument ausgeschossen und als digitale Blaupause, mittels Plotter, dem Kunden zur Kontrolle vorgelegt – erst dann wird aus dem Datenbestand die Druckplatte per Computer-to-plate (CtP) belichtet.

Die Qualifizierung der *Reproduktionsverfahren* erlaubt es, Bildbände von hohem Standard herzustellen. Die zum Teil brillanten Ergebnisse des *Mehrfarbendrucks* sind darauf zurückzuführen, daß moderne Technik es ermöglicht, fast alle gewünschten Farbtöne aus den vier Grundfarben Gelb, Rot, Blau und Schwarz zu erzielen.

Ausgangsbasis ist beim *Direct-to-plate-Verfahren* entweder ein *Laserprint* oder der Reprint von Buchseiten. Bilder werden auf dem Weg über Reprokamera und Litho erstellt und einmontiert. Ausgangsprodukt kann aber auch der Reprint einer Buchseite sein, wobei die Abbildungen entweder von der Vorlage direkt abgenommen oder neu aufgerastert eingesetzt werden. Über die Imposerkamera, die Bogenmontage, Belichtung und Entwicklung vornimmt, führt der Weg zur Druckplatte.

Direct-to-plate-Verfahren

Bei der Buchproduktion im *Computer-to-plate-Verfahren* sind *Postskript-* oder *PDF-Dateien* die Ausgangsbasis, die entweder über ein *ISDN-Modem*, über *Disketten*, über *Cartridges* oder *MOD/CD-ROMs* zur elektronischen Bogenmontage zur Ausschießkontrolle mittels verkleinertem Laserdruck und über den Laserbelichter zur Druckplatte führen.

Bei diesen beiden Verfahren muß – wie seit *Gutenberg* üblich – erst eine Druckform erstellt werden, bevor gedruckt werden kann. Bei den folgenden beiden Verfahren wird direkt aus dem Computer heraus produziert. Es erfolgt eine direkte Ausgabe der Druckvorlage ohne Zwischenträger wie Film und Druckplatte auf verschiedene Materialien. Diese Methode heißt *Digitales Drucken*.

Beim *Printing-on-Demand-Verfahren* sind entweder Postskript- oder PDF-Dateien der Ausgangspunkt oder es werden Aufsichtsvorlagen oder Positivfilme benutzt. Erstere fließen

Printing-on-Demand

direkt, letztere über den Scanner in den Digitaldruckautomaten ein und gehen direkt in die buchbinderische Verarbeitungsstraße (s. 2.3).

5.5 Druckverfahren

Die drei klassischen *Druckverfahren* Hochdruck, Tiefdruck und Flachdruck (Offsetdruck) werden auf den Seiten 316 und 317 schematisch dargestellt. Zu ihnen ist der Digitaldruck getreten, der insbesondere zum Drucken von Büchern auf Anfrage (Books on demand) geeignet ist.

Normalerweise werden *16 Buchseiten* zu einer Druckform zusammengefaßt. Diese 16 Seiten heißen in der Fachsprache *Bogen*. Sie müssen so montiert wer den, daß sich später beim Falzen die richtige Reihenfolge ergibt.

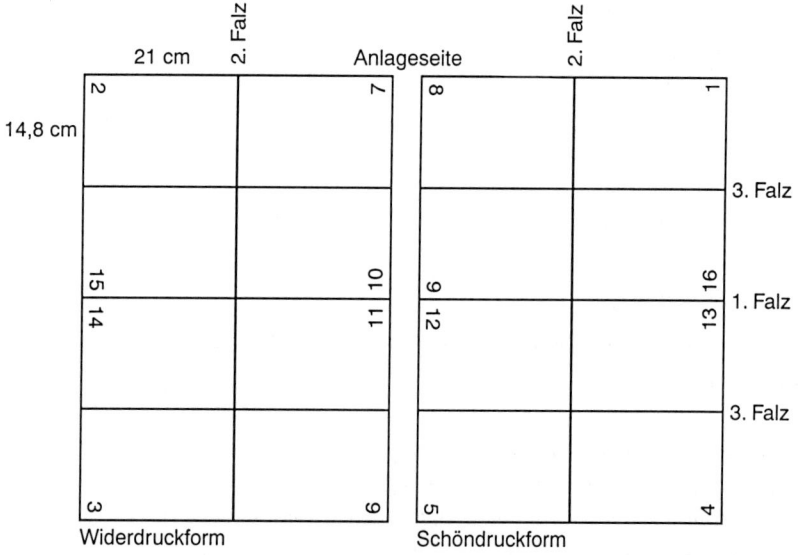

Üblicherweise stehen auf einem Buchbinderbogen (Falzbogen) 16 Druckseiten: Acht Seiten auf der Bogenvorderseite (Schöndruck) und acht Seiten auf der Bogenrückseite (Widerdruck oder Gegendruck).

Beim *Hochdruck* ragen die druckenden Teile über die nichtdruckenden Teile hinaus. Die Flächen, die drucken sollen, werden mit Druckerschwärze eingefärbt. Diese wird per Druck auf das Papier übertragen. Wer in *Jacob* (1785 – 1863) und *Wilhelm Grimms* (1786 – 1859) berühmtem *Deutschem Wörterbuch* nachschlägt, wird finden, daß mit Druck nicht nur die »drängende, treibende Kraft und Wirkung derselben« bezeichnet wird, sondern auch das Ergebnis des Drucks. Druck heißt das Erzeugnis der Buchdruckpresse, aber auch der »jedesmalige Ertrag einer Wein- oder Ölpresse«. Das Wort Presse hat hier ebenfalls seinen Ursprung.

Hochdruck

Der Hochdruck als jahrhundertelang führende Buchtechnologie wird auch als Buchdruck bezeichnet.

Beim *Tiefdruck* liegen die druckenden Teile vertieft und werden mit Farbe angefüllt. Der Tiefdruck ist ein teures Druckverfahren. Er wird nur noch in einigen wenigen großen Spezialdruckereien angewendet, die Massenerzeugnisse wie Illustrierte oder Versandhauskataloge herstellen. Tiedruck wird vor allem bei der Produktion hoher Auflagen von Katalogen, Zeitschriften, Prospekten usw. eingesetzt.

Tiefdruck

Der *Siebdruck* ist ein spezielles Verfahren, in den USA etwa um 1940 zur Herstellung mehrfarbiger Drucke auf Materialen der verschiedensten Art entwickelt. Inzwischen hat auch in der Siebdruckbranche die Digitalisierung Einzug gehalten.

Siebdruck

Hauptanwendungsgebiet sind Megaformate in der individuellen Außenwerbung.

Flexo- und *Tampondruck* werden für das Bedrucken von Schildern sowie unebenen Materialien wie Tassen und Teller eingesetzt.

Flexo- und Tampondruck

Die *digitale Drucktechnologie* erlaubt eine wirtschaftliche Herstellung auch kleiner Auflagen. Nach diesem Verfahren bestellen Kunden ihre Bücher weltweit per Internet und greifen dabei auf digital gespeicherte Bücher in zentralen Archiven zurück. Fachleute erwarten, daß der Anteil der Books on demand von weltweit derzeit knapp 10 % in den nächsten Jahren auf etwa 30 % anwachsen wird. Die bisherige Lagerführung wird dabei immer stärker durch das Modell einer

Digitaldruck

Hochdruck (Buchdruck): Akzidenzdrucksachen, Bücher, kleinere und mittlere Prospektauflagen, Tageszeitungen. Abbildung: Rotationsdruck

Tiefdruck: Illustrierte Zeitschriften in hohen Auflagen, Modezeitschriften, Versandkataloge

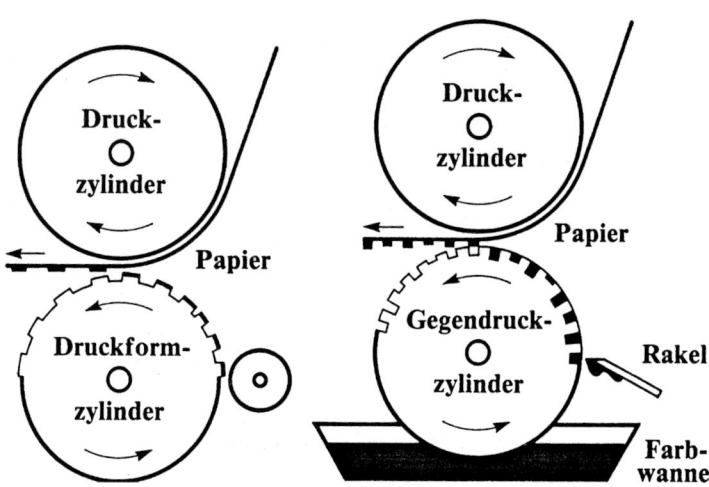

bedarfsorientierten Produktion abgelöst werden. Für das Marketing hat diese Umstellung der Technik gravierende Folgen und die Auswirkungen auf den Einzelhandel mit Büchern sind noch nicht absehbar.

Beim Book on demand-Verfahren kann der Kunde den Inhalt eines Buches individuell auswählen und durch persönliche Elemente, wie ein Vorwort oder eine Widmung ergänzen. Es lassen sich automatisch personalisierte Teile z. B. in einem Geschenkbuch erzeugen.

Flach- oder Offsetdruck

Beim *Flach- oder Offsetdruck* liegen die druckenden und nichtdruckenden Flächen auf derselben Ebene. Das Druckverfahren beruht auf dem Prinzip, daß Fett und Wasser einander abstoßen. Die nichtdruckenden Flächen auf der Druckplatte werden so behandelt, daß sie keine Farbe annehmen.

Der englische Ausdruck *off set* bezieht sich auf das Absetzen der Farbe auf das Gummituch. Offset ist ein indirektes Verfahren im Gegensatz zum Steindruck.

Der Offsetdruck ist heute das am meisten verbreitete Druckverfahren.

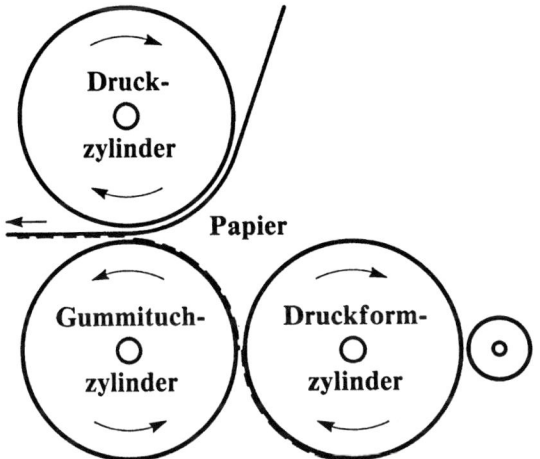

**Flachdruck
(Offset):
Hochauflagige
Werbemittel
(Prospekte, Eti-
ketten, Plakate),
Verpackungen,
Bücher**

Bei allen konventionellen Druckverfahren können einzelne Bogen oder auch Papiere von der Rolle bedruckt werden. Bei gleichzeitigem Bedrucken von Vorder- und Rückseite eines Bogens spricht man von *Schön- und Widerdruck*. Beim Farbdruck wurden früher die einzelnen Farben hintereinander gedruckt. Der Bogen mußte also die Maschine mehrmals passieren. Der Farbdruck erfolgt heute in einem Druckvorgang. In den letzten zehn Jahren haben sich zu den bisherigen und dem dominierenden Offset-Druckverfahren aus der Computer-Industrie heraus eigenständige Druckverfahren entwikkelt. Bei den Druckmaschinen und -verfahren unterscheiden wir heute folgende Produktgruppen:

**Druck vom
Bogen oder
der Rolle –
Schön- und
Widerdruck –
Farbdruck**

- *Farblaserdrucker*: Blattdrucker mit langsamem, aber preiswerten Farbdruck für den kleinen Bedarf der Bürokommunikation und in der Dokumentenherstellung

- *Inkjet-Drucker*: Konkurrenz zu den Farblaserdruckern in etwa den gleichen Anwendungsbereichen

- *Hochleistungs-Schwarzweißdrucker*: entwickelt für Rechenzentren, in denen Hochleistungscomputer schnelle Ausgabegeräte benötigen mit beachtlicher Druckqualität dank Laser-Technologie, geeignet für die Herstellung von kompletten Broschüren und Büchern in Kleinstauflagen

- *Hochleistungs-Farblaserdrucker*: Es gibt Bogen- und Rollendrucker. Sie ermöglichen einen schnellen und preiswerten Farbdruck, Individualisierung und die Weiterverarbeitung zu Broschüren, die noch nicht ganz die Qualität des Offsetdrucks erreichen. *Rollen-Hochleistungs-Farblaserdrucker* sind charakterisiert durch elektronische Bilderzeugung auf den Druckzylindern und können Farbdokumente bis zu 15 m Länge verarbeiten, z. B. Plakate, eine Kombination von Großformatdruck mit Schnelldruck. Konkurrenz für den traditionellen Offsetdruck bei großformatigen Aufträgen im Kleinauflagenbereich.

- *Offsetdruckmaschinen mit digitaler Plattenbebilderung*: Niedrige Farbkosten, Offsetqualität und schon bei niedrigen Auflagen Konkurrenz für den Farblaserdruck. Individualisierung von Drucken nicht möglich.

Über die geschilderten Verfahren hinaus, die miteinander in heftiger Konkurrenz stehen, befinden sich weitere Druckmaschinen-Technologien in der Entwicklung.

Fachleute rechnen damit, daß kleinere und mittlere Offsetdruckereien aufgeben müssen, weil sie zu klein sind, um die Automatisierung des Offsetdrucks zu finanzieren. Ein Teil ihrer Aufträge wird in Zukunft von den Kunden selber erledigt werden, ein Teil zu den überlebenden mittleren und großen Offsetdruckereien übergehen. Eine sinkende Zahl von Firmen wird einen erheblich steigenden Drucksachenbedarf bewältigen.

Die nachstehende Übersicht und die sich anschließenden schematischen Darstellungen veranschaulichen den heutigen Stand der verschiedenen Druckverfahren und ihre Anwendung nach einer Aufstellung im Prospekt der *WB-Druck: Die Büchermacher, Rieden am Forggensee*.

318

Produktinfo über die verschiedenen Druckverfahren

Verfahren	Anwendung	Vorteile und Kosten
A Buchproduktion im konventionellen Druckverfahren	... bei Ein-, Mehr- oder Vierfarbdruck ... bei vorhersehbaren Nachauflagen Druckplattenkonservierung möglich	Kostengünstige Lösung, wenn bereits Filme vorhanden sind.
B Buchproduktion im Direkt to Plate-Verfahren	... bei Aufsichtsvorlagen (Laserprints, Typoskript usw.) ... bei Reprint von Büchern ... bei stufenloser Verkleinerung oder Vergrößerung ... bei gemischten Vorlagen (Papier und Film)	Direkt von der Papiervorlage auf die Druckplatte. Keine Kopierverluste, da direkt auf die Druckplatte belichtet wird. Umweltfreundlich, da kein Filmmaterial und keine Filmchemie zum Einsatz kommt.
C Buchproduktion im Computer to Plate-Verfahren	... bei kompletten PostScript*- oder PDF-Dateien (Belichtung erfolgt direkt auf die Druckplatte) ... bei hohen Qualitätsansprüchen (Belichtung mit 2540 dpi, bzw. 70er Raster)	Umweltfreundliche und preisgünstigste Lösung, da kein Filmmaterial als Zwischenträger benötigt wird. Keine Schnittkanten und Hohlkopien, keine Kopierverluste. Vollelektronische und standgerechte Belichtung direkt auf die Druckplatte.
D Buchproduktion im Printing on Demand-Verfahren (Digitaldruck)	... Bei Kleinauflagen von 10 - 300 Exemplaren ... Direktdruck von Aufsichtsvorlagen, Reprints, Positivfilmen, Postscript- oder PDF-Dateien ... Druckauflösung: 600 dpi ... Alle Offset- oder Werkdruckpapiersorten von 40g - 120g	Preisgünstiges Druckverfahren bei Kleinst- und Kleinauflagen. Minimierung der Lagerhaltung und des Auflagenrisikos. Alterungsbeständig, da echtes Druckverfahren, keine Xerographie oder Laserprint. Umweltfreundlich, da weder Filme noch Druckplatten benötigt werden.

*PostScript-Dateien lassen sich von allen professionellen Programmen erstellen!

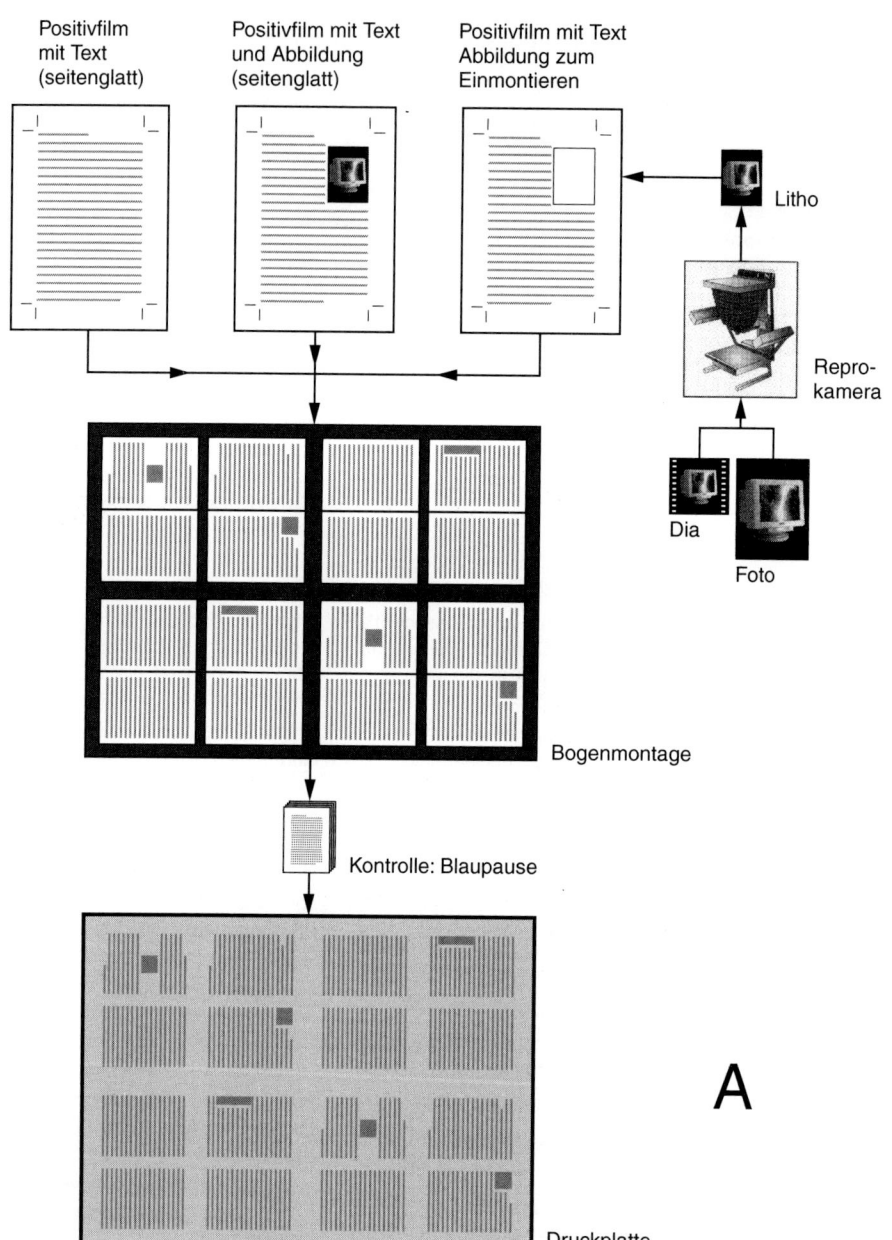

Positivfilm
mit Text
(seitenglatt)

Positivfilm mit Text
und Abbildung
(seitenglatt)

Positivfilm mit Text
Abbildung zum
Einmontieren

Litho

Repro-
kamera

Dia

Foto

Bogenmontage

Kontrolle: Blaupause

A

Druckplatte

Buchproduktion Konventionell

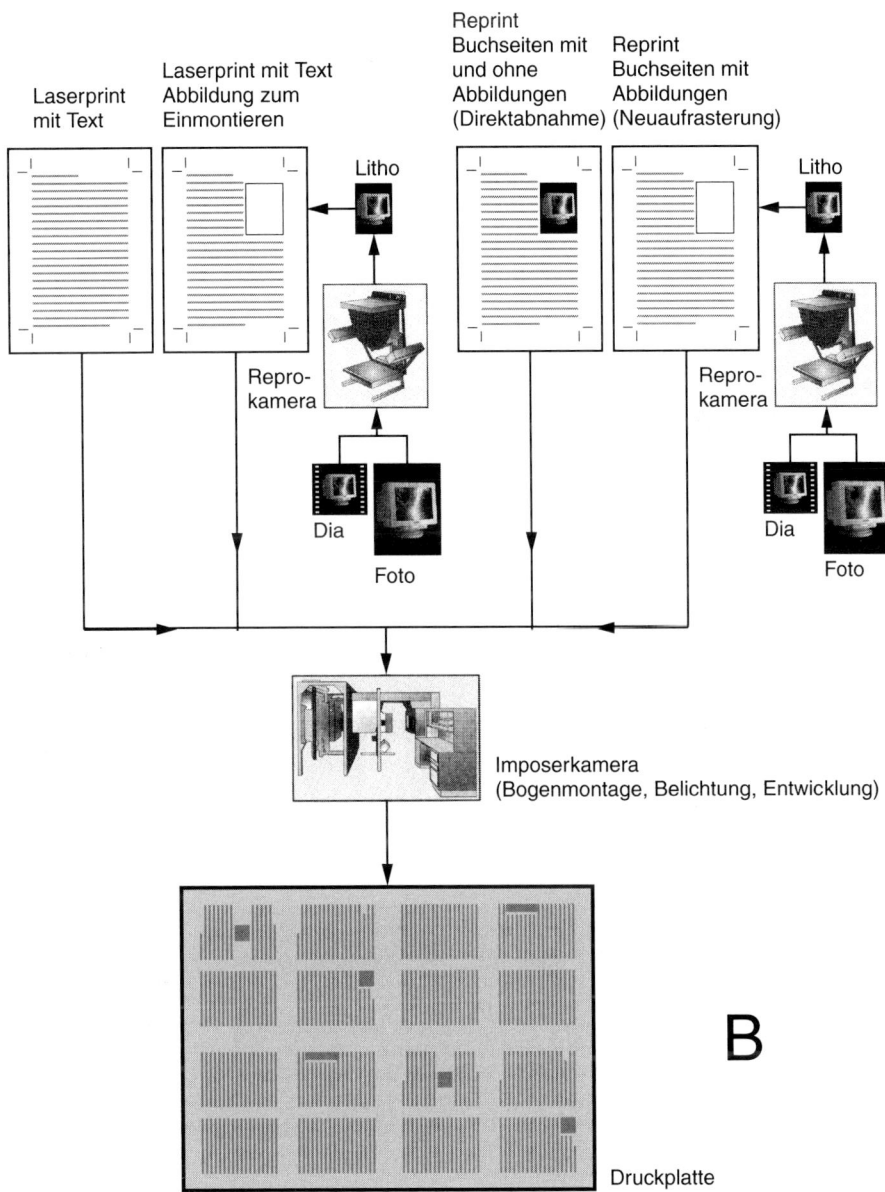

Direkt to Plate

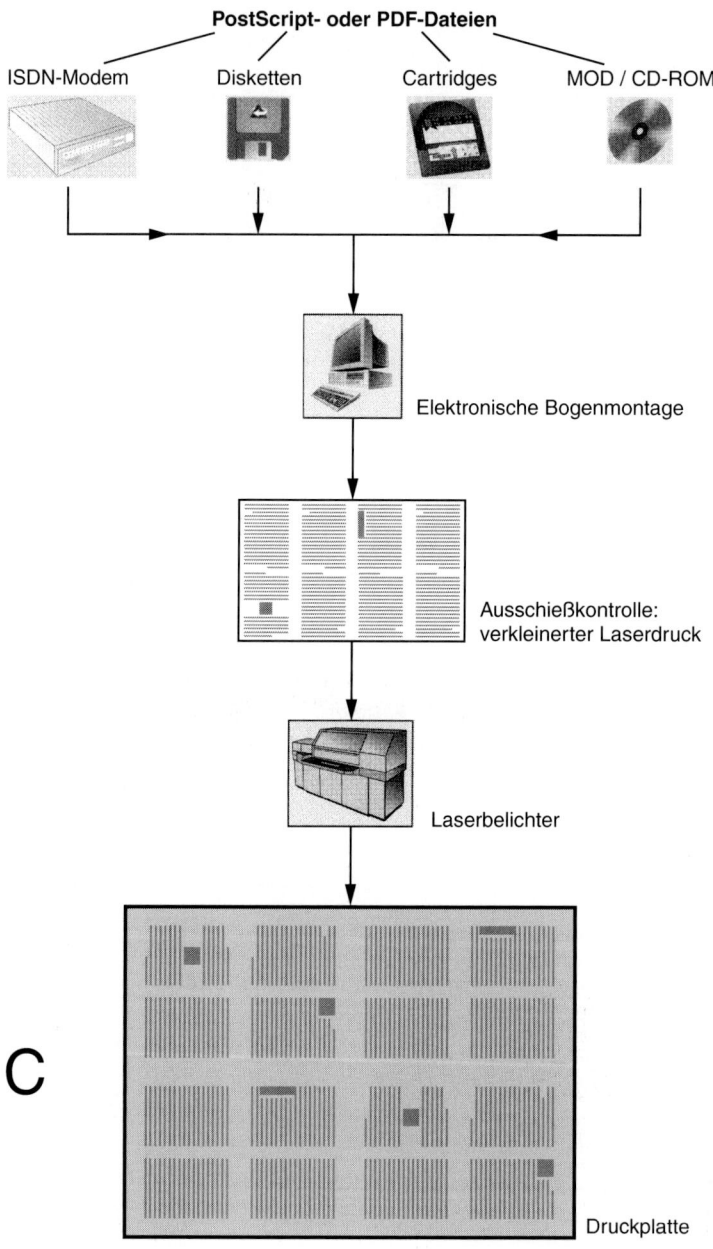

PostScript- oder PDF-Dateien

ISDN-Modem   Disketten   Cartridges   MOD / CD-ROM

Elektronische Bogenmontage

Ausschießkontrolle:
verkleinerter Laserdruck

Laserbelichter

C

Druckplatte

Computer to Plate

322

PostScript- oder PDF-Dateien

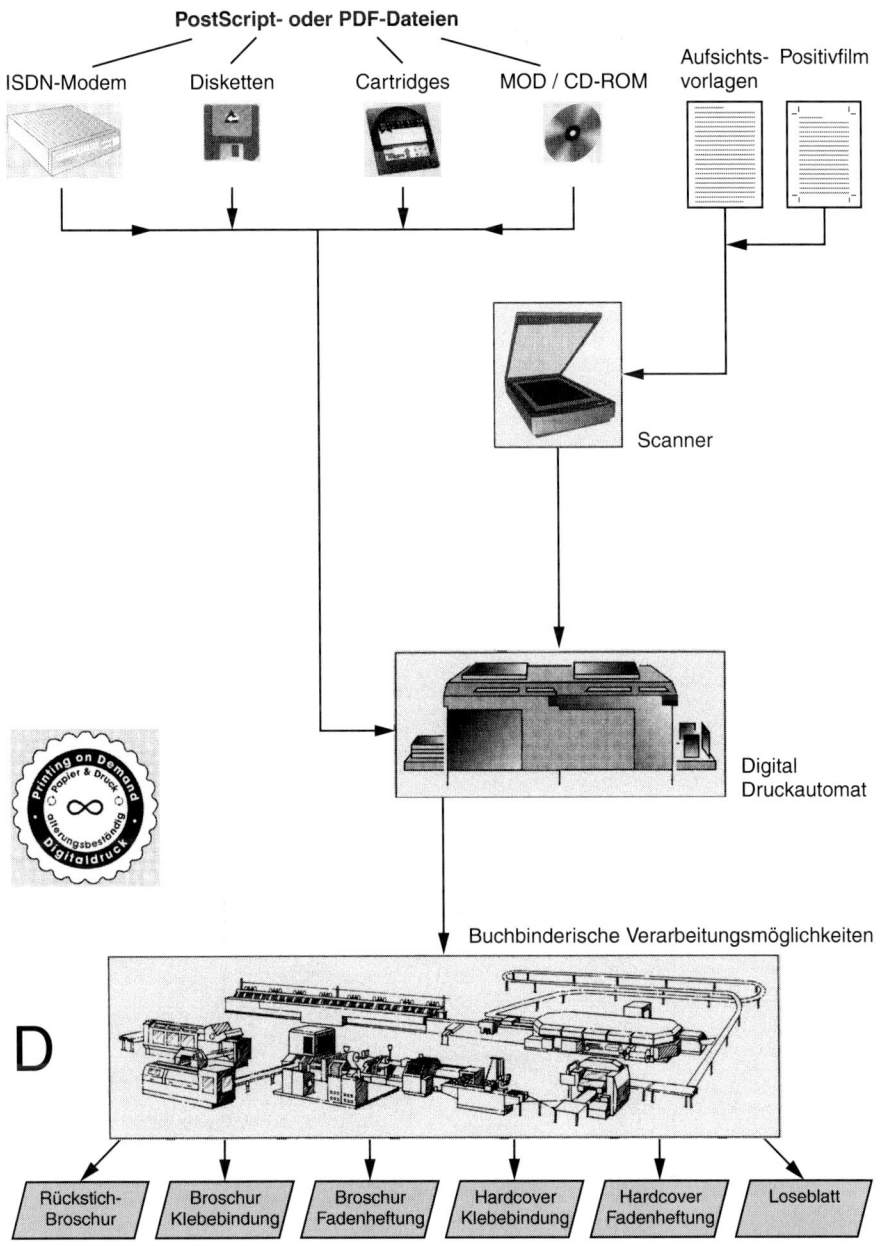

ISDN-Modem   Disketten   Cartridges   MOD / CD-ROM   Aufsichts- Positivfilm
                                                          vorlagen

Scanner

Digital
Druckautomat

Buchbinderische Verarbeitungsmöglichkeiten

D

| Rückstich-
Broschur | Broschur
Klebebindung | Broschur
Fadenheftung | Hardcover
Klebebindung | Hardcover
Fadenheftung | Loseblatt |

Digitaldruck

323

5.6 Papierherstellung und -einkauf

Die Auswahl des Papier ist für die Qualität eines Buches von entscheidender Bedeutung. Papiere unterscheiden sich nach Gewicht, Stärke, Farbe und Oberfläche.

**Papier-
herstellung**

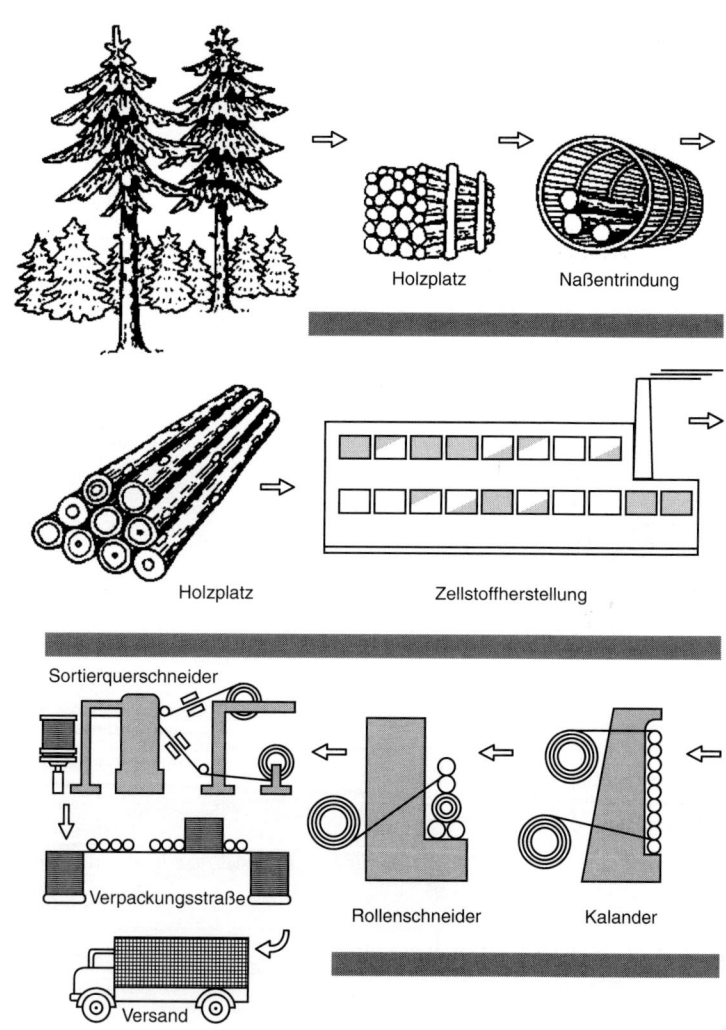

Holzplatz   Naßentrindung

Holzplatz   Zellstoffherstellung

Sortierquerschneider

Verpackungsstraße   Rollenschneider   Kalander

Versand

Die Abbildung auf den Seiten 324 und 325 zeigt den Weg der *Papierherstellung* vom Baum im Wald bis zum Versand des fertigen Papier. Sie macht deutlich, daß Papier auch heute noch überwiegend aus *Pflanzenfasern* hergestellt wird, und zwar durch Verfilzen, Verleimen und Pressen. Aus Holz

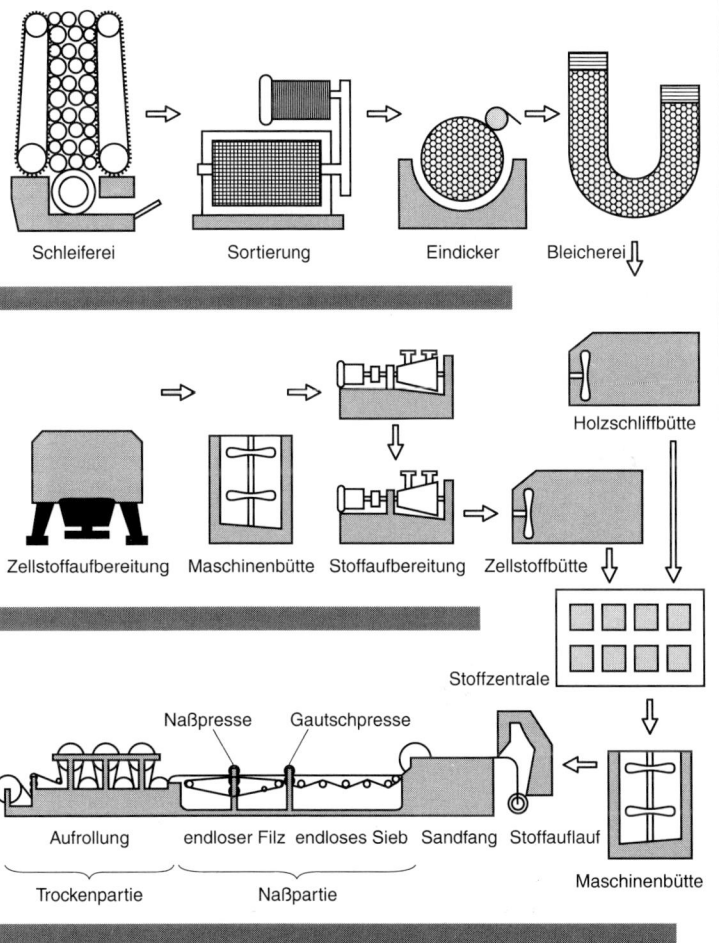

Schleiferei   Sortierung   Eindicker   Bleicherei

Holzschliffbütte

Zellstoffaufbereitung   Maschinenbütte   Stoffaufbereitung   Zellstoffbütte

Stoffzentrale

Naßpresse   Gautschpresse

Aufrollung   endloser Filz   endloses Sieb   Sandfang   Stoffauflauf

Trockenpartie   Naßpartie

Maschinenbütte

wird einerseits durch Schleifen Holzschliff gewonnen, anderseits durch chemischen Aufschluß Zellstoff hergestellt. Diese beiden Grundstoffe werden miteinander vermischt. Die eigentliche Papierbildung findet auf der Papiermaschine statt, einer Fertigungsstraße von oft respektablem Ausmaß.

Papiereinkauf

Den *Papiereinkauf* in den Verlagen nimmt die Herstellungsabteilung vor (s. 2.5). Sie hat die Möglichkeit, durch Vereinbarung von Jahresabnahmemengen bestimmter Standardpapiere günstige Einkaufspreise zu erzielen. Kleinere Verlage überlassen es ihrer Druckerei, das Papier zu besorgen.

Papierpreise

Die Preisentwicklung auf dem Papiermarkt wird unter anderem vom internationalen Großverbrauch für Zeitungen, Zeitschriften und sonstigen Massendruckerzeugnissen beeinflußt. Der Verleger ist vom Weltpapierpreis abhängig und muß oft unerwartete Preiserhöhungen in seiner Kalkulation auffangen, wenn er seine Ladenpreise, z. B. für Zeitschriftenabonnements, schon langfristig festgelegt hat.

5.7 Bindeverfahren

Wie Satz, Repro und Druck hat sich auch die *Buchbindereitechnik* in den letzten Jahrzehnten rasch gewandelt. Hohe Auflagen im Bereich der Bestseller, des Taschenbuchs und der Buchgemeinschaften verlangten nach preiswerter und überdurchschnittlich schneller Herstellung. Unter diesen Anforderungen hat das Qualitätsbewußtsein zunächst gelitten, nimmt aber in den letzten Jahren wieder deutlich zu. Die Grundelemente der *Buchbinderei* sind vom technologischen Wandel nicht betroffen.

Falzen und Zusammentragen

Ungefalzt werden die Druckbogen in der Buchbinderei angeliefert. Die Bogen werden gefalzt und zum Buchblock *zusammengetragen*. Anschließend werden die Bogen miteinander fest verbunden. Dafür gibt es zwei Verfahren. Die haltbarere und teurere *Fadenheftung* steht neben der preiswerteren *Klebebindung*.

Einbinden

Einband-Überzüge können aus Papier, aus Kunststoff oder aus Gewebe hergestellt werden. Gewebe gilt als edle und

haltbare Einbandart. Es handelt sich dabei um ein Kunstfaser-
oder Leinengewebe, woraus die Einbandbezeichnung Leinen
herrührt. Leder als besonders kostbarer *Einbandstoff* wird
für Klassiker- und Luxusausgaben verwendet.

Während der Buchblock hergestellt, an drei Seiten beschnit-
ten und abschließend gepreßt wird, entsteht auf speziellen
Maschinen die *Einbanddecke*, die sich aus den Deckeln für
Vorder- und Rückseite, der Rückeneinlage und dem Einband-
material zusammensetzt, mit dem der gesamte Einband überzogen wird.

Der Buchblock wird in den Einband eingehängt und das
Buch nochmals gepreßt.

Die beiden traditionellen *Bindeverfahren* für Broschüren und
Hardcover sind *Klebebindung* und *Fadenheftung*. Für Broschüren gibt es noch das *Rückstichverfahren*. Eine besondere
buchbinderische Verarbeitung verlangen Loseblattwerke, deren Einzelblätter gelocht und in Ordner eingelegt werden.

**Binde-
verfahren**

Bei immer schnellerer und aktuellerer Arbeit der Lektorate
und vor allem der Redaktionen von Zeitungen und Zeitschriften stellen sich immer höhere Anforderungen an die
Geschwindigkeit der Druckweiterverarbeitung. Im Anschluß
an die Druckvorlagenerstellung brauchen z. B. in den USA
die Druckereien etwa zwölf Stunden, die Buchbindereien
aber etwa dreißig Stunden, um 4 000 verschiedene Ausgaben
des *Time Magazine* zu binden und versandbereit zu machen
– 4 000 Ausgaben, weil jeder Abonnent je nach Wohnort
persönliche Inkjet-Informationen erhält. Inkjet-Systeme produzieren personalisierte Drucksachen. Angesichts dieser Ver-
arbeitungsdauer wird an schnelleren Bindesystemen gearbeitet, um im Wettbewerb mit der elektronischen Information
bestehen zu können.

Die elektronische Information gelangt vom Verlag oder Archiv, wo Inhalte digital gespeichert sind, in absehbarer Zukunft zu Ausgabestationen in Bibliotheken, Buchhandlungen
oder anderen Stellen, wo das Buch – eventuell mit individuellen Elementen – ausgedruckt und gebunden wird. Fachleute prophezeien der guten alten individuellen Buchbinderei

eine neue Zukunft, wenn sie sich solche Ausgabestationen aufstellen und qualifizierte Bindearbeit für das elektronisch angelegte Produkt anbieten.

Einschweißen

Früher wurden Bücher vom Buchbinder einzeln in Papier eingeschlagen. Anstelle dessen ist das *Folienverschweißen* getreten. Einerseits wird dadurch garantiert, daß die Bücher staubfrei transportiert und gelagert wreden können, andererseits ist es der Industrie noch nicht gelungen, leicht zu entfernende Folien zu entwickeln. Dem Buchhändler macht es Mühe, wenigstens ein Exemplar für die Auslage ohne Folie zu präsentieren. Der Leser scheut sich, in der Buchhandlung selbst die Folien von einem Buch zu entfernen. So bleibt diese Errungenschaft auch in Fachkreisen weiter umstritten.

Eine Reihe namhafter Verlage verzichtet seit einiger Zeit auf das Folieneinschweißen ihrer Bücher vor allem aus ökologischen Gründen.

5.8 Was sonst noch zum Buch gehört

Das Buch hat einen – wie andere Medien auch, z. B. der Bildschirm – Doppelcharakter: Es ist gleichzeitig Materie und Transportmittel für Ideen und Unterhaltung. Das wird deutlich bei der Betrachtung der einzelnen Elemente, die über die Urform – Buchblock und Buchdeckel – hinaus ein Buch ausmachen.

Schutzumschlag

Für die Produktion fest gebundener Bücher (Fachausdruck: *Hardcover*) spielt der *Schutzumschlag* eine ausschlaggebende Rolle. Auf ihn wird in vielen Verlagen sehr viel Sorgfalt verwandt. Wenn der Verlagsvertreter dem Buchhändler eine Neuerscheinung vorstellt, so will der Buchhändler nicht nur Worte hören, sondern auch sehen, wie das Buch aussehen soll. Vielleicht wird er es auch anfassen wollen. Der Verlagsvertreter legt ihm deshalb Schutzumschlagandrucke, Fotos und in besonderen Fällen ein Reisemuster mit dem fertigen Umschlag in die Hand.

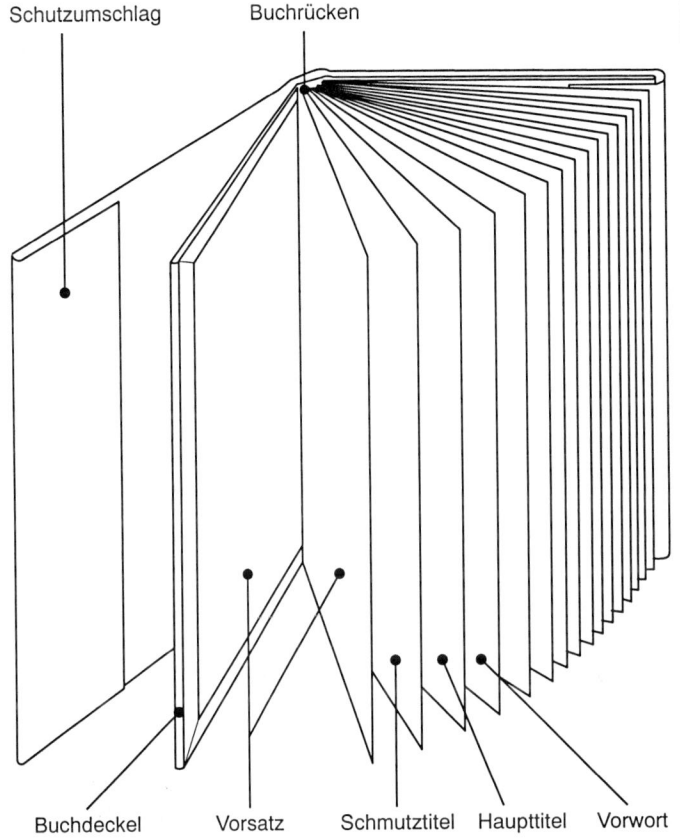

Schutzumschlag   Buchrücken

Buchdeckel   Vorsatz   Schmutztitel   Haupttitel   Vorwort

Teile eines Buches in schematischer Darstellung

1 **Schutzumschlag**
   (Schutzfunktion und werbende Information)
2 **Buchdeckel (Einband und Ansprache des Tastsinns**
   und des ästhtetischen Empfindens)
3 **Buchrücken (Information und Animation)**
4 **Vorsatz (Verbindung von Deckel und Buchblock**
   und ästhtetische Funktion)
5 **Schmutztitel**
   (Übergang zum Text und Kurzinformation)
6 **Haupttitel**
   (Beginn des Textes und Grundlageninformation)
7 **Vorwort**
   (Verbindungsbrücke zwischen Autor und Leser)

Der neueste und schnellste Weg der Information vom Verlag zum Vertreter ist, daß die fertigen Umschläge oder auch Entwürfe mit der Digitalkamera aufgenommen und per e-mail übermittelt werden. Der Vertreter druckt sie am eigenen Farbdrucker aus.

Der Umschlag soll durch seine Gestaltung ausdrücken, welches Lese- oder Informationserlebnis das betreffende Buch vermittelt. Er stimmt nicht nur den Buchhändler beim Kauf ein, sondern dient als Blickfang für den Käufer im Schaufenster oder im Laden. So ist der Schutzumschlag längst über die Funktion, die der Name ausdrückt, hinausgewachsen. Er hat sich zu einem wesentlichen Marketinginstrument entwickelt. Leider ist die Gestaltung der Einbände zu einem Stiefkind der Hersteller geworden, weil dem Schutzumschlag soviel Aufmerksamkeit gewidmet wird.

Gelegentlich werden Schutzumschläge auf der Innenseite für Werbezwecke genutzt.

Vor allem Bildbände kommen *folienkaschiert* auf den Markt, d. h. daß der bedruckte Papierüberzug entweder mit einer Folie überzogen oder auf einem anderen technischen Wege imprägniert oder glasklar verstärkt worden ist. Auch Taschenbücher haben keinen *Schutzumschlag*.

Klappentext

Der auf die Schutzumschlagklappen aufgedruckte *Klappentext* dient zur Schnellinformation und stellt Buch und Autor mehr oder minder werbewirksam vor.

Verlage tun gut daran, die Informationen vom Klappentext auf der Rückseite des Schutzumschlages zu wiederholen, wenn sie ihre Bücher in Folien einschweißen lassen.

Lesezeichen

Fast nur noch für Klassikerausgaben, Bibeln oder Gesangbücher werden am Buchrücken befestigte *Lesezeichen* oder Lesezeichenbänder verwendet.

Nicht mit dem Buch verbundene Lesezeichen sind ein interessantes und viel genutztes Werbemittel und übrigens auch ein interessantes Sammelgebiet.

Titel

Vom *Titel* kann das Schicksal eines Buches abhängen. Auf ihn wird im Verlag deshalb fast ebensoviel Zeit und Energie

330

Schutzumschlag/Cover

Funktionen

- Schutz- und Bewahrungs-
  funktion
- Kristallisationspunkt bei der
  Vermittlung an die Vertreter
- Kristallisationspunkt bei der
  Vermittlung an den Handel
- Reihen-Effekt

- Warenwirtschaftlicher
  Informationsträger
- Zielgruppenansprache
- Verkaufsaufforderung
- Information über Autor,
  Inhalt und redaktionelles
  Konzept

- Selbstpräsentation
- Produktdifferenzierung
- Imagebildung
- Produktidentifikation

Elemente des Schutzumschlags

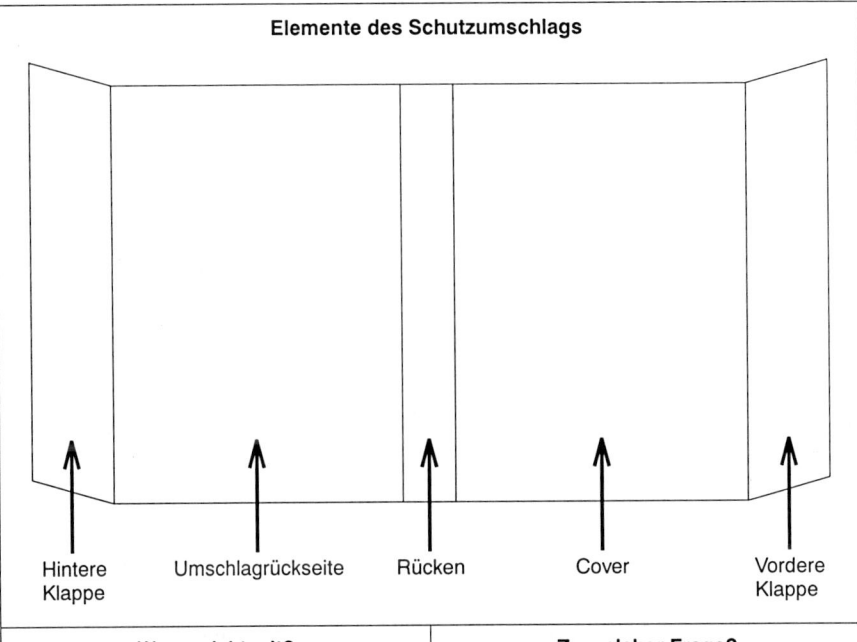

Hintere Klappe   Umschlagrückseite   Rücken   Cover   Vordere Klappe

Wer spricht mit?	Zu welcher Frage?
• Programmabteilung (Lektorat/Produktmanagement)	• Produktgemäße Gestaltung • Zielgruppengemäße Gestaltung
• Vertrieb/Marketing/Werbung	• Vertriebsgemäße Gestaltung
• Herstellung	• Technische Machbarkeit • Umsetzung

Briefing für den/die Grafiker/in

Endgültige Entscheidung über Entwürfe

verwendet wie auf den Schutzumschlag. Beim Sach-, Fach-, Schul- und wissenschaftlichen Buch kommt es vor allem darauf an, daß Titel und Untertitel eindeutig sagen, worum es sich bei dem Buch handelt. So kann der Leser schon vom Titel her entscheiden, ob er sich näher mit dem Buch befassen will. Bei der Belletristik und bei Sachbüchern hat der Titel vor allem die Funktion, den Leser zum Anschauen und zum Lesen des Buches zu verlocken. *Werner Bergengruen* (1892 – 1964) hat dem Buchtitel 1960 ein schönes Buch gewidmet, das heute noch interessant zu lesen ist: *Titulus – das ist: Miszellen, Kollektaneen und fragmentarische, mit gelegentlichen Irrtümern durchsetzte Gedanken zur Naturgeschichte des deutschen Buchtitels oder unbetitelter Lebensroman eines Bibliotheksbeamten.*

Inhaltsverzeichnis

Unerläßlich ist für fast jedes Buch – außer vielleicht für Romane – ein *Inhaltsverzeichnis*. Viele Leser schlagen als allererstes das Inhaltsverzeichnis auf, wobei sie manche Überraschungen erleben können: Einmal steht es am Beginn, einmal am Abschluß eines Buches, einmal an versteckter Stelle und manchmal ist es gar nicht zu finden.

Register und Apparat

Das wissenschaftliche und gute Sach- und Fachbücher haben einen *Apparat*. Er besteht zumindest aus einem *Register* der wichtigsten Begriffe des Buches (Stich- und Schlagwörter). In manchen Büchern werden Sach-, Ort- und Personenregister getrennt aufgeführt. Es gibt gute und (viel häufiger) schlechte Register.

Zum Apparat gehören die *Anmerkungen*, die entweder als Fußnoten oder gesondert in einem Anmerkungsteil untergebracht werden. Hier handelt es sich um wissenschaftliche Belege und Nachweise für Zitate oder Sachangaben; manche Autoren führen auch Nebengedanken in Anmerkungen fort.

Im engen Sinn wird unter *kritischem Apparat* das Verzeichnis der verschiedenen Lesarten eines Textes verstanden.

Bebilderte Bücher haben ein *Abbildungsverzeichnis*, welches oft mit dem Quellennachweis kombiniert ist.

Literaturangaben – entweder in Anmerkungen, am Schluß einzelner Kapitel oder in einem gesonderten Literaturnachweis untergebracht – sind für anspruchsvolle Fach- oder wissenschaftliche Veröffentlichungen unerläßlich und sollten auch in keinem Sachbuch fehlen. Dabei ist zu unterscheiden zwischen Angaben der *Quellen*, aus denen der Autor geschöpft hat, und Hinweisen auf *weiterführende Literatur*.

Einem Buch angefügte Worterklärungen in alphabetischer Reihenfolge nennt man *Glossar*.

Schließlich gehören noch *Vorwort, Nachwort, Widmungen* und *Motti* zu dem Beiwerk, das sich um so manche Veröffentlichung rankt. Ein oft herangezogener Autor für Vorworte zu Werken anderer Autoren ist der Schriftsteller *Hermann Kesten* (1900 – 1996). Er schrieb so viele Vorworte, daß der Parodist *Robert Neumann* (1897 – 1975) eines Tages ein Buch ankündigte: »Gesammelte Vorworte von Hermann Kesten. Mit einem Vorwort von Hermann Kesten«.

Exlibris

Schon aus der Frühzeit der Druckkunst stammt das *Exlibris*: ein in den verschiedensten Kleinformaten gedrucktes Einklebebild. Es ist künstlerisch gestaltet, oft von bekannten Grafikern oder Künstlern, und enthält zumeist ein illustratives Element und den Namen des Buchbesitzers. Exlibris sind beliebte Sammelobjekte. Der lateinische Begriff bedeutet *aus den Büchern*. Der *Verlag Claus Wittal*, Wiesbaden, befaßt sich speziell mit dieser Thematik.

5.9 Buchgestaltung

Nicht nur der Inhalt der Bücher ist wichtig, sondern auch ihre Rolle als Ware – der berühmte Dualismus, der die Arbeit der Verleger und Buchhändler bestimmt. Aber drittens sind Bücher auch Körper. *Johannes Gutenberg* schuf die Grundlagen dafür, daß eine industrielle Massenproduktion den Grundsätzen soliden Handwerks verpflichtet blieb. Nicht umsonst wird seine 42zeilige Bibel als eines der schönsten Bücher aller Zeiten gerühmt. Bücher haben neben der ideellen und materiellen also auch eine ästhetische Kategorie. Sie auch im Zeitalter des *Digitaldrucks* und des *Elektronischen Publizierens* zu bewahren, ist eine neue Herausforderung.

Buchkunst

Je stärker der Bedarf stieg und je schneller die Druckmaschinen druckten, desto größer war die Gefahr des *künstlerischen Niedergangs* der Buchdrucker*kunst*, wie sie ja ursprünglich hieß.

Immer wieder gab es Gegenbewegungen zugunsten ausstatterischer Qualität. Eine solche Gegenbewegung ging um die Jahrhundertwende von England aus, und zwar hauptsächlich von *William Morris* (1834 – 1896), der handwerkliche Traditionen nicht nur auf dem Gebiet der Buchkunst erneuerte. Den Primat der Typografie lehrte und lebte mit seiner *Doves Press* ein weiterer Engländer, *Thomas James Cobden-Sanderson* (1840 – 1922).

Der Buch- und Schriftgestalter *Christian Heinrich Kleukens* (1880 – 1954) hat gesagt: »Es gibt eine innere und eine äußere Schönheit des Buches, Wenn die Druckgestaltung mit dem Text im rechten Einklang ist, wenn innere und äußere Form zusammengehen, entsteht ein Werk von unvergänglichem Wert, ein Kunstwerk, vollkommen wie ein Meisterwerk der Architektur.«

Und der Verleger und Drucker *Hans (Giovanni) Mardersteig* (1892 – 1977) definierte:»Ein Buch besteht aus fünf Elementen, das sind Text, Schrift, Druckfarbe, Papier und Einband. Aus diesen Elementen eine Einheit zu schaffen, die selbstverständlich überzeugt, die nicht einer Modeströmung dient, sondern zeitlosen Wert anstrebt, das ist unser Wunsch.«

Als der Fotosatz aufkam, konstatierte der Schriftsteller *Hans Magnus Enzensberger* (*1929) 1981 in einem vielbeachteten Aufsatz den »Verlust einer Kunst«. Er meinte damit die Kunst des Buchdrucks im allgemeinen und die Verluderung der modernen Typografie durch den Fotosatz im besonderen. Inzwischen gehört der Fotosatz der Vergangenheit an, ohne daß er seine eigene Ästhetik geschaffen hätte.

Neben dem schönen Satz ist die Buchillustration ein wesentliches Element der *Buchkunst*, deren Geschichte sich bis ins 8. Jahrhundert zurückverfolgen läßt. Zur *Buchkunst* zählt vor allem die Buchillustration, deren Geschichte sich bis in das 8. Jh. zurückverfolgen läßt. Die ersten Illustrationsdrucke im Holzschnittverfahren stammen aus China. In Deutschland entwickelte sich die Buchillustration in Verbindung mit den sog. Blockbüchern im 15. Jh. und nach *Gutenbergs* Erfindung zunehmend in Kirchenliteratur, Märchensammlungen, naturkundlichen und medizinischen Werken, Reisebeschreibungen und zeitgenössischer Literatur. Während der Zeit des Jugendstils entstanden viele bibliophile Bücher mit Originalgrafiken. In neuerer Zeit erschienen in Zusammenarbeit mit Druckern und Verlegern berühmte buchkünstlerische Werke von großen Künstlern der Gegenwart, sogenannte *Künstlerbücher* sowie *Buchobjekte*. Illustrierte Werke der Weltliteratur und deren Reprints finden heute das Interesse von Liebhabern der Buchkunst. Diesem Gebiet widmet sich die Zeitschrift *Illustration 63* (s. 3.13).

Buchillustration

Massenproduktion einerseits – individuelle Produktion andererseits, das kennzeichnet den Markt im neuen Jahrtausend.

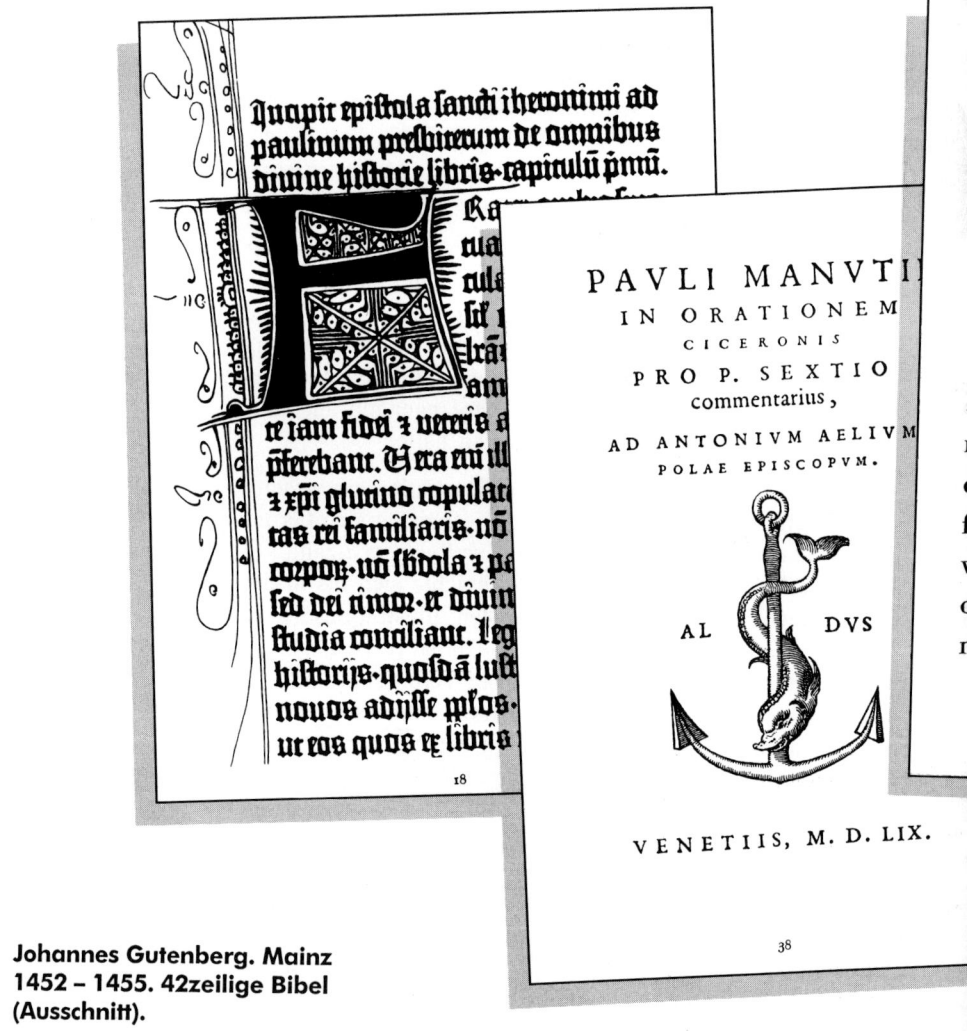

Johannes Gutenberg. Mainz
1452 – 1455. 42zeilige Bibel
(Ausschnitt).

Paulus Manutius: Commentarius in orationem
Ciceronis pro P. Sextio. Venedig 1559 (Titelblatt).

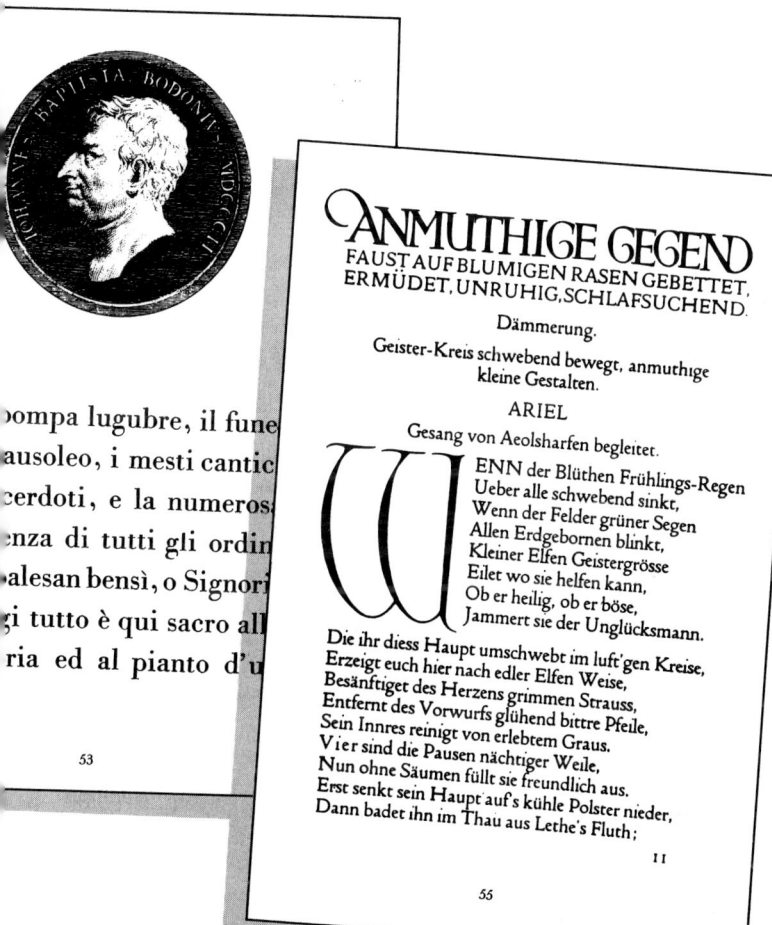

ANMUTHIGE GEGEND
FAUST AUF BLUMIGEN RASEN GEBETTET,
ERMÜDET, UNRUHIG, SCHLAFSUCHEND.

Dämmerung.

Geister-Kreis schwebend bewegt, anmuthige
kleine Gestalten.

ARIEL

Gesang von Aeolsharfen begleitet.

WENN der Blüthen Frühlings-Regen
Ueber alle schwebend sinkt,
Wenn der Felder grüner Segen
Allen Erdgebornen blinkt,
Kleiner Elfen Geistergrösse
Eilet wo sie helfen kann,
Ob er heilig, ob er böse,
Jammert sie der Unglücksmann.

Die ihr diess Haupt umschwebt im luft'gen Kreise,
Erzeigt euch hier nach edler Elfen Weise,
Besänftiget des Herzens grimmen Strauss,
Entfernt des Vorwurfs glühend bittre Pfeile,
Sein Innres reinigt von erlebtem Graus.
Vier sind die Pausen nächtiger Weile,
Nun ohne Säumen füllt sie freundlich aus.
Erst senkt sein Haupt auf's kühle Polster nieder,
Dann badet ihn im Thau aus Lethe's Fluth;

11

55

ompa lugubre, il fune
ausoleo, i mesti cantic
cerdoti, e la numeros
nza di tutti gli ordin
alesan bensì, o Signor
i tutto è qui sacro all
ria ed al pianto d'u

53

**Bodoni. Anfangsseite der Gedächt-
nisschrift für Giambattista Bodoni.
Parma 1814.**

**T. J. Cobden-Sanderson. Goethe: Faust II.
London 1910.**

In beiden Kategorien haben bei fortschreitender Technik *illustrierte Bücher* ihren Platz. Charakteristisch für unsere Zeit ist die Kombination von Text, Foto und Zeichnung. Das moderne Sach- und Fachbuch ist ohne den Zusammenklang dieser Elemente nicht denkbar.

Die Sachillustration ist ein Stiefkind der Büchermacherei. In den Ausbildungsgängen der Buchgrafiker dominiert die erzählende Illustration (s. 4.7). Auch gibt es kein Fachorgan, das sich speziell der Sach- und Fachillustration in Büchern widmet.

»Die schönsten Bücher der Bundesrepublik Deutschland«

Seit dem Jahre 1952 schreibt der Börsenverein einen alljährlichen *Wettbewerb* aus: *Die schönsten Bücher der Bundesrepublik Deutschland* (bis 1970: *Die schönsten deutschen Bücher*).

Der Wettbewerb ist das Zentrum der Tätigkeit der 1965 gegründeten *Stiftung Buchkunst*. Träger der Stiftung sind derzeit der *Börsenverein des Deutschen Buchhandels*, die *Deutsche Bibliothek* und die Buchstädte Frankfurt/M. und Leipzig. Förderer sind das *Land Hessen*, der *Freistaat Sachsen*, der *Bundesverband Druck* und der *Freundeskreis der Stiftung Buchkunst*. Eine unabhängige Jury prüft die Bücher des aktuellen Jahrgangs nach Satz, Druck, Bild und Einband und vergibt etwa 50 Prämien und etwa 15 lobende Anerkennungen.

Diese Dokumente erstklassiger Buchgestaltung und -herstellung sammelt die Stiftung Buchkunst und bringt sie durch Ausstellungen im In- und Ausland, durch Veröffentlichungen und Vorträge der Öffentlichkeit nahe. Sie gibt dazu jährlich einen reich bebilderten Katalog mit den Ergebnissen des Wettbewerbs heraus.

Außerdem werden alljährlich auf der Frankfurter Buchmesse der *Preis der Stiftung Buchkunst* und der *Förderpreis für junge Buchgestalter* verliehen, die mit 15 000 DM bzw. 6 000 DM vom *Beauftragten der Bundesregierung für Angelegenheiten der Kultur und der Medien* dotiert sind.

Die Stiftung führt den Wettbewerb *Schönste Bücher aus aller Welt* in Leipzig fort und verleiht die *Goldene Letter*, eine Gold-, zwei Silber- und drei Bronzemedaillen sowie fünf Ehrendiplome.

Die rechts abgebildete Plakette wurde von der *Stiftung Buchkunst* geschaffen. Mit ihr kennzeichnen die Verlage ihre prämierten Titel in der Werbung und die Bücher selbst.

Die *DDR* veranstaltete zwei *Wettbewerbe:* Seit 1951 führte sie den Wettbewerb *Schönste Bücher der DDR* durch; die offiziellen Auszeichnungen wurden durch das *Ministerium für Kultur* und den *Börsenverein der Deutschen Buchhändler zu Leipzig* jeweils anläßlich der *Internationalen Leipziger Buchmesse* vergeben. Außerdem fand alljährlich im September eine Ausstellung der *Schönsten Bücher aus aller Welt* statt, der von der *Stiftung Buchkunst* weitergeführt wird.

»Schönste Bücher der DDR«

Die Buch- und Messestadt Leipzig knüpfte mit der *Internationalen Buchkunst-Ausstellung (iba)* an eine Tradition an, die vor 75 Jahren mit der ersten Weltausssstellung für Buchgewerbe und Graphik, der 1914 veranstalteten *BUGRA*, begann und ihre Fortsetzung 1927 in der ersten *iba* fand. Der *Rat der Stadt Leipzig* und der *Börsenverein der Deutschen Buchhändler zu Leipzig* der *ehemaligen DDR* griffen die Tradition 1959 auf und haben seither in den Jahren 1965, 1971, 1977 und 1982 jeweils eine weitere *iba* veranstaltet. 1989 fand die letzte *iba* statt.

iba Leipzig

Eine Fachjury wählt alljährlich *Die schönsten Bücher Österreichs* aus. Der *Hauptverband des Österreichischen Buchhandels* verleiht dafür Urkunden. Unabhängig davon kürt die *Staatspreisjury* – die Fachjury mit dem Vertreter des *Bundesministerium für wirtschaftliche Angelegenheiten* – unter den nominierten Titeln den *Staatspreisträger des Jahres*, der eine Urkunde und die *Staatspreistrophäe* erhält. Darüber hinaus wird ihm ein besonderes *Kennzeichen* verliehen, das aus dem Staatspreis-Logo und -Schriftzug mit der Jahreszahl der Verleihung besteht. Das Kennzeichen darf in dieser Form für Werbezwecke auch auf dem ausgezeichneten Produkt verwendet werden. Der Wettbewerb findet seit 1951 statt.

»Die schönsten Bücher Österreichs«

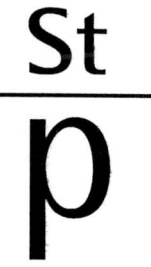

»Die schönsten Schweizer Bücher des Jahres«

BUNDESAMT FÜR KULTUR
OFFICE FEDERAL DE LA CULTURE
UFFICIO FEDERALE DELLA CULTURA
SWISS FEDERAL OFFICE OF CULTURE

Der Wettbewerb *Die schönsten Schweizer Bücher* wurde 1944 zum ersten Mal durchgeführt und findet seit den fünfziger Jahren regelmäßig statt. 1971 übernahm das *Eidgenössische Department des Innern ((EDI)* das Patronat und formulierte gesetzliche Grundlagen für den Wettbewerb.

Im Jahre 1999 übernahm das *Bundesamt für Kultur* mit seiner Sektion Kunst und Gestaltung den Wettbewerb in alleinige Trägerschaft. Die bisherigen Träger übernahmen das Patronat. Es sind dies der *Buchverlegerverband der deutschsprachigen und rätoromanischen Schweiz*, der *Association Suisse des éditeurs de la langue francaise* sowie der *Società editori della Svizzera italiana*. Im Jahr 1999 wurde der *Jan Tschichold Preis* vom EDI zum vierten Mal verliehen. Mit ihm werden Kreativität und Engagement im Bereich der Buchgestaltung ausgezeichnet.

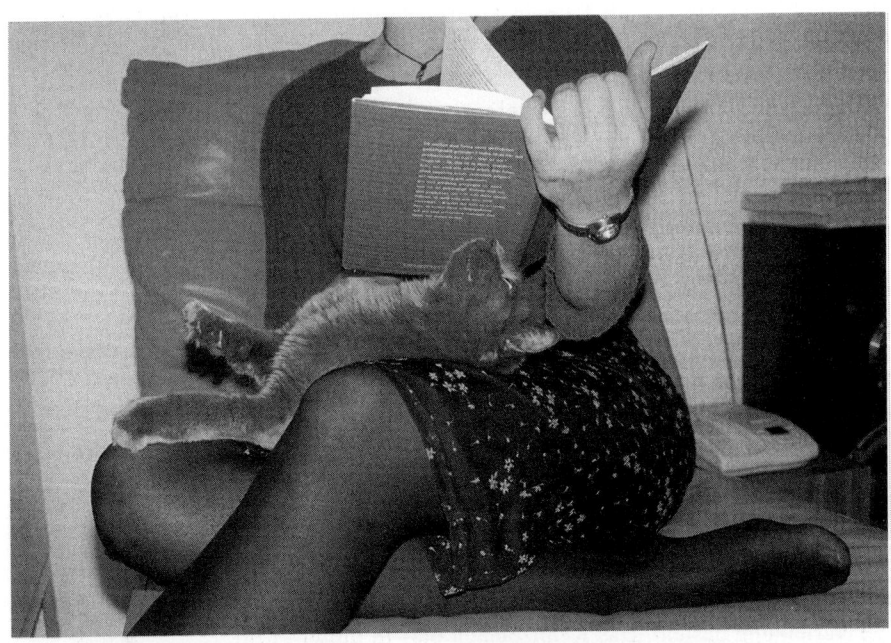

Motiv aus der Broschüre »Die schönsten Schweizer Bücher 1999«

340

5.10 Psychologisch-geistige Wirkfaktoren

Anfang der 70er Jahre gab es Bestrebungen, von Verbandsseite her den Slogan von der *Buchhandlung als Informationszentrum* zu propagieren. Die Befürworter dieser Bezeichnung haben sich nicht durchsetzen können. Dem Buchhandel war wohl bewußt, daß ein solcher Slogan das Lesen auf eine wenn auch wichtige Teilfunktion reduziert hätte.

Im folgenden wird zwischen dem *informatorischen* und dem *identifikatorischen Lesen* unterschieden. Mit dem informatorischen Lesen wird Stoff aufgenommen, Wissen angeeignet, Information erschlossen. Die Buchgestalter *Hans Peter Willberg* (*1930) und *Friedrich Forssman* (*1965) sprechen vom *konsultierenden Lesen* und haben dafür eigene typografische Regeln entwickelt.

Das identifikatorische Lesen bietet dem Leser die Möglichkeit, sich in Personen, Situationen und Gedanken hineinzuversetzen, d. h. sich damit zu identifizieren. Der Verlagsberater *Winfried Ruf* spricht statt vom *identifikatorischen* vom *animatorischen* Lesen. Von ihm stammt auch das Begriffspaar Muß-Lesen und Muße-Lesen.

Das *informatorische* oder *konsultierende Lesen* gehört zu den grundlegenden Kultur- und Verständigungstechniken. Über das rationelle Erfassen hinaus ist es vielschichtig angelegt. Wer sich Wissen aneignet, gewinnt – nach einem alten Wort von *Francis Bacon* (1561 – 1626) – Macht (»Science is power in itself«). Macht ist ein psychischer Faktor. Somit umfaßt auch das informatorische Lesen neben rational-geistigen seelische Dimensionen.

Informatorisches Lesen

Wissen steht in enger Verbindung zur Wissenschaft, dem rationalen Forschen und Suchen. Wissenschaft hinwiederum steht in Wechselbeziehung zur »Weisheit«, die mehr als *Schulweisheit* ist, um mit *Shakespeare* zu sprechen. Weisheit ist eine hohe Stufe menschlicher Reife.

Bücher und Lesen machen Wissen erschließbar, Wissenschaft vollziehbar und Weisheit erfahrbar. Wer Wissen erschließt,

Wissenschaft vollzieht und Weisheit erfährt, gewinnt psychische Stärke oder Macht im Sinne von Anziehungskraft.

So vielschichtig also ist informatorisches Lesen. Darüber hinaus kann es sich mit Unterhaltung verbinden, etwa im erzählenden Sachbuch und in der Biografie.

Lesen zur Unterhaltung

Lesen zur Unterhaltung bringt nicht nur Spannung, Entspannung, Erheiterung, Rückzug oder Flucht aus dem Alltag – noch im trivialsten Heftchenroman bietet es Möglichkeiten zur Identifikation des Lesers, auf welchem intellektuellen, seelischen oder ästhetischen Niveau auch immer. Lesesucht, Leserausch, Entrückung durch das Buch sind hier der extreme Pol.

Bibliotherapie

Mit dem informatorischen Lesen treten geistige und seelische, mit dem identifikatorischen Lesen weitere seelische Wirkfaktoren zur sinnlichen Erfahrbarkeit des Buches. Der Schriftsteller *Michael Ende* (1928 – 1995) billigt dieser Dreiheit besondere Kräfte zu:»Wahre Kunst und wahre Poesie werden immer geboren aus einer Ganzheit von Kopf, Herz und Sinnen und sie stellen diese Ganzheit bei den Menschen, die sie empfangen, wieder her, d. h. sie machen den Menschen heil, sie heilen ihn... Kunst und Poesie... haben in erster Linie eine therapeutische Aufgabe.«

In den USA hat sich schon in den 30er Jahren dieses Jahrhunderts eine wissenschaftlich begründete Lesetherapie entwickelt. Zu ihr trugen wesentlich die Brüder *Karl* (1893 – 1990) und *William Claire Menninger* (1899 – 1966) bei, letzterer mit einer 1937 veröffentlichten Arbeit *Bibliotherapie*. Damit wurden Kräfte wiederentdeckt, welche die Antike längst kannte, wie das Beispiel der berühmten Bibliothek zu Alexandrien zeigt. Über ihrem Eingang stand:»Psyches iatreion – Heilstätte für die Seele«. Als erste soll schon um 1300 v. Chr. eine»heilige Bibliothek« der ägyptischen Pharaonen in Theben diese Inschrift getragen haben.

Neuere wissenschaftliche Untersuchungen bestätigen die Heilkraft des Lesens:»Bücher sind gedruckte Arzneimittel. Lesen macht glücklich, weil es Mühe bereitet, lautet die These von Verhaltensforschern. Das Ergebnis der Anstrengung ist meditative Konzentration, ein verändertes Zeitgefühl und die Überwindung beengender Ich-Grenzen – der »Flow«, ein spezifisches Glücksgefühl.« so resümierte die Zeitschrift *bild der wissenschaft* das Ergebnis einer Tagung zum Thema Leseglück, die vom *Institut für Glücksforschung* in Vallendar und dem *Verband der Verlage und Buchhandlungen in Nordrhein-Westfalen* veranstaltet wurde.

Der Münchner Verleger *Marcel Nauer* (*1953) hat Ende 1999 in einem Vortrag ausgeführt: »Es gibt bei der Beschäftigung mit Büchern neben dem bekannten Nutzen, wie Unterhaltung, Reflexion, Wissensvermittlung usw., einen neuen dazu, eine spezifische Art von Spaß, die messbar ist, zum Beispiel in Form des Neurotransmitters Serotonin. Bücher haben also tatsächlich einen ganz spezifischen Zusatznutzen: Sie machen glücklich, aber nicht passiv, sondern in Abhängigkeit von eigener Aktivität, die dafür notwendig ist: das Lesen. Welches Produkt kann mit einem solchen Nutzen aufwarten?« Nauer hat insbesondere darauf hingewiesen, daß Bilderbücher sinnlicher machen und dafür ihren ganz spezifischen »Begehrlichkeitscharakter« unterstützen.

Jedes Ding hat zwei Seiten. »Es wäre unredlich, von der Heilkraft des Lesens zu sprechen, ohne auch vor der *Unheilkraft des Lesens* zu warnen« (*Ludwig Muth*, *1930). Der Ungeist des Nationalsozialismus z. B. manifestierte sich in Büchern wie *Adolf Hitlers* (1889 – 1945) *Mein Kampf* und *Alfred Rosenbergs* (1893 – 1946) *Der Mythus des 20. Jahrhunderts.*

Heil oder Unheil von Büchern: In welches Wertsystem ein Buch gehört, welche Art von Information und Identifikation es bietet – das bestimmt allein sein *Autor* von seinem *Wertsystem* her. Der *Verleger* wiederum leitet aus seinen eigenen Wertvorstellungen ab, welche Autoren und welche Bücher er in seinem Verlag haben will. »Die Bücher selbst lassen sich alles gefallen. Nach Außenmaß und Körpermaß auf ihre Leser zugeschnitten, dulden sie, daß man darüber einschläft oder sie in die Ecke wirft und vor allem: daß man die Lektüre nach eigenem Rhythmus unterbricht. Ihre Unaufdringlichkeit ist unbezahlbar. Es besteht kein Anlaß, die

Heilkraft und Unheilkraft des Lesens

Hoffnung aufzugeben, daß das Buch, allen Unkenrufen zum Trotz, seinen Gebrauchswert behält, als Belehrung, Unterhaltung, Fluchtweg oder Betäubungsmöglichkeit, als Spiegel, Fenster oder Fernrohr oder Mikroskop oder, wie Kafka es wollte, als `Axt für das gefrorene Meer in uns'« (*Christiaan L. Hart Nibbrig*, *1944).

5.11 Das Buch in der Konkurrenz der Medien

Jahrhundertelang waren die Printmedien ohne *Konkurrenz*. Erst das 20. Jahrhundert brachte mit Telefon, Rundfunk, Fernsehen und Telegrafie und den verschiedensten Zweigen elektronischer Datenspeicherung und -übermittlung Mitbewerber für die gedruckten Medien auf den Markt. An der Schwelle des 21. Jahrhunderts befinden wir uns mitten im Übergang zum *Cross-Media*, d. h. des Publizierens quer durch alle Medienwelten.

Neben das Medium Druck sind gleichberechtigt Online-Datenbanken, Intra- und Internet und die CD-ROM getreten. Sie wiederum verknüpfen sich mit der Welt der digital übertragenen bewegten Bilder und der digital übertragenen Töne.

Was unterscheidet die neuen Medien von den konventionellen Medien?

Konventionelle Medien	Neue Medien/Multimedia
analoge Information verschiedener Formate	digitale Information gleicher Formate
verschiedene Datenträger	gleichartige Datenträger
unterschiedliche Hardware	gleiche Hardware
lineare Information	nonlineare Information

Quelle: LBW Landesbildstelle Württemberg/Stadtbildstelle Stuttgart

Keineswegs ist das Lesen durch das Fernsehen verdrängt worden. Vielmehr wird das *Unterhaltungsbedürfnis* des Publikums multimedial durch die verschiedensten Medien befriedigt. Mag sein, daß in dem einen oder anderen Fall dem Buch und seiner Vorform, dem sogenannten *Heftchen*, Konkurrenz entsteht. Insgesamt bleiben Bücher ein wichtiges Unterhaltungsmedium (s. 1.5).

Medienkonkurrenz im Publikumsbereich

Inzwischen gibt es längst nicht mehr nur Information und Unterhaltung im Internet, sondern auch literarische und kulturelle Experimente, etwa im Projekt »Null« auf der Du-Mont-Homepage, der folgendes Zitat entnommen ist: »Scheinbar wird das Netz tatsächlich als eine Art Mülleimer wahrgenommen, und was dort publiziert wird, ist von vornherein `gratis' und deshalb selbstredend `Trash'... bloß daß unser Trash ein organischer, wiederverwertbarer, manipulierbarer ist und aus Zeichen besteht, die der Sprache entliehen sind... Ein Text ist und bleibt das Objekt eines durch und durch demokratischen Prozesses. Was der/die... LeserIn davon hält, das entscheidet immer noch jede/r selbst. Und er/sie wird auch in Zukunft selbst entscheiden, ob er/sie lieber auf eine Maus klickt oder in einem Buch blättert...« *Urs Richle* (*1965) an *Thomas Hettche* (*1964).

Im *Informationsbereich* verändern sich die Verhältnisse grundlegend und beinahe von Tag zu Tag. Vieles was früher ausschließlich in Büchern, Zeitungen und Zeitschriften nachzulesen war, ist heute tagesaktuell am Bildschirm abzurufen und am Arbeitsplatz auszudrucken. Die Verlage tragen dem Rechnung, indem sie z. B. bisher kleinauflagige wissenschaftliche Zeitschriften nur noch als *Online-Zeitschriften* herausgeben, Informationen exklusiv über das Internet anbieten und insgesamt in die Entwicklung des *Elektronischen Publizierens* erhebliche Summen investieren. Daß hier kleine und mittlere Verlage gegenüber den international tätigen Großkonzernen ins Hintertreffen geraten, steht außer Frage. Andererseits haben sich im technischen Bereich – z. B. bei der Herstellung von Bildvorlagen durch *Scannen* – so erhebliche Kostenreduktionen ergeben, daß kleine Unternehmen in Nischenmärkten durchaus konkurrenzfähig, auch beim Einsatz des elektronischen Publizierens bzw. Digitaldrucks,

Konkurrenz im Informationsbereich

sind. Die Voraussage des an einer wissenschaftlichen Bibliothek tätigen Experten Ferdinand F. *Schulz* (*1948) hat sich bestätigt: »Es können kaum Zweifel daran bestehen, daß die neuen Kommunikationstechniken sich auf den Fachinformationsmärkten mehr und mehr durchsetzen und früher oder später die herkömmlichen Druckmedien als vorrangiges Transportvehikel für wissenschaftliche Informationen ablösen werden. Die bisherigen Erfahrungen haben gezeigt, daß die modernen Technologien besser geeignete sind, den unaufhörlich breiter werdenden Strom wissenschaftlicher und technischer Informationen und Daten zu kanalisieren, zu selektrieren und in weitaus kürzerer Zeit verfügbar zu machen als die konventionellen Printmedien«.

Crossmedia Branding

Der Begriff *Branding* bezeichnet in der Sprache der Marketingexperten das aktive Verkaufen von Bild-, Wort- oder Wort-Bildmarken im Sinne eines Markenartikels. Im *Crossmedia Branding* wird eine Marke quer durch alle Medienwelten durchgesetzt.

Solche *Crossmedia Brandings* praktizieren internationale Mediakonzerne weltweit, z. B. die jetzt mit *Warner* zum weltgrößten Medienkonzern zusammengeschlossene *Walt-Disney-Gruppe* mit ihren Figuren (im Fachjargon *Charakter*). Das gleiche Prinzip wird im Informationsbereich angewandt, wenn weltweit tätige wissenschaftliche Verlage, wie z. B. *Springer* (bereits vor dem Aufkauf durch *Bertelsmann*) unter dem gleichen Verlagsnamen in den verschiedensten Sprachen publizieren und Autoren innerhalb eines Hauses international vermarkten und dabei neben den Print- alle übrigen Medien nutzen (s. 3.3).

Der entscheidende Durchbruch für die Verlagerung von Information und Unterhaltung aus Printmedien in das international zugängliche Netz wird dann kommen, wenn sich immer mehr *geschlossene Benutzersysteme* etablieren und die Nutzer (im Fachjargon *User*) immer mehr bereit sind, für elektronisch zugängliche Informationen mindestens dasselbe zu bezahlen wie für das gedruckte Medium. Und wenn zusätzlich die elektronisch übertragenen Inhalte sich wiederum an entsprechenden öffentlichen oder privaten Ausgabestationen sozusagen zum Buch materialisieren.

Gerade die Verknüpfung von elektronischer Speicherung und Archivierung von Inhalten, elektronischem Transport der Daten und Möglichkeiten der Umwandlung in individuelle gedruckte und gebundene Medien wird dem Buch ganz neue Möglichkeiten eröffnen, denn dann kann es seine Vorzüge voll entfalten (s. 5.0).

Angesichts der derzeit beispiellosen Medienvielfalt treten die Eigenschaften des Buches in den Vordergrund der Diskussion:
»Ohne Schrift, ohne Bücher und ohne Menschen, die des Schreibens und Lesens mächtig sind, ist Kultur nur begrenzt möglich. Kultur aber bedarf der Tradition. Und Tradition braucht Vehikel, die tradieren. Eines dieser Vehikel, wahrscheinlich das wichtigste, ist die Schrift, sind die Bücher« (*Heinz Friedrich*, *1922, ehemaliger Verleger des *dtv*).

»Die Verlage, so besagt es der Trend, werden sich wandeln von Schriftproduzenten zu Vermarktern von Inhalten. Und auch der Leser wird eine neue Rolle bekommen: Er ist nicht mehr nur der Konsument von Informationen, sondern wird zum interaktiven Nutzer, auf den die Inhalte zugeschnitten sind. Seine individuelle Nachfrage steuert das Angebot.

Allem Anschein nach ist dieser Prozess nicht mehr aufzuhalten; ob er so gradlinig verläuft, wie seine Fans vermuten, steht dahin. Gut 20 Jahre ist es her, da wurde mit dem Einzug von Computern in die Unternehmen das papierlose Büro gefeiert – ein Trugschluss. Und wer heute im Netz surft, druckt häufig das Gefundene erst mal aus – selbst Bill Gates (*1955) kann es nicht lassen. "Dann kann ich es mitnehmen und mit Anmerkungen versehen", gesteht er. Es ist noch eine hohe Hürde für die Technik, diesen Level an Nützlichkeit zu erreichen. *Alexander Jung*, SPIEGEL (*1963)

E-Books

Elektronische Bücher (E-Books) beschäftigen schon seit längerem die Phantasie der Feuilletonisten und der Branchenpresse, spielen auf dem Markt aber noch keine Rolle. Als erstes Produkt dieser Art ist das *Rocket E-Book* seit Mitte des Jahres 2000 auf dem Markt. Umgangssprachlich wird auch vom Rocketbook gesprochen, im Anklang an Pocket Book (Taschenbuch).

Das Rocket E-Book ist eine 627 Gramm schwere Textdatenbank, deren Speicher rund 18000 Seiten oder rund 45 durchschnittliche Bücher faßt. Davon abgesehen, daß das Rechtereservoir noch relativ klein ist – das elektronische Buch hat mancherlei Nachteile. So benötigt man zum Herunterladen von Texten zusätzlich einen Rechner mit Internet-Zugang. Aber auch das Gewicht macht Probleme und daß die Seitenzahlen nicht angezeigt werden. Inzwischen hat in Amerika *Microsoft* aus drei großen amerikanischen Verlagen die Rechte von aktuellen Bestsellern gekauft, um sie als Software für den Computer zu vermarkten. Bestellung und Lieferung laufen übers Internet. Es handelt sich hier also um kein Hardware-Gerät, sondern um Software im neuen *Microsoft-Reader*-Format.

Die Firma *Xerox Palo Alto Research Center* hat ein elektronisches wiederverwendbares *E-Paper* entwickelt, das die Vorzüge von herkömmlichem Papier mit den Merkmalen elektronischer Displays kombinieren soll. Als Anwendungsbereiche werden elektronische Tageszeitungen und Zeitschriften angepeilt.

Auf der Frankfurter Buchmesse 2000 wurde zum ersten Mal der *Frankfurt eBook Award* von der International eBook Award Foundation vergeben.

Die Gefahr, daß eine Jugend heranwachse, die nicht mehr lesen könne, wird in der Buchbranche immer wieder diskutiert. Die sozialempirische Forschung liefert Anhaltspunkte für diese Befürchtung.

Buch- und Lesekultur im Wandel

Lesekultur entsteht offensichtlich nicht von allein. Sie bedarf eines gesamtgesellschaftlichen Willens und Zusammenwirkens. Immer wieder haben Persönlichkeiten aus der Wirtschaft und der Medienwirtschaft unterstrichen, daß die Nutzung der pluralistischen Medienwelt ohne Lesenlernen und Lesenkönnen undenkbar ist und daß zum Lesenlernen untrennbar das Buch als geschlossene, zu verarbeitende und zu begreifende Einheit gehört. Aus Zappen allein kann kein geistiger Verständnis-, Verarbeitungs- und Gestaltungsprozeß entstehen. Eltern, Erzieher, Schulen, Bildungsinstitutionen und die Wirtschaft sind gefordert. Nicht zuletzt ist es die Buch- und Medienwirtschaft selbst, die durch ihr Wirken die Lesekultur fördert und deren Hauptanliegen es sein muß, daß Lesen nicht nur seine dominante gesellschaftliche Rolle behält, sondern diese noch verstärkt.

Jahrhundertelang war die Buchbranche so auf das *Buch* fixiert, daß kaum die verwandte *Zeitschrift* als kongeniales Medium wahrgenommen wurde. Längst hat ein Umdenkungsprozeß sowohl in Publikums- wie in Fachmedien-, Special-interest- und (Aus)Bildungsverlagen eingesetzt. Im Vordergrund der Bemühungen der Verlage stehen nicht das Lesen als solches und damit die Produkte Buch und Zeitschrift, sondern die Bedürfnisse des Lesers, Käufers und Nutzers. Aufgabe des Verlages ist es, die Bedürfnisse seiner Zielgruppe mit jeweils dem Medium zu befriedigen, das von Technik, Preis, Zugänglichkeit usw. her das jeweils geeignetste ist. In einem Zeitalter pluralistischer Mediennutzung kommen so Begriff und Beruf des Verlegers zu einer erweiterten, zukunftsreichen Bedeutung.

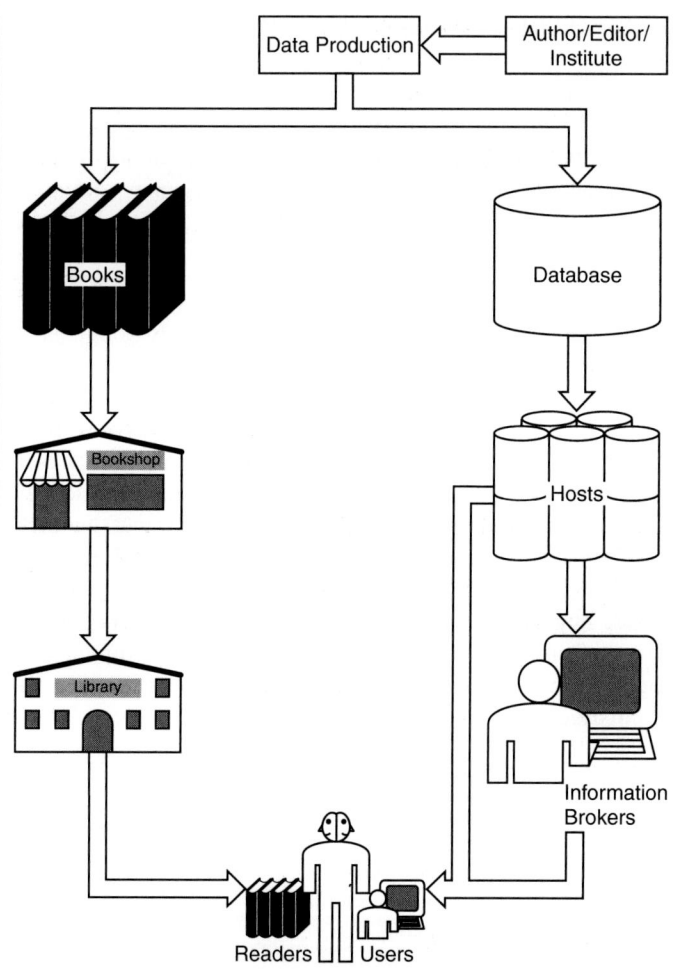

Diese im wissenschaftlichen Springer-Verlag (heute BertelsmannSpringer) entwickelte Darstellung stellt dar, wie die Wege der Information parallel über Printmedien und elektronische Wege erfolgen. Der »janusköpfige« Leser/Nutzer entscheidet sich für das für ihn jeweils günstigste und praktischste Medium.

Zum Nachschlagen und Weiterlesen

Einzelveröffentlichungen

Baufeldt, Uwe/Rösner, Hans/Scheuermann, Jürgen/Walk, Hans:
Informationen übertragen und drucken. Lehr- und Arbeitsbuch für das Berufsfeld Drucktechnik. 13. Aufl. Itzehoe: Beruf + Schule 1998.

Blana, Hubert:
Die Herstellung. Ein Handbuch für die Gestaltung, Technik und Kalkulation von Buch, Zeitschrift und Zeitung. 4. Aufl. München: Saur 1998.

Bramann, Klaus-Wilhelm/Merzbach, Joachim/Münch, Roger:
Sortiments- und Verlagskunde. Frankfurt: Bramann 1999.

Bühler, Peter:
MediaFarbe – analog und digital. Das Farbenwissen für Mediengestaltung und Druck. Itzehoe: Beruf + Schule 1998.

Cavanaugh, Sean:
type design. Digitales Gestalten mit Schriften. Zürich: Midas 1997.

Cohnen, Ilse Valerie:
Buchumschläge. Mainz: Schmidt 1999.

Dinkel, Christina:
Füßchen in Brunos Suppe. Schriften erkennen für Kinder. Mainz: Schmidt 1999.

Eyssen, Jürgen:
Buchkunst in Deutschland. Hannover: Schlüter 1980.

Füssel, Stephan:
Gutenberg und seine Wirkung. Frankfurt/M.: Insel 1999.

Götz, Veruschka:
Schrift & Farbe am Bildschirm. Mainz: Schmidt 1998.

Golpon, Roland:
Reproduktionsverfahren. Fotomechanische und elektronische Prinzipien und deren Grundlagen. 7. Aufl. Bielefeld: Polygraph 1993.

Helwig, Hellmuth:
Einführung in die Einbandkunde. Stuttgart: Hiersemann 1970.

Institut für Medientechnologie (Hrsg.):
Schnittstelle Gutenberg. Interaktive CD-ROM. Mainz: Schmidt 2000.

Jute, André:
Arbeiten mit Gestaltungsrastern. Die Struktur im Grafikdesign. Mainz: Schmidt 1998.

Khazaeli, Cyrus Dominik:
Crashkurs Typo und Layout. Reinbek: Rowohlt 1995.

Liebau, Dieter/Heinze, Inès:
Lexikon Buchbinderische Verarbeitung. Itzehoe: Beruf + Schule 2000.

Liebau, Dieter/Weschke, Hugo:
Polygraph Fachlexikon der Druckindustrie und Kommunikationstechnik. Bielefeld: Polygraph 1997.

Muth, Ludwig/Bellebaum, Alfred (Hrsg.):
Leseglück. Eine vergessene Erfahrung. Wiesbaden: Westdeutscher Verlag/VVA 1996.

Pilny, Manfred/Wandelt, Martin:
Fachwissen Medienvorstufe. Bd. 1: Grundwissen der elektronischen Datenverarbeitung für die Berufe der Druckindustrie. Itzehoe: Beruf + Schule 1999. Bd. 2: Hardware.
Maschinen – Geräte – Materialien. Itzehoe: Beruf + Schule 1998. Bd. 3: Software – Betriebssysteme, Anwendungs- und Hilfsprogramme. Itzehoe: Beruf + Schule 2000.

Plenz, Ralf:
Buchherstellung. Leitfaden für Verleger, Lektoren und andere Verlagsmitarbeiter. Itzehoe: Beruf + Schule 1991.

Rehse, E.-Günther:
Lesezeichen. Lesehilfe und Kommunikationsmedium im Buch. Itzehoe: Beruf + Schule 1994.

Röhring, Hans-Helmut:
Wie ein Buch entsteht. Einführung in den modernen Buchverlag. 6. Aufl. Darmstadt: Primus 1997.

Seijdel, Jorinde/Velthoven, Willem u. a. (Hrsg.): Website Graphics. Mainz: Schmidt 1997.

Stadt Mainz (Hrsg.):
Gutenberg. Aventure und Kunst. Vom Geheimunternehmen zur ersten Medienrevolution. Mainz: Schmidt 2000.

Stiebner, Erhardt D./Zahn, Heribert/Blana, Hubert:
Drucktechnik heute. 2. Auflage. München: Bruckmann/Stiebner Medien 1994.

Walenski, Wolfgang:
Wörterbuch Druck + Papier. Frankfurt: Klostermann 1994.

Willberg, Hans Peter/Forssman, Friedrich:
Erste Hilfe in Typografie. Mainz: Schmidt 1999.

Willberg, Hans Peter/Forssman, Friedrich:
Lesetypographie. 2. Aufl. Mainz: Schmidt 1997.

Wolf, Hans-Jürgen:
Geschichte der graphischen Verfahren. Papier, Satz, Druck, Farbe, Photographie, Soziales. Ein Beitrag zur Geschichte der Technik. Dornstadt: Historia 1990.

Periodische Veröffentlichungen

Bartkowiak, Heinz Stefan:
Bartkowiaks *forum book art*. Jahrbuch der zeitgenössischen Buchkunst. Hamburg: Bartkowiak. Erscheint jährlich.

Polygraph.
Adreßbuch der Druckindustrie. Bd. 1: Vorstufe. Bd. 2: Druck. Bd. 3: Weiterverarbeitung. Bd. 4: Lieferanten. Bd. 5: Verbände und Organisationen. Mit CD-ROM. Bielefeld: Polygraph. Erscheint jährlich.

Anhang

1. Abkürzungen, Codes und Definitionen

2. Preise und Ehrungen

3. Zeittafeln

4. Archiv- und Dokumentationswesen, Buch- und Leseforschung

5. Buchmuseen

6. Adressen und Kontakte

7. Danksagung

8. Abbildungs- und Quellennachweis

9. Register

1. Abkürzungen, Codes und Definitionen

Das nachfolgende Glossar bringt eine Auswahl wichtiger Branchentermini, Codes und Abkürzungen. Die meisten Sachverhalte sind im Haupttext im jeweiligen Zusammenhang umfassender dargestellt.

Abkürzungen im Verlagswesen
(Eine Auswahl)

Abo	Abonnement
á.c.	á condition, Bedingtbezug
ABV	Arbeitsgemeinschaft Baufachverlage
AGZV	Arbeitsgemeinschaft Zeitschriftenverlage
AKEP	Arbeitskreis elektronisches Publizieren des Börsenvereins
AKP	Archiv der Arbeitsgemeinschaft katholische Presse
AKV	Arbeitskreis kleinerer Verlage
AMF	Arbeitskreis Medieninformation Fachzeitschriften
ARSV	Arbeitsgemeinschaft rechts- und staatswissenschaftlicher Verleger
BAG	Buchhändlerische Abrechnungsgesellschaft
BB	Bahnhofsbuchhandel (schließt auch Flughafenbuchhandlungen mit ein)
BDVZ	Bundesverband Deutscher Zeitungsverleger
BKG	Buchhandels-Kreditgarantiegemeinschaft
CIP	Cataloguing-in-Publication
DENIC	Deutsches Network Information Center
DFG	Deutsche Forschungsgemeinschaft

DOI	Digital Object Identifier ermöglicht sichere Volltexterkennung und -abrechnung im Internet
DTD	Dokument-Typendefinition
ERFA	Erfahrungsaustauschgruppen
EV	Einzelverkauf (bei Zeitungen und Zeitschriften)
Ex.	Exemplar(e)
GEMA	Gesellschaft für musikalische Aufführungs- und mechanische Vervielfältigungsrechte
GÜF	Gesellschaft zur Übernahme und Wahrnehmung von Filmaufführungsrechten mit beschränkter Haftung
GVL	Gesellschaft zur Verwertung von Leistungs- schutzrechten mbH
HSG	Hauptsachgruppen der Deutschen Bibliothek
HTML	Hyptertext Markup Language (eine zu Standard gewordene DTD zur Aus- zeichnung von Hyptertext)
HWG	Hauptwarengruppen des Buchhandels
IHMV	Interessengemeinschaft musikwissenschaftlicher Herausgeber und Verleger
ILN	Internationale Lokationsnummer dient zur international eindeutigen Kennzeichnung von Handelspartnern.
ISBD	International Standard Bibliografic Discription
ISBN	International Standard Book Nummer
ISDS	International Serials Data System
ISMN	Internationale Standard-Musiknummern
ISSN	International Standrad Serial Number
IVW	Informationsgemeinschaft zur Feststellung der Verbreitung von Werbeträgern e. V.

OEB	Organisation of Electronic Pblishers unter der Schirmherrschaft des staatlichen amerikanischen *National Institute of Standard and Technology*
KSVG	Künstlersozialversicherungsgesetz
PDF	portable document format, Standardproduktionsformat in der grafischen Industrie, plattform- und programmübergreifend
RBÜ	Revidierte Berner Übereinkunft – Berner Übereinkunft
RR	Rückgaberecht (Remissionsrecht)
SBK	Standard-Buchlaufkarte
SBVV	Schweizerischer Buchhändler- und Verleger-Verband
SGML	Standardized Generalized Markup Language (allgemeine, standardisierte Sprache zur Auszeichnung von Text)
SMS	Short Message Service
VDZ	Verband Deutscher Zeitschriftenverleger
VEB	Vereinigung Evangelischer Buchhändler
VFF	Verwertungsgesellschaft der Film- und Fernsehproduzenten GmbH
VG Wort	Verwertungsgesellschaft Wort
VKB	Vereinigung Katholischer Buchhändler
VLB	Verzeichnis lieferbarer Bücher
VLS	Verzeichnis lieferbarer Schulbücher
VVB	Verzeichnis vergriffener Bücher
VOP	Verzeichnis Osteuropäischer Publikationen
VLM	Verzeichnis lieferbarer Musikalien

WAS	Werbe-Anschriften-Service der Buchhändler-vereinigung GmbH
WBZ	Werbender Buch- und Zeitschriftenhandel
WUA	Welturheberrechtsabkommen
XML	Extensible Markup Language (erweiterbare Markierungssprache, die dem Austausch von Dokumenten im WWW dient)
ZIS	Zeitschriften-Informations-Service
ZPÜ	Zentralstelle für private Überspielungsrechte

Abstracting-Dienste
Dienstleister, die Inhaltsangaben von Zeitschriftenartikeln,
wissenschaftlichen Aufsätzen usw. übernehmen.

Analoge Verarbeitung
1 zu 1-Umsetzung von Informationen, nicht durch Computer
lesbar (Gegensatz: digital).

Anzeige
Vom Auftraggeber bezahlte Veröffentlichung in Verlagsprodukten, die erkennbar dem Interesse des Bekanntmachenden
dient.

ASCII
Standardcode zur Darstellung von Groß- und Kleinbuchsta-
ben, Ziffern und Sonderzeichen. Umfang mit Erweiterungen
derzeit 256 Zeichen. Alphanumerisch sortierte ASCII-Code-
Tabellen sind Voraussetzung für die elektronische Text- oder
Satzverarbeitung und Speicherung auf Datenträgern und in
Datenbanken.

Auflage
Bezeichnet die Druckquote eines Titels, also die Zahl der
gedruckten und gebundenen Bücher. Mehrere Auflagen werden gezählt und mit Erscheinungsjahren gekennzeichnet.
Auch der Grad der Bearbeitung wird definiert: Nachauflage
(ohne Bearbeitung), Neuauflage (stark bearbeitet), aktualisierte Auflage usw. Bei Zeitschriften und Zeitungen wird
zwischen der *gedruckten, verbreiteten* und der *verkauften*
Auflage unterschieden. Die verkaufte Auflage besteht aus
Abonnement und *Einzelverkauf.*

Ausgabe
Bezeichnet Formen der Originalausgabe als Paperback-, Ta-
schenbuch-, Werk-, Luxus-, bebilderte, übersetzte usw. Ausgabe.

Ausgabenneutrales Datenhandling
Umgang mit neutralen Datenbeständen, die für unterschiedliche Medien aufbereitet werden können.

Ausgabetechnik
Technik zur Produktion unterschiedlicher Medien wie CD-ROM oder Print.

Autorenfragebogen
Ein Fragebogen, der auf Wunsch des Verlages vom Autor nach Ablieferung des Manuskripts ausgefüllt wird und Marketingdaten sowie Personalia enthält. Die Autoreninformation wird in der Werbung und im Vertrieb verwendet.

Backlist
Ältere Titel, die weiterhin im Gesamtprogramm gepflegt werden und lieferbar sind. Eine gesunde Backlist kann bis zur Hälfte des Gesamtumsatzes erbringen.

Barsortiment
Barsortimente gehören zum Zwischenbuchhandel. Sie kaufen Veröffentlichungen aus einer Vielzahl von Verlagen ein und liefern sie auf eigene Rechnung in Sammelsendungen an den verbreitenden Buchhandel aus. Es handelt sich dabei um einen Großhandelstyp, der auf eigene Rechnung einkauft und verkauft. Der Name Barsortiment geht auf Gepflogenheit dieses Zwischenbuchhandels zurück, zu den sogenannten »Barpreisen« der Verleger zu liefern. Die großen Barsortimente in der Bundesrepublik führen jeweils über 300 000 Titel, die sie im Online-Zugriff, auf CD-ROMs oder in Barsortimentskatalogen bibliografisch zugänglich machen oder durch Sigelung im VLB als bei ihnen vorrätig kennzeichnen.

Bedingtbezug
Übernahme zumeist wissenschaftlicher Verlagstitel an das Lager des Buchhändlers mit Abrechnung zu festvereinbarten Terminen.
Buchhändlerische Ausdrücke und Abkürzungen für diese Bezugsart: à condition, à c.

Belegexemplar
Das Exemplar eines Druckwerks, das dem Autor vom Verlag unentgeltlich zur Verfügung gestellt wird.

Bestseller
Im weiteren Sinne alle in hoher Auflage erscheinenden, schnell verkäuflichen Titel; im engeren Sinne die auf den Bestsellerlisten erfaßten Neuerscheinungen.

Bilddatenbank
Datenbank, auf der Bilder digital abgespeichert sind, mit systematischer Zugriffsmöglichkeit.

Bildplatte
Audiovisueller Informationsträger für die Aufnahme von Text, Bild und Ton, interaktiv nutzbar. Bewegtes und Standbild möglich. Wie bei der CD-ROM können eingeschriebene Informationen nicht mehr geändert werden. Anwendungsbereiche sind Produktinformationen für Kunden, Mitarbeiterschulung, Museumsinformation.

Blocksatz
In Blöcken gesetzter Text, bei dem alle Zeilen auf exakt der gleichen Länge sind (Gegensatz: Flattersatz).

Branding
Markenbildung; zur werbewirksamen Darstellung eines Produktes, einer Dienstleistung oder eines Unternehmens.

Browser
Softwarekomponente zum Lesen digitaler Daten im Internet (browsing = blättern).

Buch
Gebundenes Druckwerk, in dem geistige Inhalte zu ihrer Erhaltung, Überlieferung und Verbreitung schriftlich wiedergegeben sind. Bei einer *Zeitung* oder *Zeitschrift* versteht man unter Buch (oder auch Lage oder Produkt) den Teil der Zeitschrift, der in einem Arbeitsgang gedruckt wird.

Buchmarketing
Sämtliche Aktivitäten zum Absatz von Büchern.

Buchreihe
Eine geschlossene (auf eine bestimmte Bandzahl festgelegte) oder offene Reihe, die sich in thematische Serien gliedern kann.

CD-ROM

Compact Disc (CD) ist eine am Bildschirm lesbare Kompaktplatte, die Text, Bild und Ton speichert und unveränderbar ist. Sie kann beliebig vervielfältigt werden. Die Speicherkapazität beträgt über 600 Megabyte, etwa 250 000 DIN-A4-Schreibmaschinenseiten. Die CD gewährleistet raschen Zugriff auf die gespeicherte Information und ist ein vielseitig verwendbarer Massenspeicher für umfangreiche Informationsbestände. Eine Aktualisierung der Datenbestände erfolgt in der Regel durch Lieferung einer neuen CD-ROM. Ein wichtiges Beispiel ist das *Verzeichnis lieferbarer Bücher (VLB)*.

Cicero

Diese im grafischen Gewerbe verbreitete Maßeinheit entspricht einem Schriftgrad von 12 Punkt Kegelstärke. Ein typografischer Punkt ist der 2660. Teil eines Meters = 0,376 mm), festgelegt 1785 von dem französischen Druckgießer *Didot*. Für die Satzbreiten und Satzspiegel wird mit Cicero gerechnet. Ein Cicero ist = 12 Punkt = ca. 4,5 mm. Das vorliegende Buch ist in 10 Punkt Schriftgröße gedruckt. Die üblichen Schriftgrößen für den Druck von Büchern sind 8 bis 12 Punkt.

CIP

Abkürzung für Cataloguing-in-Publication; bezeichnet die Katalogaufnahme eines in Vorbereitung zur Veröffentlichung befindlichen Titels in die Bibliographien der *Deutschen Bibliothek/Deutschen Bücherei* in Frankfurt/M. und Leipzig. Deutsche, österreichische und schweizerische Verleger haben die Möglichkeit, Titel bei der *CIP-Zentrale der Deutschen Bibliothek* in Frankfurt/M. für dieses Verfahren zu melden. Die Titelaufnahme erfolgt nach internationalem Standard in 65 Sachgruppen in dem wöchentlich erscheinenden Verzeichnis *Neuerscheinungen-Sofortdienst (CIP)*, das in einer Auflage von 750 Stück an Buchhandlungen, Bibliotheken, Büchereien, Dokumentationsdienste und wissenschaftliche Institutionen aller Art im In- und Ausland geht.

Verleger, die diesen Dienst in Anspruch nehmen, verpflichten sich, in die Veröffentlichung eine nach festen Regeln erstellte, standardisierte bibliographische Beschreibung der Publikation auf der Rückseite des Titelblattes bzw. den Standardvermerk einzudrucken.

Die vom CIP-Projekt ausgenommenen Veröffentlichungen sind in einem gesonderten Kasten dargestellt.

Verwendet der Verleger für seine Meldung das *ISBN- und Titelanmeldungsformular*, so sorgt die *CIP*-Zentrale dafür, daß der Titel automatisch auch im *Verzeichnis lieferbarer Bücher* angezeigt wird. Datenübermittlung ist außerdem auf Diskette mittels des *VLB-PCV-Programms* oder elektronisch im VLB-PCF-Dateiaustauschformat (ASCII Austauschformat mit festgelegter Feldstruktur) mittels e-mail oder Internet möglich. Das elektronische Meldeformular liegt auf der Homepage der Deutschen Bibliothek. Dafür ist die Erteilung einer persönlichen ID-Nummer zur Identifikation des Verlages durch die zuständige CIP-Zentrale notwendig. Eine gleichzeitige Meldung für VLB und CIP ist möglich, indem die CIP-Zentralen einen Papierausdruck der Meldung weitergeben, wenn der Verlag dies wünscht.

Vom CIP-Dienst ausgeschlossene Veröffentlichungen:

- fremdsprachige Titel von Verlagen aus Österreich, der Schweiz und dem übrigen Ausland
- Tageszeitungen
- Kalender
- Musikalien (d. h. Publikationen mit überwiegendem Notenanteil)
- Trivialliteratur in Heftform, Comics, Bildheftchen (sogenannte »Kioskliteratur«)
- Sonderabdrucke aus Zeitschriften
- Karten
- Spiele, Bastelmaterialien, Eintragungs-, Postkartenbücher und andere Akzidenzdrucksachen
- Schulbücher
- elektronische Publikationen, die nicht sachbezogene Verarbeitungs- oder Betriebsprogramme enthalten (außer als Begleitmaterial zu Büchern)
- religiöses Kleinschrifttum
- unveränderte Neuauflagen desselben Verlages

computer-to-paper
Digitales Druckverfahren vom Computer direkt zur Ausgabe auf Papier, ohne weitere Zwischenstufen wie Film- und Druckplattenherstellung.

computer-to-plate
Digitales Übertragungsverfahren vom Computer auf die Druckplatte; von dort aus werden Printprodukte wie bisher analog produziert.

computer-to-press
Druckverfahren vom Computer direkt in die Druckmaschine.

»computer-to«-Techniken«
Oberbegriff für computer to film, computer to plate, computer to press und computer to paper.

Content Management
Managen von Medieninhalten (Text, Bild, Ton, Video).

Content Provider
Mediendienstleister, der die Bereitstellung von Medieninhalten gewährleistet.

Co-Publishing
Die gemeinsame Herausgabe eines Titels durch den Originalverleger und weitere Verleger mit jeweils spezifischen Teilrechten an der Vermarktung in unterschiedlichen Sprachräumen, Märkten (Vertriebswege) und Verwertungsformen (Hardcover, Taschenbuch, Buchclubausgabe usw.).

Copy-Preis
Verkaufspreis des einzelnen Exemplars einer Zeitschrift (Branchenjargon).

Copyright
Recht zur Veröffentlichung und Vervielfältigung. Inhaber des Copyrights kann der Autor selbst oder durch Verlagsvertrag der Verleger sein. Das Copyright schützt das Werk als Ganzes, jedoch nicht das Konzept, Idee oder Thema, wenn diese in anderer Weise ausdrückbar sind.

364

Copyright-Office
Wird bei der *Library of Congress* in Washington geführt. Nach amerikanischem Recht ist für den Urheberrechtsschutz von Werken amerikanischer Autoren oder von in den USA erstveröffentlichten Werken die Anmeldung und Eintragung beim Copyright-Office unter Beifügung von Belegexemplaren erforderlich. Urheber aus anderen Mitgliedsstaaten des *Welturheberrechtsabkommens* sind bei einer Erstveröffentlichung außerhalb der USA von der Verpflichtung zur Anmeldung bei Erscheinen befreit, wenn auf allen Werkexemplaren der Copyright-Vermerk angebracht ist. Für sie bedarf es erst einer Anmeldung, wenn sie wegen Verletzung ihres Urheberrechts in den USA gerichtlich vorgehen wollen.

Copyright-Vermerk
Das von einem Kreis umschlossene © mit Angabe des Inhabers des Copyrights (Autor oder Verleger), Ort und Jahr der Erstveröffentlichung. Der Vermerk hat praktische Bedeutung nur noch für den Urheberrechtsschutz in den USA und in wenigen Staaten Südamerikas, wo er für Angehörige aus Mitgliedsstaaten des *Welturheberrechtsabkommens* eine Voraussetzung für das Entstehen des Urheberrechtsschutzes darstellt. Der Vermerk muß auf allen Werkexemplaren angebracht sein.

In der Praxis wird das von einem Kreis umschlossene © nicht nur für den Urheberrechtsschutz in den genannten amerikanischen Staaten genutzt, sondern kennzeichnet, bei wem die Verlagsrechte liegen.

Copytest
Die Befragung einer Lesergruppe über die Nutzung von Zeitungen oder Zeitschriften.

Crossmedia/crossmedial
Quer durch alle Medienwelten (Print, Online-Datenbanken, Intra- und Internet, CD-ROM).

Crossmedia Branding
Eine Marke in allen Medien (gleich) darstellen.

Cyber Space

Raum, der nur in einem EDV-System existent ist, Zugang und Fortbewegung nur über spezielle Geräte (Cyber-Set).

Database Printing

Datenbankgestütztes Drucken, d. h. Drucken aus einer Datenbank heraus.

Database Publishing

Siehe Database Printing; Database Publishing ist nicht nur das Drucken, sondern generell das Verlegen von Informationen aus einer Datenbank; dies bezieht auch die Produktion von CD-ROM und Online-Seiten mit ein.

Datenfernübertragung im Buchhandel

Elektronisch übermittelte Daten vereinfachen den Datenfluß und die Umsetzung der Daten in die EDV des Empfängers, sie ersparen manuelle Eingriffe und senken damit Kosten und Fehlerquellen. Dies ist auch der Grund für die Veränderung eines Handelsbrauches: Die Bestellkosten bei Datenfernübertragung (DFÜ) zahlen heute überwiegend die Empfänger und nicht mehr die Absender wie in Zeiten des Bücherzettel-Verkehrs. Die Datenfernübertragung im *buchhändlerischen Verkehr* begann mit der Einführung der Terminals des Zwischenbuchhandels.

Deckungsbeitrag

Die DB-Rechnung findet heute allgemein Anwendung in der Verlagskalkulation. Der DB bezeichnet den Betrag, der vom Erlös (Bruttopreis ./. Rabatt ./. MwSt.) nach Abzug der Einzelkosten (Herstellung, Honorare, Werbekosten, Auslieferung, Vertreter) verbleibt.

Desktop-Publishing (DTP)

Sämtliche Vorgänge von der Text- und Grafikeingabe bis zur Satzherstellung erfolgen von einem Arbeitsplatz an einer einzigen Datenstation (Personalcomputer) aus in Verbindung mit Laserdrucker. Die Verarbeitung ist seitenorientiert, Texte und Grafiken erscheinen im Rahmen eines Layouts originalgetreu am Bildschirm und können bis zur Druckvorlage bearbeitet werden. DTP findet Anwendung bei der Herstellung von Zeitschriften, Zeitungen, Büchern, Werbemitteln, technischen Dokumentationen.

Dezimalklassifikation

Die Dezimalklassifikation ist ein alle Wissensgebiete umfassendes, internationales, sprachunabhängiges Klassifikationssystem, das für das Einordnen und Wiederaufsuchen von Schrifttum und Gegenständen in Bibliotheken, Dokumentationseinrichtungen, Archiven und Sammlungen entwickelt wurde. Auch im Rahmen der elektronischen Datenverarbeitung wird die Dezimalklassifikation eingesetzt.

Digitaldruck

Drucken direkt aus dem Computer, siehe computer-to-paper.

Digitales Archiv

Elektronische Speicherung von Texten und Bildern in einer Datenbank.

Digitale Verarbeitung

Datentechnisch umgesetzte, vom Computer analysierbare Information (Gegensatz: analog).

Digital Object Identifier (DOI)

Zeichenkette zur Identifizierung digital angebotener Produkte. DOI ist ein einfacher Satz von Zahlen und Zeichen, der immer eindeutig ist und niemals wieder verwendet wird. Das System befindet sich im Aufbau und bei Drucklegung des Buches steht es noch nicht fest, welche Institution in der Bundesrepublik Deutschland die DOI vergeben wird.

DIN-Normen

»Normung ist die planmäßige, durch die interessierten Kreise gemeinschaftlich durchgeführte Vereinheitlichung von materiellen und immateriellen Gegenständen zum Nutzen der Allgemeinheit« (DIN 820 Teil 1).

Das *DIN Deutsches Institut für Normung e. V.* mit Sitz in Berlin gibt als Gemeinschaftsarbeit interessierter Kreise (Hersteller, Handel, Wissenschaft, Verbraucher, Behörden) DIN-Normen heraus. Die Bundesregierung hat in einem mit dem DIN 1975 abgeschlossenen Vertrag das DIN als zuständige Normenorganisation für das Bundesgebiet und Berlin (West) anerkannt. DIN vertritt als nationale Normenorganisation die Bundesrepublik in internationalen Normenorganisationen.

Eine Reihe von Normen bezieht sich auf das Druck- und Verlagswesen, weitere sind dem Thema Farbe gewidmet und damit ebenfalls für das Druckgewerbe von Bedeutung.

Document delivery services
Lieferdienste, die als *Literatur-Schnelldienst* komplette Zeitschriftenartikel, wissenschaftliche Aufsätze usw. bereitstellen.

Domain
Für das Internet zugelassene *Adresse*, z. B. www.leser.de (de = Deutschland). Die *de-Domains* werden vom *Deutschen Network Information Center (DENIC)* am Rechenzentrum der Universität Karlsruhe verwaltet. Außer Länderdomains gibt es systematische Domains. Sie werden vom *International Network Informations Center (InterNIC)* in den USA vergeben.

Drucken
Das traditionelle Verfahren zur Herstellung von Kommunikationsmitteln.

Druckvorstufe
Siehe Medienvorstufe.

Dummy
Muster eines geplanten Printproduktes, z. B. zum Zwecke des Vorverkaufs von Anzeigen oder Lizenzausgaben.

EAN
Europäische Artikel-Nummer. Sie wird von der *CCG*, Köln, vergeben und ist Basis der Strichcodierung (Balkencode). Die ISBN kann problemlos in eine EAN übergeführt werden.

EANCOM
Subset von *Edifact*, das auf der EAN basiert. Der *Eancom*-Bestellsatz wird das vom Betriebswirtschaftlichen Ausschuß des Börsenvereins entwickelte BWA-Format als Standardformat im buchhändlerischen Verkehr ersetzen.

E-Book

Möglichkeit, Bücher aus dem Computer zu beziehen und zwar entweder mit Hilfe der Software *Microsoft Reader* für PC, Notebook und Laptop oder als tragbares Lesegerät für elektronische Bücher (Rocket eBook).

Die logische Fortsetzung des Verfahrens ist Publishing-on-demand: digital gespeicherte Inhalte werden elektronisch übertragen und bei Bedarf an Ort und Stelle ausgedruckt.

e-commerce

Im weiteren Sinn wird unter e-commerce der Verkauf von Informationen online im Internet und der Verkauf von Waren und Dienstleistungen über das Internet verstanden. Im engeren Sinn wird der Begriff für das elektronische Bestellen von Waren gebracht, die auf konventionellem Wege geliefert werden.

EDI

Electonic Data Interchange: Im Zeitalter internationaler EDV-Vernetzung bedarf es internationaler Standards, um problemlos kommunizieren zu können (siehe EAN, *Edifact, ILN*).

EDIFACT

EDIFACT ist ein weltweiter Standard für den strukturierten Austausch von Geschäftsnachrichten (Electronic **D**ata **I**nterchange **f**or **A**dministration, **C**ommerce and **T**ransport). EDIFACT wurde von der UNO entwickelt und wird weltweit von nationalen Normungsorganisationen unterstützt. Der Standard dient u. a. der elektronischen Übermittlung von Rechnungen von Verlagsauslieferungen oder dem Barsortiment an den Buchhandel.

Editor

(englisch), eigentlich Herausgeber; Software zur Eingabe und Gestaltung von Programmen und Texten. Interaktiv arbeitende Systeme unterstützen die Textverarbeitung und Aufbereitung eines Manuskripts.

Einbandarten laut Abkürzungsverzeichnis im VLB

Br	Broschiert
Ebr	Englisch broschiert
Efal	Efalin

Gb	Gebunden
Gebl	Geblockt (hinten geleimt, ohne Einbanddeckel)
Gh	Geheftet
Hf	Halbfranz
Hkst	Halbkunststoff
Hl	Halbleinen
Hld	Halbleder
Hpgt	Halbpergament
Kst	Kunststoff
Kt	Kartoniert
Ld	Leder
Lep	Leporello
Lin	Linson
Ln	Leinen
Loseblattausg.	Loseblattausgabe
M, iM	Mappe, in Mappe
Ord, iOrd	Ordner, in Ordner
Pb	Paperback
Pgt	Pergament
Pl	Plastik
Pp	Pappband
Ringb	Ringbuch
Ringh	Ringheft
Sch, iSch	Schuber, in Schuber
Schnellh	Schnellhefter
Sn	Snolin
U, iU	Umschlag, in Umschlag

Einzug
Satzgestaltung, bei dem die erste Zeile eines neuen Absatzes mit einem freien Raum, meist in der Größe eines Gevierts, beginnt.

Electronic Publishing
Elektronisches Publizieren, d. h. digitale Produktion von Medien.

Elektronisches Manuskript
Aufbereitung eines Manuskripts in elektronisch lesbarer Form
(z. B. Diskette) oder online verfügbar.

Elektronisches Publizieren (Electronic Publishing)
Digitale Produktion von Medien (Gegensatz: analog). Anwendungsbereiche sind elektronische Veröffentlichungen im
Printbereich inkl. der Erstellung von Manuskripten durch
Autoren, das Desktop-Publishing, Elektronisches Publizieren
von Volltexten aus Datenbanken auf Anforderung (Publis-
hing- oder Printing-on-demand). Medien für Volltextspei-
cherungen sind u.a. Bildplatte und CD-ROM.

Extranet
Eine Erweiterung des Intranet stellt das Extranet dar, auf
das zusätzlich auch Zulieferer, Händler/Wiederverkäufer und
Kunden eines Unternehmens zugreifen können (s. Intranet).

Factoring
Forderungskauf: Manche Verlagsauslieferer kaufen die Forderungen ihrer Verlagskommittenten, überweisen diesen das
Geld bei Fälligkeit oder vorab gegen Zinsen, unabhängig
davon, ob der Buchhändler pünktlich (Vorfinanzierung) oder
überhaupt (Übernahme des Risikos der Insolvenz) bezahlt.
Auf diese Weise können sie alle ausgelieferten Titel auf eine
Rechnung setzen und erzielen damit einen zusätzlichen Bün-
delungseffekt. Die Verlagskommittenten erhalten durch das
Factoring einen exakt planbaren Liquiditätszufluß. Es gibt
auch spezielle Factoring-Dienstleister außerhalb der Verlagsbranche.

Faksimile
Originalgetreue Wiedergabe zumeist eines bibliophil wert-
vollen älteren Werkes, oft im Lichtdruck-Verfahren.

Feindaten
Für den Druck notwendige hochauflösende Daten zur Ge-
währleistung einer optimalen Druckqualität, speziell bei Bilddaten erforderlich.

Flattersatz
Ungerade auslaufender Satz, links oder rechtsbündig oder
um eine Mittelachse gruppiert (Gegensatz: Blocksatz).

Fließsatz
So wird der laufende Text bezeichnet.

Funktionsrabatt
Mit dem Funktionsrabatt entgilt der Verleger die Leistung der Handelsstufen. Der Funktionsrabatt des Barsortiments ergibt zusammen mit dem *Grundrabatt* den Rabatt, den das Barsortiment vom Verlag üblicherweise erhält.

Der Funktionsrabatt der Barsortimente wird auf der Basis des Ladenpreises (Einzelhandelsverkaufspreises) errechnet. Er ist also niedriger als die Artikelspanne, die auf der Basis des Großhandels-Abgabepreises (Ladenpreis minus Rabatt an den Buchhandel) errechnet wird. Die Handelsspanne (gewichtete Summe aller Artikelspannen) eines Barsortiments ist deshalb höher als der Durchschnitt seiner Funktionsrabatte.

Nach ständiger Spruchpraxis des Bundeskartellamts dürfen Verlage dem Barsortiment keine niedrigeren Rabatte gewähren als dem Einzelhandel. Weder kurzfristige Sonderaktionen des Einzelhandels noch höhere Abnahmemengen rechtfertigen nach Auffassung des Bundeskartellamts eine Überschreitung des Barsortimentsrabatts.

Geviert
In der Druckersprache ein quadratischer freier Raum in einer Zeile.

Grobdaten
Niedrigauflösende Daten ausschließlich verwendbar für Gestaltung und Layout-Konzeption; Vorteil: kleine schnell verarbeitbare Datenmengen, speziell bei Bilddaten erforderlich.

Großantiquariat
Betrieb des Zwischenbuchhandels, der sich auf den Verkauf von verlagsneuen Restauflagen spezialisiert hat, die der Originalverlag nicht ausverkaufen konnte.

Großbuchhandlung
Unter Großbuchhandlung versteht die Buchbranche Bucheinzelhandelsgeschäfte mit großer Angebotsfläche von über 500 qm. In Anlehnung an das Fachkaufhaus wird auch von Buchkaufhäusern gesprochen.

Grosso-Buchhandlung
Unter Grosso-Buchhandlung versteht die Buchbranche kleinere Barsortimente, die sich von diesen lediglich in der Anzahl der geführten Titel, aber nicht in der Funktion unterscheiden.

Grundrabatt
Der Grundrabatt ist der Original-Einzelstückrabatt, zu dem der Verlag den Buchhandel beliefert und den das Barsortiment in der Regel seinen Kunden gewährt (vergleiche auch *Barsortiment*). Um Einzel- und Kleinbestellungen auf die Barsortimente zu lenken, senken manche Verlage die Rabatte für solche Bestellungen unter den (bisherigen) Grundrabatt, während die Barsortimente diese Bestellungen weiter zum (bisherigen) Grundrabatt liefern (sollen).

Hardcover
Printprodukte mit festem Einband.

Homepage
Startpunkt einer Website entsprechend der Titelseite eines Buches.

Hurenkind
Die als erste Zeile einer Seite stehende letzte Zeile eines Absatzes. Sie kommt nur bei sorgloser Satzgestaltung vor und wird beim Umbruch normalerweise »eingebracht« oder »ausgetrieben«, d. h. der Text der vorhergehenden Seite wird so gekürzt oder verändert, daß die letzte Zeile des Absatzes noch Platz hat.

IBU
Informationsverbund Buchhandel, der aus der Fusion der BAG-Bestellanstalt mit BIBS (Buchhandels-Informations- und Bestellsystem) hervorgegangen ist.

Der Informationsverbund Buchhandel gehört zur BAG und ist eine von mehreren Bestellanstalten auf dem Markt. Er steht im direkten Wettbewerb zu den Bestellanstalten der beiden großen Zwischenbuchhändler, während die mittleren Barsortimente mit ihm kooperieren, da sie keine eigenen Bestellanstalten betreiben.

Inkjetdrucker
Inkjetdrucker oder Tintenstrahldrucker stehen in Konkurrenz zu den Farblaserdrduckern. Sie sind langsamer, aber Qualität und Druckgeschwindigkeit werden ständig gesteigert.

ILN
Internationale Lokations-Nummer: Mit dem System der ILN möchte die *CCG* (Centrale für Coorganisation in Köln) die wachsende Nachfrage nach überschneidungsfreien Partneridentifikationen im Rahmen eines international abgestimmten Standards abdecken.

Die Internationale Lokations-Nummer gibt es in zwei Varianten: Die erste Variante dient lediglich dazu, den Geschäftspartner im Verkehr eindeutig zu identifizieren, während bei der zweiten Variante der Teilnehmer eine Basisnummer erhält und zusätzlich fünf freie Stellen, die er für Artikelnumerierung, für die Identifikation, für Versandeinheiten oder für andere coorganisatorische Nummernsysteme nutzen kann.

Die ILNs werden von der CCG vergeben. Der Sortimentsbuchhandel und (selbständige) Verlagsvertreter können über den Börsenverein eine ILN Typ 1 erhalten, in die ihre Verkehrsnummer integriert ist.

Impressum
Presserechtlich vorgeschriebener Druckvermerk. Er wird durch Pressegesetze der Länder geregelt, die das Reichsgesetz über die Presse vom 7.5.1874 abgelöst haben. Ein Bundesgesetz gibt es bisher nicht, obwohl die allgemeinen Rechtsverhältnisse der Presse in die Rahmengesetzgebungskompetenz des Bundes fallen.

Unter Impressum versteht man die Benennung des Druckers und Verlegers nach Name oder Firma und Anschrift bei einem veröffentlichten Druckwerk. Ausgenommen sind solche, die ausschließlich Zwecken des Verkehrs oder Gewerbes oder des häuslichen oder geselligen Lebens dienen. Bei einem Selbstverlag muß der Verfasser oder Herausgeber genannt werden. Zusätzliche Vorschriften gelten für Zeitungen und Zeitschriften.

Bei periodischen Druckwerken muß das Impressum Name und Anschrift des verantwortlichen Redakteurs oder der verantwortlichen Redakteure enthalten. Bei diesen muß angegeben werden, für welchen Teil oder sachlichen Bereich des Druckwerkes jeder einzelne verantwortlich ist. Ferner muß der für den Anzeigenteil Verantwortliche mit Name und Adresse genannt werden.

Die Angabe des Veröffentlichungsjahres ist nach den Pressegesetzen nicht vorgeschrieben. Jahresangaben finden sich deshalb regelmäßig nur im Zusammenhang mit dem Copyright-Vermerk, der allerdings das Jahr des ersten Erscheinens der Zeitschrift wiedergeben muß.

Das Impressum dieses Buches finden Sie auf Seite 4. Es kennzeichnet eine Originalausgabe, die eigens für die Reihe Heidelberger Wegweiser geschrieben wurde. Handelte es sich um eine Lizenzausgabe, wären zusätzliche Angaben über den Originalverlag und die Lizenzgenehmigung erforderlich.

Imprimatur
Freigabe zum Druck.

Indexing-Dienste
Dienstleister, die das Verschlagworten von Zeitschriftenartikeln, wissenschaftlichen Aufsätzen usw. übernehmen.

Inkunabel
Alle vor 1500 hergestellten und verbreiteten, im Druckverfahren erzeugten Werke (auch Wiegen- oder Frühdrucke).

Internet
Weltweit dezentral organisiertes Computernetz, das dem grenzübergreifenden Daten- und Informationsaustausch dient. Im Urheberrecht bereitet das Internet Probleme, denn es schafft Wege, an sich copyright-geschützte Inhalte (Musikstücke, Texte) unberechtigt zu verbreiten (= veröffentlichen) und mit anderen kommerziellen Interessen zu verbinden.

Intranet
Abgeschlossenes, meist unternehmensinternes Netzwerk auf Basis von Internet-Technik. Im Gegensatz zum Internet ist

der Zugang auf bestimmte Personengruppen limitiert (s. Extranet).

ISBN – International Standard Book Number
Die ISBN kennzeichnet als kurzes, eindeutiges und maschinenlesbares Identifikationsmerkmal jedes Buch unverwechselbar. Die Nummer besteht aus vier Gruppen: 1. Kennzeichen für nationale, geografische, sprachliche u. a. Gruppen; 2. Verlagsnummer; 3. Titelnummer; 4. Prüfziffer.

Die ISBN ist   Deutschland   Buchnummer
immer 10stellig: ↓   ↓
                  3-8252-0887-4
                    ↑   ↑
       Verlagsnummer   Prüfziffer

Das ISBN-System wurde in der Bundesrepublik ab 1969 eingeführt. Verlags- und ISBN-Nummern werden in der Bundesrepublik von der *Buchhändler-Vereinigung GmbH* in Frankfurt zugeteilt, in der Schweiz vom *Schweizerischen Buchhändler- und Verleger-Verband* in Zürich und in Österreich vom *Hauptverband des österreichischen Buchhandels* in Wien. Für die internationale Koordination ist die *Staatsbibliothek Preußischer Kulturbesitz* in Berlin zuständig.

        3-8252-2216-0

Das ist die ISBN des vorliegenden Buches. 3 steht hier für ein in den deutschsprachigen Ländern – Bundesrepublik Deutschland, Österreich und Schweiz – erschienenes Buch, 8252 bezeichnet den *C.F. Müller Verlag, Hüthig Verlagsgemeinschaft GmbH & CoKG* und die vierstellige Ziffer mit anschließender Prüfziffer kennzeichnet das Buch selbst.

Die ISBN muß in jedes Buch an auffälliger Seite eingedruckt werden. Meist wird dazu die Impressum-Seite gewählt. Zusätzlich findet sich die ISBN oft auf der Rückseite von Büchern oder Schutzumschlägen.

Die Buchhändler-Vereinigung als ISBN-Agentur fördert die Weiterentwicklung des ISBN-Systems, so z. B. durch die Verwendung der ISBN als maschinell lesbare Artikel-Identifikationsnummer in Form des EAN-Strichcode-Symbols.

ISMN – Internationale Standard-Musiknummern

Die Verwaltung der ISMN für die Bundesrepublik Deutschland, Luxemburg, Österreich und die Schweiz obliegt der *Buchhändler-Vereinigung GmbH*. Von ihr werden auf Antrag die Verlagsnummern an die Verlage vergeben, numerische und firmenalphabetische Register geführt. Die ISMN werden auf formale Zulässigkeit geprüft und die Weiterentwicklung des ISMN-Systems gefördert.

ISSN – International Standard Serial Number

Die ISSN kennzeichnet periodische Veröffentlichungen (Sammelwerke, Zeitungen, Zeitschriften, zeitschriftenartige Reihen). Der Begriff ist nicht ins Deutsche übersetzt und wird in seiner englischen Form angewandt. Die ISSN ist stets achtstellig. Sie enthält keine Schlüsselzahlen für Verlage und zur nationalen oder sprachlichen Herkunft.

Bei Schriftenreihen wird es so gehalten, daß der Gesamttitel eine ISSN enthält, während die einzelnen Bände mit ISBN versehen werden.

Die ISSN wird in der Bundesrepublik Deutschland durch die *Deutsche Bibliothek* in Frankfurt/M. zugeteilt und verwaltet.

Job Definition Format (JDF)

Mit diesem Format werden Produktionsdaten bereits bei der Erstellung – z. B. bei Buchsatz und -layout – erfaßt, sie nachfolgenden Produktionsstufen zugänglich macht und zusätzlich Verwaltungs- und Controlling-Informationen aufnimmt. Mit höherer Leistung als PDF (s. dort).

Mit JDF haben Verlage die Möglichkeit, ihre Herstellungsabteilung mit der Medien- bzw. Druckvorstufe so eng zu verzahnen wie nie zuvor. Das neue Format steht erst am Anfang seiner Entwicklung.

Katalog

Liste sämtlicher lieferbarer Titel mit bibliografischen Angaben und meist gegliedert nach Fachgebieten und Autoren und Kurzbeschreibung der Werke.

Klappentext
Inhaltsbeschreibung eines Buches, eventuell erweitert um Angabe über den Autor, abgedruckt auf den Innenklappen eines Schutzumschlages.

Koedition
Internationale Form der Verwertung aufwendig illustrierter Bücher in mehreren Sprachräumen. Kostengünstiges Verfahren, da nur die Texte (Schwarzfilm) übersetzt und neu gesetzt werden müssen, die teure Produktion von Farbbildern jedoch für die Gesamtauflage erfolgen kann. Koedition ist eine Form des Co-Publishing (s. Packager).

Kommissionäre
Die Betriebsform des Kommissionärs hat sich in Leipzig entwickelt. Am sogenannten Leipziger Platz waren so gut wie alle deutschen Buchhandlungen und Verlage durch Kommissionäre vertreten, die den Bestell- und Lieferverkehr für ihre Verleger- und Sortimenterkommittenten wahrnahmen. Eine solche Kommissionärtätigkeit wird heute nur noch von den großen Barsortimenten für ihre Buchhandelskundschaft ausgeführt. Die Kommissionäre geben Bestellungen ihrer Kunden – heute zumeist auf elektronischem Wege – an die Verlage bzw. deren Verlagsauslieferung weiter. Sie nehmen die Büchersendungen für ihre Kommittenten in Empfang und stellen sie ihnen über Büchersammelverkehre zu, die gleichzeitig Sendungen des mit dem Kommissionär verbundenen Barsortiments befördern.

Kommissionsverlag
Bietet Einzeltitel oder Schriftenreihen an und liefert diese aus, die auf Kosten des Autors oder einer herausgebenden Institution gedruckt worden sind und Eigentum des Urhebers bleiben.

Korrekturzeichen
Im deutschen Sprachgebiet einheitliche Symbole, deren wichtigste die folgende Tabelle zeigt:

Die üblichen Korrekturzeichen

Vorkommende Fehler	Korrigierter Satz	Korrektur-zeichen
Buchstaben aus anderer Schrift	Jedes in den Satz ein-	$\mathsf{ld \ ef \ t}$
Falsches Wort und falscher Buchstabe	geschriebene Korruktur-	$\mathsf{Hzeichnete}$ le
Mitdruckende Wort-zwischenräume (Spieße)	zeichen ist am Rande	$\mathsf{I \ \#}$
Verstellte Buchstaben und unrichtige Folge der Wörter	und zu wiedreholen	$\mathsf{123 \ \cap}$
Umgekehrter Buchstabe (Fliegenkopf)	erforderliche Änderung	ld
Ausgelassenes Wort (Leiche)	rechts neben wiederhol-	$\mathsf{L \ das}$
Überflüssiges Schriftzeichen und Wort (Hochzeit)	te Korruktur zeichen zu	$\mathsf{l} \mathsf{\cap}$
Fehlender Buchstabe und Interpunktion	zu schreben sofern die-	$\mathsf{lei \ \lceil n_1}$
Beschädigte und unreine Buchstaben	ses nicht für sich selbst	$\mathsf{Lh \ \smile \ \smile}$
Verkehrt stehende Buchstaben und Silben	spricht (wie ⌐, ⌐).	$\mathsf{\sim V \ \sim V}$
In gerade Linie bringen	Größere Einschaltungen	=
Fehlender Zwischenraum	oder Streichungen bitten	l
Überflüssiger Zwischenraum	wir möglichst zu ver-	O
Ein Wort durch andere Schrift auszeichnen	meiden, besonders in-	$\mathsf{-h'fett}$
Sperren	nerhalb großer Absätze	####
Nicht sperren	und vor allem bei um-	$\smile\smile \ \smile\smile\smile$

379

Die üblichen Korrekturzeichen (Fortsetzung)

Vorkommende Fehler	Korrigierter Satz	Korrektur-zeichen
Absatz (Alinea)	brochen Satz. Wün- schen Sie eine andere	⌐
Zeile auszurücken und größere Auslassung	⊢ Schrift für bestimmte ⊢	*siehe Manung*
Zeile einzurücken	Wörter, Zeichen oder	
Kein Absatz (anhängen)	Absätze, so unterstreichen Sie	⌒
Zeilenabstand (Durchschuß) fehlt	bitte diese und ver- merken auf dem Rand	⟨
Zeilenabstand (Durchschuß) fällt weg	die gewünschte Schrift- art (fett, kursiv, usw.)	→
Ungültige Korrektur	oder Schriftart	

Layout
Optische Gestaltung eines Druckerzeugnisses, auch der dafür notwendige Arbeitsprozess und deren Ergebnis.

Link
Kurzform von Hyperlink, Verknüpfung im Internet, die zu anderen Internetrechnern bzw. -inhalten führt.

Literatur-Agentur
Maklerfirma für Verlagsrechte, die zwischen Autor und Ver- lagen oder im internationalen Bereich zwischen Verlagen vermittelt und für ihre Tätigkeit eine vom Honorar abhängige Agenturprovision erhält.

Lumbecken
Fadenlose Klebbindung von Taschenbüchern, Paperbacks und Zeitschriften.

Mängelexemplare
Mängelexemplare sind ursprünglich einwandfreie Verlagser- zeugnisse mit äußerlich erkennbaren Schäden (z. B. ange- stoßener Einband, Beschmutzung, Transportschäden). Remit-

tierte Verlagserzeugnisse sind nur dann als Mängelexemplare anzusehen, wenn sie äußerlich erkennbare Schäden aufweisen. Sie unterliegen nicht mehr der Preisbindung und können deshalb durch Verlag, Sortiment oder sonstige Dritte unterhalb des gebundenen Ladenpreises an Endverbraucher verkauft werden.

Mängelexemplare werden durch einen Stempelaufdruck gekennzeichnet (»*Preisreduziertes Mängelexemplar*«, »*Mängelexemplar*« oder »*M*«).

Meldenummern

Zur schnelleren Information des verbreitenden Buchhandels über Lieferverzögerungen und -verhinderungen werden von den Verlagen und Barsortimenten einheitliche Meldenummern verwendet. Es handelt sich um ein zweistelliges numerisches System, das so angelegt ist, daß das Meldenummernfeld ohne weiters als dreistelliges numerisches Feld definiert werden kann. (Verzeichnis der Meldenummern s. BuB Anhang).

Merchandising

Im weiteren Sinn die Gesamtheit aller Maßnahmen, die zur Absatzförderung dienen und die ein Hersteller beim Einzel- und Großhandel ergreift. Im engeren Sinn wird der Begriff von den Inhabern von *Urheberrechten* an bestimmten Figuren (Charakteren) verwandt, wenn sie *Verwertungsrechte* an Nutzer, z. B. zum Bedrucken von T-Shirts oder Geschirr übertragen. Dies gilt insbesondere für den Comic-Bereich.

Merchandiser

Unter *Merchandiser* werden zumeist auf Teilzeitbasis tätige Mitarbeiterinnen und Mitarbeiter verstanden, die für Buch- oder Zeitschriftenverlage im Einzelhandel Regalpflege und Lagerergänzung betreiben.

Modernes Antiquariat

Verkaufsmethode, überhöhte Lagerbestände durch teilweise erhebliche Preisdreduktionen der Titel abzubauen. Soweit die Ladenpreise durch den Verleger gebunden sind, müssen sie bei Preisreduktionen aufgehoben werden (s. Großantiquariat).

Auch Bezeichnungen für die Zwischenbuchhändler, die sich auf die Vermarktung preisreduzierter Titel spezialisiert haben. Inzwischen wird der Begriff auch auf eigens angefertigte Sonderauflagen übertragen.

Multimedia-Programme
Multimedia-Programme verbinden visuelle und auditive Elemente bzw. Informationen, die bisher getrennt auftragen, in einem Verbundprogramm.

Negative Option
Häufig angewandte Mailorder-Technik in der Zeitschriftenwerbung und bei Buchclubs. Der Besteller erhält eine preisreduzierte Probelieferung und wird zum vollen Preis weiterbeliefert, wenn er nicht innerhalb einer bestimmten Frist widerspricht.

Non-Books
Alle von Verlagen und Buchhandlungen angebotenen Produkte, die keinen Buchcharakter haben, wie Spiele, Musik- oder Textcassetten, Compact Disc, Schallplatten, Landkarten, Stadtpläne, Globen usw. Non-Books unterliegen nicht der Preisbindung.

Offline
Bearbeitung von Daten auf dem eigenen Rechner, z. B. aus einer Datenbank auf einer CD-ROM im Laufwerk des eigenen Computers.

Online
Datenverbindung über das Internet, zu dem über eine Leitung eine Verbindung aufgebaut wird.

Online-Proofing
Plattformübergreifender Datenaustausch per ISDN zur Prüfung und Korrektur von digital erstellten Druckvorlagen.

Packager
Book Packagers sind unabhängige Produzenten meist illustrierter Bücher und vor allem von Reihen mit international verwertbarer Thematik, die ihre Werke in eigener Regie von der Ausgangsidee über Einrichtung, Bebilderung und Text bis hin zu Typografie und Seitenendfilm bzw. Druck entwik-

keln, und zwar von Anfang an mit dem Ziel, daß das End-
produkt als fertiges »Paket« in anderen Sprachräumen in
Übersetzung, sonst aber unveränderter Form erscheint.

Paketdienste
Paketdienste sind die postalternativen Transportführer (zum
Beispiel *DPD* und *UPS*), die im Wettbewerb mit der Post
und zum Teil mit den Bücherwagendiensten stehen. Durch
ihre hohen Liefergeschwindigkeiten und garantierten Zustell-
termine haben die Paketdienste in den vergangenen Jahren
an Bedeutung gewonnen.

Paperback
Bücher mit flexiblem, bedrucktem Kartoneinband, mit ähn-
licher Ausstattung wie Taschenbücher, in Format und Auflagenhöhe gebundenen Büchern vergleichbar.

Partie
Beim Partiebezug liefert der Verlag als eine Art Naturalrabatt
dem Buchhändler auf eine bestimmte Menge berechnet ge-
lieferter Exemplare eine bestimmte Menge von Freiexem-
plaren, z. B. 11/10. Bei der gemischten Partie kann sich der
Buchhändler solche Partiebezüge, z. B. aus den Titeln einer
Preis- oder Themengruppe, zusammenstellen.

Pflichtstück
Pflichtstücke werden in der Regel als die ersten Exemplare
einer Auflage vom Verleger an Behörden und Institutionen,
vor allem zum Zweck der bibliographischen Erfassung, unentgeltlich abgeliefert. Zwei Pflichtstücke gehen an die *Deutsche Bibliothek* als Bundesanstalt, und zwar aus den neuen
Bundesländern sowie Nordrhein-Westfalen und Berlin an die
Deutsche Bücherei Leipzig und aus den übrigen alten Bundesländern an die *Deutsche Bibliothek Frankfurt*. Diese Regel
gilt für Bücher sowie Zeitschriften. Darüber hinaus bestehen
voneinander abweichende länderrechtliche Regelungen zur
Abgabe von Pflichtstücken.

Portable Document Format (PDF)
Datenformat für digitalisierte Workflow-Prozesse (s. Workflow und JDF).

Portal
Einstiegsseite im Netz, auf der sich Suchmaschinen, aktuelle Nachrichten, e-mail-Dienste und e-commerce-Angebote finden.

Printing-on-demand
Drucken nach Bedarf; d. h. Drucken von beispielsweise kleinen Teilauflagen je nach Bedarf, aus einem digitalen Datenbestand heraus (s. Publishing-on-demand).

Proof
Prüfdruck; Visualisierung von Seiten oder kompletten Formen vor dem Auflagendruck (Andruck, digitales proof).

Publisher
1.   Verleger
2.   Verarbeiter von digitalen Daten zu Medien.

Publishing-on-demand
Die digital erstellte Druckvorlage wird je nach Bedarf zum *Printing-on-demand* herangezogen. Aus einem digitalen Datenbestand heraus ist das Drucken von Einzelexemplaren bzw. kleinen Teilauflagen je nach Bedarf möglich.

Raubdruck
Vom Urheber oder Inhaber der Verlagsrechte nicht genehmigter Nachdruck eines urheberrechtlich geschützten Werkes. Raubdrucke entstanden im Gefolge der 68er-Bewegung zunächst aus ideologischen Gründen als Angriff auf das sogenannte »bürgerliche Copyright«. Soweit überhaupt noch vorhanden, werden sie aus kommerziellen Gründen hergestellt, wobei der Raubdrucker keine Honorare zahlt und die Herstellung der teuren Druckvorlagen spart, indem er sich fremde Leistungsergebnisse zunutze macht (Verstoß gegen § 1 UWG) s. Internet.

Regalgroßhandel (Rack-jobbing)
Im Regalgroßhandel übernimmt der Großhändler die Sortimentsfunktion für den Einzelhandel, d. h., ein Verkaufsfahrer bestückt die zur Verfügung gestellten Flächen mit ausgewählten Titeln. Nichtgängige Titel werden umgetauscht, so daß der Einzelhandel kaum ein Verkaufsrisiko hat. Das Rack-Jobbing betreiben sowohl einzelne Verlage im Buch- und

Fachhandel (z. B. Kochbücher bei Haushaltswaren) als auch Verlage und spezialisierte Großhändler im Bereich SB-Märkte und Kaufhäuser (Bücher im Bedarfszusammenhang).

Remission
Im Gegensatz zur »körperlosen Remission« die tatsächliche (»körperliche«) Rückgabe unverkaufter Exemplare durch den Buchhändler an den Verlag. Vollremissionen treten häufig bei Taschenbuchbeständen auf. Aus Kostengründen werden manchmal nur die Titelseiten (Kopfremission) remittiert. Im Zeitschriftenhandel: die nicht verkauften Exemplare, die »körperlos« oder (selten) »körperlich« remittiert werden.

Reprint
Unveränderter Nachdruck nicht mehr lieferbarer älterer Titel.

Reproherstellung
Aufbereitung von Bildern, Fotos, Dias, Zeichnungen und Grafiken für den Druck.

Satzherstellung
Aufbereitung von Texten für den Druck.

Satzspiegel
Die Fläche einer Seite, die bedruckt ist oder bedruckt werden kann.

Scanner
Rechnergesteuerte Abtastgeräte zur Reproduktion von Schwarzweiß- und Farbvorlagen.

Schriftklassifikation
Um die Schriftklassifikation zu erleichtern, wurde in Deutschland das Normblatt DIN 1 65 18 geschaffen, das die Schrift in elf verschiedene Gruppen einteilt. Es ist seit 1994 gültig. Ein Neuentwurf ist seit 1998 in Vorbereitung.

Schusterjunge
So wird eine Seite bezeichnet, die als letzte Zeile die Anfangszeile eines neuen Absatzes hat und manchmal durch einen Einzug gekennzeichnet ist.

Schriftklassifikation

Gruppe I Venez. Renaissance-Antiqua	Gruppe VIII Schreibschriften
Gruppe II Franz. Renaissance-Antiqua	Gruppe IX Handschriftliche Antiqua
Gruppe III Barock-Antiqua	Gruppe X Gebrochene Schriften
Gruppe IV Klassizistische Antiqua	Xa Gotisch Xb Rundgotisch Xc Schwabacher Xd Fraktur Xe Fraktur-Varianten
Gruppe V Serifenbetonte Linear-Antiqua	
Gruppe VI Serifenlose Linear-Antiqua	Gruppe XI Fremde Schriften
Gruppe VII Antiqua-Varianten	

Franz. Renaissance-Antiqua (II)

Garamond

Schreibschriften (VIII)

Künstler-Schreib.

Serifenbetonte Linear-Antiqua (V)

Rockwell

Fraktur-Varianten (Xe)

Claudius

Serifenlose Linear-Antiqua (VI)

Helvetica

Fremde Schriften (XI)

ـدوة الـتقا بـل الـدولـى

Screendesign
Gestaltung von Bildschirmoberflächen, Programmen und Homepages.

Scribble
Gezeichnete Vorstufe zum Layout.

Selbstverlag
Druck und Verlag von Büchern auf Kosten und Risiko der Autoren, die den Vertrieb selbst übernehmen oder ihre Veröffentlichungen in Form eines Kommissionsverlages einem eingeführten Vertriebsunternehmen übergeben.

Signet
Schon im 15. Jahrhundert haben Drucker ihre Druckerzeugnisse mit einem Signet (*Druckerzeichen*, später *Verlegerzei-*

chen genannt) gekennzeichnet. Eines der bekanntesten Druk-kerzeichen ist das von *Fust und Schöffer*, das von 1952 bis 1986 als Signet des Börsenvereins des Deutschen Buchhandels verwendet wurde (s. 3.10). Signet dienen zur Kennzeichnung, zur Werbung und als Ornament.

Softcover
Printprodukte mit flexiblem, bedrucktem Einband.

Sonderauflage
Bezeichnung für preiswerte Ausgabe eines Buches, die entweder vom *Originalverlag* oder einem *Sonderausgaben-Verlag* zumeist nach Auslaufen der Originalausgabe preisgünstig herausgebracht wird. Möglichkeit zur Mehrfachverwertung von Substanzen. In sich immer mehr differenzierenden Märkten gibt es Parallelfälle von Originalausgaben zum Originalpreis und Sonderausgaben zu Sonderpreisen. Ist der Preis der Originalausgabe preisgebunden und diese nicht vergriffen, muß sich die Sonderausgabe in der Ausstattung deutlich unterscheiden.

Sortiment
(von sortieren): Buchhandlung

Sponsorbuch
Auftragsproduktionen und teilweise bevor- oder bezuschußte Bücher für Firmen, Organisationen, Behörden mit speziellem Interesse an der Publikation. Interessant für Verlage, da Auflagen ganz oder teilweise gegen das Absatzrisiko abgesichert werden.

Strichcode
Auf die Etiketten des Zwischenbuchhandels und auf immer mehr Bücher wird die ISBN in Form eines maschinenlesbaren *EAN*-Codes gedruckt, um rationelle Verfahren der Warenwirtschaft auch im Buchhandel einsetzen zu können (Lesestifte, Scannerkassen usw.; s. EAN).

Tendenzschutz
Der § 118 BetrVG regelt die Mitwirkungsmöglichkeiten des Betriebsrates in sogenannten Tendenz-Unternehmen, zu denen unter bestimmten Umständen die Verlage zählen. Es

handelt sich dabei um Firmen, die überwiegend politische, erzieherische und künstlerische Zwecke verfolgen.

Unified Messaging

Multimedial vernetztes System, das verschiedene Datenquellen auf einer Plattform abbilden kann. Alle eingehenden Nachrichten (Fax, e-mail, Voicemail, SMS) werden in einem zentralen e-mail-Fach erfaßt, wo sie unabhängig von Ort und Gerät abgerufen werden können. Zugang mit persönlichem Paßwort. Eingehende Nachrichten werden mittels SMS aufs Handy gemeldet. Sie können automatisch weitergeleitet werden. Das System ermöglicht auch Massenversände.

Verkehrsnummern

Verkehrsnummern werden seit 1963 von der *Buchhändler-Vereinigung* an Mitglieder der buchhändlerischen Verbände vergeben. Sie erleichtern den Geschäftsverkehr zwischen den Firmen der Branche. Nach ihnen können Fakturen und andere Schriftstücke einheitlich abgelegt werden. Außerdem sind sie die Grundlage der Datenverarbeitung. Für den Lieferverkehr der Verlage und Zwischenbuchhandlungen wird eine Kreditorennummer vergeben. Dagegen erhalten Firmen, die als Besteller auftreten, eine Debitorennummer.

Vertriebskennzeichen

Zum Postzeitungsdienst zugelassene Zeitschriften erhalten üblicherweise ein Vertriebskennzeichen. Die Post schreibt vor, daß auf der Titelseite Erscheinungsweise, laufende Nummer und das Verlagspostamt eingedruckt sein müssen.

Postvertriebsstück   Entgelt bezahlt
M. Muster Verlag · Muster GmbH
99999 Musterstadt, Postfach 999999
D 99999

Insolvenzrechtsreport

Kopf einer Zeitschrift mit dem amtlichen Vertriebskennzeichen

Verzeichnis lieferbarer Bücher
Das *Verzeichnis lieferbarer Bücher (VLB)* erscheint in Buchform, als CD-ROM und ist online zugänglich. Die CD-ROM-
Version als *VLB aktuell* erscheint zwölfmal jährlich in jeweils
aktualisierter Form. Als preisgünstiges Kurzabo ist sie mit
zwei Aktualisierungen jährlich erhältlich.

Das *Verzeichnis lieferbarer Bücher* entsteht aufgrund von
Titelmeldungen der Verlage (keine Autopsie) und enthält fast
alle lieferbaren deutschsprachigen Titel. Einige Barsortimente
sigeln im VLB ihre Lagertitel.

Auf der VLB-CD-ROM sind zusätzlich folgende Dateien
gespeichert:
1. Barsortiments-Datenbank
   von Koch, Neff & Oetinger / Koehler & Volckmar
2. Ergänzungskataloge
   von Könemann, Umbreit und Wehling
3. österreichischer Schulbuchkatalog
4. Petersen Buchimport
5. Verzeichnis lieferbarer Zeitschriften

Ergänzend sind das *Verzeichnis Lieferbarer Schulbücher
(VLS)* in Printversion, ein *Verzeichnis vergriffener Bücher*
als CD-ROM mit jährlichem Update und die *VLB Plus Software* auf CD-ROM lieferbar. Diese Software ermöglicht es,
gleichzeitig im VLB in den CD-ROMs der Barsortimente,
der Datenbank des Schweizer Buchzentrums (SBZ), dem
Verzeichnis lieferbarer Musikalien (VLM) und anderen Ver-
zeichnissen zu suchen.

Volltextdatenbanken
Anwendungsbereiche sind komplette Texte von Büchern,
Zeitschriften, Zeitungen ohne Abbildungen, die variabel se-
lektiert und bedarfsgerecht für Veröffentlichungen zusam-
mengestellt werden können.

Vorschau
Werbemittel mit der Übersicht über die Neuerscheinungen
eines Verlages im kommenden Halbjahr, der Versand erfolgt
direkt vom Verlag, zum Teil über die Verlagsvertreter an die

Einkäufer im Buchhandel sowie an die Presse und wichtige Multiplikatoren.

Warengruppen-Systematik

Die *Deutsche Nationalbibliographie* gliedert sich in 65 Sachgruppen. Gemäß einer Empfehlung des *International congress on National Bibliographies* von 1977 baut diese neue Sachgruppengliederung auf der *Internationalen Universalen Dezimalklassifikation (DK)* auf. Die Sachgruppengliederung wird für folgende bibliografische Veröffentlichungen verwendet:

* Reihe A: Publikationen des Buchhandels
* Reihe B: Publikationen außerhalb des Buchhandels
* Reihe N: Vorankündigungen Monographien und Periodika
* Reihe H: Hochschulschriftenverzeichnis

Die Sachgruppen der *Deutschen Nationalbibliographie* sollten vom Buchhandel gleichzeitig als Warengruppen für bibliografische Zwecke, für Lagerordnung und für interne Abrechnungssysteme genutzt werden. Im Buchhandelsalltag hat sich allerdings die *Dezimalklassifikation* der *Deutschen Bibliothek* nicht bewährt. Deshalb haben die beiden großen Barsortimentsgruppen *KNO/K&V* und *LIBRI* 1996 eine eigene Systematik eingeführt, die dem Buchhandel wesentliche Erleichterungen bietet. Die Eingruppierung erfolgt jeweils durch die Verlage. Besonders für Buchhandlungen mit Warenwirtschaftssystemen bedeutet die neue, einheitliche Systematik eine wesentliche Arbeitserleichterung, da die Warengruppeneinteilung nicht mehr beim Wareneingang vorgenommen werden muß (s. BuB Anhang).

Waschzettel

Kurzer Werbetext für Bücher, zumeist den Aussendungen von Rezensionsexemplaren an die Presse beigefügt oder auch als Klappentext verwendet.

Web

Internet, www, world wide web (weltweites Computernetz).

Website
Zwei oder mehrere miteinander verbundene Seiten im Web. Es handelt sich um bestimmte Stellen oder Adressen, unter denen man bestimmte Inhalte findet (Website = englisch Platz).

Sachgruppengliederung der Deutschen Bibliothek

Allgemeines
1 Wissenschaft und Kultur allgemein
2 Schrift, Buch, Bibliothek, Information und Dokumentation
3 Nachschlagewerke, Bibliographien
4 Adreßbücher, Telefonbücher
5 Kalender
6 Publizistik
7 Kinder- und Jugendliteratur
8 Comics, Cartoons, Karikaturen

Philosophie, Psychologie
9 Grenzgebiete der Wisssenschaft und Esoterik
10 Philosophie
11 Psychologie

Religion, Theologie
12 Christliche Religion
13 Allgemeine und Vergleichende Religionswissenschaft, Nichtchristliche Religionen

Sozialwissenschaften
14 Soziologie, Gesellschaft
15 Statistik
16 Politik
17 Wirtschaft
18 Arbeit
19 Recht
20 Öffentliche Verwaltung
21 Militär
22 Erziehung, Bildung, Unterricht
23 Schulbücher
24 Berufsschulbücher
25 Volkskunde, Völkerkunde

Angewandte Wissenschaften, Medizin, Technik
33 Medizin
34 Tiermedizin
35 Technik allgemein
36 Energie-, Maschinen-, Fertigungstechnik
37 Elektrotechnik
38 Bergbau, Bautechnik, Umwelttechnik
39 Landwirtschaft, Garten
40 Hauswirtschaft, Kochen, Hotel- und Gaststättengewerbe
41 Nachrichten- und Verkehrswesen
42 Technische Chemie, Lebensmitteltechnologie, Textiltechnik
   und andere Technologien
43 Basteln, Handarbeiten, Heimwerken
44 Umweltschutz, Raumordnung, Landschaftsgestaltung

Kunst, Kunstgewerbe, Photographie, Musik, Spiel, Sport
45 Architektur
46 Bildende Kunst
47 Photographie
48 Musik
49 Theater, Tanz, Film
50 Sport, Spiele

Sprach- und Literaturwisssenschaft, Belletristik
51 Allgemeine und Vergleichende Sprach- und
   Literaturwissenschaft
52 Englische Sprach- und Literaturwissenschaft
53 Deutsche Sprach- und Literaturwissenschaft
54 Sprach- und Literaturwissenschaft der übrigen
   germanischen Sprachen
55 Romanische Sprach- und Literaturwissenschaft
56 Klassische Sprach- und Literaturwissenschaft
57 Slawische und baltische Sprach- und Literaturwissenschaft
58 Sprach- und Literaturwissenschaft sonstiger Sprachen
59 Belletristik

Geographie, Geschichte
60 Archäologie, Vor- und Frühgeschichte
61 Geographie, Heimat- und Länderkunde, Reisen
62 Atlanten
63 Geschichte und Historische Hilfswissenschaften
64 Sozialgeschichte
65 Wirtschaftsgeschichte
78 Abgeschlossene Veröffentlichungen
79 Berichtigungen

Weiterverarbeitung
Z. B. Druckweiterverarbeitung; d. h. Zusammentragen, Falzen, Stanzen, Lochen, Schneiden, Kleben, Binden, Kaschieren und Veredeln von Druckprodukten zu Büchern, Broschüren etc.

Workflow
Arbeitsfluß; Organisation der Prozeßschritte von der Gestaltung bis zur Fertigstellung eines Labels.

Zeitschrift
Periodisch erscheinendes Verlagsobjekt, das wöchentlich,
vierzehntäglich oder in anderen Zeitabständen erscheint. Inhalt und Anzeigen sind entweder für die Allgemeinheit oder
für bestimmte Zielgruppen bestimmt.

Zeitung
Periodisch erscheinendes Verlagsobjekt, das mindestens einmal wöchentlich erscheint und in der Regel Berichte und
Kommentare aus allen Bereichen des öffentlichen Lebens
(Politik, Wirtschaft, Kultur, Lokales, Sport) sowie gewerbliche und private Anzeigen enthält.

Zwischenbuchhandel
Kommissionsgeschäfte, Barsortimente, Grossobuchhandlungen und Verlagsauslieferungen (Satzung des Börsenvereins
des Deutschen Buchhandels, Paragraph 3, Ziff. 1, Punkt 3;
s. a. Abb. S. 394).

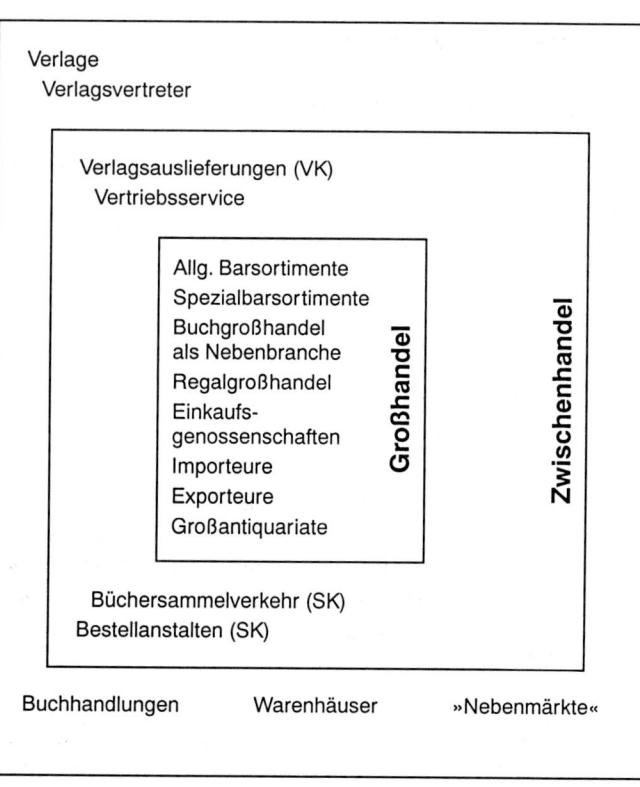

Verlage
Verlagsvertreter

Verlagsauslieferungen (VK)
Vertriebsservice

Allg. Barsortimente
Spezialbarsortimente
Buchgroßhandel
als Nebenbranche
Regalgroßhandel
Einkaufs-
genossenschaften
Importeure
Exporteure
Großantiquariate

Großhandel

Zwischenhandel

Büchersammelverkehr (SK)
Bestellanstalten (SK)

Buchhandlungen　　　Warenhäuser　　　»Nebenmärkte«

VK: Verleger-Kommissionär
SK: Sortimenter-Kommissionär

Schematische Darstellung des Zwischenbuchhandels in der Absatzorganisation des Buchhandels

2. Preise und Ehrungen

In der folgenden Übersicht werden der renommierte *Friedens-preis des Deutschen Buchhandels* als repräsentativer Preis der Buchbranche sowie weitere Preise und Ehrungen des *Börsenvereins des Deutschen Buchhandels* dokumentiert, au-ßerdem der einzige regelmäßig verliehene Verlegerpreis. Im übrigen werden in der Bundesrepublik Deutschland, Öster-reich und der Schweiz jährlich Hunderte von Auszeichnungen und Preisen an Autoren verliehen, darunter auch von Verlagen gestiftete. Eine Übersicht liefert das Handbuch für Autoren *Preise und Stipendien* (s. Literatur Kap. 4).

Der seit 1950 alljährlich verliehene *Friedenspreis des Deut-schen Buchhandels* entstand aus der Initiative einiger deut-scher Verleger und ist seit 1951 – vom *Börsenverein* getragen – Sache der gesamten Buchbranche in der Bundesrepublik. »Der Preisträger wird ohne Unterschied der Nation, der Rasse und des Bekenntnisses gewählt. Der Preis wird in der Regel jährlich verliehen, er kann auch posthum vergeben werden.«

Friedenspreis

Die Friedenspreisträger des Deutschen Buchhandels
Die bisherigen Preisträger sind:

1950 Max Tau †	1968 Léopold Sédar Senghor
1951 Albert Schweitzer †	1969 Alexander Mitscherlich †
1952 Romano Guardini †	1970 Alva + und Gunnar Myrdal †
1953 Martin Buber †	1971 Marion Gräfin Dönhoff
1954 Carl J. Burckhardt †	1972 Janusz Korczak (posthum)
1955 Hermann Hesse †	1973 The Club of Rome
1956 Reinhold Schneider †	1974 Frère Roger, Prior von Taizé
1957 Thornton Wilder †	1975 Alfred Grosser
1958 Karl Jaspers †	1976 Max Frisch †
1959 Theodor Heuss †	1977 Leszek Kolakowski
1960 Victor Gollancz †	1978 Astrid Lindgren
1961 Sarvepalli Radhakrishnan †	1979 Yehudi Menuhin †
1962 Paul Tillich †	1980 Ernesto Cardenal
1963 Carl Friedrich Freiherr von Weizsäcker	1981 Lew Kopelew †
1964 Gabriel Marcel †	1982 George F. Kennan
1965 Nelly Sachs †	1983 Manès Sperber †
1966 Augustin Kardinal Bea † und Willem A. Visser't Hooft †	1984 Octavio Paz †
1967 Ernst Bloch †	1985 Teddy Kollek
	1986 Wladyslaw Bartoszewski
	1987 Hans Jonas †

1988 Siegfried Lenz	1995 Annemarie Schimmel
1989 Václav Havel	1996 Mario Vargas Llosa
1990 Karl Dedecius	1997 Yasar Kemal
1991 György Konrád	1998 Martin Walser
1992 Amos Oz	1999 Fritz Stern
1993 Friedrich Schorlemmer	2000 Assia Djebar
1994 Jorge Semprún	

Aus Anlaß der 50. Verleihung des Friedenspreises des Deutschen Buchhandels brachte die Deutsche Post 1999 eine eigene Briefmarke heraus.

Leipziger Buchpreis zur Europäischen Verständigung

Erstmals 1994 stiftete der Börsenverein gemeinsam mit dem Freistaat Sachsen und der Stadt Leipzig den *Leipziger Buchpreis zur Europäischen Verständigung*, der aus einem Hauptpreis und einem Anerkennungs- oder Förderpreis besteht.

Einmal jährlich, während der Leipziger Buchmesse, werden damit Autoren, Publizisten, Herausgeber und/oder Übersetzer ausgezeichnet, die sich um das Verständnis zwischen den europäischen Völkern, speziell um die Verbreitung der ost- und südosteuropäischen Kulturen und deren Gedankengut verdient gemacht haben.

Der Preis wird immer an eine Einzelperson vergeben und hat Publikationen in Buchform als Voraussetzung. Mit dem Anerkennungspreis, auch zwei Förderpreise sind möglich, werden vorwiegend Übersetzer bedacht. Die bisherigen Hauptpreisträger sind: Ryszard Kapuscinsky, Péter Nádas, Aleksandar Tisma, Imre Kertész, Swetlana Alexijewitsch, Eric J. Hobsbawm, Hanna Krall.

Seit 1977 verleiht das *Börsenblatt für den Deutschen Buchhandel* einmal jährlich den *Alfred-Kerr-Preis*. Preisempfänger sind besonders bemerkenswerte Literaturteile einer deutschsprachigen Zeitung oder Zeitschrift oder eines deutschsprachigen Hörfunk- oder Fernsehprogramms. Der Preis wird nicht für eine Einzelkritik oder eine andere Einzelleistung vergeben, maßgeblich ist vielmehr die Kontinuität.

Alfred-Kerr-Preis

Die Preisträger des Alfred-Kerr-Preises

1977	»Literaturmagazin« des Fernsehens des Südwestfunks
1978	Literaturredaktion des »Deutschen Allgemeinen Sonntagsblatts«
1979	Redaktion »Neue Bücher – Neue Texte« des Südwestfunks
1980	Redaktion der Literaturzeitschrift »die horen«
1981	Redaktion der Schweizer Literaturzeitschrift »drehpunkt«
1982	zu gleichen Teilen an die Redaktionen der österreichischen Literaturzeitschriften »manuskripte« und »protokolle«
1983	Redaktion der Literaturbeilage der »Frankfurter Allgemeinen Zeitung«
1984	Literaturredaktion der Zeitschrift »profil«
1985	Feuilleton-Redaktion der »Neuen Zürcher Zeitung«
1986	Redaktion der Kinder- und Jugendbuchzeitschrift »Fundevogel«
1987	Kulturredaktion des Stadtmagazins »plärrer«
1988	Redaktion der Literaturzeitschrift »die horen« (Förderpreis)
1989	Redaktion der »Weimarer Beiträge. Zeitschrift für Literaturwissenschaft, Ästhetik und Kulturtheorie«
1990	Literaturredaktion des Dritten Hessischen Fernsehens
1991	zu gleichen Teilen an die Literaturredaktionen »Neues Deutschland« und »Neue Zeit«
1992	zu gleichen Teilen an die Redaktionen »Zeitläufte« und »Politisches Buch« der Wochenzeitung »Die Zeit«

1993	Redaktion der »Neuen deutschen Literatur«
1994	Redaktion der Literaturzeitschrift »Schreibheft«
1995	Literaturredaktion der Wochenzeitung FREITAG
1996	Dr. Hanns Grössel
1997	Dr. Paul Ingendaay
1998	Günter Ohnemus
1999	Andreas Nentwich
2000	Dr. Lothar Müller

Deutscher Jugendliteraturpreis

Der *Deutsche Jugendliteraturpreis* ist der einzige staatliche Literaturpreis der Bundesrepublik Deutschland. Die Nominierungsliste wird alljährlich auf der *Leipziger Buchmesse* bekanntgegeben. Die Veröffentlichung der Preisträger erfolgt jeweils auf der *Frankfurter Buchmesse*. Ausgezeichnet werden Bücher in den Kategorien Bilderbuch, Kinderbuch, Jugendbuch und Sachbuch. Stifter des Preises ist das *Bundesministerium für Familie, Senioren, Frauen und Jugend.* Der Preis ist mit insgesamt 60 000 DM dotiert. Die Organisation und Jurierung liegt beim *Arbeitskreis für Jugendliteratur e. V.*

eBook Award

Die *Microsoft Corporation* hat auf der Frankfurter Buchmesse Mitte Oktober 1999 den Frankfurter *eBook Award* vorgestellt, mit dem ab dem Jahr 2000 jährlich elektronisch publizierte Bücher in sieben verschiedenen Kategorien prämiert werden sollen.

Der Grand Prize von 100.000 Dollar ist für ein Buch bestimmt, das zuerst in elektronischer Form erscheint. Ein Preisgeld von je 10 000 Mark erhält das beste romanliterarische Werk oder Sachbuch, das im elektronischen Format aufgelegt wird, das beste romanliterarische Werk oder Sachbuch, das bereits gedruckt vorliegt und in ein eBook-Format umgewandelt wird, und das beste Audio-Buch in digitaler form. Ebenfalls mit 10 000 Mark dotiert ist ein Technologiepreis für Weiterentwicklung im elektronischen Publishing. Preise werden vergeben für elektronische Bücher, die den Open eBook Spezifikationen (OEB) folgen.

Der *Ehrenpreis des österreichischen Buchhandels für Toleranz in Denken und Handeln* wird seit 1990 im Rahmen der Österreichischen Buchwoche an AutorInnen verliehen, die sich in ihrem Werk und durch ihr Engagement für Toleranz gegenüber den anderssprachigen und kulturell anders geprägten Nachbarn in herausragender Art und Weise eingesetzt haben und somit einen Beitrag zu einem friedlichen Miteinander in Europa geleistet haben. Die bisherigen Preisträger sind: Milo Dor, Viktor Frank, Inge Merkel, Kardinal Franz König, Gerhard Roth, Simon Wiesenthal, Hugo Portisch, H. C. Artmann, Christine Nöstlinger, Sir Peter Ustinov und Josef Haslinger.

Ehrenpreis des österreichischen Buchhandels

Der Kleinverleger, Schriftsteller und Literaturförderer *Victor Otto Stomps* (1897 – 1970) unternahm verlegerische Wagnisse, zu denen andere nicht den Mut fanden und wurde Vorbild für viele Kleinverlage der Nachkriegszeit. Im Andenken an ihn verleiht die Stadt Mainz alle zwei Jahre einen Preis für herausragende Leistungen kleinverlegerischer Tätigkeit. Der Preis ist mit zweimal DM 5 000,-- dotiert und wird vergeben in den Sparten Buch- und Zeitschriftenverlag.

V. O. Stomps-Preis

Der Börsenverein des Deutschen Buchhandels verleiht eine Reihe von Ehrungen:

Ehrungen

- Die Plakette des Deutschen Buchhandels *»Dem Förderer des deutschen Buches«* wird für Verdienste um das deutsche Buch und den Buchhandel in an Persönlichkeiten verliehen, die in besonderem Maße ehrenamtlich tätig waren. Mit der Plakette können auch Personen geehrte werden, die nicht dem Buchhandel angehören.

- Die *Ehrenmedaille des Deutschen Buchhandels* ist für ausländische Verleger und Buchhändler bestimmt.

- Die *Friedrich Perthes-Medaille* dient als Auszeichnung für ehrenamtliche Tätigkeit von Börsenvereins-Mitgliedern.

- Die *Goldene Nadel* wird ebenfalls für Verdienste um die Buchorganisation und den Buchhandel verliehen.

3. Zeittafeln

Wichtige Daten zur Entwicklung des Verlagswesens und der Branchenorganisation

5. Jh. v. Chr.	Wandererzähler, öffentliches Vorlesen, Schreibstuben
Mittelalter	Gewerbliche Schreibstuben
15. Jh.	Gutenbergs Erfindung: bewegliche Lettern Druckerverleger in Personalunion (Drucken, Verlegen, Verkaufen)
1480	anonym, Radierung, Anwendungsbereich Einblattdruck
16. Jh.	Druckerei und Verlag streben auseinander Wichtigster Buchumschlagplatz: Frankfurt/M.
17. Jh.	Aus dem Tausch der Druckerzeugnisse zwischen den Verlegern untereinander entstehen Sortimenterverlage
1770	Xylographie (Holzstich), Erfinder anonym, Anwendungsbereich Buch- und Zeitungsillustration
18. Jh.	Fachverlage entstehen
Mitte 18. Jh.	Leipziger Buchmesse gewinnt gegenüber der Frankfurter Messe an Bedeutung Der »Konditionshandel« setzt sich gegen den »Tauschhandel« durch
18./19. Jh.	Verlag und Sortiment entwickeln sich auseinander
19. Jh.	Infolge der Industrialisierung beginnt im Druckereigewerbe, Verlagswesen und Sortimentsbuchhandel eine umfassende Spezialisierung Der Zwischen- und Kommissionsbuchhandel entsteht
1816	Friedrich Christoph Perthes: »Der deutsche Buchhandel als Bedingung des Daseyns einer deutschen Literatur« – eine der grundlegenden Schriften des deutschen Buchhandels
1825	Gründung des Börsenvereins der Deutschen Buchhändler zu Leipzig

1834	Die erste Ausgabe des Börsenblatts für den Deutschen Buchhandel erscheint
1835	Verbot des unerlaubten Nachdruckes durch Beschluß des Deutschen Bundes
1886	Das Internationale Urheberrecht – die Berner Übereinkunft – tritt in Kraft
1888	Der *feste Ladenpreis* und die buchhändlerische *Verkehrsordnung*, initiiert von A. Kröner, werden eingeführt
1891	Die erste Buchgemeinschaft: Verein der Bücherfreunde – entstanden aus der Idee der Arbeiterbildung
1901	Gesetz über das Verlagsrecht
1909	Die *Verkaufsordnung* regelt den Verkehr zwischen dem Buchhändler und dem Publikum
1912	Deutsche Bücherei als *Deutsche Nationalbibliothek* in Leipzig gegründet
1922	Buchhändler-Abrechnungs-Gesellschaft (BAG) – eine der grundlegenden Rationalisierungseinrichtungen des Buchhandels – wird gegründet (Vereinfachung des Rechnungswesens)
1923	Büchergilde Gutenberg und Deutsche Buch-Gemeinschaft entstehen
1933	Umwandlung des Börsenvereins in eine Zwangsorganisation und Eingliederung in die Reichskulturkammer
1934	Die ersten Listen »unerwünschten Schrifttums« erscheinen
1939	Der II. Weltkrieg trifft den Buchhandel empfindlich, u. a. durch den Abbruch aller Auslandsbeziehungen, verschärfte Zensurmaßnahmen, Papiermangel
1943	Großangriff auf Leipzig, Zerstörung großer Teile des Verlags- und Druckereiviertels
1945	Börsenblatt für den Deutschen Buchhandel – Frankfurter Ausgabe erscheint (mit amerikanischer Lizenz)
1946	Der Leipziger Börsenverein gibt mit Erlaubnis der sowjetischen Besatzungsmacht das Börsenblatt für den Deutschen Buchhandel heraus

	(Leipziger Ausgabe)
	Der Leipziger Börsenverein wird dem Kultusministerium unterstellt. Beginn der Verstaatlichung der buchhändlerischen Betriebe, staatliche Lenkung der Verlagsproduktion
	Gründung der Deutschen Bibliothek in Frankfurt/M.
	Herausgabe der Deutschen Bibliographie
1945-47	Örtliche, später regionale Zusammenschlüsse von Buchhändlern und sich daraus entwickelnde Landesverbände (Arbeitsgemeinschaft in der amerikanischen Besatzungszone, Zonenausschuß in der britischen Zone und Börsenverein der Buchhändler in der französisch besetzten Zone)
1947	Buchhändler-Vereinigung nimmt ihre Arbeit auf
1948	Börsenverein Deutscher Verleger- und Buchhändler-Verbände wird gebildet
1949	Die erste Frankfurter Buchmesse nach dem Krieg findet in der Frankfurter Paulskirche statt
1950	Der Bertelsmann-Lesering wird gegründet
	Der Rowohlt-Verlag entwickelt aus den »Zeitungsromanen« die erste große Taschenbuchreihe
1952	Welturheberrechtsabkommen (WUA) – 70 Staaten, u. a. die USA und die UdSSR, treten der WUA bei
1953	Die BAG wird in Frankfurt/M. neu gegründet
1955	Umwandlung des Börsenvereins Deutscher Verleger- und Buchhändler-Verbände in Börsenverein des Deutschen Buchhandels
1963	Einführung der Buchhändlerischen Verkehrsnummer (Branchenrationalisierung)
1964	Ausstellungs- und Messe GmbH des Börsenvereins wird gegründet
1965	Gesetz über Wahrnehmung von Urheberrechten und verwandten Schutzrechten als Grundlage für die Verwertungsgesellschaften
1969	Internationale Standard Buch Nummer (ISBN) wird eingeführt

1971	Verzeichnis lieferbarer Bücher (VLB) erscheint erstmals
1972	Rechenzentrum Buch GmbH (RZB) wird gegründet
1980	Die Preisbindung im Buch- und Verlagswesen – der feste Ladenpreis – bleibt bestehen (Gesetz gegen Wettbewerbsbeschränkungen)
1986	Die Wettbewerbsregeln für den Buchhandel werden vom Bundeskartellamt genehmigt
1991	Der Börsenverein des Deutschen Buchhandels e. V. zu Frankfurt und der Börsenverein der Deutschen Buchhändler zu Leipzig werden fusioniert
1993	Das World Wide Web wird freigeschaltet
1996	Mit buchhandel.de wird von der Buchhändler-Vereinigung die erste E-Commerce-Gemeinschaftsplattform für Buchhandlungen eröffnet
	VLB im Internet
	Eröffnung *Haus des Buches* in Leipzig
1998	Book-on-demand wird eingeführt
1999	Digital Object Identifier (DOI) ermöglicht sichere Volltexterkennung und -abrechnung im Internet
2000	EU-Kommission untersagt grenzüberschreitende Preisbindung innerhalb der Gemeinschaft, die nationalen Preisbindungen in Deutschland und Österreich bleiben erhalten. Preisbindung deutscher Bücher in Österreich und Verbot von Reimporten zur Umgehung der Preisbindung in Deutschland

Entwicklung der grafischen Techniken im 19. und 20. Jahrhundert bis zum Beginn des »elektronischen Zeitalters«

	Erfindung	Erfinder	Anwendungsbereich
1830	Entwicklung der Stereotypie	Firmin Didot	Klischeeherstellung
1838	Galvanos werden zum ersten Mal hergestellt	Moritz Hermann von Jacobi	Klischeeherstellung
1838	Fotografie	Louis Daguerre	Illustrierte, Fotobild-bände, Postkarten
1840	Strichätzung	Blasius Höfel	Klischeeherstellung
1844	Patent auf Papierfabrikation aus Holz	Friedrich Gottlob Keller	Papierherstellung; er-möglicht hohe Auflagen
ca. 1850	Lichtdruck (Fototypie)	Louis Poitevin	hochwertige Faksimiles
1851	Falzmaschine	James Livesey	Falzen
1862	Komplettgießmaschine wird in England erfunden	Johnson und Atkinson	Satzherstellung
1863	Rotationsdruckmaschine	William A. Bullock	Massenauflagen von Büchern, Zeitungen und Zeitschriften mit kurzen Erscheinungs-terminen
1867	Schreibmaschine	Christopher Latham Sholes	Bürobetrieb aller Art
1881	Autotypie	Georg Meisenbach	Klischeeherstellung
1884	Setzmaschine (Linotype)	Ottmar Mergenthaler	Satz
1888	Typograf wird in den USA erfunden	F. E. Bright/ J. R. Rogers	Satz
1894	Rollfilm	George Eastman	Herstellung von Druckvorlagen
1897	erste Monotype wird in den USA gebaut	Tolbert Lanston	Satz
1907	Offsetdruck	Ira W. Rubel/ Caspar Hermann	Druck auf Papier, Folie, Blech
1930	Serigraphie	Carl Zigrosser/ Anthony Velonis	Plakate, großformatige Blätter
1930	Lichtsetzmaschine (Uher-type)	Edmund Uher	Satz
1937	Farbauszug-Scanner	Alex Murray	Farbdruck
1948	Rotofoto-Lichtsetzapparatur	George Westover	Satz
1962	erster EDV-Einsatz bei Satzherstellung		Satz

Verlagswesen und Zeitgeist:
Verlagssignets des S. Fischer Verlags zwischen 1895 und 1986.
Das Signet wurde 1895 von Otto Eckmann (1) entworfen und in den
folgenden Jahren insbesondere von Emil Rudolf Weiß (2) und Walter
Tiemann (3) abgewandelt. Jan Buchholz und Reni Hirsch (4) modifi-
zierten das Signet 1958

4. Archiv- und Dokumentationswesen, Buch- und Leseforschung

Wer sich intensiver mit dem Buch- und Verlagswesen beschäftigen möchte, findet den Zugang über eine Reihe von Institutionen, die archivieren und dokumentieren.

Mit der Buch- und Leseforschung beschäftigen sich die unter *Ausbildung* genannten Lehrstühle und Institute an Hochschulen und Universitäten. Darüber hinaus sind weitere Einrichtungen mit der Forschung befaßt.

Die Adressen der Einrichtungen sind unter 6. Adressen und Kontakte, Forschung und Förderung zu finden.

Arbeitsstelle für Leseforschung und Kinder- und Jugendmedien

Forschungs- und Entwicklungsbereiche der *Arbeitsstelle für Leseforschung und Kinder- und Jugendmedien* sind Grundlagenforschung zur Geschichte der Kinder- und Jugendliteratur, historische Leseforschung (u. a. Mädchenlektüre/Frauenlektüre, aktuelle Leseforschung, Medienforschung sowie Didaktik der Kinder- und Jugendliteratur und der audiovisuellen Medien.

Börsenvereins-Archiv und -Bibliothek

Archiv und *Bibliothek* des *Börsenvereins* sammeln alle erreichbaren gedruckten wie ungedruckten Materialien zum Buchhandel und Verlagswesen im deutschen Sprachgebiet in Geschichte und Gegenwart. Die Abteilung beantwortet schriftliche und telefonische Anfragen aus der Branche, aber auch aus dem universitären und privaten Bereich. Bereits aus dem Jahr 1841 datieren die Anfänge der *Bibliothek des Börsenvereins der Deutschen Buchhändler zu Leipzig,* und 1909 war das Gründungsjahr eines *Deutschen Buchhandelsarchivs* für die Sammlung aller Quellen zur Geschichte des deutschen Buchhandels. 1943 wurden große Teile der Bücher und Archivalienbestände zerstört. Ihre Überreste befinden sich heute im *Deutschen Buch- und Schriftmuseum* der *Deutschen Bücherei Leipzig,* die noch erhaltenen Teile des Aktenarchivs des Börsenvereins werden im *Sächsischen Staatsarchiv Leipzig* verwaltet. In Frankfurt/M. wurde infolge der Trennung des Börsenvereins in einen Leipziger und einen Frankfurter verband 1953 mit dem systematischen Neuaufbau einer buchhändlerischen Fachbibliothek begonnen, das *Historische Archiv* wurde erst 1969 gegründet.

Heute bewahrt das *Historische Archiv*, entsprechend der klassischen Aufteilung in Archiv- und Bibliotheksgut, ungedruckte und nicht in Buchform erschienene Dokumente zum deutschen Buchhandel und seiner Geschichte auf, während die Bibliothek die gedruckte Literatur sammelt.»Buchhandel« wird dabei in der umfassendsten Bedeutung des Wortes für alle an der Herstellung und Verbreitung von Medien tätigen Sparten verstanden. Auskünfte zu Geschichte und Gegenwart buchhändlerischer Institutionen, Unternehmen und einzelner Personen bilden den Schwerpunkt der Informationstätigkeit, aber auch zu bestimmten Themenbereichen.

Das Archivmaterial zu etwa 2 500 Personen, Unternehmen und Sachthemen aus dem Bereich des deutschen Buchhandels ist in einem Sammelbestand geordnet. Darüber hinaus wurden einige Sondersammlungen gebildet. Die Zentralregistratur nimmt das Schriftgut des Börsenvereins auf.

Die *Bibliothek des Börsenvereins* ist mit etwa 30 000 Bänden und fast 100 Fachzeitschriften und anderen Periodika eine der größten Spezialbibliotheken für ihr Fachgebiet. Über den Sammelschwerpunkt Buchhandel und Verlagswesen hinaus wird auch die grundlegende Literatur aus anderen Bereichen des Buchwesens berücksichtigt, so zum Buchdruck, zur Buchgestaltung und zur Bibliophilie. Herzstücke der Sammlung sind Firmenschriften und Biographien von Verlegern und Buchhändlern. Wichtige Quellen stellen das seit seinem erstmaligen Erscheinen 1839 vollständig vorhandene *Adreßbuch des deutschen Buchhandels*, das Verbandsorgan *Börsenblatt für den Deutschen Buchhandel* (seit 1834) sowie etliche frühe Meß- und Verlagskataloge dar. In zahlreichen Reihen von Verlagsalmanachen dokumentiert sich die Produktion vieler Verlagshäuser. Von Bedeutung ist ferner eine Sammlung von etwa 30 000 Antiquariats- und Auktionskatalogen vorwiegend aus der Nachkriegszeit.

Der gesamte Buchbestand ist in einem alphabetischen Autoren- und Titelkatalog sowie einem systematischen, einem

Schlagwort- und einem Biographien-/Firmenkatalog verzeichnet.

Die Bibliothek ist eine Präsenzbibliothek und wie das Historische Archiv öffentlich zugänglich (vorherige Anmeldung erbeten). Arbeitsplätze und Kopiermöglichkeiten stehen zur Verfügung.

Deutsches Bucharchiv München

Das *Deutsche Bucharchiv München (Institut für Buchwissenschaften)* ist eine gemeinnützige rechtsfähige Stiftung des bürgerlichen Rechts, 1947 gegründet und bis jetzt geleitet von *Ludwig Delp* (*1921). Es sammelt mit relativer Vollständigkeit das gesamte Fachschriftgut über Fragen des Buch- und Zeitschriftenwesens seit 1945, insbesondere über Autoren- und Verlagswesen, Zulieferer der Verlage, Nebenverwerter (wie Rundfunk, Fernsehen, Film), Distribution, Bibliothekswesen und Leserschaftsfragen. Das Institut ist von Firmen und Brancheninteressen unabhängig.

Ende 1999 belief sich der Bestand an Buchveröffentlichungen auf 30483 sowie 196 laufende Zeitschriften und 5000 graue Literatur. In den vergangenen Jahren hat der Autor dieses Buches seine Fachbibliothek zu größeren Teilen dem *Deutschen Bucharchiv* als Spende übergeben. Damit ist sie dort wie die gesamte Bibliothek öffentlich zugänglich. Die Erschließung und Katalogisierung der Bestände schreitet fort.

Das *Deutsche Bucharchiv München* gibt u.a. die Reihe *Buchwissenschaftliche Beiträge* heraus.

Deutsche Buchwissenschaftliche Gesellschaft

In München wurde 1999 die *Deutsche Buchwissenschaftliche Gesellschaft* gegründet, deren Ziel es ist, ein Zentrum buchwissenschaftlicher Forschung mit umfassendem Programm zu etablieren.

Internationale Jugendbibliothek

In München befindet sich die weltweit größte Bibliothek für internationale Kinder- und Jugendliteratur. Sie umfaßt 470 000 Kinder- und Jugendbücher in mehr als 130 Sprachen sowie 30 000 Titel Sekundärliteratur und 40 000 Dokumente, ferner 280 aktuelle internationale Fachzeitschriften. Auch eine Ausleihbibliothek für Kinder mit 20 000 Büchern in 15 Sprachen ist vorhanden. 80 000 Titel sind bereits elektronisch erfaßt und über Internet einsehbar. Der Bibliothek

INTERNA-
TIONALE
JUGEND
BIBLIOTHEK
International Youth Library

angeschlossen ist das *Michael-Ende-Museum* und ein *Erich-Kästner-Zimmer*. Die Bibliothek wurde 1949 von *Jella Lepman* eröffnet und seither kontinuierlich zum international anerkannten Zentrum für Kinder- und Jugendliteratur aus aller Welt ausgebaut. Jella Lepman begann ihre Arbeit unmittelbar nach dem Ende des Zweiten Weltkrieges mit einer internationalen Kinder- und Jugendbuchausstellung in München. Sie sah darin eine Möglichkeit, nach den langen Jahren von Naziterror und Kriegsschrecken neue Hoffnungen und Werte zu finden und vor allem Verständnis für andere Menschen und Völker zu wecken. Dabei richtete sie ihr Augenmerk auf Kinder *und* Erwachsene. Sie suchte den Diskurs *über* Kinderliteratur und bot zugleich den Kindern *selbst* eine Auswahl von Büchern an – bis heute sind dies die beiden Grundlinien der Arbeit der *Internationalen Jugendbibliothek*.

Stilisierte Darstellung des Schlosses Blutenburg in München, Sitz der Internationalen Jugendbibliothek, aus einem Prospekt zu deren 50-Jahr-Feier.

Konfessionel-les Buchwesen	Das *Archiv des evangelischen Buchhandels* wird von der *Vereinigung Evangelischer Buchhändler* verwaltet.
	Die *Bibliothek der Katholischen Universität Eichstätt* verwaltet das *Archiv für das katholische Buchwesen* und parallel dazu das *Archiv der Arbeitsgemeinschaft Katholische Presse (AKP)*.
Mainzer Mini-pressen-Archiv	Das *Mainzer Minipressen-Archiv (MMPA)* besteht in seiner jetzigen Form seit 1980 und ist dem *Gutenberg-Museum* angeschlossen.

Ursprüngliche Aufgabe des MMP-Archives ist die Sammlung der literarischen Erzeugnisse von kleinen und kleinsten Druckereien und Verlagen, auch Minipressen genannt, deren Produktion in öffentlichen Bibliotheken und Archiven erfahrungsgemäß nur schwer Aufnahme fand. Entweder wurden die geringen Auflagen gar nicht bekannt oder aber als »Alternativliteratur« nicht zur Kenntnis genommen.

Diese Kleinstdruckereien und Kleinverlage kommen seit 1970 alle zwei Jahre auf der *Mainzer Minipressen-Messe (MMPM)/Internationale Buchmesse der Kleinverlage und künstlerischen Handpressen* zusammen, bei deren Veranstaltung das *MMP-Archiv* wesentlich beteiligt ist.

Das MMPa bietet dem Benutzer eine Sammlung von Büchern (ca. 6 000), Zeitschriften (ca. 1 500 Titel in 16 000 Heften), Pressendrucken (ca. 200), Videos (ca. 30), Tonträgern (ca. 200), Plakaten (ca. 500) Flugblätter (ca. 1 000), Prospekten aus Kleinverlagen (ca. 30 000) und Kleinverlagsadressen (ca. 6 000) und gibt damit einen guten Überblick über deren Produktion im deutschsprachigen Raum.

Zur jeweiligen Messe gibt das MMPA einen Katalog internationaler Pressen, Klein- und Autorenverlage heraus, welcher über 450 Adressen, Verlagsvorstellungen und Artikel zum Kleinverlagswesen und zur Buchkunst und Schriftstellerei enthält.

Als virtuelle Messe ist das MMPA auch im Internet vertreten (s. Anhang 3), über das Bestellungen getätigt werden können.

5. Buchmuseen

Basler Papiermühle
St. Alban-Tal 37
CH-4052 Basel
www.papiermuseum.ch

Das 1980 eröffnete Museum wird von einer privaten Stiftung getragen und ist in einer restaurierten Papiermühle untergebracht. In der Atmosphäre der mittelalterlichen Gewerbegebäude ist es als Arbeitsmuseum angelegt, in dem die Besucher auch praktische Arbeiten an alten Geräten und Maschinen ausführen können. Die drei Schwerpunkte des Museums sind Papier, Schrift und Druck.

Buchmuseum der Sächsischen Landesbibliothek – Staats- und Universitätsbibliothek Dresden
Marienallee 12
01099 Dresden

Das Buchmuseum geht auf die 1556 begonnene Sammlung des Kurfürsten August von Sachsen (1526 – 1586) zurück, der übrigens auch ein Förderer der Leipziger Messe war. Seit 1993 werden in zwei Räumen wechselnde thematische Ausstellungen und im Zimelienzimmer (Zimelien = Kostbarkeiten) einige der wertvollsten Stücke der Bibliothek dauernd gezeigt, darunter die weltberühmten Renaissance-Einbände von Jakob Krause (gest. 1585) aus den Gründerjahren der Sammlung.

411

Deutsches Buch- und Schriftmuseum der Deutschen Bücherei
Leipzig
Deutscher Platz
04103 Leipzig
www.ddb.de

Das im Jahre 1884 in Leipzig gegründete älteste Museum seiner Art erfüllt heute die Funktion einer Dokumentationsstätte für die Buchkultur. Grundlage dieses Wirkens sind die z. T. einmaligen Studiensammlungen für die Bereiche Buch, Schrift und Papier sowie für die angrenzenden Gebiete des Buchwesens. Die Ständige Ausstellung »Merkur und die Bücher. 500 Jahre Buchplatz Leipzig« informiert über die Tradition und Spezifiks Leipzigs als Stapel- und Umschlagplatz für Bücher, als Ort der Buchkultur und Literaturvermittlung. Wechselausstellungen widmen sich speziellen historischen Themen und Ergebnissen der modernen Buch-, Schrift- und Papierkunst.

Einen besonderen Stand bilden die Papierhistorischen Sammlungen des Museums.

Der Mittelpunkt des Leipziger Grafischen Viertels: Deutsches Buchhändlerhaus (Vordergrund) und Deutsches Buchgewerbehaus (Hintergrund), bauliche Situation um 1914, Modell (Deutsches Buch- und Schriftmuseum, Leipzig).

Hölzerne Buchdruckhandpresse, 18. Jahrhundert (Deutsches Buch- und Schriftmuseum, Leipzig).

Gutenberg-Museum
Liebfrauenplatz 5
55116 Mainz
www.gutenberg.de

Das zur Erinnerung an Johannes Gutenberg im Jahre 1900 gegründete Museum dokumentiert die Entwicklung der Druck- und Buchkunst von Gutenberg bis zur Gegenwart. Besonderer Anziehungspunkt ist der Nachbau der Gutenberg-Werkstatt mit Presse, auf der für Museumsbesucher Einblatt-Drucke hergestellt werden.

Herzog August Bibliothek
Lessingplatz 1
38304 Wolfenbüttel

An dieser Bibliothek wirkten Gottfried Wilhelm Leibniz (1646 – 1716), Gotthold Ephraim Lessing (1729 – 1781) und Erhart Kästner (1904 – 1974) als Bibliothekare. Sie enthält reiche historische Bibliotheksbestände, auch zur europäischen Buchgeschichte, und ist heute eine außeruniversitäre Forschungs- und Studienstätte für europäische Kulturgeschichte mit Schwerpunkt frühe Neuzeit.

Klingspor-Museum
Herrnstraße 80
63065 Offenbach

Der Grundstock dieses 1953 gegründeten Museums ist die Privatbibliothek von Karl Klingspor, dem früheren Mitinhaber der Offenbacher Schriftgießerei Gebr. Klingspor. Das Museum ist der internationalen modernen Buch- und Schriftkunst gewidmet.

Museum für Papier- und Buchkunst
73252 Lenningen

Das firmeneigene Museum der Papierfabrik Scheufelen bereitet nicht die Firmengeschichte auf, sondern konzentriert sich auf die zeitgenössische Buch- und Papierkunst. Sie zeigt zeitgenössische Kunstwerke, deren gemeinsamer Nenner der Grundstoff Papier dargstellt. Untergebracht ist das Museum in einem Renaissance-Schlößchen. Wichtig wurde die Firma

414

Battledress, Wetterflächen, Papiermantel und »Poupée de papier« – eine Rauminstallation aus den Werken von vier Künstlern (Museum für Papier- und Buchkunst)

Scheufelen für das Druckgewerbe, als sie 1892 Kunstdruck-papier als weltweite Neuerung einführte.

Papiermuseum Düren
Wallstraße 2 – 8
52349 Düren
www.artcontent.de/dueren

Das dem Leopold-Hösch-Museum angeschlossene Museum ist der Kulturgeschichte des Papiers sowie seiner Entwicklungsgeschichte, Herstellung und Technik gewidmet.

Schiller-Nationalmuseum/Deutsches Literaturarchiv
Schillerhöhe 8 – 10
71672 Marbach/Neckar

Das Schiller-Nationalmuseum, 1903 als schwäbisches Dichtermuseum gegründet, ist eine zentrale Sammelstelle für Lebens- und Wirkungserzeugnisse fast aller schwäbischen Dichter der Neuzeit.

Das 1955 eingerichtete Deutsche Literaturarchiv bildet mit dem Museum eine ideelle, organisatorische und räumliche Einheit. Auftrag des Deutschen Literaturarchivs ist die Sammlung handschriftlicher und gegenwärtiger Literatur in deutscher Sprache. Die Archivbestände sind vorbildlich durch das Verzeichnis »Die Nachlässe und Sammlungen des Deutschen Literaturarchivs Marbach am Neckar« erschlossen.

Die Sammlung umfaßt weit über 1000 Schriftsteller- und Verlagsnachlässe. Generell kann man davon ausgehen, daß kein Autorennachlaß ohne die Korrespondenz mit Verlegern herauskommt.

Ein wichtiger Bestandteil ist das selbständig geführte, große Verlagsarchiv von Cotta. Weitere wichtige Verlagsarchive: Bremer Presse Verlag, Claassen Verlag, Eugen Diederichs, Dresdner Verlag Heinar Schilling, S. Fischer Verlag, ergänzt um Teilnachlässe von Gottfried und Brigitte Biermann-Fischer, Nachlaß Gerhard Fischer und Teilnachlaß Samuel und Hedwig Fischer, Herold Verlag (unter Einschluß des Verlags Levy & Müller), Wilhelm Hertz Verlag, Carl Hinstorff Verlag, Insel Verlag Sammlung Anton und Katharina Kippenberg, Archiv Walter Janka, Langen-Müller Verlag (unter Einschluß der Archive Albert Langen und Georg Müller), Limes Verlag, Hermann Luchterhand Verlag, März Verlag, Sammlung Nymphenburger Verlagshandlung, Piper Verlag, Sammlung Ernst Rowohlt, Sammlung Scherl Verlag, Paul Stegemann Verlag, Weismann Verlag, Verlagsarchiv Julius Zeitler.

Träger des Schiller-Nationalmuseums und des Deutsches Literaturarchivs ist die Deutsche Schillergesellschaft. Die Museumsabteilung genießt mit ihren vorbildlichen Veröffentlichungen zur Tätigkeit der Museen und der Gesellschaft einen hervorragenden Ruf.

werkstätten und museum für druckkunst leipzig GmbH
Nonnenstraße 38
04229 Leipzig

Das Museum wird von der als gemeinnützig anerkannten Gesellschaft zur Förderung der Druckkunst Leipzig e. V. getragen. Es versteht sich als eine pädagogische Einrichtung. Wesentlicher Bestandteil des Konzepts ist die Vermittlung typografischer wie druckgeschichtlicher Kenntnisse im praktisch-experimentellen Umgang mit Buchstaben und Geräten. Zu den Exponaten gehören eine Fülle von Bleischriften und Holzbuchstaben für den Handsatz, Schriftmatrizen, Setz- und Gießmaschinen, Handpressen und Titeldruckpressen, sowie Zylinderdruckmaschinen verschiedenster Art, untergebracht in einem ehemaligen Gewerbegebäude.

6. Adressen und Kontakte

Neue Zentralstelle der
Bühnenautoren und
Bühnenverleger GmbH
Babelsberger Straße 43
10715 Berlin

Staatlich genehmigte
Gesellschaft der Autoren,
Komponisten und Musik-
verleger (A.K.M.)
reg. Gen.m.b.H.
Baumannstraße 8 – 10
A-1030 Wien

Staatlich genehmigte
Literarische Verwertungs-
gesellschaft (L.V.G.)
reg. Gen.m.b.H.
Linke Wienzeile 18
A-1060 Wien

Verwertungsgesellschaft
BILD – KUNST
Weberstraße 61
53113 Bonn

Köthener Straße 44
10963 Berlin
www.bildkunst.de

Verwertungsgesellschaft
WORT
Goethestraße 49
80336 München
www.vgwort.de

VG Musikedition –
Verwertungsgesellschaft
zur Wahrnehmung von
Nutzungsrechten an
Editionen (Ausgaben)
von Musikwerken
Königstor 1
34117 Kassel

ABPTOE
Frederiksplein 1
PB 15007
1001 MA Amsterdam
The Netherlands
www.vob.nl

Akademie des Deutschen
Buchhandels
Literaturhaus
Salvatorplatz 1
80333 München
www.buchakademie.de

Akademie für Bildung
und Kunst
Institut für Verlagswesen
Voitstraße 10
80637 München

Akademie Klausenhof
Klausenhofstraße 100
46499 Hamminkeln-
Dingden
www.akademie-klausen-
hof.de

Berufsakademie Mannheim
Staatliche Studienakademie
Coblitzweg 7
68163 Mannheim
www.ba-mannheim.de

Berufsakademie
Ravensburg
Staatliche Studienakademie
Marienplatz 2
88212 Ravensburg
www.ba-ravensburg.de

Börsenverein des Deut-
schen Buchhandels e. V.
Abteilung für Berufs-
bildung
Postfach 10 04 42
60004 Frankfurt/M.
www.boersenverein.de

Deutsch-Französisches
Jugendwerk
Rhöndorfer Straße 23
53604 Bad Honnef
www.dfjw.org

Deutsch-Französisches
Jugendwerk
51, rue de l'Amiral-
Mouchez
F-75013 Paris
www.ofaj.org

DIDACT Berufsbildungs-
gesellschaft mbH
Thierschstraße 11 – 17
80538 München
www.didact.de

Donau Universität Krems
Zentrum für Publishing
und Media Management
Dr. Karl-Dorrek-Straße 30
A-3500 Krems
www.donau-uni.ac.at

Eulenhof Seminare
Heinold, Spiller & Partner
Unternehmensberatung
GmbH BDU
Behringstraße 28 a
22765 Hamburg

Fachhochschulrat für
Österreich
Geschäftsstelle
Liechtensteinstraße 22
A-1090 Wien

Fachhochschule Stuttgart
Hochschule für Druck
und Medien
Nobelstraße 10
70569 Stuttgart
www.hdm-stuttgart.de

Friedrich-Alexander-
Universtität Erlangen-
Nürnberg
Buchwissenschaften
Harfenstraße 16
91054 Erlangen
www.phil.uni-erlangen.de

Rudolf Paulus Gorbach
Schäftlarner Weg 3
82131 Buchendorf
www.gorbach.de

Handelskammer Hamburg
Geschäftsbereich
Bildungs-Service
Adolphsplatz 1
20457 Hamburg

Hauptverband des öster-
reichischen Buchhandels
Grünangergasse 4
A-1010 Wien
www.buecher.at

Hochschule für Technik,
Wirtschaft und Kultur
Leipzig (FH)
Fachbereich Buch und
Museum
Studiengang Buchhandel/
Verlagswirtschaft
Bertolt-Brecht-Straße 1
04347 Leipzig
www.htwk-leipzig.de

Hochschule für Technik,
Wirtschaft und Kultur
Leipzig (FH)
Fachbereich Polygrafische
Technik
Postfach 30 00 66
04251 Leipzig
www.htwk-leipzig.de

Hochschule Mittweida
Technikumplatz 17
09648 Mittweida

Industrie- und Handels-
kammer Düsseldorf
Abteilung Weiterbildung
Postfach 10 10 17
40001 Düsseldorf
www.ihk-duesseldorf.de

Industrie- und Handels-
kammer Frankfurt
Bildungszentrum
Börsenplatz 4
60313 Frankfurt/M.
www.ihk-frankfurt.de

Industrie- und Handels-
kammer Wiesbaden
Abteilung Berufsbildung
Wilhelmstraße 24 – 26
65183 Wiesbaden
www.ihk-wiesbaden.de

Institut für Bildungs-
medien e. V.
Zeppelinallee 33
60325 Frankfurt/M.

Johannes Gutenberg-
Universität Mainz
Institut für Buch-
wissenschaft
Philosophicum, Welder-
weg 18
55099 Mainz
www.uni-mainz.de

Johann Wolfgang
Goethe-Universität
Institut für Jugendbuch-
forschung
Senckenberganlage 31
60054 Frankfurt
www.uni-frankfurt.de

Ludwig-Maximilians-
Universität
Institut für Deutsche
Philologie
Schellingstraße 3
80799 München

mcm Institut für Medien-
und Kommunikations-
management
Universität St. Gallen
Müller-Friedberg-Straße 8
CH-9000 St. Gallen
www.mcm.unisg.ch

Medienakademie Berlin
Bornimer Straße 6
10711 Berlin
www.medien-akademie@t-
online.de

medienforum NRW
Staatskanzlei des
Landes NRW
Stadttor 1
40219 Düsseldorf
www.medienforum.nrw.de

Multimedia-Akademie
Köln
Im Media Park 6
50670 Köln
www.medienakademie-
koeln.de

Print Media Academy
Heidelberger Druck-
maschinen AG
Kurfürsten-Anlage 52 – 60
69115 Heidelberg
www.heidelberg.com

Schulen des Deutschen
Buchhandels
Wilhelmshöher Straße 283
60389 Frankfurt/M.
www.buchhandel.de/
schulen

Universität Gesamt-
hochschule Essen
Fachbereich Literatur-
und Sprachwissenschaft
Studiengang Literaturver-
mittlung und Medienpraxis
Universitätsstraße 12
45117 Essen
www.uni-essen.de

Universtität-GH Siegen
Herrengarten 3
57068 Siegen
www.medien.peb.uni-
siegen.de

Universität Leipzig
Institut für Kommuni-
kations- und Medien-
wissenschaft
Buchwissenschaft und
Buchwirtschaft
Klostergasse 5
04109 Leipzig
www.uni-leipzig.de

Universität München
Institut für Deutsche
Philologie
Schellingstraße 3
80799 München

Verband katholischer
Verleger und Buchhändler
e. V. (VKB)
Adenauerallee 176
53113 Bonn

Verband der Verlage
und Buchhandlungen
in Baden-Württemberg
(Fernunterricht Grund-
wissen Buchhandel)
Paulinenstraße 53
70178 Stuttgart
www.vvb-bw.de

WBS-Training AG
Hasenbergstraße 31/1
70178 Stuttgart
www.klettwbs.de

Westfälische
Wilhelms-Universität
Institut für Buchwissen-
schaft und Textforschung
Prinzipalmarkt 38
48143 Münster
www.uni-muenster.de

Wirtschaftsakademie
Hamburg e. V.
Börse – Adolphsplatz 1
20457 Hamburg
www.handelskammer.de/
hamburg

Adressen der Landesver-
bände der Verleger und
Buchhändler s. unter *Landesverbände*.

**Autoren- und Übersetzer-
verbände**

Bundesverband Deutscher
Autoren e. V. (B.A.)
c/o Elisa-Christa Baneth
Braunlager Straße 19
12347 Berlin

Bundesverband
junger Autoren und
Autorinnen e. V.
Postfach 20 03 03
53133 Bonn

Deutscher Autoren-
Verband e. V.
Sophienstraße 2
30159 Hannover

Deutscher Journalisten-
Verband e. V. (DJV)
Bennauerstraße 60
53113 Bonn

Deutsches P.E.N.-Zentrum
(Ost)
Kulturbrauerei
Schönhauser Allee 36 – 39
10435 Berlin

Dramatiker-Union e. V.
(D.U.)
Bismarckstraße 107
10625 Berlin

Europäische Autorenver-
einigung Die Kogge e. V.
c/o Rathaus Minden
Kleiner Domhof 17
32423 Minden

Freier deutscher Autoren-
verband e. V. (FDA)
Weilderhalde 41
72070 Tübingen

ÍG Autorinnen Autoren
Interessengemeinschaft
österreichischer
Autorinnen und Autoren
Seidengasse 13
A-1070 Wien
www.literaturhaus.at

Industriegewerkschaft
Medien / Fachgruppe
Journalismus (dju/SWJV)
Friedrichstraße 15
70174 Stuttgart

Initiative Junger Autoren
E. V.
Postfach 12 03
82231 Weßling

Interessengemeinschaft
von Übersetzerinnen und
Übersetzern literarischer
und wissenschaftlicher
Werke
Seidengasse 13
A-1070 Wien
www.xpoint.at

Österreichischer
P.E.N.-Club
Bankgasse 8
A-1010 Wien

Österreichischer
Schriftstellerverband
Kettenbrückengasse 11
A-1050 Wien

P.E.N.-Zentrum Bundes-
republik Deutschland
Kasinostraße 3
64293 Darmstadt

Schweizerischer
Schriftstellerinnen- und
Schriftsteller-Verband
Kirchgasse 25
CH-8001 Zürich

Schweizer Autorinnen und
Autoren Gruppe Olten
Industriestraße 23
CH-8500 Frauenfeld

Société Suisse des
Auteurs SSA
Rue Centrale 12
CH-1003 Lausanne
www.ssa.ch

Verband der deutschen
Kritiker e. V.
Volbedingstraße 31
04357 Leipzig

Verband Deutscher
Drehbuchautoren e. V.
Rosenthaler Straße 39
10178 Berlin
www.drehbuchautoren.de

Verband Deutscher
Schriftsteller (VS)
in der IG Medien
Friedrichstraße 15
70174 Stuttgart

Verband deutschsprachiger
Übersetzer literarischer
und wissenschaftlicher
Werke e. V. (VdÜ) /
Bundessparte Übersetzer
der VS in der IG Medien
Friedrichstraße 15
70174 Stuttgart
www.vdue.de

Barsortimente

Buchgrosshandlung
Wehling GmbH
Friedrich-Hagemann-Stra-
ße 62
33719 Bielefeld
www.wehlingbuch.de

Koch, Neff & Oetinger &
Co. GmbH
Schockenriedstraße 37
70565 Stuttgart
www.kno.de

Koehler & Volckmar
GmbH
Berzeliusstraße 87
22113 Hamburg
www.kno.de

Koehler & Volckmar
GmbH
Edsel-Ford-Straße 26
50769 Köln
www.kno.de

Wilhelm Könemann
GmbH & Co. KG
Delsterner Straße 134
58091 Hagen
www.koenemann.de

Georg Lingenbrink GmbH
& Co.
Stresemannstraße 300
22761 Hamburg
www.libri.de

Georg Lingenbrink GmbH
& Co.
Zweigniederlassung
Frankfurt
August-Schanz-Straße 33
60433 Frankfurt/M.
www.libri.de

G. Umbreit GmbH & Co.
Mundelsheimer Straße 3
74321 Bietigheim-
        Bissingen
www.umbreit.de

Behörden

Bundesprüfstelle für ju-
gendgefährdende Schriften
Kennedyallee 105 – 107
53175 Bonn

Berufsgruppen

BücherFrauen e. V.
c/o Vertriebsbüro
Seehausen & Sandberg
Akazienstraße 25
10823 Berlin

FILU Archiv der Zeichner
Erkelenzdamm 11
10999 Berlin

Münchner Arbeitsgemein-
schaft der Verlagshersteller
Krottenthal 9
83666 Waakirchen

Verband der Freien
Lektorinnen und Lektoren
Oberes Tor 3
63916 Amorbach
www.lektoren.de

Bibliografische Erfassung

Buchhändler-Vereinigung
GmbH
Internationale ISBN-
Agentur für die Bundes-
republik Deutschland
ISMN-Agentur für die
Bundesrepublik Deutsch-
land, Schweiz, Luxem-
burg und Österreich
Postfach 10 04 42
60004 Frankfurt/M.

Buchverleger-Verband
der deutschsprachigen
Schweiz (VVDS)
ISBN-Vergabe für die
Schweiz
Postfach
CH-8034 Zürich

CIP-Zentrale der
Deutschen Bibliothek
Adickesallee 1
60322 Frankfurt am Main

CIP-Zentrale der
Deutschen Bücherei
Leipzig
Deutscher Platz 1
04103 Leipzig

Deutsche Bücherei Leipzig
Deutscher Platz 1
04103 Leipzig
www.ddb.de

Die Deutsche Bibliothek
Adickesallee 1
60322 Frankfurt/M.
www.ddb.de

Deutsches Musikarchiv
Gärtnerstraße 25 – 32
12207 Berlin
www.ddb.de

Hauptverband des öster-
reichischen Buchhandels
ISBN-Vergabe für
Österreich
Grünangergasse 4
A-1010 Wien 1
www.buecher.at

Internationale ISBN-
Agentur
Internationale ISMN-
Agentur
Staatsbibliothek zu Berlin
Preußischer Kulturbesitz
Potsdamer Straße 33
10785 Berlin
www.isbn.spk-berlin.de

Internationale ISSN-
Agentur
ISSN International Centre
20, rue Bachaumont
F-75002 Paris

Nationales ISSN-Zentrum
für Deutschland
Die Deutsche Bibliothek
Adickesallee 1
60322 Frankfurt/M.
www.ddb.de

Buchgestaltung

Bund Deutscher
Buchkünstler e. V.
c/o Hermann Rapp
Haus zur Goldenen Kanne
61276 Weilrod

Bund Deutscher
Buchkünstler e. V.
c/o Professor K. G. Hirsch
Nonnenstraße 38
04229 Leipzig

Deutsche Exlibris-
Gesellschaft e. V.
c/o Birgit Göbel M.A.
Am Löwentor 46
56075 Koblenz
www.exlibris-
gesellschaft.de

Typographische Gesell-
schaft München e. V.
Banatstraße 11
81377 München

Buchmessen

Children's Book Fair
c/o Fiere Internazionali
di Bologna
Ente Autonomo
Viale della Fiera 20
I-40128 Bologna
www.bolognafiere.it/
bookfair

Frankfurter Buchmesse
s. Ausstellungs- und
Messe-GmbH S. 427
www.frankfurt-book-
fair.com

Interschul didacta
c/o Deutscher Didacta
Verband e. V.
Rheinstraße 94
64295 Darmstadt
www.didacta-verband.de

Leipziger Buchmesse
c/o Leipziger Messe
GmbH
Postfach 10 07 20
04007 Leipzig
www.leipziger-messe.de

Mainzer Minipressen-
Messe
Neutorstraße/Neutorschule
55116 Mainz
www.minipresse.de

Nürnberger Spielwaren-
messe
c/o NürnbergMesse GmbH
Messezentrum
90471 Nürnberg
www.nuernbergmesse.de

Dienstleistungsunternehmen des Börsenvereins

Ausstellungs- und Messe-
GmbH des Börsenvereins
des Deutschen Buch-
handels
Reineckestraße 3
60313 Frankfurt
www.frankfurt-book-
fair.com

BAG Buchhändler-Abrechnungs-Gesellschaft mbH
Töngesgasse 4
60311 Frankfurt/M.
www.bag.de

BKG Buchhändlerische
Kredit-Garantiegemeinschaft GmbH & Co. KG
Töngesgasse 4
60311 Frankfurt/M.

BuchhändlerVereinigung
GmbH
Großer Hirschgraben 17-21
60311 Frankfurt/M.
www.buchhaendler-vereinigung.de

IBU
Informationsverbund
Buchhandel BAG GmbH
Postfach 10 03 22
60003 Frankfurt/M.

Druckindustrie

Bundesverband Druck
und Medien e. V.
Biebricher Allee 79
65187 Wiesbaden
www.bvdm-online.de

Hauptverband der Papier,
Pappe und Kunststoffe
verarbeitenden Industrie
(HPV) e. V.
Strubbergstraße 70
60489 Frankfurt/M.

VDP Verband Deutscher
Papierfabriken e. V.
Adenauerallee 55
53113 Bonn

Verband der österreichischen Druckvorstufen-
und Datenserviceunternehmen – VDD
Grünangergasse 4
A-1010 Wien

Verband Deutscher
Buchbindereien für
Verlag und Industrie e. V.
Holbeinstraße 26
79100 Freiburg

Verband Druck- &
Medientechnik
Grünangergasse 4
A-1010 Wien

**Forschung und Förderung,
Stiftungen, Archive und
Dokumentationsstellen**

Arbeitskreis für
Jugendliteratur e. V.
Metzstraße 14 c
81667 München
www.bkj.de/akj

Arbeitsstelle für Leseforschung und Kinder-
und Jugendmedien
Universität zu Köln
Bernhard-Feilchenfeld-Straße 11
50969 Köln

Archiv des evangelischen
Buchhandels
c/o Vereinigung Evange-
lischer Buchhändler e. V.
Furtbachstraße 12 A
70178 Stuttgart

Archiv für katholisches
Buchwesen
c/o Bibliothek der Katholischen Universität Eichstätt
Am Hofgarten 1
85072 Eichstätt

Bertelsmann Stiftung
Carl-Bertelsmann-
Straße 256
33311 Gütersloh
www.stiftung.bertels-
mann.de

Bibliothek des Börsen-
vereins des Deutschen
Buchhandels e. V.
Großer Hirschgraben 17-21
60311 Frankfurt/M.

Borromäusverein e. v.
Wittelsbacherring 9
53115 Bonn

Deutsche Akademie
für Kinder- und Jugend-
literatur e. V.
Hauptstraße 42
97332 Volkach

Deutsche Buchwissen-
schaftliche Gesellschaft
Frans-Hals-Straße 4
81479 München

Deutsche Schillergesell-
schaft/Schiller-National-
museum/Deutsches
Literaturarchiv
s. Buchmuseen

Deutscher Literaturfonds
e. V.
Alexandraweg 23
64287 Darmstadt

Deutsches Bucharchiv
München
Frans-Hals-Straße 4
81479 München

Bibliothek/Dokumen-
tationsstelle:
Literaturhaus München
Salvatorplatz 1
80333 München

Leitung/Verwaltung:
Frans-Hals-Straße 4
81479 München
www.bucharchiv.de bzw.
www.muenchen.de/buchar-
chiv

Deutsches Jugendmedien-
werk e. V.
Fischtorplatz 23
55116 Mainz

Förderungs- und Beihilfe-
fonds Wissenschaft der
Verwertungsgesellschaft
Wort gmbH
Goethestraße 49
80336 München

Internationale
Jugendbibliothek
Schloß Blutenburg
81247 München
www.ijb.de

Mainzer Minipressen-
Archiv
Fischtorplatz 23
55116 Mainz
www.minipresse.de

STIFTUNG PRESSE-
GROSSO
Schwarzwaldstraße 39
76137 Karlsruhe

Verlag der buchhändleri-
schen Kreditliste Pfalz-
graf & Heinrich
Conventstraße 12
22089 Hamburg

Verleger-Inkasso-Stelle
Wallstab & Co. GmbH &
Co. KG
Spaldingstraße 64
20097 Hamburg

Nachfolgende Web-Seiten
vermitteln den Zugang zu
Informationen über die
Branche und zu Verlagen
und Buchhandlungen (Aus-
wahl). Einzelne Firmen-
adressen sind hier nicht
aufgeführt. Tagesaktuelle
Informationen bieten
außerdem die Internet-
Seiten der Branchenpresse
(s. Literatur Kapitel 3).

ourworld.compuserve.com
= *Verlage und Online-
Buchhandel*

www.akep.de = *Arbeits-
kreis Elektronisches Publizieren*

www.bibl.uni-essen.de =
UB Essen

www.bmwi.de = *Bundes-
wirtschaftsministerium*

www.book.job.de = *Job-
Börse für Buchhandel und
Verlage*

www.buchhandel.de =
*Online-Auftritt des
Börsenvereins (VLB, VLZ,
VLS, VLM)*

www.buchmarkt.at =
Buch + Medien Österreich

430

www.dbilink.de = *Adress-*
buch deutschsprachiger Bi-
bliotheken

www.fachpresse.de =
Informationen der
Deutschen Fachpresse
sowie Media-Datenbank
für Werbungtreibende und
Agenturen

www.filu-archiv.de =
FILU Archiv der Zeichner

www.german-business.de
= *Deutschsprachige*
Verlage im Internet

www.gracklauer.de =
O. Gracklauer GmbH
(Titelschutz, Recherchen)

www.karef.de/verlag2.html
= *Verlage im Internet*

www.leipziger-messe.de =
Leipziger Messe

www.mountmedia.de =
Mount Media – Die Websi-
te der Verlage

www.presse-im-handel.de
= *Zeitschriftenkatalog mit*
Presse-Porträts

www.statistik.bund.de =
Statistisches Bundesamt
Deutschland

www.stiftung.bertels-
mann.de = *Bertelsmann*
Stiftung

www.verbaende.com =
Deutsches Verbände Forum

www.verlags-jobs.de =
Job-Börse für die Verlags-
und Buchhandelsbranchen

www.welttag-des-bu-
ches.de = *Welttag des*
Buches

Normung

DIN Deutsches Institut
für Normung e. V.
Burggrafenstraße 6
10787 Berlin
www.din.de

**Personalberatung/
-vermittlung**

Dr. Kurt Kettembeil
Unternehmens- und
Personalberatung
Hohenzollernring 20
22763 Hamburg
www.bmp.de/kettembeil/

Irene Naumczyk
Personalagentur für Verlage
Postfach 11 65
84428 Buchbach
www.agentur-naumczyk.de

Preisbindung

Dr. Karl H. Giessen
Preisbindungsbevoll-
mächtigter des Sortiments
Königsplatz 59
34117 Kassel

Dieter Wallenfels
Preisbindungstreuhänder
der Verlage
An der Ringkirche 6
65197 Wiesbaden

Sozialeinrichtungen

Ferienhäuser des Deut-
schen Buchhandels e. V.
Lützowstraße 105-106
10785 Berlin

Sozialwerk des Deutschen
Buchhandels e. V.
Großer Hirschgraben 17-21
60311 Frankfurt/M.

Titelschutz

O. Gracklauer Verlag und
Bibliographische Agentur
Wallotstraße 7 a
14193 Berlin
www.gracklauer.de

*Die Firma O. Gracklauer
führt das einzige Titel-
schutzanzeigen-Archiv im
deutschsprachigen Raum*

*und bietet Recherchen
nach Rechtsnachfolgern
erloschener Verlage und
verstorbener Autoren an.*

Unternehmensberatungen

Eulenhof Institut W. E.
Heinold & M. J. Bock
OHG
Büro Nord:
Sartoriusstraße 22
20257 Hamburg
Büro Süd:
Nürnberger Straße 25
86609 Donauwörth
www.bmp.de/kettembeil/

Fachmedien Institut
Winfried Ruf
Postfach 12 48
86407 Mering

Heinold, Spiller & Partner
Behringstraße 28 a
22765 Hamburg

Media Partner
Landsberger Straße 497
81241 München

Jürgen Meissner
Weitzgrund 2
14806 Belzig

Merzbach Consulting
Joachim Merzbach
Ulmenweg 2
61184 Karben

Willy Noever
Betriebswirtschaftliche
Beratung
Stuifenweg 4
73235 Weilheim/Teck

Hardt & Wörner –
die Unternehmensberatung
Saalburgstraße 20
61381 Friedrichsdorf

Sabine Janßen
Führung &
Kommunikation
Kleinreutherweg 47
90408 Nürnberg

Unternehmensberatung
Dirk Jasper
Bahnhofstraße 12
55490 Gemünden

Urheberrecht

Deutsche Vereinigung
für gewerblichen Rechts-
schutz und Urheberrechte
e. V.
Theodor-Heuss-Ring 19-21
50668 Köln

Institut für Urheber-
und Medienrecht
Salvatorplatz 1
80333 München

Pro Litteris, Schweiz.
Urheberrechtsgesellschaft
Universitätsstraße 94/96
CH-8033 Zürich

Verlegerverbände

1. Arbeitsgemeinschaften und Verbände der Buchverleger

Arbeitsgemeinschaft
Baufachverlage ABV
Gottfried-Keller-Straße 13
65232 Taunusstein

Arbeitsgemeinschaft der
Kleinverlage im Börsen-
verein
Postfach 10 04 42
60004 Frankfurt/M.

Arbeitsgemeinschaft
der Parlaments- und
Behördenbibliotheken
c/o Deutsches Patentamt
Zweibrückenstraße 12
80331 München

Arbeitsgemeinschaft der
Verleger, Buchhändler
und Bibliothekare in der
Friedrich-Ebert-Stiftung –
Kurt-Schumacher-
Akademie
Willy-Brandt-Straße 19
53902 Bad Münstereifel

Arbeitsgemeinschaft
rechts- und staatswissen-
schaftlicher Verleger
Waldseestraße 3 – 5
76530 Baden-Baden

Arbeitsgemeinschaft von
Jugendbuchverlagen e. V.
c/o ars Edition
Friedrichstraße 9
80801 München

Arbeitsgemeinschaft
Wissenschaftlicher
Verleger (AWV)
c/o Lucius & Lucius
Verlagsgesellschaft
Gerokstraße 51
70184 Stuttgart

Bundesverband der
Phonographischen
Wirtschaft e. V.
Grelckstraße 36
22529 Hamburg
www.ifpi.de

Bundesverband Deutscher
Kunstverleger e. V.
Darmstädter Landstraße 3
60594 Frankfurt/M.

Deutsche Fachpresse
Großer Hirschgraben 17-21
60311 Frankfurt/M.
www.fachpresse.de

Deutscher Didacta
Verband e. V.
Rheinstraße 94
64295 Darmstadt
www.didacta.de

Deutscher Musikverleger-
Verband e. V.
Friedrich-Wilhelm-
Straße 31
53113 Bonn

VDAV – Verband
Deutscher Adress-
buchverleger e. V.
Heerdter Sandberg 30
40549 Düsseldorf
www.vdav.de

Verband der kartographi-
schen Verlage und Institute
Zeppelinallee 33
60325 Frankfurt/M.

Verband der Schulbuch-
verlage e. V.
Zeppelinallee 33
60325 Frankfurt/M.

Verband Deutscher
Bühnenverleger e. V.
Uhlandstraße 90
10717 Berlin

Verband katholischer
Verleger und Buch-
händler e. V.
Adenauerallee 176
53113 Bonn

Vereinigung Evangelischer
Buchhändler und Verleger
e. V.
Furtbachstraße 12 A
70178 Stuttgart

Verlegervereinigung
Rechtsinformatik e. V.
c/o Carl Heymanns
Verlag KG
Luxemburger Straße 449
50939 Köln

2. Börsenverein und Arbeitsgemeinschaften im Börsenverein

Jugendbuchverlage
Publikumsverlage
Zeitschriftenverlage
(AGZV)

Börsenverein des
Deutschen Buchhandels
e. V.
Großer Hirschgraben 17-21
60311 Frankfurt/M:
www.boersenverein.de

AKEP Arbeitskreis
Elektronisches Publizieren
c/o Börsenverein des Deutschen Buchhandels e. V.
Großer Hirschgraben 17-21
60311 Frankfurt/M.
www.akep.de

3. Internationale Verlegerverbände

Europäischer Adreßbuch-
verleger-Verband
Avenue Louise, 363
(Boite 17)
B-1050 Bruxelles
www.eadp.be

Europäischer Verleger-
Verband
204, Avenue de Tervuren
B-1150 Brussels

Europäischer Zeitschriften-
verleger-Verband
142 – 144 Av. de Tervuren
B-1150 Brussels

International Board on
Books for Young People
(IBBY)
Nonnenweg 12
CH-4003 Basel
www.ibby.org

International Confedera-
tion of Musik Publishers
47, rue de Turbigo
F-75003 Paris

Internationale Vereinigung
Katholischer Verleger und
Buchhändler in Europa
c/o Paulusverlag
Pérolles 42
CH-1705 Fribourg

Internationale Verleger
Union (IVU)
3, Avenue de Miremont
CH-1206 Genève

Internationaler Verband
der Zeitschriftenpresse
Queens House, 55/56 Lin-
coln's Inn Fields
GB-London WC2A 3IJ

World Association of
Newspapers
25, rue d'Astorg
F-75008 Paris
www.fiej.org

Worlddidac-Weltverband
der Lehrmittelfirmen
Bollwerk 21
CH-3001 Bern

4. Landesverbände der Verleger und Buchhändler

Hessischer Verleger- und
Buchhändler-Verband e. V.
Frankfurter Straße 1
65189 Wiesbaden

Landesverband der Buch-
händler und Verleger in
Niedersachsen e. V.
Hamburger Allee 55
30161 Hannover

Landesverband der
Verleger und Buchhändler
Bremen-Unterweser e. V.
Hinter dem Schütting 8
28195 Bremen

Landesverband der
Verleger und Buchhändler
Rheinland-Pfalz e. V.
Kaiserstraße 88
55116 Mainz

Landesverband der
Verleger und Buchhändler
Saar (LVBS) e. V.
Feldmannstraße 26
66119 Saarbrücken

Norddeutscher Verleger-
und Buchhändler-Verband
e. V.
Schwanenwik 38
22087 Hamburg

Verband Bayerischer
Verlage und Buchhand-
lungen e. V.
Literaturhaus
Salvatorplatz 1
80333 München
www.buchhandel-bayern.de

Verband der Verlage
und Buchhandlungen in
Baden-Württemberg e. V.
Paulinenstraße 53
70178 Stuttgart
www.vvb-bw.de

Verband der Verlage
und Buchhandlungen
Berlin-Brandenburg e. V.
Lützowstraße 33
10785 Berlin

Verband der Verlage
und Buchhandlungen in
Nordrhein-Westfalen e. V.
Marienstraße 41
40210 Düsseldorf
www.buchhandel.de/nrw

Verband der Verlage
und Buchhandlungen in
Sachsen, Sachsen-Anhalt
und Thüringen e. V.
Gerichtsweg 28
04103 Leipzig

5. Verbände im Zeitungs- und Zeitschriftenbereich

Bundesverband Deutscher
Anzeigenblätter e. V.
(BVDA)
Dreizehnmorgenweg 36
53175 Bonn
www.bvda.de

Bundesverband Deutscher
Zeitungsverleger e. V.
Markgrafenstraße 15
10969 Berlin
www.bdzv.de

Bundesverband Jugend-
presse (BJV) e. V.
Lessingstraße 7
04109 Leipzig
www.jugendpresse.de

Deutsche Fachpresse
Markgrafenstraße 15
10969 Berlin
www.fachpresse.de

Deutsche Jugendpresse –
Bundesarbeitsgemein-
schaft jugendeigener
Medien e. V.
Perleberger Straße 31
10559 Berlin

Deutsche Studiengesell-
schaft für Publizistik
Königstraße 1 A
70173 Stuttgart

Deutscher Presserat
Gerhard-von-Are-Straße 8
53111 Bonn
www.presserat.de

Informationsgemeinschaft
zur Feststellung der
Verbreitung von Werbe-
trägern e. V. (IVW)
Villichgasse 17
53177 Bonn
www.ivw.de

Mikrofilmarchiv
der deutschsprachigen
Presse e. V.
Münsterstraße 9 – 11
44122 Dortmund

Verband Deutscher
Zeitschriftenverleger e. V.
Markgrafenstraße 15
10969 Berlin
www.vdz.de
mit den Fachverbänden
Fachpresse, konfessionelle
Presse und Publikumszeit-
schriften

Zentralverband der
deutschen Werbewirtschaft
ZAW e. V.
Villichgasse 17
53177 Bonn
www.interverband.com/zaw

Verband der Zeitschriftenverleger Berlin – Branden-
burg e. V.
Burggrafenstraße 6
10787 Berlin

Verband der Zeitschriftenverlage Nord e. V.
Bei dem Neuen Krahn 2,
Cremon
20457 Hamburg

Verein der Zeitschriften-
verlage in Nordrhein-Westfalen e. V.
Paul-Schallück-Straße 6
50939 Köln

Verband der Zeitschriftenverlage in Sachsen, Sach-
sen-Anhalt und Thüringen
e. V., Sitz Leipzig
Geschäftsstelle:
Markgrafenstraße 15
10969 Berlin

6. Landesverbände der Zeitschriftenverleger

Südwestdeutscher
Zeitschriftenverleger-
Verband e. V.
Leuschnerstraße 3
70174 Stuttgart

Verband der Zeitschriftenverlage in Bayern e. V.
Amalienstraße 67 / II
80799 München

7. Verlegerverbände in Österreich

Arbeitskreis Wissenschafts-
und Fachverlage im
Hauptverband des Öster-
reichischen Buchhandels
Grünangergasse 4
A-1010 Wien

438

ARGE österreichischer
Kinder- und Jugendbuch-
verlage im Hauptverband
des Österreichischen
Buchhandels
Grünangergasse 4
A-1010 Wien

Hauptverband des öster-
reichischen Buchhandels
Grünangergasse 4
A-1010 Wien 1
www.buecher.at

Musikverleger
Union-Österreich
Baumannstraße 8 – 10
A-1030 Wien

Österreichischer
Zeitschriften-Verband
Hörlgasse 18/5
A-1090 Wien

Verband der Bühnen-
verleger Österreichs
Bösendorferstraße 12
A-1010 Wien

Verband Österreichischer
Zeitungen (VÖZ)
Schreyvogelgasse 3
A-1010 Wien

Verlage des Arbeitskreises
österreichischer Schulbuch-
verleger
Frankgasse 4
A-1090 Wien
www.schulbuch.co.at

8. Verlegerverbände in der Schweiz

Association Suisse des
Editeurs de Langue
Francaise ASELF
2, avenue Agassiz
CH-1001 Lausanne

Associazione dei Librai
della Svizzera Italiana
ALSI
Via Pontico Cirunio 7,
c. p. 80
CH-6850 Mendrisio

Buchverleger-Verband
der deutschsprachigen
Schweiz VVDS
Postfach
CH-8034 Zürich
www.swissbooks.ch

Schweizerische
Vereinigung der Musik-
verleger und Musik-
produzenten SVMM
Sonnhalde 5
CH-8602 Wangen

Schweizerischer Adress-
buchverleger-Verband, SAV
Postfach
CH-8034 Zürich
www.swissbooks.ch

Schweizerischer
Buchhändler- und
Verleger-Verband SBVV
Postfach
CH-8034 Zürich
www.swissbooks.ch

Schweizer Verband der
Musikalien-Händler und
Verleger SVMHV
Zeughausgasse 9
CH-6301 Zug

Società Editori della
Svizzera Italiana SESI
Via San Gottardo 50
CH-6900 Lugano

Société des Libraires et
des Editeurs de la Suisse
romande SLESR
2, avenue Agassiz
CH-1001 Lausanne

Verband Evangelischer
Buchhändler und Verleger
in der Schweiz VEBV
c/o Brunnen Verlag
Wallstraße 6
CH-4002 Basel

Verband der Schweizeri-
schen Musikverleger und
Grossisten VSVG
Backsteinstraße 50
CH-4583 Mühledorf

Verband Schweizer Presse
/ Swiss Press
Postfach
CH-8034 Zürich

Vereinigung des Katholi-
schen Buchhandels der
Schweiz VKB
c/o Herder Verlag
Muttenzerstraße 109
CH-4133 Pratteln 1

7. Danksagung

An der Grundkonzeption des Buches und der Erarbeitung der ersten vier Auflagen waren zahlreiche Verlagskollegen beteiligt, die mich mit Vorschlägen, Unterlagen und Beiträgen unterstützten. Ich habe einige von ihnen in der Danksagung zu den vorigen Auflagen genannt und wiederhole meinen Dank an dieser Stelle.

Die Recherchearbeiten für die fünfte Auflage lagen bei Ulrike Schimming, der ich ebenfalls herzlich danke. Zum ersten Mal wurde dabei das *Internet* als Informationsquelle herangezogen – bei der Erarbeitung der vorigen Auflagen existierte es noch nicht. Wiederum habe ich zahlreichen Kollegen und Institutionen zu danken, die mir für die Aktualisierung zum Teil umfangreiches Material zur Verfügung gestellt haben. Hervorheben möchte ich die Unterstützung durch *Jürgen Röhling* von der Firma *Clausen und Bosse*, der mir für die Übersicht über die stürmischen Veränderungen im Bereich der Druckindustrie ausführliche Unterlagen zur Verfügung stellte. Der Firma WB-Druck, Rieden am Forggensee, danke ich für die Erlaubnis, die Darstellung der Druckverfahren nach dem neuesten Stand aus ihrem Prospekt zu übernehmen (S. 319 ff.). *Thomas Bez* von der Firma *G. Umbreit GmbH & Co.* ist Autor eines vom *Börsenverein* in 3. veränderter und ergänzter Auflage veröffentlichten *ABC des Zwischenbuchhandels*. Er hat mir gestattet, eine Reihe von Begriffen und die schematische Darstellung auf Seite 394 in mein Buch zu übernehmen. Mit Genehmigung des *Bundesverbandes Druck e. V.* habe ich für mein Glossar eine größere Anzahl von Begriffen aus dessen *Kurz-ABC der Druckindustrie* aus *xmedial* 1999 entnommen. Herzlichen Dank! Nicht zuletzt danke ich meiner Mitarbeiterin Gila von Mallinckrodt für ihre Mitarbeit bei der Erarbeitung und Erfassung des Textes dieser aktuellen Auflage.

8. Abbildungs- und Quellennachweis

Autor und Verlag danken allen Rechteinhabern für die erteilten Abdruckgenehmigungen. Nicht aufgeführte Darstellungen sind vom Autor entworfen.

1 Abbildungsnachweis

Kapitel 1

S. 19	Keuchen, Gernot. Entwurf für dieses Buch.
S. 25	500 Jahre Buchstadt Leipzig. VEB Fachbuchverlag Leipzig 1981.
S. 43	Informations-Service der Deutschen Fachpresse 7/99.
S. 67	VDZ Berlin.
S. 69	Informations-Service der Deutschen Fachpresse 6/00.

Kapitel 2

S. 100	Keuchen, Gernot. Entwurf für dieses Buch.
S. 102	dto.
S. 103	Brönner/Umschau, Frankfurt/M.: Brönners In-Sites. Frühjahr 2000.
S. 105	Cartoon von Wolfgang Willnat. Börsenblatt 23/2000.
S. 108	In Anlehnung an Bailey, Herbert S.: The Art and Science of Book Publishing. University of Texas. New York: Harper & Row 1970. Überarbeitet von Gernot Keuchen für dieses Buch.
S. 113	Nach einer Idee von Micha Ramm. Überarbeitet von Gernot Keuchen und Richard Mader für dieses Buch.
S. 115	Hafkemeyer, Christof: Das Internet. Surfen im Computernetz. Nürnberg: Tessloff 1997. = Was ist was.
S. 121	Nach: Weis, Hans Christian: Marketing. Ludwigshafen: Kiehl 1992.
S. 125	ACNielsen Marketing Research, Hamburg.
S. 129	Piper-Vorschau Frühjahr 2000.

S. 136   Hoffmann und Campe Verlag, Hamburg.

S. 139   Deutsche Fachpresse (Hrsg.): Schritte zum Controlling im Fachzeitschriftenverlag. Frankfurt: Buchhändler-Vereinigung 2000.

S. 141   Beune, Carl-Heinz. Entwurf für dieses Buch.

S. 150   dto.

S. 152   s. Seite 139.

S. 153   Stock, Wolfgang. Entwurf für dieses Buch.

Kapitel 3

S. 182   VVA/Bertelsmann Service Group, Gütersloh.

S. 186/187 EDI Clearing Center – ein neuer Dienst von KNO•K&V und eine Information von KNO GmbH, Stuttgart. © Uwe Janssen 1998.

S. 196   Nach einer Idee von Kurt Lingenbrink (+). In: Hiller, Helmut/Strauß, Wolfgang (Hrsg.): Der Deutsche Buchhandel. Hamburg: Verlag für Buchmarktforschung 1975. Überarbeitet und aktualisiert von Wolfgang Ehrhardt Heinold.

S. 206/207 Ausstellungs- und Messe GmbH.

S. 208   Schmid, Markus/Feldhaus, Hans-Jürgen: Das Medienbuch. 3. Aufl. Ravensburg: Ravensburger 1998.

S. 213   Börsenblatt Jubiläumsausgabe 2000. Grafik: Ulrich Schmidt-Bensheim.

Kapitel 4

S. 243   Baeseler, Frank/Heck, Bärbel: Desktop Publishing. Hamburg: MC Graw-Hill 1987.

S. 248/249 Die Fotos wurden von den abgebildeten Agenten zur Verfügung gestellt.

S. 250   Bertelsmann AG, Gütersloh.

S. 271-275 Bundesinstitut für Berufsbildung (Hrsg.): Buchhändler/Buchhändlerin. Nürnberg: BW Bildung und Wissen 1998. www.bwverlag.de.

S. 280   Aktuell überarbeitet in Anlehnung an: Hiller, Helmut: Wörterbuch des Buches. 4. vollst. neu bearb. Aufl. Frankfurt: Klostermann 1980.

Kapitel 5

S. 297	Doczi, Gyorgy: Die Kraft der Grenzen. München: Dianus-Trikont 1984.
S. 299	Laufer, Bernhard: Basiswissen Satz Druck Papier. Düsseldorf: Verlag „Buchhändler heute" 1984.
S. 301	Bundesverband Druck, Wiesbaden.
S. 302	Deutscher Drucker 6/2000.
S. 310	
S. 312	Mader, Richard: Schöne alte Städte in Hessen. Heidelberg: R. v. Decker + C. F. Müller Verlag o. J.
S. 314	Blana, Hubert: Die Herstellung. 4. überarb. Aufl. München: Saur 1998.
S. 316/317	Nach einer Idee von: Stöckle, Wilhelm: ABC des Buchhandels. 6. Aufl. München: Lexika 1985.
S. 319-323	Die Büchermacher. WB-Druck GmbH & Co. Buchproduktions KG, Aggensteinstr. 6 – 8, 87669 Rieden am Forggensee. www.wb-druck.de.
S. 325/326	Kirchner, Kurt: Satz Druck Einband und verwandte Dinge. 9. Aufl. Wiesbaden: F. A. Brockhaus 1970.
S. 329	In Anlehnung an: Greenfeld, Howard/Spangenberg, Berthold: Bücher wachsen nicht auf Bäumen. München: Ellermann Verlag 1979. Ergänzt von Wolfgang Ehrhardt Heinold.
S. 333	Verlag Claus Wittal, Wiesbaden.
S. 336/337	Kleukens, Christian Heinrich: Die Kunst der Letter. Leipzig: Insel-Verlag 1942.
S. 350	Der Weg der Information. BertelsmannSpringer Verlag, Berlin/Heidelberg.

Anhang

S. 379/380	Nach: Hiller, Helmut: Wörterbuch des Buches. 4. vollst. neu bearb. Aufl. Frankfurt: Klostermann 1980. Vom Verlag aktualisiert.

S. 386   Laufer, Bernhard: Basiswissen Satz Druck Papier. Düsseldorf: Verlag „Buchhändler heute" 1984.

S. 394   Bez, Thomas: ABC des Zwischenbuchhandels. Frankfurt: Buchhändler-Vereinigung 1997.

S. 404   Schulz, Gerd: Buchhandels-Ploetz. Freiburg: Herder 1973. Stöckle, W.: ABC des Buchhandels. 6. Aufl. München: Lexika 1985. Ergänzt mit freundlicher Hilfe des Gutenberg-Museums Mainz.

S. 411   Basler Papiermühle.

2 Quellennachweis – Zitate

S. 5-7   Börsenblatt 16/1995. Die Übersetzung ins Deutsche besorgte Marlis Gosch.

S. 29   Verlage der früheren DDR im Überblick. Übernahmen, Beteiligungen, Liquidationen. In: Börsenblatt für den Deutschen Buchhandel 1/1993.

S. 33/34   Münkler, Herfried: Das Buch hat die Welt verändert – Vermag es sie heute nur noch zu interpretieren? In: Bertelsmann Briefe 139/Juni 2000.

S. 183   Börsenblatt 38/99.

S. 245/246   Kleines Berufsbild des Verbandes deutschsprachiger Übersetzer e. V. (VdÜ), Bundessparte Übersetzer des Verbandes deutscher Schriftsteller (VS) in der IG Medien.

S. 247   Graf, Andreas: Literaturagenten in Deutschland. Börsenblatt 4/1989.

S. 258   medienforum NRW 4/7.7.2000.

S. 264   Die deutsche Druckindustrie in Zahlen. Ausgabe 2000. Wiesbaden: Bundesverband Druck und Medien e. V.

S. 277   Buch und Buchhandel in Zahlen 2000.

S. 335   Enzensberger, Hans Magnus: Das Brot und die Schrift. In: DIE ZEIT 22/1981.

S. 341   Willberg, Hans Peter/Forssman, Friedrich: Erste Hilfe in Typografie. Mainz: Schmidt 1999.

S. 342/343	Bild der Wissenschaft 3/99. Stuttgart: Deutsche Verlagsanstalt.
S. 343	Nauer, Marcel: Mit Bildern verführen. Börsenblatt 5/2000.
S. 345	Richle, Urs: Zwischen Maus und Buch. Börsenblatt 88/1999.
S. 347	Friedrich, Heinz, zitiert von Ulrich Wechsler in Bertelsmann Briefe 114.
S. 347	Jung, Alexander: Rilke, elektronisch. SPIEGEL spezial 10/1999.

Register

A

Abonnentenbetreuung 181
Abstracting-Dienste 359
ACNielsen-Gebiete 125
Adreßbuchverlage 46
Akademie des Deutschen
   Buchhandels 283
Akademie des österreichischen
   Buchhandels 285
Akademie Klausenhof 286
Alfred-Kerr-Preis 397
Analoge Verarbeitung 359
Anzeige 359
Anzeigenblätter 69
Anzeigenmarkt 45
Anzeigenverkauf, Berufe 255
Apparat 332
Arbeitsgemeinschaft Jugend-
   buchverlage 52
Arbeitsgemeinschaft Publikums-
   verlage 58
Arbeitsgemeinschaft rechts- und
   staatswissenschaftlicher Verlage
   e. V. 60
Arbeitsgemeinschaften 216
Arbeitskreis elektronisches
   Publizieren 48
Arbeitskreis kleinerer Verlage
   53
Arbeitsstelle für Leseforschung
   und Kinder- und Jugend-
   medien 406
Arbeitsteilung 30
Archiv des evangelischen
   Buchhandels 410
Archiv für das katholische
   Buchwesen 410
ASCII 359
Auflage 359
Auflage-Preis-Prinzip 153
Ausbildereignung 280
Ausbildung 270
– Österreich 281
– Schweiz 282
Ausbildungsprofil 271, 274

Ausbildungswege 280
Ausgabe 359
Ausgabenneutrales
   Datenhandling 359
Ausgabetechnik 360
Auskunftsbüros 261
Auslieferungsorganisation 180
Ausstellungs- und Messe-GmbH
   (AuM) 211
Autor, soziale Sicherung 244
Autoren 241
Autoren-Knowhow 242
Autorenfragebogen 360
Autorenhonorar 100
Autorenschulung 242
Axel Springer Buchverlage 177

B

Backlist 360
BAG Buchhändler-Abrechnungs-
   Gesellschaft 190
Barsortiment 181, 183, 360
–kataloge 184
– Internet-Datenbanken 188
Basler Papiermühle 411
Baufachverlage 47
Beck, C.H. 176
Bedingtbezug 360
Belegexemplar 360
Bertelsmann AG 172
Bertelsmann Stiftung 224
Berufe im verbreitenden
   Buchhandel 267 ff.
Berufliche Voraussetzungen 256
Berufsakademien 288
Berufsbild
– Buchhändler/Buchhändlerin
   270
– Verlagskaufmann/Verlags-
   kauffrau 274
Berufseinsteiger-Lehrgänge 286
Berufsfelder
–, bisherige 250 ff.
–, neue 257 f.
Bestellanstalten 187

Bestellsysteme 185
Bestseller 361
–, Listen 35, 131
Betriebsabrechnung 140
Betriebsvergleich 142
BI/Brockhaus 178
bibliographische Erfassung 27
Bibliothekare 269
Bibliotherapie 342
Bild- und Kunstbuchverlage 47
Bildagenturen 261
Bilddatenbank 361
Bildplatte 361
Bildreproduktion
–, Vorlagenbeschaffung 309
–, Geschichte 308 ff.
Bildungsmesse 56
Bindeverfahren 326 ff.
Blocksatz 361
Books on Demand 128,
  313 ff., 319, 384
Börsenblatt für den Deutschen
  Buchhandel 215, 226
Börsenverein 212 ff., 216
–, Archiv 406
–, Bibliothek 406
–, Frauen 259
Branchenpresse 226
Branchenstruktur 196, 197
Branding 361
Browser 361
Buch 361
Buchausstellungen 212
Buchbinderbogen 314
Buchclubs 193 ff.
Buchdruck 316, 413
Bücher- und Medienberufe
  240 ff.
BücherFrauen 260
Büchersammelverkehr 189
Büchersendungen 81
Buchgestaltung 334
Buchgroßhandel 183
Buchhandel 118 ff., 180 ff.,
  267
Buchhandels-Zeitschriften
–, Ausland 228 ff.
–, Inland 226 ff.
Buchhändler-Vereinigung 192,
  215 ff.

Buchhändlerhaus 412
Buchhändlerische Landes-
  verbände, – Fortbildung 283
Buchillustration 308, 335
Buchkategorien, Umsatzanteile
  164
Buchkunst 334
Buchmarketing 38 ff., 130 ff.,
  361
Buchmarkt 168 ff., 228
Buchmarkt-Forschung 217, 406
Buchmessen 204 ff.
Buchmuseum der Sächsischen
  Landesbibliothek 411
Buchpreis zur Europäischen
  Verständigung 217
Buchreihe 361
Buchreport 168 ff., 227
Buchseite 243, 306
Bundesprüfstelle für jugend-
  gefährdende Schriften 76
Bundesverband Deutscher
  Anzeigenblätter 69
Bundesverband Deutscher
  Zeitungsverleger e.V. 68
Bundesverband Video 65

C
CD-ROM 362
Cicero 362
CIP 362
Club-Center 198
Co-Publishing 364
computer-to-Techniken 364
Content Management 364
Content Provider 364
Controlling 140
Copy-Preis 364
Copyright 364
Copyright-Office 365
Copyright-Vermerk 365
Copytest 365
Cornelsen Gruppe 175
Crossmedia 302, 365
Crossmedia Branding 346, 365
Cyber Space 366

D
Database Printing 366
Database Publishing 366

Datenerfassung, medienneutral
103 ff., 303 ff.
Datenfernübertragung im
Buchhandel 366
Datenspeicherung 103
DDR 29
Deckungsbeitrag 366
Deckungsbeitragsrechnung
141, 144 ff.
Delp-Stiftung 224
Desktop-Publishing (DTP)
242, 303 ff., 366
Deutsche Buchhändlerbörse 25
Deutsche Buchwissenschaftliche
Gesellschaft 408
Deutsche Forschungs-
gemeinschaft 224
Deutscher Hochschul-Verband
98
Deutscher Jugendliteraturpreis
221, 398
Deutsches Buch- und Schrift-
museum 412
Deutsches Bucharchiv München
408
Dezimalklassifikation 367
DIDACT 286
Dienstleister 260 ff.
Digital Object Identifier (DOI)
367
Digitaldruck 315, 367
Digitale Verarbeitung 367
Digitales Archiv 367
DIN-Normen 305, 367
Direct-to-plate-Verfahren 313
Direktmarketing 130 ff.
Direktvertrieb 118
Document delivery services
368
Dokumentation, Berufe 254
Dokumentationsdienste 261
Domain 368
Drittes Reich 27
Droemer Weltbild 177
Drucken 116, 368
Druckerverleger 23
Druckindustrie 300
–, Berufe 264
–, Druckleistungen 302
–, Entwicklung 404

–, Marketing 302
–, Strukturwandel 301 ff.
Druckproduktion, Struktur 301
Druckseite 243, 306
Druckverfahren 314 ff.
Druckvorstufe 368
DRUPA 212
DTP 307 ff.
Dummy 368

E
E-Books 347, 348, 369
E-Commerce 131 ff., 369
EAN 368
EAN-Strichcodes 189, 387
EANCOM 368
eBook Award 398
EDI 369
EDIFACT 369
Editor 109, 369
EDV 143
EDV- und Organisations-
abteilungen 142
Egmont 178
Ehrungen 399
Einbandarten laut Abkürzungs-
verzeichnis im VLB 369
Einkauf 116
Einzelhandel 119
Einzelkosten 149
Einzug 370
Elektronisches Marketing 131
Elektronisches Publizieren
(Electronic Publishing) 48,
103, 370 ff.
Entscheidungsverlauf 100
Eulenhof-Seminare 284
Euro 154
Europa 32
Exlibris 333 ff.
Export 203 ff.
–, Berufe 254
Extranet 371

F
Fach- und wissenschaftliche
Verlage 48
Fach- und Wissenschaftsverlag,
Werbung 130
Factoring 371

Faksimile 371
Falzbogen 314
Farbdruck 317
Feindaten 371
Fernunterricht 278
FILU Archiv der Zeichner 310
Finanzierung 141
Flachdruck 317
Flattersatz 371
Flexo- und Tampondruck 315
Fließsatz 372
Förderungsfonds Wissenschaft
    der VG Wort 225
Fort- und Weiterbildung 283 ff.
Fotografen 261
Fotokopieren 36
Fotosatz 305
Frauen im Verlagswesen 259
Friedenspreis des Deutschen
    Buchhandels 217, 395
Führungsmethoden 37
Funktionsrabatt 372

G

Gemeinfreiheit 90
Gemeinkosten 149
Geviert 372
Gewerblicher Rechtsschutz 93
Gewinn 150
Gorbach 285
Grafik/Layout, Berufe 253
Grafiker 261
Grobdaten 372
Großantiquariat 138, 372
Großbuchhandlung 372
Großhandel 119
Grosso-Buchhandlung 373
Grossobuchhandel 119, 181,
    183, 373, 394
Grundrabatt 373
Gutenberg 23, 298, 334, 336
Gutenberg-Museum 414

H

Handelsvertrieb 119 ff.
Händlerwerbung 132
Handsatz 305
Hardcover 373
Haufe 176

Hauptverband des Öster-
    reichischen Buchhandels 200
Heftromanverlage 49
Herausgeber 241
Herausgebervertrag 99
Herstellung 116
–, Berufe 253
Herzog August Bibliothek 414
Hochdruck 315, 316
Holtzbrinck-Verlagsgruppe 178
Homepage 373
Hörbuch-Verlage 50
Horst-Kliemann-Stiftung 225
Hurenkind 373

I

IBU 373
Illustrationsvertrag 99
Illustratoren 261
ILN 374
Import 203 ff.
Impressum 374
Imprimatur 375
Indexing-Dienste 375
Inhaltsverzeichnis 332
Inkjetdrucker 374
Inkunabel 375
Institut für Bildungsmedien e. V.
    62
Internationale Jugendbibliothek
    408
Internationaler Austausch 285
Internet 114, 131 ff., 375
Intranet 375
ISBN – International Standard
    Book Number 376
ISMN – Internationale Standard-
    Musiknummern 377
ISSN – International Standard
    Serial Number 377
IVW 131

J

Job Definition Format (JDF)
    377

K

Kalenderverlage 51
Kalkulation 144

–, Medien 151
–, Zeitschriften 151
Kartographie 52
Katalog 377
Key-account-Manager 123, 254
Kinder- und Jugendmedien-
  verlage 52
Klappentext 330, 378
Kleinverlage 53
Klett-Gruppe 175
Klingspor-Museum 414
Koedition 378
Kommissionäre 378
Kommissionsverlag 378
Könemann 176
Konfessionelle Verlage 54
Konzentration 35, 165
Koproduktion 137
Korrektur 306
Korrekturzeichen 103, 378 ff.
Kreditliste 190
Kulturelle Aufgabe 32
Kundenbetreuer 256
Künstlersozialkasse 244
Kunsturhebergesetz 91

L
Ladenpreis, Durchschnitt 154
Landesverbände, buchhänd-
  lerische 216
Langenscheidt 178
Layout 380
Lehrmittelverlage 56
Leipziger Buchpreis zur Euro-
  päischen Verständigung 396
Lektorat 108 ff., 111, 113
Leseförderung 217 ff.
Leseforschung 217 ff., 406
Lesekultur 348
Lesen
–, identifikatorisches 341
–, informatorisches 341
Leserinteressen 40
Lesezeichen 330
Lexikonverlage 56
Link 380
Literaturagenten 247, 380
Literaturförderung 223
Literaturkritik 270
Literaturverbreitung 23 ff.

Lizenzexport 135
Lizenzimport 135
Lizenzmarkt 44, 45
Lizenznehmer, Inland 135
Lizenzvergabe, Inland 135
Lizenzverkauf und PR, Berufe
  255
Logistik 180 ff.
Lumbecken 380

M
Mainzer Minipressen-Archiv
  410
Mairs Geographischer Verlag
  176
Mängelexemplare 380
Manuskript 101
Markengesetz 94
Marketing 38 ff., 111, 130 ff.,
  361
Marketing und Vertrieb, Berufe
  254
Marketingleiter 254
Marketingstrategien 38
Marktmodell 161
Media-Datenbank 43
MEDIEN-AKADEMIE Berlin
  284
Medien-Dienstleistungs-GmbH
  (MDG) 55
Medienkonkurrenz 37, 344 ff.
Medienproduzent 245
Medienwirtschaft 167
Mehrwertsteuer 75, 150
Meldenummern 381
Merchandiser 123, 381
Merchandising 381
Minipressen-Messe 53
Mischkalkulation 144
Mitarbeitervertrag 99
Modernes Antiquariat 137, 381
Mohn, Reinhard 250
Multimedia-Akademie Köln
  284
Multimedia-Dienstleister 262
Multimedia-Programme 382
Museum für Papier- und
  Buchkunst 414
Musikverlag 57

N
Nachwuchskräfte 36
Nationalvertrieb 126, 181
Negative Option 382
Non-Books 382

O
Öffentlichkeitsarbeit 134
Offline 382
Offsetdruck 317
Online 382
Online-Proofing 382
Österreich 124
–, Akademie 285
–, Ausbildung 281
–, Buchmarkt 198
–, Buchproduktion 199
–, Ehrenpreis 399
Outsourcing 22

P
Packager 262, 382
Paketdienste 383
Paperback 383
Papier
–, Einkauf 326
–, Gewinnung 325
–, Herstellung 324 ff.
–, Preise 326
Papiermuseum Düren 416
Partie 383
Personalberater und -vermittler 262
Perthes, Friedrich Christoph 26, 70
Pflichtstück 80, 383
Phonoproduzenten 50
Plagiate 90
Portable Document Format (PDF) 383
Portal 384
Postzeitungsdienst 81
PR 134
PR-Büros 262
Preisbindung zweiter Hand 70 ff.
Preisgestaltung 144 ff.
Preispolitik 151
Preisschwellen 144
Presse-Einzelhandel 119

Presse-Großhandel 119, 183
Pressearbeit 134
Pressefreiheit 75 ff.
Printing-on-Demand 128, 313 ff., 319, 384
Producer 263
Produkthaftungsgesetz 80
Produktionsrhythmus 122
Produktmanagement 111
Produktmanager 109
Profitcenter 109, 140
Programm, Berufe 253
Programm-Abteilung 111
Projektentwicklung 112
Proof 384
Publikumsverlag, Werbung 130
Publikumsverlage 58
Publisher 384
Publishing-on-demand 128, 313 ff., 319, 384
Pull-Marketing 38
Push- and pull-Marketing 38
Push-Marketing 38

R
Rabatt 144
Rankings 168 ff.
Ratgeberverlage 59
Raubdruck 384
Re-Importe 71
Rechnungswesen
–, extern 138 ff.
–, intern 138 ff.
Rechts- und staatswissenschaftliche Verlage 60
Rechtsabteilung, Berufe 256
Redaktion 108 ff., 113
Regalgroßhandel (Rack-jobbing) 384
Register 332
Reiseführer- und Touristikverlage 61
Remission 385
Rentrop 176
Reprint 385
Reproduktion
–, Raster 311
–, Strich-, Halb- und Volltöne 310
Reproherstellung 385

Revolution des Buches 300
Rezensenten 269
Rezensionswesen 134

S
Satzerfassung 101, 306, 385
Satzspiegel 385
Satzverfahren 305 ff.
Scanner 308 ff., 385
Schaufensterwettbewerb 126
Schiller-Nationalmuseum/
Deutsches Literaturarchiv 416
Schön- und Widerdruck 317
Schönste Bücher
–, Bundesrepublik Deutschland
338
–, DDR 339
–, iba Leipzig 339
–, Österreich 339
–, Schweiz 340
Schrift 305
–, Entwicklung 297 ff.
Schriftklassifikation 305, 385,
386
Schulbuchverlage 61
Schulen des Deutschen Buch-
handels 279
Schusterjunge 385
Schutzumschlag (Cover)
328 ff., 331
Schweiz 124
–, Ausbildung 282
–, Buchmarkt 200
–, Buchproduktion 200
–, Fortbildung 285
Schweizerischer Buchhändler-
und Verlegerverband SBVV
202
Scouts 263
Screendesign 386
Scribble 386
Selbstverlag 386
Setzmaschinen 305
SGML 104, 107
Siebdruck 315
Signet 386
Softcover 387
Sonderauflage 387
Sonderausgaben 137
Sortiment 387

Sortimenter-Verlag 24
Sponsorbuch 387
Stiftung Lesen 220 ff.
Stiftung Presse-Grosso 225
Stiftungen 223
Strichcode 189, 387
Strukturwandel 30
Studiengänge 287
Studienorte
–, Deutschland 288 ff.
–, Österreich 291 ff.
–, Schweiz 290

T
Taschenbuchverlage 62
Tauschhandel 24
Telefonverkauf, Berufe 255
Tendenzschutz 387
Texter 263
Theaterverlage 64
Thieme 177
Tiefdruck 315, 316
Titel 330
Titelproduktion 162, 199, 200
–, fremdsprachig 204
–, international 203
Titelschutz 94
Ton-/Filmstudio, Berufe 254
Typografie 285, 306 ff., 336

U
Überproduktion 34
Übersetzer 245
Übersetzervertrag 99
Umbruch 306
Umsatzanteile
–, Buchkategorien 164
–, Größenklassen 166
UNESCO Welttag des Buches
223
Unified Messaging 388
Unternehmensberatungen 264
Urheberrechtsgesetz 89
Urheberrechtsschutz
–, international 91
–, national 89

V
V. O. Stomps-Preis 399
VdS Bildungsmedien e. V. 62

Verband Deutscher Bühnen-
verleger e. V.   64
Verband Deutscher Zeitschriften-
verleger e. V.   67
Verband deutschsprachiger
Übersetzer   246
Verkaufs-Abteilung   111
Verkaufsleiter   254
Verkehrsnummern   388
Verlag
–, Arbeitsweise   20
–, Autor   34
–, Betriebswirtschaft   138
–, Definition   20
–, Entwicklung   400
–, Grundfunktionen   22
–, Image   134
–, Informationssystem   141
–, Innen- und Außenwelt   19
–, Kostentheorie   150
–, operative Zentren   108
– Organisationsstruktur   21
Verlagsauslieferung   181
Verlagsfachwirt   284
Verlagsgesetz   92
Verlagsgruppe Süddeutscher
Verlag Hüthig   175
Verlagsleitung   253
Verlagsorte   162
Verlagssignets   405
Verlagstypen   45 ff.
Verlagsvertrag   97
Verlagsvertreter   122, 265
Verlagsvorschau   126 ff., 389
Verleger   250
Verleger-Inkasso-Stelle   190
Verlegerinnen   259
Verpackungsverordnung   80
Versand, Berufe   256
Vertreterbörsen   124
Vertrieb   111, 118, 180
–, Zeitschriften   126 ff.
Vertriebskennzeichen   388
Vertriebsleiter   254
Vertriebsmarkt   45
Vertriebswege   180 ff.
–, Umsatzanteile   121
Verwaltung, Berufe   256
Verwertungsgesellschaften
95 ff.

Verwertungsrechte   90
Verzeichnis lieferbarer Bücher
190, 389
Video-Produzenten   65
VKB-VEB-Seminare   284
Volltextdatenbanken   389
Vorlesewettbewerb   220
Vorschau   126 ff., 389
VVA Vereinigte Verlagsaus-
lieferung   182

W
Waldemar-Bonsels-Stiftung   226
Warengruppen-Systematik
390 ff.
Warenhäuser   122
Waschzettel   390
WBS-Training   286
Web, Website   114 ff., 390 f.
Weiterverarbeitung   326 ff., 393
Weka Firmengruppe   175
Weltbild   176
Werbe- und Anzeigenmarkt   42
Werbe-Anschriften-Service   193
Werbeagenturen   264
Werbeträger   44
Werbung   130 ff.
–, Berufe   254
werkstätten und museum für
druckkunst leipzig GmbH
417
Wertewandel   37
Westermann   177
Wettbewerbsregeln   74, 126
Workflow   393

Z
Zeitgeist   405
Zeitschrift   393
Zeitschriften, Planungsrechnung
152
Zeitschriften-Informations-
Service   193
Zeitschriftenauslieferung   181
Zeitschriftenverlage   66
Zeitung   393
Zeitungsverlage   68
Zensur   77
Zuschlagskalkulation   147
Zwischenbuchhandel   393

im **Banger** suchen
im **Banger**
finden...

Zeitschriften Deutschland Österreich Schweiz 2001 · Banger

Verlage Deutschland Österreich Schweiz 01/02 · Banger

Zeitschriften 2001

Deutschland – Österreich – Schweiz und ausgewählte internationale Zeitschriften

○ Inhalt: ca. 18.000 Titel in einem Alphabet:
  - ca. 4.600 wissenschaftliche Zeitschriften
  - ca. 9.500 Fachzeitschriften
  - ca. 3.900 Publikums-, konfessionelle und politische Zeitschriften
  - 2.320 Loseblattwerke
  - 2.007 Jahrbücher
  - 935 CD-ROM-Ausgaben.
  - 4.115 Online-Ausgaben.
  Die Einträge sind nach Titeln geordnet und enthalten die Verlagsanschrift, Abonnementpreis, Einzelpreis, Auslandspreis und Erscheinungsweise.

○ Im Anhang: ISSN-Register und Titelverzeichnis nach Sachgruppen. CD-ROM- und Online-Ausgaben mit ISBN-Register sind noch einmal separat aufgeführt.

○ Format 17 x 24 cm, kartoniert · 1470 Seiten
  Erscheinungstermin: März 2001
  45. Jg. · Ausgabe 2001
  ISBN 3-87856-088-5, ISSN 1439-0728

Preis: 126,– DM; 919,80 öS; 117,76 sFr

Der Banger auf CD-ROM

Der Banger Zeitschriften Loseblattwerke Jahrbücher

Der Banger Verlage Vertretungen Auslieferungen Deutschland Österreich Schweiz

Ausgabe 2001/2002

○ Einfacher und schneller geht das Bibliographieren, Exportieren und Bestellen nicht mehr.

○ Systemvoraussetzungen für Ihren PC:
  386/486 oder Pentium (35 MHz),
  4 MB Arbeitsspeicher – 8 MB empfohlen,
  5 MB freier Speicherplatz auf der Festplatte, CD-ROM-Laufwerk.

  Die **Banger**-CD-ROM läuft unter dem Betriebssystem Windows.

○ **Preise:**

Verlage · Vertretungen · Auslieferungen 2001/2002
Preis pro Jahr
  319,– DM / 2328,70 öS / 275,– sFr
für den Einzelplatz · Mehrplatznutzung auf Anfrage
Erscheint 1mal jährlich Anfang Juli.
ISBN 3-87856-091-5, ISSN 0948-7697

Zeitschriften · Loseblattwerke · Jahrbücher 2001
Preis pro Jahr
  319,– DM / 2328,70 öS / 275,– sFr
für den Einzelplatz · Mehrplatznutzung auf Anfrage
Erscheint 1mal jährlich im März.
ISBN 3-87856-089-3, ISSN 0949-863X

www.banger.de
banger@banger.de

Die Preise gelten nur für den Buchhandel.

Verlage 01/02

Deutschland – Österreich – Schweiz und internationale Verlage mit deutschen Auslieferungen

○ Ca. 20.000 Anschriften des Buchhandels in einem Alphabet:
  - Buch- / Zeitschriften- / Zeitungsverlage
  - Musikverlage, Kunstverlage, Medienverlage
  - Verlagsauslieferungen
  - Museen, Galerien, Editionen
  - Institute, Akademien, Universitäten, Hochschulen
  - Internat. Verlage mit deutschen Auslieferungen
  - Verbände und Organisationen des Buchhandels

○ Im Anhang: Literarische Agenturen, Bildagenturen, ISBN-Register, ISMN-Register, Fachbereiche der Verlage und deutsche Auslieferungsfirmen, die Ihnen Bücher aus dem Ausland liefern können.

○ Auf der dritten und vierten Umschlagseite finden Sie Barsortimente und Grossisten alphabetisch geordnet.

○ Format 17 x 24 cm, kartoniert · ca. 1250 Seiten
  Erscheinungstermin: Anfang Juli 2001
  51. Jg. · Ausgabe 2001
  ISBN 3-87856-090-7, ISSN 1439-0736

Preis: 124,50 DM; 908,85 öS; 116,36 sFr

Verlags-vertretungen Deutschland Österreich Schweiz 01/02 · Banger

Verlags-auslieferungen Deutschland Österreich Schweiz 01/02 · Banger

Verlagsvertretungen 01/02

Deutschland – Österreich – Schweiz

○ Der Inhalt besteht aus drei Teilen:
  Ca. 1.500 Verlagsvertretungen mit Angabe des Hauptpreisgebietes und der vertretenen Verlage.
  Verlage mit Angabe ihrer Verlagsvertretungen und der Reisegebiete.
  Im Anhang sind die Hauptpreiszonen mit den entsprechenden Vertretungen aufgeführt.

○ Format 17 x 24 cm, kartoniert.
  Erscheinungstermin: Anfang Juli 2001
  9. Jg. · Ausgabe 2001/2002
  ISBN 3-87856-092-3, ISSN 0944-3754
  ca. 430 Seiten

Preis: 64,50 DM; 470,85 öS; 60,28 sFr

Verlagsauslieferungen 01/02

Deutschland – Österreich – Schweiz

○ Inhalt: ca. 1.200 Verlagsauslieferungen mit Angabe der ausgelieferten Verlage in Deutschland, Österreich und der Schweiz.

○ Format 17 x 24 cm, kartoniert.
  Erscheinungstermin: Anfang Juli 2001
  8. Jg. · Ausgabe 2001/2002
  ISBN 3-87856-093-1, ISSN 0945-473X
  ca. 140 Seiten

Preis: 43,50 DM; 317,55 öS; 40,65 sFr

Banger

Verlag der Schillerbuchhandlung Hans Banger oHG
Guldenbachstraße 1 · 50935 Köln · Telefon (02 21) 460 14-11 · 460 14-12 · Fax (02 21) 460 14-25 · 460 14-26

Dieses Buch hilft (nicht nur) Verlagsprofis

PRÄZISE
PRÄGNANT
PRAXISNAH

Gerhard Schricker

Verlagsrecht

Kommentar

3. Auflage

ehemals »Bappert/Maunz/ Schricker«: Das Standardwerk jetzt in 3. Auflage von Prof. Dr. Gerhard Schricker

Verlag C.H.Beck

➥ DIESER GROSSE KOMMENTAR

zum Verlagsgesetz hat sich bereits mit seinen ersten beiden Auflagen als Standardwerk etabliert. Prägnanz und Praxisnähe verbinden sich hier mit wissenschaftlicher Tiefe.

➥ DIE NEUBEARBEITETE 3. AUFLAGE

- berücksichtigt alle Änderungen der Gesetzgebung (Verlagsgesetz, InsO, GWB, IPR), ferner neue Rechtsprechung und Literatur zum Medienrecht.
- trägt den Einflüssen europarechtlicher Vorgaben auf das Verlagsrecht Rechnung
- nimmt fundiert Stellung zu aktuellen Fragen, etwa zu den neuen Medien, zu Verträgen über unbekannte Nutzungsarten und zur Zweckübertragungslehre
- geht ausführlich auf die urheberrechtlichen Bezüge des Verlagsrechts ein und informiert auch über den vom Verfasser mitgestalteten Entwurf zur Reform des Urhebervertragsrechts
- **kurz:** bringt für jeden Fall die richtige Antwort.

➥ DER ANHANG

enthält wichtige Materialien, u.a.

- die aktuellen Vertragsnormen bei wissenschaftlichen Verlagswerken (Fassung 2000 - mit allen Musterverträgen)
- den Normvertrag für den Abschluss von Verlagsverträgen für belletristische und vergleichbare Werke im Sachbuchbereich
- den Normvertrag für den Abschluss von Übersetzungsverträgen
- Richtlinien für Abschluss und Auslegung von Verträgen zwischen bildenden Künstlern und Verlegern.

➥ NOTWENDIGE LEKTÜRE

für Rechtsanwälte, Richter, Verlage und andere Medienunternehmen, für Druckhäuser, Verwertungsgesellschaften, Interessenverbände und medienbezogene Gewerkschaften.

Schricker · Verlagsrecht

Kommentar zum Gesetz über das Verlagsrecht vom 19.6.1901
Begründet von Dr. Walter Bappert und Prof. Dr. Theodor Maunz. In 2. Auflage fortgeführt von Prof. Dr. Theodor Maunz und Prof. Dr. Gerhard Schricker. Bearbeitet von Dr. Dr. h.c. mult. Gerhard Schricker, em. o. Professor an der Universität München, Direktor des Max-Planck-Instituts für ausländisches und internationales Patent-, Urheber- und Wettbewerbsrecht
3., neu bearbeitete Auflage. 2001
Rund 880 Seiten. In Leinen DM 198,-
ISBN 3-406-47005-X

FAX-COUPON

Ja, ich bestelle

__ Expl. 3-406-47005-X
Schricker · Verlagsrecht
3. Auflage. 2001. In Leinen DM 198,- zzgl. Vertriebskosten

Name/Firma

Straße

PLZ/Ort

Datum/Unterschrift   B/116760

Sie haben das Recht, die Bestellung innerhalb von 14 Tagen nach Lieferung zu widerrufen. Der Widerruf bedarf keiner Begründung, hat jedoch schriftlich, auf Ihren Buchhändler oder an den Verlag C.H.Beck, c/o Nördlinger Verlagsauslieferung, Augsburger Straße 67a, 86720 Nördlingen, zu erfolgen. Zur Fristwahrung genügt die rechtzeitige Absendung des Widerrufs oder der Ware (Datum des Poststempels). Bei einem Warenwert unter DM 80,- liegen die Kosten der Rücksendung beim Rücksender.

Bitte bestellen Sie bei Ihrer Buchhandlung oder beim
VERLAG C.H.BECK
80791 MÜNCHEN
Fax: (089) 3 81 89-402 · Internet: www.beck.de
E-Mail: bestellung@beck.de

Verlag und Sortiment im Zeitalter des Internets

Die völlig neu bearbeitete *Sortiments- und Verlagskunde* für angehende ›Informationsbroker‹ schildert Situation und Aufgaben des Einzelhandels mit Büchern und Medien im 21. Jahrhundert. Ein Buch für alle, die sich dem Strukturwandel der Zeit stellen müssen.

Hardcover, hochwertige Ausstattung.

416 Seiten
ISBN 3-934054-05-6

Ein fundierter Einblick in die Arbeits- und Denkweisen moderner Verlage, die Akzente in der vielfältigen Medienkultur setzen wollen. Das differenzierte Register macht das Lehrbuch gleichzeitig zu einem Nachschlagewerk für Zeitungs-, Zeitschriften- und Buchverlage.

Hardcover, hochwertige Ausstattung.

386 Seiten
ISBN 3-934054-06-4

Bramann – Bücher für Medienberufe

Nordring 97 • 60388 Frankfurt • Fax: 0 61 09/2 19 86 • E-Mail: Bramann-Verlag@t-online.de

Edition Buchhandel erklärt Zusammenhänge

»Nun gut!
Was ich gerne lesen würde,
das muß ich mir
eben selber schreiben.«

FRANCIS PONGE

Aber doch nicht selber drucken.

Wir beraten Sie in allen Fragen
der Buch- und Broschurenproduktion.
Unsere Satz-, Druck- und Bindequalität
wurde in vielen nationalen und
internationalen Wettbewerben ausgezeichnet –
Herzlich willkommen.

Clausen & Bosse
Gesamtherstellung von Büchern und Taschenbüchern
Digitale Dienste

Birkstraße 10 25917 Leck
Telefon 0 46 62 / 8 30
E-mail: verkauf@claubo.de
Internet: www.claubo.de

EULENHOF INSTITUT

✔ **Eulenhof-Verlagsberatung**
Greifen Sie auf 30 Jahre Kompetenz und Sachverstand zurück.

✔ **Eulenhof-Controllingservice**
Testen Sie unser externes Controlling und profitieren Sie von unserer Erfahrung.

✔ **Eulenhof-M&A** - Vermittlung von Verlagen, Verlagsteilen, Beteiligungen
Nutzen Sie unser Know-how und unsere Marktkenntnisse.

✔ **Eulenhof-Zeitschriften-Börse**
Der spezielle Vermittlungsservice für den An- und Verkauf von Zeitschriften-objekten.

... nehmen Sie Kontakt mit uns auf:

Eulenhof Institut W.E. Heinold & M.J. Bock OHG
Nürnberger Str. 25 – D-86609 Donauwörth
Tel. 0906/24 61 17 – Fax 0906/24 61 16 – www.eulenhof.de

Im Internet ...

www.**litscage**.com
www.**uebersetzer-link**.de
www.**lektorat**.de

... finden Sie bei uns

▫ Lektorate, Korrektorate

▫ Übersetzer

▫ Literatur-Agenten

lektorat.de
Infosysteme

Übersetzer translators
für Verlage, Wirtschaft und PR | Change to | English Version | Menü

lit·sc·age
literary scouts and agencies

schnell und einfach durch
datenbankgestützte Suchfunktionen!

Kontakt
telefon
040 / 55 00 79 97
e-mail
info@lektorat.de

adresse
lektorat.de
Burgwedelkamp 17d
22457 Hamburg

5 Jahre • 1995–2000 • 5 Jahre

DR. KURT KETTEMBEIL · WOLFGANG EHRHARDT HEINOLD

PERSONALBERATUNG

Vor fünf Jahren haben wir uns durch die Eingliederung der W. E. Heinold Personalberatung verstärkt.

Wir danken unseren Kunden, dass sie ihre Geschäftsbeziehung mit uns fortgesetzt haben,

unseren Kandidaten für das entgegengebrachte Vertrauen bei der Direktansprache,

Herrn W. E. Heinold für die freundliche Begleitung unserer Arbeit mit Rat und Tat sowie die Weitergabe seiner Erfahrungen in den Beraterbriefen an uns alle.

DR. KURT KETTEMBEIL UNTERNEHMENS- UND PERSONALBERATUNG · HOHENZOLLERNRING 20 · 22763 HAMBURG · TEL. (040) 3 90 37 95/6
FAX (040) 3 90 81 69 · E-MAIL: KETTEMBEIL@AOL.COM · INTERNET-ADRESSE: TEL.DE/0403903795 ODER KETTEMBEIL.DE

Insider für Insider

Die Branche bleibt in Bewegung. Bleiben Sie am Ball und sichern Sie sich Ihren persönlichen und unternehmerischen Erfolg durch eine wichtige Extraportion Wissen und Können.

DIE MEDIEN AKADEMIE

DIE MEDIEN AKADEMIE bietet Ihnen maßgeschneidertes Know-how, das funktioniert und sofort im Alltag eingesetzt werden kann. Unser Beratungsteam ist Ihnen bei der Seminarauswahl und der Konzeption Ihres persönlichen Qualifizierungsplanes gern behilflich!

Unsere Trainer und Referenten sind erfahrene Medienpraktiker aus Unternehmen, Forschung und Lehre. Sie verfügen über Know-how, Netzwerke und vor allem Erfolg im Verlagswesen und Managementgeschäft! Partizipieren Sie daran und fordern Sie Ihr persönliches Seminarprogramm an!

Bitte Seite kopieren, Formular ausfüllen und an DIE MEDIEN AKADEMIE faxen!

DIE MEDIEN AKADEMIE

Bornimer Straße 6
10711 Berlin

Telefon (030) 89 09 26 00
Fax (030) 89 09 26 02
Info@die-medienakademie.de

Das komplette Programm auf einen Click und Online anmelden:
www.die-medienakademie.de

FAXANTWORT

◯ *Bitte schicken Sie mir Ihr komplettes Seminarprogramm kostenlos zu!*

Name

Firma

Straße/Postfach

PLZ/Ort

Telefon

Fax

Irene Naumczyk

**PERSONALAGENTUR
FÜR VERLAGE**

Thaler Berg 32
Postfach 11 65
84428 Buchbach
Telefon (0 80 86) 94 73-6
Telefax (0 80 86) 94 73-70
agentur@naumczyk.de
www.agentur-naumczyk.de

Die Personalagentur für Verlage ist seit über sechs Jahren führend auf dem Gebiet der Personalvermittlung tätig. Wir vermitteln Positionen von der Assistenz bis zur Geschäftsführung in Publikums-, Sach-, Ratgeber-, Fach-, Special-Interest- sowie Kinder- und Jugendbuchverlagen in Deutschland, Österreich und der Schweiz. Wir besetzen auch Stellen im Versandbuchhandel, leitende Tätigkeiten im Sortimentsbuchhandel und im buchbezogenen E-Business.

Stellensuchenden bieten wir nach Aufnahme in die Agentur kostenfrei zu ihrem Erfahrungsprofil passende Positionen an und beraten sie bei ihren beruflichen Veränderungswünschen.

Verlagskunden bieten wir gegen Erfolgshonorar mehr als 1000 Fachkräfte aus Verlagen und Buchhandlungen, die aktuell nach einer neuen Aufgabe suchen.

Auf absolute Diskretion und Vertraulichkeit können Sie sich jederzeit verlassen.

Nehmen Sie telefonisch oder schriftlich Kontakt mit uns auf oder informieren Sie sich im Internet unter **www.agentur-naumczyk.de** über unsere Dienstleistung.

Sie erreichen uns persönlich montags bis donnerstags von 9 bis 13 und von 14:30 bis 19:00 Uhr, freitags von 9 bis 14 Uhr.

Über 20.000 Zeitungen und Zeitschriften. Umfassend auf einen Blick.

In Deutschland gibt es über 20.000 gedruckte Medien! Diese immense Anzahl von Zeitungen, Fach- und Publikumszeitschriften kann keine noch so gut sortierte Buchhandlung in ihrem Bestand führen. Erhoben wird diese publizistische Vielfalt vom Essener STAMM Verlag. Der „Leitfaden durch Presse und Werbung" dient Buchhändlern, Pressestellen und Agenturen seit über 50 Jahren als umfassende und verlässliche Informationsquelle. Im Detail informiert das umfangreichste deutsche Medienhandbuch über Verlage, Herausgeber, Ansprechpartner in den Redaktionen, Verbreitung und Preise.

STAMM – das Standardwerk als Buch oder CD.

Das IFB (Informationsmittel für Bibliotheken) kommt zu dem Schluss:
„... als unverzichtbares Informationsmittel nicht nur für Presse und Werbung, sondern auch für den Buchhändler und Bibliotheken etabliert ... Die tägliche Informationsarbeit auf dem Gebiet von Presse und Werbung ist ohne den STAMM kaum vorstellbar."

STAMM Verlag GmbH • Goldammerweg 16 • 45134 Essen
Telefon 0201/8 43 00-0, Telefax 0201/47 25 90 • www.stamm.de

Umbreit | Barsortiment | Wir über uns | Service | Software | Internet

Bei uns dreht

sich alles um den Kunden

Trotz noch so ausgefeilter Technologie steht dabei das persönliche Gespräch und die kompetente Beratung immer im Vordergrund. Sie finden jederzeit einen Ansprechpartner, der bemüht ist, Ihre Fragen und Probleme schnellstmöglich zu lösen.

Die Fakten sprechen für uns:

- **Bundesweiter Außendienst**
- **Beratung/Schulung für unsere Bestellsoftware**
- **Große Kalenderausstellung**
- **Eigene Kataloge und Verzeichnisse**
- **Kompletter Schulbuchservice**
- **Direkter Internet-Service: www.umbreit-kg.de**
- **Leistungsstarker Büchersammelverkehr**

⑤ umbreit

G. UMBREIT GmbH & Co. KG

Mundelsheimer Straße 3 · 74 321 Bietigheim-Bissingen · Telefon (0 71 42) 5 96 - 0
Telefax (0 71 42) 5 96 - 2 00 · Internet: http://www.umbreit-kg.de · E-Mail: info.bs@umbreit-kg.de